档案中的北京博物馆之城

北京有3000多年建城史

从1912年北京第一家博物馆创办到2022年备案的博物馆达到215家

800多年建都史

北京的博物馆走过百年的历史

拥有灿烂文明的历史文化名城

在漫漫历史中，北京的博物馆经历了从无到有，从单一到多元的华丽蜕变

北京档案史料

BEIJING ARCHIVES SERIES

北京市档案馆 编

2023·1

新华出版社

图书在版编目（CIP）数据

档案中的北京博物馆之城：北京档案史料.2023年.第1辑 / 北京市档案馆编.
-- 北京：新华出版社，2023.8
ISBN 978-7-5166-6950-1

Ⅰ.①档… Ⅱ.①北… Ⅲ.
①北京 - 地方史 - 史料Ⅳ.①K291
中国国家版本馆CIP数据核字(2023)第151370号

档案中的北京博物馆之城：北京档案史料.2023.1

编　　者：北京市档案馆		
出 版 人：匡乐成		
责任编辑：沈文娟	装帧设计：多伶平面设计工作室	

出版发行：新华出版社

地　　址：北京石景山区京原路8号	邮　　编：100040
网　　址：http://www.xinhuapub.com	
经　　销：新华书店	
购书热线：010-63077122	中国新闻书店购书热线：010-63072012

照　　排：北京美天时彩色制作中心
印　　刷：北京市通州兴龙印刷厂

成品尺寸：170mm×240mm

印　　张：33	字　　数：369千字
版　　次：2023年9月第一版	印　　次：2023年9月第一次印刷

书　　号：ISBN 978-7-5166-6950-1
定　　价：50.00元

主　　　编：程　勇

副　主　编：梅　佳　王海燕（副馆长）

编辑部主任：王海燕（副馆长）

编辑部成员：王海燕（副馆长）　赵力华　宋鑫娜
　　　　　　　孙　刚　鹿　璐　王海燕　王永芬
　　　　　　　王　星　李文平　李　泽

编辑说明

　　北京是具有3000多年建城史、800多年建都史，拥有灿烂文明的历史文化名城。从1912年北京第一家博物馆创办，到2022年备案的博物馆达到215家，走过漫漫百年，北京的博物馆经历了从无到有、从单一到多元的华丽蜕变，而北京城市的历史文脉也通过博物馆传承下来。2020年4月，北京市发布了《北京市推进全国文化中心建设中长期规划（2019年—2035年）》，提出到2035年，北京要全面建成中国特色社会主义先进文化之都，打造布局合理、展陈丰富、特色鲜明的博物馆之城。2021年5月，国家文物局、北京市人民政府签署共建北京"博物馆之城"战略合作协议。作为历史文化名城，北京自身本就是一座巨大的天然博物馆，未来北京将继续聚焦"一轴一城、两园三带、一区一中心"重点工作，深入落实"十四五"规划重点任务，用高质量发展开创首都博物馆事业新局面，建成规模大、实力强、水平高的城市博物馆集群。

　　目前，北京"博物馆之城"建设初见成效，拥有的博物馆总数在全国排名第一。为进一步助力北京"博物馆之城"建设，北京市档案馆深入挖掘馆藏，以"档案中的北京博物馆之城"为主题，编辑出版本辑《北京档案史料》丛书。全书收录了从北京博物馆事业初创到改革开放初期北京博物馆发展的相关档案，包括民国时期故宫博物院、孔庙、国子监和中国博物馆协会相关史料，新中国成立后明十三陵、首都博物馆、中国革命博物馆、中国历史博物馆、北京天文馆、长辛店二七纪念馆、鲁迅博物馆、石刻艺术博物馆、周口店北京猿人遗址等博物馆的相关史料，改革开放初期北京市博物馆工作等14组史料。本书所收录的史料，均为北京市档案馆馆藏档案的首次公布，较为全面地反映了北京市博物馆事业的发展历程。另收录文章5篇，分别介绍北京地区博物馆发展概况、从万寿寺到北京艺术博物馆、北京抗日战争主题片区纪念设施和遗存的展示利用、抗战纪念馆重大展览策展纪实、北京鲁迅博物馆的变迁等。

为保持档案历史原貌和方便阅读，所选史料均原文照录，只做必要的编辑加工。所拟标题中单位名称一般采用简称；凡未标明年月日的文件，依文件内容排列顺序。原文中因残损或增补缺漏，用【】补充；校勘讹脱衍倒，用〔〕标明；字迹模糊无法辨认，用□代之；删节内容重复或与主题无关部分，均在〈〉内说明；批语注释，用[]括出。

由于编者水平有限，因此在编辑过程中可能存在疏漏之处，考订难免有误，欢迎读者指正。

编　者

2023 年 5 月

目录

11　北京博物馆发展史略 / 姜舜源

34　1925年故宫博物院点查文物史料 / 鹿　璐选编

83　1932年故宫博物院三次标卖残废金质器皿经过情形
史料 / 王　星选编

100　20世纪30年代孔庙、国子监管理史料 / 王海燕选编

130　20世纪三四十年代中国博物馆协会史料 / 赵力华选编

143　抗战胜利后故宫博物院接收中央银行长春分行
运平古物经过史料 / 王　星选编

168　20世纪50年代明十三陵划归北京市管理史料
/ 王海燕（副馆长）选编

221　20世纪50至70年代北京天文馆工作史料
/ 王海燕（副馆长）、李　泽选编

297　20世纪50至80年代首都博物馆筹建及开馆初期史料
/ 赵力华选编

334　1959年中国革命博物馆和中国历史博物馆筹建史料
/ 王永芬选编

目录

354 20世纪70年代长辛店二七纪念馆筹建和纪念活动史料
/ 宋鑫娜选编

376 20世纪70年代北京鲁迅博物馆工作史料
/ 王　星选编

385 北京鲁迅博物馆的历史变迁 / 黄乔生

403 20世纪七八十年代北京石刻艺术博物馆史料
/ 李　泽选编

415 20世纪80年代周口店北京猿人遗址保护史料
/ 王永芬选编

429 改革开放初期北京市博物馆工作史料一组
/ 孙　刚选编

465 从万寿寺到北京艺术博物馆 / 张　巍

482 北京抗日战争主题片区纪念设施和遗存的展示利用
/ 马兴达

502 弘扬红色文化　传承红色基因
——中国人民抗日战争纪念馆重大展览策展纪实
/ 谢艾雯

11   A brief history of the development of museums in Beijing / By Jiang Shunyuan

34   Historic data on identifying and inventorying cultural relics at the Palace Museum in 1925 / Selected and edited by Lu Lu

83   Historic data on the Palace Museum's three-time bid invitations and sales of broken gold objects in 1932 / Selected and edited by Wang Xing

100   Historic data on preservation and management of Beijing Temple of Confucius and Imperial College in the thirties of the 20th century / Selected and edited by Wang Haiyan

130   Historic data on establishment and reopening of Chinese Museums Association in the thirties and forties of the 20th century / Selected and edited by Zhao Lihua

143   Historic data on the Palace Museum's takeover of antiquities transported to Beiping from Changchun Branch of the Central Bank after the victory of the Chinese People's War of Resistance Against Japanese Aggression / Selected and edited by Wang Xing

168   Historic data on transfer of administrative authority over Thirteen Imperial Tombs of the Ming Dynasty from Hebei province to Beijing Municipality in the fifties of the 20th century / Selected and edited by Wang Haiyan

221   Historic data on development of Beijing Planetarium from the fifties to the seventies of the 20th century / Selected and edited by Wang Haiyan and Li Ze

297   Historic data on preparation for the construction and early work of the Capital Museum from the fifties to the eighties of the 20th century / Selected and edited by Zhao Lihua

334   Historic data on preparation for the construction of the Museum of Chinese Revolutions and the Museum of Chinese History in 1959 / Selected and edited by Wang Yongfen

一 清末"新政"博物馆萌动

北京地区近代科学意义的博物馆,倡议于 1898 年"戊戌变法"期间,梁启超《论学会》提出"开博物院,以助实验"的主张①;《京师大学堂章程》也有仿照西方"各国都会,率有博物院,搜集各种有用器物,陈设其中,以备学者观摩"的设想。②创建博物馆的设想实际实施,始于 1901 至 1911 年"清末新政时期"。当时一是延续"戊戌变法"时期大学办博物馆的思路,但未及推行;二是开办商品陈列所和农事试验场,清政府农工商部于 1906 年设"京师劝工陈列所"和"农事试验场"。

京师劝工陈列所于 1907 年向公众开放参观,1912 年民国成立后改名为商品陈列所,直属于工商部,1928 年更名为北平国货陈列馆,迁址正阳门箭楼,举办专题国货商品展览会,1935 年"中国博物馆协会"成立,该馆为创会会员,归类"专门博物馆"。

1906 年戴鸿慈、端方等从欧洲考察归来,建议开办图书馆、博物馆、万牲园之后,加紧进行农事试验场的筹建③。在北京西直门拨用可园、乐善园、广善寺、惠安寺及附近官地开建。不但搜集国内各地农作物种子、秧苗、动物、昆虫等,还从日本、德国、法国、美国、意大利等地征集大象、花草果木、鸟兽昆虫、农品籽种、农业用具;开辟动物园、花圃、内设植物园、温室、博物学标本陈列室等售票参观。农事试验场集动物园、植物园、博物馆功能于一身,其中"万牲园"就是延续至今的"北京动物园"。《清稗类钞》记载其"仿博物院式,羽毛鳞角,以至一草一芥莫不兼收并蓄于其中,物力之大,国中得未曾有……而园门之题额,则书'农事试验场'"。民国成立后,1916 年更名为"中央农事试验场"，1929 年南京国民政府将其改组为"国立北平天然博物院"，1934 年划归北平市政府管理，称"北平市农事试验场"，1935 年成为中国博物馆协会创会会员，归类"植物园动物园水族馆"④。

二　民国时期公立博物馆创立

国子监大门

民国伊始，教育总长蔡元培、内务总长朱启钤等有识之士，便着手筹建国家公立博物馆，包括国立历史博物馆和内务部古物陈列所。1919 年前后兴起的五四新文化运动，在提倡民主与科学的思潮中，几座自然学科类博物馆应运而生，例如北京铁道学院交通博物馆、农商部地质调查所标本陈列室、农商部地质研究所标本陈列室。1928 年南京国民政府统一全国之后，推出"中华博古院"宏大蓝图，但随着 1931 年九一八事变，日本加紧侵华，特别是 1933 年华北告急，这一蓝图被搁置。中国博物馆事业在短暂发展之后，就进入维持阶段，故宫博物院等在京各馆文物，先后辗转上海、南京、大西南等地避敌保护。

（一）国立历史博物馆

蔡元培视博物馆为现代社会必备要素。1912年6月，蔡元培因"京师首都，四方是瞻，文物典司，不容阙废"⑤，"乃议先设博物馆于北京"⑥。社会教育司负责筹建，该司第二科科长周树人勘选国子监为馆址，并报经国务会议通过。7月9日，教育部设国立历史博物馆筹备处，聘京师大学堂文科教授胡玉缙为筹备处主任。此后陆续接收国子监旧有礼器、书版、石刻等文物57127件。但"种种扩张计划，则绌于经费，未能大举兴办"⑦。1918年7月，该馆筹备处迁至端门，馆舍由端门两庑朝房逐步扩展至午门，博物馆业务逐步走上正轨。1920年11月，"国立历史博物馆"正式成立，至1924年藏品增加至208173件；1926年10月10日，在午门城楼正式开馆供公众开放参观。南

1930年3月国立中央研究院历史博物馆筹备处
免费开放之景

京国民政府时期改称"国立中央研究院历史博物馆"。

国立中央研究院历史博物馆筹备 处第四陈列室之一部

国立中央研究院历史博物馆筹备 处第五陈列室西部

（二）古物陈列所

朱启钤将博物馆作为北京城市设施之重要组成部分，努力将皇家秘藏变为天下公器，裨文化艺术研究和公众观摩欣赏，"于是有移载热河行宫古物庋藏文华、武英二殿之举"⑧，1913年呈明大总统袁世凯，将盛京故宫、热河离宫两处所藏各种宝器"辇致京师"，筹办古物陈列所。

1913年10月，内务部派杨乃赓、赵秋山与清室内务府所派文绮、曾广龄等赴热河，自11月18日至1914年10月28日，前后7批运京文物计1949箱，约117700多件。1914年1月，内务部又派治格、沈国钧与清室内务府所派福子昆等赴盛京，自1月23日至3月24日，分6批运京文物计1201箱，约114600多件。两处文物运京后，均堆放在武英殿。

1913年12月29日，内务部令办古物陈列所。30日，任命王曾俊为该所副所长，该所筹备处即日在武英殿院内办公。1914年2月4日，古物陈列所正式成立，启用内务部颁发的"内务部古物陈列所之章"。3月27日，大总统袁世凯任命原清室护军都

故宫西华门"古物陈列所"匾

1914—1915年古物陈列所建设的近代化文物库房

统治格为古物陈列所所长。10 月 10 日，古物陈列所正式开幕，三大殿历史原状陈列，武英殿、文华殿两个展区文物展示，同时向公众开放。这是数千年来皇宫和内府文物史无前例地向社会公众开放，无论在政治上还是文化上，都具有不可低估的意义。1914 年 6 月至 1915 年 6 月，在已毁咸安宫故址上建成先进的文物库房——宝蕴楼，是我国第一座近代化大型文物库房。

朱启钤在北京城市改造中，将古物陈列所作为皇城文化核心区的重点："民国肇兴，与天下更始。中央政府既于西苑辟新华门，为敷政布令之地，两阙三殿观光阗溢。而皇城宅中，宫墙障塞，乃开通南北长街、南北池子为两长衢。禁御既除，熙攘弥便。乃不得不亟营公园，为都人士女游息之所……名曰'中央公园'……架长桥于西北隅，俯瞰太液，直趋西华门，俾游三殿及古物陈列所者跬步可达。"⑨

古物陈列所采用欧洲博物馆模式，有效开展博物馆核心业务。1917 年 11 月至 1920 年，开展并完成文物整理编目；1927 年 2 月，报请内务部批准成立文物鉴定委员会，引入社会上的专家学者，开展了藏品鉴定编目、专题陈列展览等大规模、成系列的博物馆核心业务建设和学术研究，并造就了金石学家容庚等专家学者。

古物陈列所亦是传统中国绘画大本营。其业务规划主要倚重英国留学归来的"京津画派"领军人物金城。他对欧洲博物馆有深入考察，"议设古物陈列所，为当轴采纳，即令监修工程，皆参考各国博物院成规，备臻完美"。陈列展览以分门别类为基础，藏品编目"聘请华洋考古专家数人，互相考据，编译详细目录，并用西文记载"。他提出以古书画临摹件作为展品，以保护馆藏文物原迹的主张，并要求临摹时采用"缩临"方式，使临摹本与原本有所区别，力避古董商以假乱真老路。[10]至 1937 年卢沟桥事变北平沦陷前后，古物陈列所开设"国画研究馆"历时 10 余年，招收 5 期学员计 266 人，形成一个以故宫藏画为学习、研究对象，以继承发扬中国画传统技法为主旨的画家群体。所长钱桐及张大千、黄宾虹、于非闇、邱石冥等画家为导师，培养了田世光、俞致贞、郭味蕖、李树萱等画家与美术教育家。成为传统中国绘画大本营，近现代美术史称之为"京津画派"，展示了文物博物馆的特殊影响。古物陈列所于 1947 年底正式合并入故宫博物院。

（三）交通部北京铁道学院交通博物馆

1913 年，交通部所属北京铁道学院的交通博物馆建成，馆址在北京府右街。这是一座教学实习型的博物馆，设两展室，展览内容分工务、机务、车务和图籍仪器四部分，其中包括清光绪七年（1881 年）改制的中国第一台机车，还有铁路沿线出土的一些文物。

（四）农商部地质研究所标本陈列室

农商部地质研究所于 1916 年在北京丰盛胡同 3 号创设标本陈列室，是我国最初的国家级地质博物馆，今"中国地质博物馆"前身。初时陈列面积不足 100 平方米，陈列该研究所师生自己采集和研究鉴定的标本，包括中国地层系统、火成岩、各地的岩石矿产等。1921 年陈列面积扩充至近 400 平方米，标本 3000 多件，1929 年陈列面积又扩充到 700 平方米，陈列标本 1 万多件，藏品 10 万多件。到 1932 年，陈列面积已扩充到 1000 多平方米，展陈内容上增加了煤炭、石油、土壤和新生代地质部分。1935 年地质调查所由北京迁往南京，北京原所称"北京分所"，陈列馆也留京未动，只对部分标本做了一些抽换。

（五）故宫博物院

五四新文化运动改变了中国博物馆的发展方向，新成立的故宫博物院，以反封建的民主革命思想和"新学"为思想理论基础，涌现出一大批人文科学研究的新文化成果。正如古物陈列所老职员刘承琮指出的："古物陈列所的人员都是满清民国的遗老遗少，略显腐朽。反观故宫博物院，从上到下一律都是拥有新思想的北大的教授和学生，从李石曾、易培基、张继都是南京国民政府的元老政要。"[11] 1924年冬，冯玉祥发动"北京政变"成立"摄政内阁"，修改1912年2月辛亥革命期间革命军与清室达成的《清室优待条件》，推出《修正清室优待条件》，11月5日溥仪被逐出宫，"清室善后委员会"成立，国务院函聘李煜瀛为委员会委员长，分别清室私产和国家公产，依法将紫禁城宫殿及其中文物收藏收归国有。11月24日，具有博物馆文物点查登记性质的点查清宫物品开始，一年后宫中大多数地方的物品点查初步竣事，公开出版六编28册的《清室善后委员会点查报告》，内载物品94000多号，计1170000多件。

1925年9月29日，清室善后委员会根据1924年11月7日摄政内阁命令"将宫禁一律开放，备充国立图书馆、博物馆等项之用"条文，和《清室善后委员会组织条例》的规定，议决成立"故宫博物院"和《故宫博物院临时组织大纲》《故宫博物院临时董事会章程》《故宫博物院临时理事会章程》。10月10日，"故宫博物院"正式宣告成立，即日起向社会公众开放。建基于悠久而辉煌灿烂的中华文明基础上的故宫博物院，一经成立即成为世界著名的博物馆。

清室善后委员会核心人士李煜瀛、易培基等，都是有国际视野的先进知识分子和社会著名人物，自故宫博物院成立之始，就

1925年10月开院之初神武门临时挂起的木匾

（清室善后委员会委员长李煜瀛书写）

树立建设国际一流博物馆的目标，高起点、高视角，"新学术"在故宫博物院很快取得成果。1928年6月南京国民政府令易培基接收该院后，10月5日由国民政府公布《故宫博物院组织法》，正式更名"国立故宫博物院"，规定"直隶于国民政府，掌理故宫及所属各处之建筑物、古物、图书、档案之保管开放及传布事宜"。8日，国民政府公布《故宫博物院理事会条例》，由李煜瀛、易培基、蔡元培、汪精卫、庄蕴宽、吴稚晖、蒋介石、谭延闿、宋子文、冯玉祥、张继、胡汉民、张学良等各界名流35人组成理事会。1929年3月5日，国民政府任命李煜瀛为理事长，易培基为院长。院级设理事会、院长、副院长及基金保管委员会；院长之下，设秘书处、总务处和古物馆、图书馆、文献馆及各种专门委员会。以历史学家李宗侗（玄伯）为秘书长，中国现代化学先驱、工学家俞同奎为总务处处长，易培基兼古物馆馆长，张继兼文献馆馆长，庄蕴宽兼图书馆馆长，著名学者马衡、沈兼士、袁同礼分任三馆副馆长。可见该院采用的是美国博物馆管理模式，包括募集社会捐助用于事业发展。

1930年5月，故宫博物院神武门

6月27日，蒋介石偕夫人宋美龄参观故宫博物院，率先捐款6万元用于古建维修。此后国内外纷纷捐款，用以维修宫殿，改建陈列室。藏品清理、档案整理、文物展览、出版传播等都取得重大成就，为该院第一个繁盛期。

九一八事变后，日军占领我国东北并进逼华北，在民族危亡关头，由故宫博物院牵头，古物陈列所、颐和园、历史博物馆、孔庙国子监、北平图书馆等文博机构，进行了大规模的文物转移行动，此次大规模文物转移为保护中国历史文化遗产作出了巨大

1930年前后故宫博物院承乾宫瓷器陈列室

1930年前后故宫博物院永和宫后殿同顺斋钟表陈列室

贡献，是第二次世界大战期间东方文物转移的代表。故宫博物院于 1933 年 2 月 7 日至 5 月 23 日进行了"文物南迁"，文物共计 13427 箱又 64 包；上述其他机构文物共计 6065 箱又 8 包 3 件。1937 年 8 月 14 日至 1944 年 12 月 18 日，又展开历时八年的"文物西迁"。故宫文物南迁至上海后，1935 年 12 月至 1936 年 3 月，赴英国伦敦举办了"中国艺术国际展览会"展览，展出铜器、瓷器、书画、缂丝、玉器、珐琅器、剔红、折扇、家具、文具等文物 735 件。这是故宫文物首次大规模出国展览，在西方社会引起强烈震动，使人们对危亡中的中国有了新的了解，显示了博物馆的巨大社会作用。

（六）各类博物馆相继成立

从 1928 年至 1937 年七七事变前，北京地区又出现了一批博物馆。1930 年筹办的北平研究院博物馆，设理工、艺术、风俗 3 个陈列所。艺术陈列所在中南海怀仁堂，1931 年正式建成并对外开放，展有碑帖、拓片和美术作品。1931 年北平静生物调查所筹建的通俗博物馆，位于石驸马大街，设 7 个陈列室，展品有动、植物标本 8 万多件。该馆 1928 年至 1935 年的 8 年间，由全国各地采集各种生物标本 20 多万种，是全国性自然博物馆最早的雏形。1933 年由中央观象台改组建立的天文陈列馆，陈列古观象台的明、清天文仪器。1934 年为教学目的而设的北京大学地质系陈列室，陈列面积为 300 多平方米，分地层古生物、矿物岩石和普通地质 3 个陈列室，其中的矿物岩石部分大多数是外国标本。

这时期还有不少具有博物馆性质的陈列馆（所）成立并对外开放。包括在中央公园内开设的卫生陈列所、在鼓楼开设的通俗教育馆，展出有民族服饰、车辆、舟船、北京市模型等衣食住行资料，和 1900 年"八国联军"入侵北京及庚子赔款等国难事件。位于绒线胡同的国剧陈列馆，收藏和展出原清宫内务府档案中有关戏曲档案资料 2000 多种，各种戏曲服装及剧照 1 万多件。此外，还收藏有历代戏曲图书 2000 多种 6000 多册。它实际上是北京最早的戏曲博物馆。位于先农坛太岁殿的礼品陈列所，展出明、清祭祀礼器、乐器。随着博物馆事业发展，中国博物馆协会于 1935 年 5 月在景山公园绮望楼成立，推举故宫博物院院长马衡为会长。民国时期北京的博物馆对饱经帝国主义侵略压迫和社会动荡的民众，无疑是黑暗中的重要精神支柱。博物馆创立时期，造就出中国第一代博物馆学家和各专业专家。

三 新中国博物馆第一次高潮

新中国诞生前，中国共产党已经开始了对文物和博物馆的保护。1949 年 1 月 16 日，毛主席在为中央军委起草关于积极准备攻城部署给平津前线总前委聂荣臻等负责人的电报中强调指出："此次攻城，必须做出精密计划，力求避免破坏故宫、大学及其他著名而有重大价值的文化古迹。你们务使各纵队首长明了这一点。"使北京这座举世闻名的古都免遭破坏，力保和平解放，使城内的文化古迹得以保存并回到人民手中。

新中国成立以后，国家通过立法的方式对文博事业予以保护。1950 年 5 月 24 日，中央人民政府政务院颁布了《禁止珍贵文物图书出口暂行办法》等一批文物保护法规。1961 年，国务院公布天安门、人民英雄纪念碑、故宫、周口店遗址、十三陵、北大红楼、卢沟桥、云居寺、妙应寺白塔、五塔寺塔、居庸关云台、八达岭长城、天坛、北海及团城、智化寺、国子监、雍和宫、颐和园等北京 18 处文物古迹为"全国重点文物保护单位"，成为此后北京地区博物馆发展的重要依托。1956 年 1 月在中共中央知识分子问题会议上，周恩来总理提出向科学进军的计划，我们必须为发展科学研究准备一切必要的条件，加强图书馆、档案馆、博物馆工作，作为发展科学研究必要条件被突出出来。北京地区博物馆建设发展迎来第一个高潮。

（一）抢救流失文物

新中国以对民族、历史高度负责的态度，投入文物保护与博物馆建设，功在当代、利在千秋。北京地区拥有中华民族大量文化遗产，但是由于近代以来帝国主义连番侵略、蹂躏，文物古迹惨遭破坏，历史文物大量流失，屡经劫掠乃至纵火焚毁。在新中国成立之初一穷二白、百废待举的极端困难条件下，毛泽东主席、周恩来总理亲自过问和批示，中央人民政府不惜动用国库里仅有的外汇，从香港抢救回"三希"之"二希"——晋王献之《中秋帖》、王珣《伯远帖》，唐韩滉《五牛图》、五代顾闳中《韩熙载夜宴图》、董源《潇湘图》、宋徽宗《祥龙石图》、南宋李唐《采薇图》、马远《踏歌图》、元王蒙《西郊草堂图》、倪瓒《竹枝图》等珍贵古画，及司马光《资治通鉴》手稿等珍善本图书，分藏于故宫博物院、国家图书馆、国家博物馆等国家文博机构。1951 年购回"二希"，动用国库外汇巨款 35 万港元。周总理亲自组织、部署流失文物秘密抢救行动，最终将近代以来、特别是日寇侵华至解放战争期间，流散在外的珍贵中国文物，包括《石渠宝笈》等在册的最珍贵部分陆续收归国有。这是清朝灭亡后，中国传世文物最大一次系统回归。毛主席、周总理还率先垂范，将友人所赠清王夫之《双鹤瑞舞赋》《钱东璧临兰亭十三跋》、清代龙袍面料等拨交故宫博物院等，开了收藏家及社会各界将所藏文物捐赠国家的一代新风。

（二）抢修濒危古建

我国早期博物馆多依托宫殿建筑而设，宫殿建筑更是故宫博物院的主要内容之一。面对晚清以来长年失修已摇摇欲坠的古建筑，故宫制定维修方针是："着重保护，重点修缮，全面规划，逐步实施。"通过普查勘测摸清全部建筑状况，制定近期计划与长远规划，初期在开放区域展开普遍保养和重点修缮工程，非开放区域主要进行抢险加固。1956 年该院成立古建维修工程队，独立承担全部古建修缮任务。西北角楼是工程队成立后进行的第一项重大工程，完好保存了永乐初建原貌乃至宋元古风。为迎接国庆十周年，国家筹拨专款对故宫宫殿重点大修，中路三大殿恢复金碧辉煌原貌。20 世纪 50 年代为宫殿安装避雷针，结束故宫数百年对雷电火灾无可奈何的历史。

（三）明确办馆方针

1949 年 10 月 1 日中华人民共和国成立时，北京城只剩下故宫博物院和午门、端门的历史博物馆。人民政府接收两馆后，首先是恢复和激活两馆业务。1950 年 4 月 30 日、8 月 17 日，1951 年 3 月 4 日、27 日，一年内周恩来总理四次视察故宫，逐路参观宫殿建筑、审查出国文物展览，为该院和全国文博事业指出方向。

故宫博物院以发展中国古代艺术为方向，除将流失在外的清宫文物回收外，还调集全国各地古代艺术品约 20 万件充实到馆藏，文物迁台之后造成的书画藏品等匮乏局面得到根本改观，从 1952 年到 1956 年，逐步完成了综合艺术陈列"历代艺术馆"。博物馆业务结构采用苏联模式，藏品保护实行科学化。改变古物、图书、文献三馆鼎立局面，将古物馆分为保管、陈列两部，新设群众工作部，增加为观众服务的项目。对庞大的藏品开展专业清理、科学编目、鉴定分级，实现分门别类，设专库储藏和保护管理。改造原有陈列内容，改变以往"古董摊"式的陈列布置，按历史、科学、艺术的原理设计陈列。到 1952 年，北京地区基本上完成了旧有博物馆的改造，进入新的发展阶段。

（四）建成首都博物馆主体框架

1958 年 8 月，中共中央北戴河会议决定，在首都建立中国历史博物馆和中国革命博物馆，9 月定址，10 月开工，一年后落成。1961 年 7 月 1 日，"历博"推出"中国通史陈列"，展出 50 万年前中国猿人至 1840 年"鸦片战争"历史文物 9000 件。这在中国博物馆史上是空前完整和壮观的。"革博"推出"中国革命史陈列"，展出 1840 年以来至 1949 年新中国诞生中华民族百年奋斗的革命历史文物 3600 件。周恩来总理、邓小平总书记等先后审查预展。

这时期，中央军委决定在北京兴建中国人民革命军事博物馆，迎接国庆 10 周年。国庆 10 周年前夕竣工的"首都十大建筑"中，博物馆、展览馆占 4 座，把博物馆在北京城市布局中的地位提到空前高度，天安门广场东厢的"革博""历博"与西厢人民大会堂遥相呼应，北京城核心区天安门、故宫、人民英雄纪念碑都是文博设施。此后，还建成了中国美术馆、北京自然博物馆、中国地质博物馆新馆、定陵博物馆、周口店北京猿人展览馆、鲁迅故居纪念馆、徐悲鸿纪念馆、北京天文馆等。在新中国成立短短十多年时间里，初步构筑起首都的博物馆主体框架，为以后更大规模的发展奠定了坚实基础。到 1965 年底，北京地区共有各类博物馆、纪念馆 15 座。

四　改革开放博物馆发展迎来第二次高潮

"文革"十年中断了北京地区博物馆发展。"文革"中后期，在周恩来总理亲自领导下，北京地区博物馆努力恢复正常工作，在公共文化产品匮乏的年代，给人们送上难得的文化享受。

（一）建设现代化博物馆

十一届三中全会后，党和国家工作重点转移到社会主义现代化建设上。1982 年，胡耀邦在党的十二大报告中提出"大力推进社会主义物质文明和精神文明的建设""图书馆、博物馆等各项文化事业的发展和人民群众知识水平的提高，它既是建设物质文明的重要条件，也是提高人民群众思想觉悟和道德水平的重要条件"，为博物馆事业发展指出了方向，北京地区博物馆由此进入了新的历史发展时期，出现第二次高潮。

故宫博物院从故宫历史渊源、宫殿建筑、院藏文物实际出发，重新认识故宫和故宫文物，正确对待古代历史与封建文化，认清故宫博物院特色，遵循历史和艺术史的客观规律，形成了宫廷历史、宫殿建筑、古代艺术一起发展的局面。1983 年成立研究室，巩固壮大学术研究队伍，以唐兰、单士元、罗福颐、徐邦达、孙瀛洲、杨伯达、冯先铭、王朴子、刘九庵、耿宝昌、郑珉中、于倬云等为代表的建院后第二代专家学者队伍阵容强大；1983 年成立紫禁城出版社，这是全国博物馆中创立的第一家出版社。

这期间，博物馆组织结构也逐渐摆脱原苏联模式的束缚，在从实际工作需要出发基础上，博采东西方博物馆学发展成果，强化博物馆社会服务和学校第二课堂的功能。

（二）博物馆率先走出国门

改革开放之初，我国经济竞争力还很弱，但辉煌灿烂的文化遗产使首都的博物馆具有率先走出国门的实力。许多博物馆先后到亚洲、美洲、欧洲、大洋洲诸国举办文物珍品展览。例如：故宫博物院在美国、日本、澳大利亚等国举办展览，其中1985年"紫禁城珍宝展览"，作为西柏林第三届"地平线艺术节"重要组成部分，观众达40万人次，在西欧引起轰动。中国科技馆"中国古代科技展览"，在加拿大和美国的几大城市巡展，中国古代科学技术成就，使外国朋友感到惊异。中国革命博物馆"周恩来同志生平事迹展览"，在南斯拉夫和罗马尼亚展出。1984年，中国历史博物馆的"中国古代文明展览"到意大利的威尼斯展出时，观众达到60多万人次。首都博物馆"明清画展""齐白石画展"在南斯拉夫、日本展出取得了巨大的成功。

同时，北京的一些博物馆也开始引进来自国外的各类展览，丰富了北京人民的文化生活，增进了群众对外部世界的了解。

（三）"首都博物馆网"建成

20世纪80年代初，北京地区博物馆正式开启央属、市属、区属各层级博物馆全面发展的局面，出现了多方动手、各行各业办馆、地方办馆的趋势。本着博物馆建设应重点发展、讲求实效、稳步前进的精神，在新建和发展全国性现代化博物馆同时，充分发挥地方的优势，发展了一批具有地方特色的中、小型博物馆，对外开放了一批具备条件、带有博物馆性质的文物保管所。这些新建和筹建的不同规模、不同类型的博物馆达38座，分处城区、郊区县，进一步构筑了北京地区博物馆网。

（四）馆舍改扩建拉开序幕

90年代后期，北京地区博物馆馆舍建设、改建拉开序幕。为筹办北京2008奥运会，北京地区的博物馆建设速度进一步加快，新建大型博物馆和博物馆改扩建工程陆续上马，其中包括中国美术馆改造工程、北京自然博物馆改扩建工程、中国地质博物馆改造工程、军博建筑维修及基本陈列调整工程、中国科技馆二期工程、中国电影博物馆建设工程、首都博物馆新馆建设工程。而作为"十五"国家重大文化建设项目的位于天安门广场的中国国家博物馆改扩建工程，将这一轮博物馆硬件建设推向高峰。这些大型博物馆的新建和改扩建工程，成为新中国成立60年来，北京地区博物馆事业发展第二次高潮的重要标志。

五 新时代博物馆事业高质量全面发展

2012年11月29日，习近平总书记率中央政治局全体常委到中国国家博物馆参观《复兴之路》展览，首次系统阐述了中华民族近代以来实现伟大复兴的"中国梦"。党的十八大以来，习近平总书记10次视察北京、18次对北京发表重要讲话，以习近平同志为核心的党中央对首都文化事业的重视达到了前所未有的高度。以十八届三中全会决定建立健全现代公共文化服务体系为标志，博物馆发展进入提质增效、打通公共服务最后一公里阶段。

（一）党史革命史博物馆建设新高潮

进入中国特色社会主义建设新时代，北京的博物馆事业进入了高质量全面发展的新阶段。在习近平总书记和党中央直接领导和亲切关怀下，北京地区加快了党史和革命史类博物馆建设的步伐，掀起党史革命史博物馆建设新高潮，在2019年国庆70周年、中国共产党成立100周年、北京2022年冬奥会、中共二十大胜利召开等重要时间节点，先后新建并开放了香山革命纪念馆、中国共产党历史展览馆、中国共产党早期北京革命活动纪念馆、中国非物质文化遗产馆·中国工艺美术馆、国家版本馆等一批博物馆，体现了"弘扬革命文化，传承中华优秀传统文化"的指导思想。这些央属大馆布局在北京城中轴线及南北延长线附近，具有鲜明的中国传统文化特色，延续了北京城中轴线的文脉，对北京全国文化中心战略定位和"博物馆之城"建设具有重要意义。

（二）建设"博物馆之城"

2020年4月发布的《北京市推进全国文化中心建设中长期规划（2019年—2035年)》中提出，到2035年，北京要全面建成中国特色社会主义先进文化之都，打造布局合理、展陈丰富、特色鲜明的博物馆之城。2021年5月，国家文物局、北京市人民政府签署共建北京"博物馆之城"战略合作协议；北京市委市政府将博物馆之城建设列入"十四五"规划和推进全国文化中心中长期发展规划。按照《北京博物馆之城建设发展规划》思路，由优化博物馆布局入手，结合非首都功能疏解和城市人口腾退，支持东城、西城、朝阳等有条件的区探索利用腾退文物建筑、工业遗产、空置厂房等闲置空间建设成专题博物馆或有小型展示区域的公共文化服务空间，尝试引入社会力量运营；配合京津冀协同发展、北京城市副中心建设等国家重大战略，以长城、大运河国家文化公园建设等国家重大文化工程为中心，加速推进大运河博物馆（首都博物馆东馆）、路县故城考古遗址博物馆和国家自然博物馆等一批代表首都形象的现代化博物馆建设；同时按照《北京博物馆之城建设发展规划》提升北京地区博物馆发展质量的任务要求，启动了中国长城博物馆、北京奥运博物馆改扩建及展览提升工程。

为加速博物馆之城的建设，2021年中共北京市委宣传部、北京市文物局等六部门发布了《北京市关于鼓励社会力量兴办博物馆的若干意见》；2022 年，北京市文物局与北京市财政局共同印发的《北京市社会力量兴办博物馆专项资金管理办法（暂行）》等一系列文件相继发布，引发社会各界的高度关注，吸引社会资源快速向博物馆建设相关领域集中。

　　北京作为历史文化名城，其自身是一座巨大的天然博物馆。未来北京将继续聚焦"一轴一城、两园三带、一区一中心"重点工作，深入落实"十四五"规划重点任务，用高质量发展开创首都博物馆事业新局面，建成规模大、实力强、水平高的城市博物馆集群，让北京历史文化这张"金名片"，在伟大社会主义祖国的首都迈向中华民族伟大复兴的大国首都、国际一流的和谐宜居之都的建设过程中熠熠生辉。

（文中所用照片系作者提供）

注释：

　　① 梁启超：《论学会》，《中国近代史资料丛刊·戊戌变法》第 4 册，上海人民出版社 1957 年，第 375—376 页。

　　② 北京大学、中国第一历史档案馆：《京师大学堂档案选编》，北京大学出版社，2001 年，第 28 页。

　　③《农工商部奏厘定本部职掌员缺折》，《大清新法令》第 2 卷，第 142 页。转引李飞：《清末新政（1901—1911）与中国近代博物馆事业：一个从理念到实践的考察》。

　　④ 李飞：《清末新政（1901—1911）与中国近代博物馆事业：一个从理念到实践的考察》，《中国博物馆协会博物馆学专业委员会 2018 年"理念·实践——博物馆变迁"学术研讨会论文集》。

　　⑤《国立历史博物馆丛书·发刊辞》，1926 年第一年第一册。

⑥《本馆开馆纪事》，《国立历史博物馆丛书·发刊辞》，1926 年第一年第二册。

⑦ 中国第二历史档案馆《教育部筹设历史博物馆简况（1915 年 8 月）》，《中华民国史档案资料汇编》第 3 辑，江苏古籍出版社，1991 年，第 275 页。

⑧ 瞿宣颖：《蜷园文存·序》，沈云龙主编《近代中国史料丛刊》第 23 辑，台湾文海出版社，1968 年。

⑨ 朱启钤：《中央公园记》《蜷园文存》，沈云龙主编《近代中国史料丛刊》第 23 辑，台湾文海出版社，1968 年。

⑩ 陈宝琛：《金拱北先生事略》，《湖社月刊》第 1 期，1927 年。

⑪ 刘承琮口述：《我经历的古物南迁：抗战财物丢弃遍地无人捡》，环球网 2012 年 10 月 9 日。

（姜舜源　中国历史文化学者、北京市档案学会副理事长、北京博物馆学会学术委员会主任、中国国家博物馆研究员　北京 100006）

1925 年故宫博物院点查文物史料

  故宫博物院成立于 1925 年，是在明清两代皇宫及其收藏的基础上建立起来的中国最大的综合性博物馆。1911 年辛亥革命胜利后，清帝宣布退位，根据当时拟定的《清室优待条件》，逊帝溥仪被允许暂时居住在紫禁城内。1924 年冯玉祥发动"北京政变"组织摄政内阁，修改清皇室的优待条件，将溥仪逐出宫禁，并接管了故宫，同时成立"清室善后委员会"负责清理清皇室的公私财产及处理一切善后事宜。"清室善后委员会"对故宫文物逐宫、逐室进行了清点查收，事竣整理刊出《清室善后委员会点查报告》共六编 28 册，计有 9.4 万余个编号、117 万余件文物，并于 1925 年公开出版《清室善后委员会点查报告》。1925 年 10 月 10 日故宫博物院正式成立。本组史料节选了《清室善后委员会点查报告》中有关点查清宫物件规则，点查慈宁宫、慈宁花园等处的情形和慈宁宫文物目录的相关档案，供研究参考。

  北京市档案馆藏，档号：J181-31-3064。

——选编者 鹿 璐

清室善后委员会点查清宫物件规则

（十三年十二月二十日决议）

（1924 年 12 月 20 日）

第一条　点查事项以左列人员担任之。

甲　委员长委员或其指定之代表

乙　监察员（京师警察总监、京师高等监察厅长、北京教育会长及聘请员等或其代表）

丙　各院部所派助理员

丁　委员会聘请之专门家及事务员

戊　守卫军警

己　前清内务府人员（由委员会中代表清室者指定之）

第二条　点查时分组，每组分为执行及监视二部，其职务之分配临时定之。

第三条　每组人数及组长由委员长临时指定之。

第四条　每日应分若干组，每组应执务之地点由委员长先一日指定。

第五条　每人应隶何组按各部分人员分配，用抽签法抽定。

第六条　每组人员排定后，于进内执务前均须在办公处签名并须佩带〔戴〕徽章。

第七条　登录时每种物品上均须粘贴委员会特制之标签，一面登记物品之名称及件数，凡贵重物品并须详志其特异处，于必要时或用摄影术或用显微镜观察法，或其他严密之方法以防抵换。

第八条　点查物品时以不离物品原摆设之地位为原则，如必不得已须挪动地位者，点查毕后即须归还原处，无论如何不得移至所在室之门外。

第九条　室内工作时得视必要情形更将组员分为小组以免拥挤。

第十条　室内工作时不得单独游息，不得先进或后退。

第十一条　室内工作时监视人员须分立于执行事务人员之间，不得自由来往于事务地之外。

第十二条　室内工作时不得吸烟。

第十三条　组员有违背规则时，监视人员得报告于委员长及监察员处理之。

第十四条　点查时间每日两次，上午自九时起十二时止，下午一时起四时止，作息均不得逾法定时间。遇必要时星期日亦得点查。

第十五条　各组组员只须勤务半日以节劳逸。每一处物品开始点查后即由某组始终其事，以专责成，故每处点查时间每日只限三小时，如组员愿终日在内勤务者，可声明志愿得附隶于上下午勤务之两组。

第十六条　各组进屋勤务无论已毕未毕，出屋时每次必须加以封锁，由本组会同军警签字或作别种符号于上，点查未完之箱柜亦照此办理。

第十七条　本会每日应将点查情形编出报告公布之。

第十八条　本规则遇有必须修改时，应由委员会开会行之。

清室善後委員會點查清宮物件規則

十三年十二月二十日議決

第一條　點查事項以左列人員擔任之

甲　委員長委員或其指定之代表

乙　監察員（京師警察總監京師高等檢察廳長北京教育會長及聘請員等或其代表）

丙　各院部所派助理員

丁　委員會聘請之專門家及事務員

戊　守衛軍警

己　前清內務府人員（由委員會中代表清室者指定之）

第二條　點查時分組每組分爲執行及監視二部其職務之分配臨時定之

第三條　每組人數及組長由委員長臨時指定之

第四條　每日應分若干組每組執務之地點由委員長先一日指定

第五條　每人應隸何組按各部份人員分配用抽簽法抽定

第六條　每組人員排定後於進內執務前均須在辦公處簽名並須佩帶徽章

第七條　登錄時每種物品上均須粘貼委員會特製之標籤一面登記物品之名稱及件數凡貴重物品並須詳誌其特異處於必要時或用攝影術或用顯微鏡觀察法或其他嚴密之方法以防抵換

清室善後委員會點查清宮物品規則

一

清室善后委员会点查清宫物件规则

点查慈宁宫慈宁花园等处情形

慈宁宫在隆宗门之西慈宁门内，规模小于乾清宫。昔为奉太后之所，宫之前为慈宁花园，为太后敬佛处也。造办处在慈宁花园之东，内务府堂则在其南，宫之西有河，河西一带为御厨房、皮瓷库、枪炮库、油木作等处。自民国十四年九月十六日起开始点查慈宁宫，继因本院改组停止，五阅月至十五年八月十四日始点毕。十四年十二月十二日起点查慈宁花园，至十五年一月七日点毕。十四年五月十七日起点查造办处，至九月二十日点毕。十四年三月十六日起点查内务府，至五月二十二日点毕，点完内务府后即继续点查西河沿一带，至七月二十八日点毕（附点查统计表于后）。每处每次点查之，先由组长及监视员率同组员、军警等验封启门，入门依次点查、编号、登录，如遇特别之件，由事务记载员详细记录，并由摄影员摄影。点过物品仍置原处，以存旧观。每次点至法定时间，由组长复查无误签字于物品登记簿退出。

各处封锁情形

每次点毕退出之时，组长会同监视员将内外各门照旧上锁锁门，及各门并加贴组长签字之锁封门封。点查之时如有箱橱及柜等必须上锁加封者，亦封锁如例。各钥匙于退出后交还事务室。

第五编第二册慈宁宫物品目录（节选）

卷一　慈宁宫

卷二　慈宁花园〈略〉

卷三　造办处〈略〉

卷四　内务府　附银库〈略〉

卷五　皮瓷库　城隍庙　官果房　衣库　枪炮库　油木作　修书处　西河沿一带〈略〉

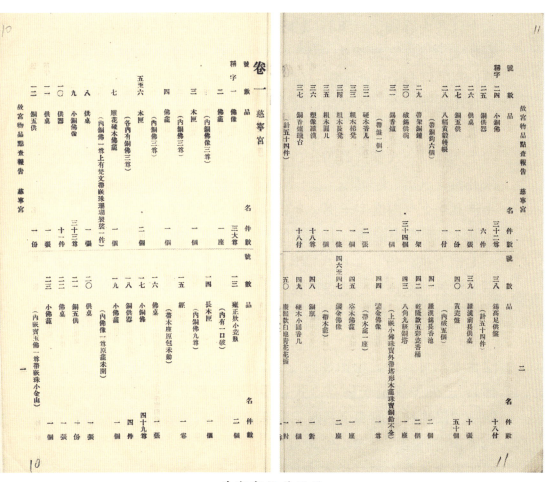

慈宁宫物品目录

卷一　慈宁宫①

称字一佛像三大尊；二佛龛一座（内铜佛像三尊）；三木匣一个（内铜佛三尊）；四佛龛一个（内铜佛三尊）；五至六木匣二个（各内有铜佛三尊）；七雕花硬木佛龛一个（内铜佛一尊上有梵文带嵌珠珊瑚袈裟一件）；八供桌一张；九小铜佛像三十三尊；一〇供器十一件；一一供桌一件；一二铜五供一份；一三雍正款小瓷瓶二个（内有一口破）；一四长木匣一个（内铜佛九尊）；一五经一卷（带木座原包未动）；一六佛桌一张；一七小铜佛四十九尊；一八铜供器四件；一九小佛龛一个（内佛像一尊原龛未开）；二〇供桌一张；二一铜五供一份；二二佛桌一张；二三小佛龛一个（内嵌宝玉佛一尊带嵌珠小金山）

称字二四小铜佛三十二尊；二五铜供器六件；二六供桌一张；二七铜五供一份；二八八幅黄缎幔帐一付（带铜钩六个）；二九带架铜钟一架；三〇破锡供碗三十四个；三一锡香炉一个（带盘一个）；三二硬木香几二张；三三粗木梯凳一个；三四粗木长凳一条；三五粗木圆几一个；三六塑像罗汉十八尊；三七铜香炉蜡台十八付（计五十四件）；三八锡高足供盘十八付（计五十四件）；三九罗汉前长供桌十张；四〇黄瓷盘五十个（内破五个）；四一罗汉锡长香池二个；四二乾隆款五彩瓷香桶二个；四三八角九级铜塔一座（上嵌小佛珠宝、外带塔形木龛，珠宝铜铃不全）；四四鎏金佛像一尊（带木龛一座）；四五空木佛龛一座；四六至四七鎏金佛像二座带木龛；四八铜瓶一对；四九硬木小圆香几一

---

① 编者按号数、品名、件数接续排列。

个；五〇康熙款白地青花花插一对

称字五一锡高足供盘九个；五二铜香炉蜡台一付；五三锡长香池一个；五四铜高足小盘五个；五五红油长供桌二张；五六硬木大佛龛一座（内大小佛五尊）；五七铜佛一尊；五八铜花插一对；五九青花白地高足净水杯五个（雍正款二个、道光款三个）；六〇铜香炉蜡阡一付；六一锡香池一个；六二铜香炉一对；六三红油方供桌一张；六四佛龛一座（内佛像十八尊各带小龛一个）；六五白地蓝花瓷花插一对；六六鎏金佛像一尊；六七锡花插一对；六八锡高足供盘十五个；六九铜蜡阡一对；七〇锡香池一个；七一黑漆供桌一张；七二硬木佛龛一座（内大小佛十一尊）；七三铜佛塔一座；七四锡花插一对；七五铜佛九尊（带玻璃匣一个）；七六锡蜡阡一对；七七锡香池一个；七八红油方供桌一张；七九铜香炉一个；八〇护法佛一对；八一硬木九级浮屠一对（内佛像未计数）

称字八二铜磬一对；八三小铜佛五尊；八四至八五八宝二十三件；八六乾隆款黄料瓶一个；八七陀罗尼经一册（带雕漆盒外带紫檀座乾隆御笔）；八八铜佛灯一盏；八九红漆供桌一张；九〇莲华经二函（计七册）；九一御书华严经九函（计八十一册）；九二楞严经二函（计十册）；九三供桌一张；九四景泰蓝口贡一份（计五件带座）；九五金漆香几一张（附漆香炉一个）；九六壁佛十二排；九七大佛一尊（带雕龙佛龛）；九八绣匾一方；九九马蹄鐏一对（一口仿康熙款）；一〇〇佛三尊；一〇一佛桌一张（上有小佛不计数）；一〇二供桌一张（上有五供一份）；一〇三佛座一对（座上佛未计数）；一〇四铜佛一尊（带佛龛）

称字一〇五佛桌三张；一〇六锡供器八件；一〇七小佛龛二十二个（均带佛像在一大佛龛内）；一〇八铜塔一座；一〇九

铜法器十件；一一〇锡供器十一件；一一一乾隆款白地彩花小瓶一对；一一二供桌二张；一一三佛前木质花瓶一对；一一四佛桌二张；一一五小佛龛三个（内均带铜佛）；一一六锡供器九件；一一七纸佛像一张；一一八破锡供器二十一个；一一九供桌二张；一二〇带亭式龛带座佛塔一座；一二一铜磬一口；一二二铜锡供器二十四件；一二三供桌二张；一二四带佛小佛龛三个；一二五锡供器九件；一二六纸佛像一张；一二七木法器一对；一二八供桌二张；一二九木佛龛一个（内有画佛像带座）；一三〇康熙款双耳蓝瓷瓶一对；一三一铜锡供器十七个；一三二木匣一个（内有铃杵十七件）；一三三木箱一个（内有白地青花高足碗大小二十七个，又破的八个，杂款黄瓷盘大小十个）

称字一三四佛儿一对；一三五硬木二层大柜一对：1乾隆款珐琅六角瓷瓶一对，2万历款黄地绿花大小瓷盘五十八个，3嘉靖款黄地绿花大小瓷盘五十九个，4万历款黄瓷小碟八个，5白地三彩瓷碟十个，6万历成化嘉靖等款黄瓷盘十个，7康熙款黄地绿花小碟一个，8黄地三彩小碟十个（附绿花小碟一个黄色小碟三个均不带款），9康熙款白地团龙碗十个，10白瓷小靶盅一个，11白瓷蓝花带盖小罐一个，12康熙款黄瓷罐一个，13康熙款青花白地果盘二个，14康熙款豆绿扁瓷盆一个，15黄瓷彩龙碗五个，16大小雕漆木盘二百三十六个；一三六硬木顶柜一个：1御书金刚般若波罗密经一百二十部（每一函一册），2大乘诸品经咒十二部（每一函三册）；一三七硬木大柜下层：1金托珊瑚顶圈一个，金托青品石顶圈一个，共嵌东珠二十二粒，附东珠葫芦式大冬〔东〕珠十二粒，又真〔珍〕珠六小粒附绣花飘带一件，带上有油珀璲一珠大小九粒附青晶璲二松石朝珠一挂，珊瑚计二十枚，佛头蓝宝璲角一份，以上共盛一硬木匣；2硬木匣一个（内存黄缎袱四个又手套二副平金套三个），3硬木匣一个：藏红花一黄绫包，碎细片一包，九合香二纸包，桃式金佛锅一个（内盛丸药），铜镀金四方佛锅一个，小银锭七个（内有金质一银铁锡共六），蓝宝石一个，长圆方三角符六纸包，金箔小碟一件，珠红玛瑙一块，红宝石璲一块，白玉小花片一块，青晶石一块，珊瑚一块，松石一块，红铜四方佛锅一件，红阿吉素药二纸包，4慈宁宫宣统档案七册，5清字内政要览五套，6大乘妙法莲华经十一函（每函七册），7清字内范演义四函（每函四册），8清字大学演义六函（每函六册），9清字洪武宝训一套（计三册）、大元史二套（计十四册）、清字金史一套（计九册以上共一布包），10清字天文书一册、清字小说一套、满文书一套（计四册以上共一布包）

　　称字11清字日讲四书解义二函（共计二十六册），12写本清字玉匣记四册、清字西游记十四套（每套五册共一布包），13清字三国志六函（每函四册），14会试乡试录十八包（清汉文顺治年共在一大绸包内），15大小铜锁六把；一三八硬木顶柜一个（内盛旧黄毡黄包各一件）；一三九硬木竖柜一个：1凉帽一顶（上嵌珠一颗珊瑚坠二个带漆盒），2凉帽一顶（上嵌珠大小二颗带漆盒），3凤暖冠一顶（附冠顶金凤一个及小珠约三百颗，冠上嵌大珠七十五粒小珠未计数，又金凤九个带漆盒一个），4空帽盒一个，5玉柄团扇十把（带五屉木匣一个），6云香药一皮箱，7旧靴一包；一四〇硬木顶柜一个；一四一硬木大柜一个：1大小铜供器十二件，2貂皮帽一顶（带东珠一粒，附貂领一件带松石坠子外带金漆盒），3貂皮帽一顶（带金漆圆盒），4圆漆盒一个（内存珊瑚朝珠一挂，滑石数珠一盘，白玉念珠一挂带宝石坠子外带黄缎包）；一四二顶柜一个：1至2木盒二个（一内存折扇三匣，每匣五把，一把带琥珀坠子），3御笔折扇九柄，4御笔眉寿图一卷，5御笔挑菜图一卷，6御笔金英献寿图一卷，7御笔岁朝图一卷，8御笔多禄图一卷，9御笔诗画一册（六开），10御笔写生一卷，11御笔写生络纬一卷，12御笔东坡寿星竹一卷，13御笔寿星图一卷，14御笔寿星竹一卷，15御笔珠躔朗曜寿星一卷，16御笔慈竹水仙一卷，17御笔壶韶长庆图并诗一卷，18御笔万寿图四卷（绢地）（各带木匣锦包玉撇有乾隆款），19御笔字二十一卷，20御笔画二轴，21大小御笔对联二十一卷，22大小御笔字五卷，23御笔写生图十卷；一四三胪观荟景大册页一册（八开）；一四四铜木法器九件（带木箱）；一四五黑狐皮袍褂缎面棉衬衣三一件（带锡裹皮箱）；一四六破木箱三个（内各盛破木灯未计数）；一四七葫芦式木座一对；一四八执事一堆；一四九玻璃串珠灯架一个；一五〇长木桌一张；一五一硬木长几一张；一五二粗木条几一张；一五三木鱼一个；一五四福字牌一块；一五五黄布垫一件；一五六高足铜供盘十一个（二件带盖）；一五七铜壶一把（以上东耳房完）。

一五八大木箱一个：1珊瑚等数珠九包、铜镀金四方盒一个（内盛佛冠经一册）、满达上嵌之小亭一包、佛衣上铜缀佛一尊、小金钮一小包、小碎珠一小包、大小珍珠五粒（以上共盛一皮箱），2翠羽扇二柄（各带木匣），3佛衣一包，4强国忠临药师如来延寿本愿功德经一册、佛说高王观世音经二册、光明如来陀罗经三册、红白玛瑙寿星一尊、破雕漆圆盒一个、观世音经一册、碧玉轴头一对、漆盒一个、雕桃核数珠一盘、大藏总经目录一册、黄绫一块、黄绢一捆（以上共盛一木箱）；5红油木箱一个：嵌珠供花一对、累丝嵌珠供蜡一对、金累丝八吉祥五个、青玉三足盖炉一个（带珐琅座）、青玉蜡阡一对（带珐琅座）、青玉供花插一对（带铜胆珐琅座）、黄帐帘一件、嵌珠碎花插一个（附金铃三个）、小金瓶一百零七个、银质香炉胆一个，6 银方炉一个（带盖及屉），7 银珐琅蜡阡一对，8 银珐琅花瓶一对，9 银珐琅香筒一个，10 银镀金轮一个，11 银珐琅蜡阡一对，12 铜珐琅香炉一个，13 铜蜡阡一对，14 青玉香炉一个（带木盖木座），15 银珐琅四足香炉一个，16 异兽香炉一个，17 银供托五个，18 铜镀金五供一份，19 花式铜蜡阡五件，20 镀金七珍树一枝，21 木刻灵芝铜镀金花插一对，22 银七珍一份，23 铜镀金八吉祥一份，24 铜幔钩六对，25 银质蜡台一件，26 铜镀金蜡阡一对，27 破铜蜡阡六件，28 银质碎供花一包；一五九金漆宝座一份；一六〇黄绫伞一把；一六一硬木条案一张；一六二大小缸瓦八宝三十六个；一六三乾隆款白地蓝花高足碗一个；一六四金色嵌珠宝藏塔一尊；一六五佛桌一张；一六六木锡供器十件；一六七万历款白地青花瓷瓶一对；一六八锡香池一个；一六九木牌位一尊；一七〇黄瓷碟五个（内道光款四个、同治款一个破）；一七一铜铃二份；一七二破铜磬一个；一七三嵌珠宝铜佛一尊（带金色亭式龛）；一七四供桌二张；一七五木锡供器十件；一七六万历款白地青花小瓶一对；一七七铜铃二份；一七八雍正款白地青花高足小碗一个；一七九锡香池一个；一八〇嵌珠金色佛一尊（带亭式佛龛）；一八一小珠幢四挂；一八二破漆瓶一对；一八三佛桌一张；一八四木锡五供十件；一八五万历款白地青花小瓷瓶一对（内破一个）；一八六白地青花高足小碗一个；一八七黄瓷碟十个（破四个）；一八八锡香池一个；一八九铜铃二份；一九〇硬木椅二个；一九一珐琅破玻璃灯一个；一九二大铜磬一个（带木几一个）；一九三黄绫伞一把；一九四金漆木床一个（带座褥头枕及脚凳二个）；一九五小金泥佛壁二架；一九六大木箱一个；

1银胎金坛城一份，2金满塔须弥山一份（原注四十六两四钱），3金满塔一份（原注八十九两），4金满塔七珍八宝须弥山一份（原注九十两），5铜镀金藏文圆盒一个（附哈达一件带木底已破），6银壶一把（原注二十六两），7银坛城一份，8金满达一份（原注八十两），9金满达须弥山一份（原注五十八两），10金满达（原注四十八两五钱），11银满达一份，12金满达须弥山一份（原注五十七两），13残缺嵌珠宝银满达一份，14镀金藏文嵌宝盖一个，15铜镀金响铃一个，16各式银质供器一百七十三个；一九七木架一个：1大小二等孔雀明王等藏经十五捆（各带夹板绸袱）；一九八至一九九嵌螺甸描金漆匣二个（内共盛蒙古字经六十五种附总目二册）；二〇〇四层木阁一个；二〇一四层木阁一个：1画像释迦尼牟纪传经一部，2毗卢佛坛城经一部，3大菩提道经一部，4木连经一部，5藏字木连源流经一册，6藏字金刚经一册，7藏文经一包，8藏字金刚经一包，9藏文经一包，10菩提道经五本（计一捆带黄袱），11莲花祖世源流经一包；二〇二至二〇三带屉大木柜二个（各内盛嵌珠石藏经五十四屉，每屉内存经一部，每部各带夹板及包袱）；二〇四空木柜一个；二〇五破铜丝灯三个；二〇六破木桌一个（上有幔帐一堆）；二〇七佛前供器木盘碗一盘；二〇八平金佛前幔帐二份；二〇九大华藏壮严世界海一轴；二一〇画佛像三轴；二一一三层大木佛塔一座（第一层铜佛四十八尊，第二层九十六尊，第三层一百六十尊）；二一二黄云缎伞二把；二一三绿地织金幡幔二份（每份五件）；二一四壁上木格小木佛二格（每格二十一层，每层十六尊）；二一五铜磬一口；二一六木板箱一个：1银镶嵌法轮一个，2玻璃靶〔把〕盏一个，3白地青花花瓶一个，4银孔雀瓶一个，5带盖镀金铜香炉一个，6银杵一个，7银法瓶一个（带镀金小佛一个带银托），8铜双杵一座，9银嵌法轮一个，10银镀金八宝一份，11铜炉盒三件（附铲箸炉宣德款），12铜菊瓣盘一个（内盛铜佛前八宝零件二十四件）；二一七木板箱一个：1铜法铃法杵八份，2描金漆框牛角座灯一对，3不全木八宝一份，4木葫芦瓶一个，5锡海灯盘三个；二一八大供桌一张；二一九红龙白地瓷供器十件；二二〇漆五件一份；二二一锡灯盘五件；二二二乾隆款白地青花高足水碗一个；二二三铜法轮杵二份；二二四浇黄五寸碟三个（破一个）；二二五黄绫幔三件；二二六铜熏炉一对；二二七旧地毡一块；二二八黄锻桌围一包（计十二件）；二二九画佛像二轴；二三〇佛幔佛衣桌围拜垫等一包（计二十六件）；二三一黄缎棉拜垫三块；二三二木伞架二个；二三三钱如诚妻史瑛绘无量寿佛一轴；二三四画佛像三轴；二三五小铜佛二尊（各带木龛内附画像一件）；二三六泥佛八座；二三七至二三九小铜佛八十一尊（各带木龛内附画像一件）；二四〇铜镀金佛九尊；二四一白玉观音一尊；二四二青玉佛一尊；二四三白玉观音一尊；二四四青玉佛一尊；二四五瓷观音一尊；二四六大唐苏常侍造印度泥佛像一尊；二四七铜佛一尊；二四八小铜佛一百八十二尊；二四九破画佛像十轴；二五〇金廷标画杨枝大像一轴；二五一铜佛十一尊；二五二空大佛龛一座；二五三珐蓝铜佛三尊；二五四铜佛一尊；二五五烧蓝嵌玉塔二座；二五六青玉佛一尊；二五七万历年制白地蓝花花瓶一对；二五八佛桌一张；二五九雕漆供桌一张；二六〇雕漆供器八件；二六一大木佛桌一张；二六二画像十一幅；二六三铜铃二十个；二六四漆供器五件；二六五铜锡供器二十七件；二六六乾隆款白地蓝花净水碗一个；二六七道光款黄瓷碟四个；二六八铜炉亭二架；二六九小铜佛八十尊；二七〇木长方桌一张；二七一铜炉瓶三式一份；二七二锡香池一个；二七三黄桌围垫一木箱；二七四漆匣一个（内盛香料花串）。以上慈宁宫后殿西殿查完。

二七五绫棉幔帐一份（计五件）；二七六供桌四张；二七七漆五供五件；二七八锡香炉一件；二七九锡供盘五个

称字二八〇御书功德经一函（计一册附小铜镜一面）；二八一白地青花蒜头瓶一对（附黄瓷碟一个道光款）；二八二带座木灵芝瓶一对；二八三木佛亭一座（内附大小佛龛十五座均有佛像）；二八四木龛十一座（均带佛像）；二八五铜磬一份；二八六供桌四张；二八七漆五供五件；二八八锡供盘五件；二八九锡香池一件；二九〇黄瓷碟五个（破三个）；二九一道光款白地青花净水杯一件；二九二康熙款白地青花花瓶一对；二九三佛前油灯一盏；二九四木八宝一份；二九五铜香炉一个；二九六料瓶一个（带铜座）；二九七大佛龛一座（内附小佛龛十座均有佛像又佛锅一座）；二九八木龛十座（均带佛像）；二九九佛幔三件；三〇〇木灵芝二座；三〇一铜磬二个；三〇二佛桌二张；三〇三漆五供一份；三〇四锡供盘香池等六件；三〇五黄瓷碟三个

称字三〇六雍正款青花白地净水杯一个；三〇七康熙款白地青花蒜头瓶一对；三〇八铜塔一座；三〇九木佛亭二座（带佛桌内共有石佛像四十四尊）；三一〇大木佛亭一个（内有山石佛像）；三一一木佛龛七个（均有佛像）；三一二空木匣一个；三一三木佛龛一座；三一四铜佛三尊；三一五供桌一个（附黄瓷盘一只道光款）；三一六紫檀佛龛一座（内盛铜佛九尊）；三一七铜佛四尊；三一八瓷花瓶一对；三一九瓷蜡台一对；三二〇瓷三足炉一个；三二一铜五供一份；三二二锡香池一个；三二三空册宝木匣七个（带木座及绸袱）；三二四供桌三张；三二五八仙桌五个；三二六

佛幡三包；三二七供桌一张；三二八木佛龛三座（内盛铜佛三尊）；三二九铜五供一份；三三〇铜香池一个；三三一黄瓷盘五个（内破一）；三三二太方广圆觉修多罗了义经一函（二本带雕花木匣）

称字三三三佛说十吉祥经一函（一册带雕花木匣）；三三四锡炉盆盒一份；三三五石刻十八罗汉十八尊；三三六铜佛像一尊；三三七白玉佛像一尊（带玉座靠屏佛龛）；三三八白玉佛像一尊（带龛座及嵌珊瑚靠屏）；三三九大小白玉佛像二尊；三四〇白玉佛像一尊（带龛及嵌宝靠屏）；三四一白玉佛像一尊（带龛及铜座靠屏）；三四二铜佛像一尊（带龛及铜座靠屏）；三四三木格小佛像万佛屏三大块；三四四木佛塔一座（带小木像）；三四五长供桌一张；三四六大乘妙法莲华经七册；三四七长供桌一张；三四八法轮一座；三四九铜佛塔二个；三五〇锡高足供盘五件；三五一锡五供一份；三五二锡香池一件；三五三黄瓷盘九个（内二个已有裂缝）；三五四道光款白地青花高足净水碗一个；三五五宝幡一对；三五六蓝色石金刚经二十块；三五七小木龛三座（带铜佛三尊）

称字三五八锡五供一份（带锡香池一个）；三五九供桌一张；三六〇铜磬一个；三六一长佛龛三排（内有铜佛九十尊）；三六二瓦八宝十二个；三六三锡花插二个；三六四锡香炉蜡台三个；三六五供桌二张；三六六大木佛龛一个（带小木佛龛三十个均带佛）；三六七小铜佛龛一个（带小铜佛九尊，龛嵌旧玉佩一个）；三六八小木佛龛一个（带铜佛九尊）；三六九锡花插一对；三七〇锡五供蜡阡八件（带锡池一个）；三七一道光款白地蓝花高足杯一个；三七二瓷碟三个（同治款二、道光款一）；三七三蓝玻璃瓶一对；三七四供桌二张；三七五长佛龛三排（内有铜佛九十尊）；三七六瓦八宝十二个；三七七锡花插二个；三七八锡香炉蜡台三个；三七九破挂佛像六件；三八〇铜磬一个；三八一各式佛龛六十四个（带佛八十八尊）；三八二小铜佛三十二尊；三八三小木塔八个；三八四大铜佛二尊

称字三八五铜佛塔一个；三八六铜法轮一个；三八七瓦八宝十六个；三八八锡五供蜡阡花插二十二个；三八九铜磬一个；三九〇藏字佛经四套；三九一供桌二张；三九二空木顶柜二个；三九三铜方炉六个；三九四木箱一个：1蒙藏文文殊师利赞一夹带玻璃罩又镶宝石座，2金刚经一册（墨纸粉写带锦套附布达拉迭庙万佛归一佛号一折），3带柄铜熏炉一对，4康熙年书画檀香股折扇二把，5金刚经一册，6无量寿佛经一夹（带镶松石夹板及玻璃罩木座），7无量寿佛经一夹（带木夹及玻璃罩木座），8金刚寿命经一夹，9古铜双环瓶一对，10镀金小瓶八个（带盖包一绸袱），11破木座等件一堆；三九五木格三个；三九六提木盒一个（内盛紫檀木架二个）；三九七扁木匣一个（内盛绣花荷包二串）；三九八木座二十二个；三九九各色佛幡等件三格

称字四〇〇金漆寿屏一份（计五份带座）；四〇一地毯一块；四〇二木架一个：1库金佛簾四捆，2凉席一捆，3佛幡一格，4各色桌围一格，四〇三木架一个：1佛幡一格，2各色佛帘及佛垫二格；四〇四空木柜一个；四〇五黄云缎伞七把；四〇六木架三个；四〇七破六菱儿一张；四〇八壁佛三块；四〇九铜磬二个；四一〇硬木茶几一个；四一一至四一二佛龛九座（内有铜佛九尊青玉佛一尊）；四一三锡供器三十二件；四一四铜佛三尊；四一五乾隆款黄盘子五个；四一六道光款黄盘子八个；四一七同治款黄盘子九个；四一八雕花佛龛一座（内绢绘观音像一）；四一九大理石插屏一座；四二〇佛龛一座（内盛

铜佛一尊）；四二一铜磬一个；四二二锡供器八件；四二三道光款青花净水碗一个；四二四琉璃瓦八宝七个；四二五佛经一包；四二六佛像五轴

称字四二七佛龛一座（内盛青玉寿星一尊）；四二八佛龛一座（内盛寿山石观音一尊）；四二九佛龛三座（内盛铜佛各一尊）；四三〇佛龛一座（内盛寿山石佛一尊）；四三一玻璃盒一个（内盛泥佛二十尊、泥塔二个）；四三二锡供器三十二件；四三三佛桌十张；四三四雍正款霁红高足碗九个；四三五白瓷加彩高足碗三个；四三六乾隆款五彩龙水盂一对；四三七乾隆款五彩高足盘一对；四三八乾隆款青花水盂一个；四三九道光款大小青花水盂六个；四四〇青花高足盘一个；四四一铜磬一个；四四二琉璃瓦供花四个；四四三锡五供九件；四四四佛龛四座（内盛铜佛六尊）；四四五佛像一轴；四四六锡五供十一件；四四七雍正款破白地蓝花净水碗一个；四四八铜塔十座（各带木座，内盛小铜佛一尊）；四四九佛龛二十三座（内各盛铜佛一尊）；四五〇佛龛一座（内盛白玉佛一尊）；四五一青玉弥勒佛一座；四五二佛像五轴；四五三大佛龛一座（内挂绣像一轴、小佛龛一座、龛内盛小铜佛三尊、佛头各缀珠一粒）；四五四破琉璃瓦八宝一份；四五五锡五供十一件；四五六琉璃瓦八宝六件；四五七洋铁供花七件；四五八铜釉瓷奔壶一把；四五九佛龛五座（内盛铜佛七尊）；四六〇黄瓷盘四个（乾隆款一、道光款二、同治款一，有三个破）；四六一供桌六张；四六二幔帐二件；四六三空花梨小竖柜一对；四六四破灯一对；四六五红漆木柜一对（内盛印木经册二格未计数，又铜锡供器九件）；四六六红油木箱一个；四六七木佛龛一个；四六八大红木柜二个（内藏订本御书经册未计数）；四六九大红木箱一个（内藏番藏等文写经大小共三十一件均带锦包）；四七〇红油木柜一个：1 经单账目一包，2 铜香炉一个，3 景泰蓝香炉一个，4 花梨木瓶一个，5 锡盒七个（内存粗磁〔瓷〕碗九个），6 锡供器四件，7 锡茶壶三把，8 景泰蓝香炉一个，9 铜香炉一个，10 紫檀抽屉匣一个（内藏黄纸包件未计数），11 金漆匣一个（内盛卷本经卷未计数），12 铜供器七件，13 景泰蓝炉瓶三个，14 铜镀金方蜡台一对，15 破烂铜供器一木匣，16 景泰蓝檀香盒二个（一个带木座），17 磁〔瓷〕供碗六个；四七一金漆木橱一个：1 大乘诸品经咒等一包，2 嵌松石银宝瓶一对，3 铜蜡台一个，4 铜八宝二个，5 铜镀金嵌玉香炉一个，6 景泰蓝小瓶一个；四七二铜磬一个；四七三木桌一张；四七四黄缎伞一把；四七五长方木桌一张；四七六大小楠木佛龛二个；四七七木箱一个；四七八锡五供十八件；四七九荷叶莲花式洋瓷挂灯一件；四八〇木凳一个；四八一红木桌一张；四八二铜蜡阡十五件；四八三铜供器五件；四八四锡供器八件；四八五铁锤九把；四八六铁钳十把；四八七大小木桌四张；四八八小木炕一个；四八九硬木方凳一对；四九〇硬木炕桌一件；四九一木香炉架六件；四九二牛角灯一对；四九三三足八卦铜炉一件；四九四至四九五铁方化纸炉五个；四九六漆盒四个；四九七破筐箩八个（内盛平安香等）；四九八群仙祝寿象牙塔四个；四九九象牙百仙祝寿塔一对；五〇〇象牙龙船二对；五〇一木座一对（附木桌一件）；五〇二两层大座钟一座；五〇三青花白地瓶一个；五〇四慎德堂制五彩三羊开泰瓶一个；五〇五乾隆款五彩双耳尊一个；五〇六蓝瓷百寿瓶一个；五〇七彩定瓷瓶一个；五〇八五彩瓷瓶一个；五〇九蓝瓷海棠式瓶一个；五一〇铜珐琅六方火盆一对；五一一木葫芦一对；五一二木座一对；五一三长木桌一对；五一四炕垫一堆；五一五葫芦万代玻璃挂屏一对；五一六百古挂

屏一对（内破一件）；五一七蓝挂屏一对（玻璃破）；五一八雕漆
山水挂屏一个（附雕漆对联一付）；五一九玻璃树桩一个；五二
〇鹿鹤同春挂屏一个；五二一小木炕一个；五二二至五二三珐琅
盆景二个；五二四人物盆景一对；五二五破坏珐琅长方式盆景一
对；五二六破坏大小珐琅各式盆景六个；五二七至五二八珐琅料
花插屏二对；五二九坏八音钟匣一对；五三〇雕刻象牙套球一对
（各带木匣）；五三一铜珐琅火盆一对；五三二铜火炉一个；
五三三长方木桌一个；五三四棕毯四卷（附布一卷共五卷）；
五三五破长几二张；五三六木炕一个；五三七破木座一个；
五三八大木柜一个：1 大小牛角灯八个，2 圣祖仁皇帝御书墨刻
金刚般若波罗蜜经手卷五十卷，3 墨拓乾隆御临七佛偈十六卷，
4 墨拓文殊像五十卷，5 墨拓西番佛像六十卷，6 墨拓名僧传赞
三十二卷，7 墨拓多心经十卷十册，8 墨拓多心直幅五十卷，9
墨拓观音像五十卷，10 墨拓莲华经七卷；五三九大木柜一个：1
墨拓佛像七卷，2 墨拓心经五十一卷，3 黄庭经十卷，4 墨拓极
乐世界一捆，5 墨拓金刚塔五大卷，6 墨拓大华严世界十卷，7
墨拓八大人觉经五卷，8 墨拓金刚塔二十一卷，9 墨拓金刚经塔
十卷，10 墨拓佛像八十卷，11 填硃纸佛像七卷，12 墨拓迦叶佛
像七卷，13 墨拓释迦牟尼佛像八卷，14 填硃佛像七卷，15 大华
严世界二十卷，16 填硃佛像十四卷，17 墨拓佛像三十四卷，18
般若多心经十七卷，19 墨拓金刚塔一大轴，20 墨拓吉祥天母像
二十卷，21 墨拓菩提树十卷，22 墨拓诸佛像五十卷，23 墨拓佛
像七卷，24 墨拓佛像七卷，25 填硃佛像七卷，26 墨拓金刚经七
卷，27 金硃刻七佛偈五五卷，28 墨拓观音像十五卷，29 古佛像
五十卷，30 墨拓金刚经一捆，31 墨拓金刚经二十卷，32 填金金
刚经四卷，33 墨拓金刚经三捆；五四〇填金佛说功德经一匣（计

五十张）；五四一墨拓禅师像赞三十二卷；五四二墨拓西番佛像二十六卷；五四三墨拓华严经带佛像一张；五四四七佛偈十三卷；五四五墨拓西番经十一卷；五四六心经五十卷；五四七心经塔三十二卷；五四八七佛偈二十卷；五四九墨拓西番经十三卷；五五〇墨拓金刚经塔五十卷；五五一西番佛像墨刻八卷；五五二乾隆御制金刚经塔墨刻六十卷；五五三红长木箱一个（内盛硃墨金各种御笔心经、宝塔大小共五十七卷，内有墨拓一捆未点数）；五五四佛龛一座（内摆小佛龛二十一座，计镀金铜木各佛十九尊、画佛像一尊、铜狮座玉佛一尊）；五五五红供桌一张（上摆锡供器十一件，蓝水白地供碗一个、蓝官料瓶一对、已破黄瓷碟十二个）；五五六小供桌一张（上摆锡器十一件）；五五七破宝座（破八宝供八件）；五五八破八仙方桌三张；五五九小供桌一张（上摆锡器九件香炉缺盖）；五六〇青金石山佛像一座、江鸣皋造白瓷佛像一座、玛瑙山石一个；五六一破旧绣佛像一轴；五六二大佛龛一座（内摆小佛龛二十三座，共计木石玉铜瓷牙大小佛像二十三尊）；五六三大小供桌四张（上摆牌位一个、供具二十六件、心经一部、磬一口）；五六四供几一对（木座一个）；五六五供桌一张（上摆供器六件）；五六六佛龛一座（夫子佛像一尊）；五六七大佛龛一座（内摆小佛龛十七座共计木铜各佛像三十三尊、康熙款花插一对、道光款青花白地水碗一件）；五六八供桌一张（上陈锡供器十一件）；五六九破宝座一份（带绣花围屏黄缎枕垫）；五七〇破羽扇一对；五七一佛龛一座（内摆小佛龛六座铜石佛共七尊）；五七二供桌一张（上陈锡供器十二件）；五七三红木箱一个：1铜供花四十六件，2银镀金宝瓶一个，3银镀金满达一份，4铜镀金佛瓶一个，5明宣德款铜香炉一个，6小铜方炉一个，7锡木如意瓶一个，8铜盒一个，9乾隆款景泰蓝盖碗一个，10 桃式漆盒一个，11 御制铜香盘一个，12 梵字盒盖一个（内盛哈达一包），13 菩提念珠一挂（珊瑚佛头带漆匣一件），14 黄缎荷包一个（内盛金豆七个），15 乾隆年制景泰蓝如意一柄；五七四木桶一个：1 光绪款青瓷海兽大碗四十个，2 光绪款裹外黄暗龙二海碗十九个；五七五木桶一个：1 光绪款彩黄地金万寿无疆七寸盘四十个，2 光绪款彩黄地金万寿无疆八寸盘三十个，3 光绪款外黄地金万寿无疆大碗五个；五七六木桶一个（内存各色大小罐盖一百个）；五七七粗木架一个；五七八木桶一个：1 光绪款浇黄白裹二海碗八十五个，2 青花白地罐盖十个（附五彩罐盖一个），3 光绪款浇黄白裹大盘二个；五七九粗木箱一个：1 大小浇黄盘九十五个（道光款四十一、同治款一、光绪款五十三），2 大小五彩盘七十三个（同治款三十六、光绪款三十七），3 同治款红地金喜字大盘五个，4 大小黄碗七十一个（道光款六、光绪款六十五），5 黄地彩花大小碗二十个（同治款十三、光绪款七），6 道光款黄地凸花大碗三个，7 光绪款黄地绿龙中碗九个，8 同治款黄地寿字大碗三个；五八〇木桶一个：1 白地红花高足盘二个，2 光绪款黄盘八个，3 同治款黄地绿花盘三个，4 同治款大小喜字盘五个，5 光绪款黄地万寿无疆盘八个，6 光绪款黄盘六个，7 光绪款黄地蓝花万寿无疆碗二个，8 光绪款有伤素黄地白裹碗二个，9 同治款黄地福寿花盘二个，10 同治款黄地喜鹊登梅盘五个，11 光绪款黄地万寿无疆大盘一个，12 光绪款黄地暗龙大盘一个，13 光绪款白地青龙盘一个，14 光绪款红地白竹大碗一个，15 光绪款黄地福寿碗一个，16 同治款黄地蝙蝠盘一个，17 光绪款黄地福寿盘一个，18 同治款黄地福寿盘一个，19 同治款黄地喜字盘一个，20 光绪款有伤黄地福寿小盘二个，21 黄地白裹羹匙二个，22 光绪款黄素盘三个，23 同治款黄地蓝寿字盘一个，24 同治款黄地红蝙蝠盘一个，25 光绪款黄地福寿盘四个，26 同治款黄地蓝寿盘一个，27 同治款黄地红喜字盘一个，28 光绪款黄地万寿无疆盘一个，29 同治款黄地蓝枝花盘二个，30 同治款黄地蝴蝶盘一个，31 光绪款黄地暗花大碗一个，32 光绪款黄地绿龙小碗一个，33 黄地黄裹小碗二个（道光款一、光绪款一，均有伤），34 光绪款有伤黄地紫绿龙小盘一个，35 光绪款有伤黄地福寿小碟一个，36 白地彩花高足小碗一个，37 光绪款有伤素黄小碗二个，38 有伤素黄盘一个，39 有伤白地彩花永庆长春盘一个，40 光绪款有伤黄地暗龙碗一个，41 道光款有伤素黄碗一个；五八一木桶一个：1 同治款黄地寿字盘四个，2 长春同庆款红地金喜字盘六个，3 同治年制红地金喜字盘二个，4 光绪年制黄地暗龙盘四个，5 光绪年制黄地磁〔瓷〕盘二个，6 同治款黄地彩花盘三个，7 光绪款黄地福寿花盘五个，8 同治款黄地梅雀花碗一个，9 道光款黄地福寿碗九个，10 道光款黄地暗龙碗二个，11 光绪款黄地万寿无疆大花碗五个，12 同治款黄地蝴蝶花盘一个，13 白地彩花高足盘一个，14 道光款黄地凸花大碗一个，15 光绪款黄地万寿无疆花盘五个，16 光绪款黄地福寿花碗五个，17 黄地花匙羹五个（同治款一个），18 黄地青龙小碟七个（内一个有伤），19 同治款白地彩花小碟二个，20 光绪款黄地彩花碟二个，21 同治款口伤红地喜字碗一个，22 光绪款黄地磁〔瓷〕碗一个，23 同治款黄地蝴蝶花碗一个，24 光绪款绿地云水花碗二个，5 黄地茶杯三个（内一个口伤），26 大小白地彩花高足碟五个，27 大小白地彩花高足碗十个；五八二木箱一个：1 同治款黄地红蝠大盘八个，2 光绪款黄地福寿盘六个，3 道光款黄盘一对，4 光绪款黄地绿龙盘二个，5 光绪款黄地暗龙碗十个，6 光绪款大小黄地万寿无疆碗十一个，7

同治款黄地彩蝶碗四个，8 同治款黄地彩蝶喜字碗一个，9 同治款黄地红蝠蝶〔碟〕三个，10 同治款黄地百喜大碗二个，11 同治款黄地彩花福寿碗五个，12 光绪款绿地紫龙碗一个，13 白地四季花高足盘六个，14 光绪款黄地福寿碗三十八个，15 白地四季花高足小碗三个，16 长春同庆款红地金喜字盘六个，17 道光款黄地绿花盘四个，18 光绪款黄地福寿碗五个，19 光绪款黄地万寿无疆碗五个，20 光绪款黄地福寿碗二个；五八三木桶一个：1 光绪款黄地福寿大盘五个，2 光绪款外黄白裹盘五个，3 光绪款大黄盘六个，4 同治款黄地红喜字盘五个，5 同治款黄地喜鹊穿梅大碗四个，6 同治款黄地蝴蝶双喜大碗五个，7 同治款大小黄地红喜字碗三个，8 光绪款黄地福寿碗六个，9 光绪款黄地暗龙小碗二个，10 同治款小碟五个，11 光绪款黄釉茶杯五十六个；五八四木桶一个：1 光绪款黄大盘十七个，2 至 3 光绪款白裹黄面大盘十七个，4 光绪款万寿无疆盘五个，5 光绪款福寿盘八个，6 光绪款福寿大碗七个，7 光绪款黄盘四个，8 大小五彩高足碗五个，9 高足碟子三个，10 光绪款万寿无疆碟二个，11 同治款福寿小碗一个，12 光绪款黄小碗一个；五八五木箱一个：1 光绪款大小黄磁〔瓷〕盘十八个，2 同治款蓝寿字盘五个，3 同治款黄地蓝花大盘二个，4 万寿无疆盘三个，5 黄磁〔瓷〕大盘九个，6 至 7 光绪款万寿无疆大盘十七个，8 黄蝙蝠花碗三个，9 光绪款大小万寿无疆碗十个，10 光绪款黄地绿龙小碗二个，11 同治款双喜字蝴蝶碗一个；五八六木桶一个：1 光绪款黄地暗龙大海碗十个，2 光绪款大小万寿无疆碗四十五个，3 同治款大小红喜字碗三个，4 至 5 同治款红地金喜字大碗十三个，6 黄盘十九个，7 光绪款大小万寿无疆盘九个，8 同治款黄地蝴蝶盘二个，9 同治款黄地双喜字盘一个，10 同治款黄地红喜字盘一个，11 同治款黄地五彩寿字碗二个，12 光绪款大小黄碗四个；五八七木桶一个：1 同治款红釉金喜字瓷盘六个，2 光绪款黄地福寿瓷盘六个，3 光绪款大小黄瓷盘二十个，4 光绪款黄地暗龙瓷盘五个，5 光绪款大小黄瓷盘福寿碗六个，6 光绪款黄瓷盘五个，7 光绪款黄瓷大碗五个，8 同治款黄瓷盘梅雀碗二个，9 同治款蓝寿字黄瓷碗一个，10 同治款蓝寿字黄瓷盘一个，11 同治款绿竹黄瓷碗三个，12 光绪款黄地彩花万寿无疆碗三个，13 光绪款黄地福寿小碗一个，14 彩花高足小碟三个，15 同治款黄瓷梅雀大盘五个；五八八木桶一个：1 光绪款黄地福寿金边大碗三个，2 同治款大小寿字黄瓷碗十三个，3 同治款黄瓷梅雀大碗一个，4 同治款金喜字红瓷盘五个，5 光绪款万寿无疆黄瓷大碗三个，6 同治款福寿黄瓷大碗五个，7 同治款金喜字红瓷碗五个，8 光绪款暗龙黄瓷碗四个，9 同治款金喜字白裹红瓷碗九个，10 光绪款福寿白裹黄瓷碗五个，11 同治款寿字白裹黄瓷碗六个，12 光绪款大小黄瓷碗二个，13 同治款白裹金边黄瓷喜字碗一个，14 同治款白裹金边黄瓷福字碗一个，15 同治款白裹金边黄瓷福字杯七个，16 同治款福寿黄瓷盘三个，17 同治款福寿桃黄瓷盘五个，18 同治款梅雀黄瓷盘三个，19 光绪款福寿金边黄瓷盘五个，20 同治款绿竹黄瓷盘一个，21 同治款黄地寿字大碗二个，22 同治款蝙蝠黄瓷盘三个；五八九木架一个（原系六七七号空架，今置下列瓷器，故另挂号）：1 光绪款黄瓷大盘九个，2 光绪款万寿无疆大黄盘四个，3 同治款黄寿字大碗八个，4 同治款喜鹊登梅黄大碗七个，5 同治款五蝠捧寿黄大碗五个，6 同治款大小黄地喜字碗十三个，7 同治款大小红地喜字碗十四个，8 光绪款大小黄地万寿无疆碗十三个，9 光绪款大小黄碗二十三个，10 同治款蝙蝠黄地小碗三个，11 同治款喜鹊登梅黄大碗二个，12 光绪款黄茶盅十五个，13 光绪款大小黄地万寿无疆碗十九个，14 光绪款绿地紫龙中碗十六个，15 同治款大小蝴蝶黄瓷碗七个，16 光绪款大小黄瓷碗十五个，17 同治款蝴蝶大黄盘七个，18 光绪款黄地绿龙小盘九个，19 光绪款黄地五彩中碗六个，20 同治款大小喜字红盘三个，21 光绪款大小黄瓷盘九个，22 同治款黄地双喜中小碗二个，23 白地五彩高足碗七个，24 大小高足盘二个，25 同治款黄小茶盅六个；五九〇木箱一个：1 同治款黄地福寿九寸盘十四个，2 同治款黄地鹊梅九寸盘五个，3 同治款黄地红蝠九寸盆六个，4 同治款黄地蝶喜九寸盘十二个，5 光绪款裹外黄地九寸盘十一个，6 裹外黄地八寸盘八个，7 同治款黄地绿竹花九寸盘十四个，8 光绪款黄地万寿无疆盘四个，9 光绪款黄地万寿无疆盘八个，10 光绪款黄地暗龙九寸盘八个，11 黄地万寿无疆盘五个，12 同治款红地金喜字九寸盘三个，13 黄地碎蓝花九寸盘九个，14 光绪款万福万寿盘四个；五九一木箱一个（内盛同治款黄地五彩大小瓷盘一百四十五个）；五九二高足破碗一柳筐；五九三破盘碟一柳筐；五九四木箱一个：1 光绪款大小黄瓷盘十六个，2 同治款黄地五彩大盘七个，3 红地金喜字碗八个，4 黄地绿龙小碗六个，5 小黄碗四个，6 红地五色花小碗一个，7 光绪款黄地大小碗二十二个，8 同治款黄地红喜字碗一个，9 光绪款黄地金寿字碗五个，10 光绪款大小白地蓝花碗八个，11 光绪款大小黄地碗六个，12 光绪款黄地五彩大碗十个，13 光绪款白地蓝花盘七个，14 黄地五彩碗七个，15 光绪款红地白花大碗三个，16 黄面白裹小碗二十八个，17 光绪款绿地紫龙碗五个，18 大小黄地金寿字碗九个，19 光绪款白地蓝花小碗三个，20 光绪款黄大碗五个，21 黄地金寿字碗三个；五九五至五九八樟木活腿饭桌四张（各带木匣）；五九九红油木炕桌一张；六〇〇红漆炕桌三张；六〇一木桶一个：1 光绪款黄地五彩万寿无疆大碗三十五个，2 光绪款黄地暗龙大盘五个；六〇二木桶一个：1 光绪款裹外浇黄碗一百九十八个，2 光绪款裹外浇黄三寸碟十个，3 同治款喜字小碟二个；六〇三木桶一个：1 彩花高足碗九个，2 光绪款大小白裹黄磁〔瓷〕盅三百一十六个，3 光绪款黄磁〔瓷〕盘四个，4 光绪款黄磁〔瓷〕碗一个，5 彩花高足盘一个；六〇四木桶一个：1 彩花磁〔瓷〕盘二十个（同治款十九个、光绪款一），2 光绪款白地黄磁〔瓷〕盘二十个，3 光绪款万寿无疆碗十五个，4 光绪款黄磁〔瓷〕碗十五个，5 同治款白裹喜字碗五个；六〇五木桶一个：1 同治款白裹彩花黄磁〔瓷〕碗三十一个，2 光绪款万寿无疆磁〔瓷〕碗五个，3 光绪款白地青花磁〔瓷〕碗二个，4 光绪款黄磁〔瓷〕碗十二个，5 嘉庆款番花磁〔瓷〕碗二个，6 道光款白地黄磁〔瓷〕碗二个，7 同治款彩花中碗十九个，8 光绪款福寿中碗八个，9 同治款大小彩花磁〔瓷〕盘九个，10 光绪款黄磁〔瓷〕盘四个，11 光绪款彩花磁〔瓷〕盘三个，12 光绪款白裹紫龙碗一个，13 光绪款彩花磁〔瓷〕碗一个，14 嘉庆款番花磁〔瓷〕碗一个；六〇六木桶一个：1 黄磁〔瓷〕盘三十个，2 万寿无疆大碗三个（同治款一、光绪款一），3 同治款黄磁〔瓷〕盘三个，4 光绪款彩花磁〔瓷〕盘一个，5 光绪款福寿大磁〔瓷〕盘二个，6 光绪款万寿无疆磁〔瓷〕碗五个；六〇七木桶一个：1 光绪款暗龙黄磁〔瓷〕盘十一个，2 同治款喜字蝙蝠大磁〔瓷〕盘八个，3 同治款蝶花磁〔瓷〕盘一个，4 光绪款黄磁〔瓷〕盘五个，5 同治款喜字磁〔瓷〕盘五个，6 光绪款黄磁〔瓷〕碗四个；六〇八木桶一个：1 光绪款白地蓝龙七寸盘十个，2 光绪款黄磁〔瓷〕九寸盘四个，3 光绪款大黄盘三个，4 同治款黄地红喜字大碗二个，5 同治款黄地彩花九寸盘五个，6光绪款黄地彩花万寿无疆九寸盘七个，7黄地福寿大碗三个，8光绪款黄瓷九寸盘四个，9同治款黄瓷喜鹊登梅大盘五个，10同治款黄地红喜字中碗七个，11光绪款黄地万寿无疆中碗五个，12光绪款黄地福寿大盘四个，13光绪款黄地福寿大碗五个，14光绪款黄瓷七寸盘一个；六○九木桶一个：1光绪款黄地福寿大碗四个，2光绪款黄地万寿无疆中碗四个，3光绪款黄地暗龙撇口中碗五个，4光绪款白地蓝龙五寸盘十个，5光绪款黄地万寿无疆中碗五个，6光绪款白地蓝龙五寸碟八个，7至8光绪款黄地万寿无疆大碗九个，9光绪款绿地紫龙小碗七个，10光绪款黄地万寿无疆中碗五个，11光绪款霁蓝橘皮釉中碗二个，12光绪款黄地福寿大碗五个，13光绪款黄地万寿无疆七寸盘四个，14光绪款黄地福寿大碗四个，15光绪款黄地暗龙五寸碟四个，16光绪款黄地万寿无疆中碗五个，17光绪款黄地暗龙大碗四个，18光绪款黄地福寿中碗五个；六一○木桶一个：1光绪款黄地万寿无疆碗七个，2光绪款黄瓷茶盅八个，3光绪款金寿红福黄碗五个，4光绪款黄瓷盘四个，5光绪款黄地暗龙碗五个，6同治款黄地百蝶五福竹枝碗三个，7乾隆道光款大小黄地绿龙碗二个，8光绪款黄地万寿无疆盘五个，9光绪款金寿红福盘五个，10光绪款黄地暗龙盘五个，11同治款羹匙五十六个，12同治款黄地小碟四十七个，13光绪款黄地绿龙茶杯一百三十五个，14光绪款黄瓷茶杯十九个，15同治款黄地百蝶茶杯七个，16同治款红地金喜字汤碗二个，17光绪款黄地五谷丰登碗六个，18光绪款霁蓝盘一个，19大小黄地碗四个；六一一木桶一个：1光绪款黄地福寿盘五个，2同治光绪等款黄地蓝花大盘七个，3光绪款黄地暗龙盘五个，4光绪款黄地万寿无疆碗八个，5同治款黄地蓝花盘五个，6同治款黄地鹊梅盘十四个，7同治款红地金喜字大盘四个，8 红磁〔瓷〕大碗五个（均有伤），9 同治款黄地鹊梅碗四个，10 同治款黄地红喜字碗三个，11 同治款黄地红喜字大碗一个，12 光绪款各色羹匙三个，13 同治款黄地蓝寿字盘二个，14 同治款黄地福寿盘二个，15 各色大小饭碗七个，16 大小黄地百蝶盘二个；六一二木桶一个：1 光绪款黄瓷盘五个，2 光绪款黄地暗龙盘五个，3 同治款黄地红福盘五个，4 光绪款黄地金寿红福大碗五个，5 同治款红地金喜字碗八个，6 光绪款黄地暗龙碗七个，7 光绪款黄瓷碗四个，8 光绪款黄地茶杯七个，9 大小黄地彩花碗六个，10 同治光绪款大小黄地彩花碟八个，11 光绪款黄瓷盘六个，12 同治款黄地百蝶大盘一个，13 光绪款黄瓷盘二个，14 有伤大小黄瓷碗十一个，15 同治款黄地红喜字碗二个，16 黄地百蝶盘四个，17 光绪款黄地金喜红福盘五个；六一三木桶一个：1 光绪款黄地福寿大碗三十八个；六一四木桶一个：1 光绪款万寿无疆黄瓷大碗十个，2 光绪款黄瓷福寿中碗五个，3 同治款万寿无疆黄瓷大盘七个，4 同治款喜鹊登梅黄瓷大盘五个，5 同治款寿字黄大碗二个，6 光绪款福寿黄盘五个，7 光绪款万寿无疆大小黄盘十个，8 同治款黄瓷蝴蝶大盘五个，9 光绪款黄瓷大小盘十一个，10 同治款寿字盘一个，11 同治款喜字盘三个，12 光绪款博古中碗三个，13 光绪款福寿黄盘三个，14 同治款喜字小碟十一个，15 光绪款黄茶盅二个，16 同治款万寿无疆茶盅一个；六一五木桶一个：1 光绪款黄地暗龙大盘五个，2 同治款黄地暗龙寿字盘五个，3 光绪款黄瓷盘二个，4 光绪款黄瓷万寿无疆盘二个，5 光绪款霁蓝大碗五个，6 同治款黄地百福碗九个，7 光绪款黄地碗五个，8 同治款豇豆红百喜盘二个，9 同治款黄地百蝠碗十一个，10 同治款黄地百寿碗三个，11 同治款黄地双喜碗一个，12 同治款黄地喜字碟六个，13 光绪款黄地茶盅四个；六一六木桶一个：1 光绪款黄地寿字盘四个，2 光绪款黄地万寿无疆盘七个，3 光绪款黄地暗龙盘九个，4 光绪款黄地暗龙碗七个，5 光绪款黄地寿字碗九个，6 同治款黄地喜字盘一个；六一七木桶一个：1 黄地红喜盘五个，2 光绪款黄地暗龙盘四个，3 光绪款大小黄磁〔瓷〕盘十二个，4 光绪款白裹黄边盘十一个，5 大小黄磁〔瓷〕碗十九个，6 同治款百蝶金喜盘二个，7 道光同治款黄地暗龙金寿红福碗各一个；六一八木桶一个：1 同治款红地金喜碗二个，2 光绪款黄暗龙碗五个，3 光绪款大小黄地金寿红福碗六个，4 光绪款大小黄磁〔瓷〕盘二十六个，5 光绪款大小黄暗龙盘九个，6 光绪款白裹黄边盘五个，7 同治款黄地红喜大碗五个，8 光绪款金寿红福大碗四个，9 同治款黄地百蝶盘二个，10 同治款万寿无疆盘四个，11 同治款鹊梅大盘一个，12 同治款福寿盘一个，13 小碟三个（同治款二、光绪款一）；六一九木桶一个：1 同治款黄地绿竹花大盘二十二个，2 同治款黄地蓝花大盘十二个，3 同治款红地金喜字大盘四个，4 光绪款黄地万寿无疆盘五个，5 光绪款黄釉福寿碗四个，6 同治款福寿小碟一个，7 同治款鹊梅匙一把；六二〇木桶一个：1 同治光绪款大小黄磁〔瓷〕福寿盘十七个，2 光绪款黄磁〔瓷〕福寿中碗五个，3 光绪款万寿无疆黄釉中碗五个，4 同治款蓝花黄釉大磁〔瓷〕盘四个，5 同治款红釉金喜字大碗一个，6 光绪款霁蓝磁〔瓷〕盘五个；六二一木桶一个：1 红地金喜字大小碗三十九个（同治款燕喜同和），2 光绪款黄地彩花中碗十五个，3 光绪款黄磁〔瓷〕盘五个，4 同治款黄釉蓝竹花大碗二个，5 光绪款万寿无疆黄釉大碗五个，6 光绪款霁蓝小碟二个，7 光绪款福寿黄釉瓷碗四个，8 光绪款黄磁〔瓷〕中碗三个，9 同治款黄釉蝴蝶大碗一个，10 光绪款绿地紫龙中碗一个，11 同治款黄蓝寿小碗五个；六二二木桶一个：1 光绪款黄地白裹百福百寿大碗四个，2 光绪款黄地白裹喜字大碗三个，3 光绪款大小黄地白裹万寿无疆碗九个，4 光绪款大小黄地碗十五个，5 同治款黄地白裹福寿小碗一个，6 光绪款大小黄地盘二十九个，7 条匙三十五个；六二三木桶一个：1 光绪款白地黄裹寿字四季花大小盘八个，2 光绪款浇黄盘八个，3 光绪款黄地万寿无疆七寸盘五个，4 光绪款浇黄暗龙大碗五个，5 同治款白裹红地喜字大碗二个，6 至 7 光绪款白裹黄地万寿无疆大碗十五个，8 光绪款白裹黄地福寿墩子碗五个，9 光绪款白裹黄地福寿撇口碗五个，10 同治款白裹黄地万寿无疆小碗一个，11 白地彩色高足碗一个；六二四木桶一个：1 同治款白地黄裹百福大盘五个，2 同治款白地黄裹喜鹊盘三个，3 同治款白地黄裹双喜盘十一个，4 同治款白裹黄地喜字碗二个，5 同治款黄地白裹寿字碗二个（内有破坏），6 光绪款黄地白裹福寿碗五个，7 同治款红地白裹金喜字碗三个，8 同治款黄地白裹喜鹊碗三个，9 光绪款黄地白裹万寿无疆碗五个，10 同治款红地白裹喜字小碗四个，11 同治款黄地白裹小碗三个，12 同治款白地黄裹小碟十二个，13 同治款白地黄裹喜鹊匙七个；六二五木桶一个：1 光绪款黄地暗龙大盘五个，2 光绪款黄地暗龙盘四个，3 光绪款黄地盘六个，4 光绪款大小黄地福寿盘十二个，5 光绪款黄地万寿无疆盘五个，6 同治款黄地双喜盘六个，7 同治款黄地大花盘三个，8 光绪款黄地白裹万寿无疆碗十个，9 光绪款绿地紫龙碗十个，10 光绪款黄地大碗六个，11 光绪款黄地暗龙碗四个，12 同治款黄地白裹喜鹊碗四个；六二六木桶一个：1 光绪款黄地福寿字大盘五个，2 同治款黄地红喜字大盘五个，3 光绪款黄地福寿字小盘十四个，4 黄地墨牡丹盘一个，5 光绪款大小黄地万寿无疆碗十八个，6 光绪款黄地福寿大小碗十个，7同治款黄地红蝠碗三个，8同治款黄地蝴蝶花大小碗八个，9同治款黄地红喜字碗一个，10光绪款黄地茶碗四个；六二七木桶一个：1光绪款黄瓷盘八个，2光绪款黄瓷蝴蝶花大盘三个，3同治款黄瓷喜鹊梅花大碗十六个，4光绪款大小黄瓷万寿无疆碗十四个，5同治款红地金喜字碗二个，6光绪款大小黄地福寿碗二个，7光绪款黄地福寿盘一个，8光绪款黄地茶碗一个，9五彩高足盘一个；六二八木桶一个：1同治款黄地彩花大盘三十个，2同治款黄瓷中盘二个，3同治款黄地小碟十五个，4同治款黄地羹匙十一把，5同治款黄地寿字大碗四个，6同治款黄地蝴蝶大碗四个，7同治款红地喜字大碗二个，8同治款红地小碗一个；六二九藤筐一个：1大小高足花碗十七个，2大小羹匙二十包，3高足碟四个，4大小黄地彩花碗十个，5同治款黄地彩花碗三个，6黄釉盘一个，7小碟四个，8大小粗花碗二个；六三〇木桶一个：1光绪款黄地暗龙盘九个，2光绪款黄地福寿盘二十个，3光绪款黄地万寿无疆盘三个，4同治款黄地福寿盘三个，5光绪款白裹红边瓷盘五个，6光绪款大小黄瓷盘十六个，7同治款黄地福寿盘三个，8光绪款福寿黄磁〔瓷〕大碗四个；六三一木桶一个：1光绪款大小黄地万寿无疆碗十五个，2光绪款大小黄地福寿碗二十二个，3光绪款黄地红喜字碗一个，4同治款黄地彩蝶碗十一个，5光绪款黄瓷碗一个，6光绪款黄瓷大盘一个，7光绪款黄瓷茶盅一个；六三二木桶一个：1光绪款黄地金寿红福大盘九个，2光绪款白裹黄边盘九个，3光绪款万寿无疆盘四个，4光绪款黄盘七个，5光绪款黄地金寿红蝠小盘十四个，6光绪款万寿无疆大盘二个，7光绪款万寿无疆碗四个，8光绪款霁蓝碗六个；六三三木桶一个：1同治款黄地金喜字大碗十七个，2同治款黄地福寿字大碗三个，3同治款红地金喜字大盘六个，4 光绪款黄地暗龙大盘四个，5 同治款黄地红喜字大碗二个，6 同治款黄地金喜字中碗十个，7 光绪款黄地万寿无疆盘六个，8 光绪款黄瓷中碗六个，9 光绪款黄瓷暗龙中碗五个，10 同治款黄地寿字盘二个，11 同治款大小黄地红蝶盘三个，12 同治款黄地福寿大碗一个，13 同治款黄瓷金喜字中碗四个，14 燕喜同和红地金喜字碗一个，15 光绪款绿地紫龙碗一个，16 光绪款黄地福寿字中碗一个，17 同治款黄地喜鹊伴梅碗一个，18 光绪款黄瓷茶盅十七个；六三四木桶一个：1 光绪款黄釉暗龙大盘六个，2 同治款黄釉彩花大盘三个，3 至 4 同治款黄釉彩花中盘十三个，5 同治款黄釉彩花大盘一个，6 光绪款黄釉暗龙中盘二个，7 光绪款黄釉彩花中盘一个，8 光绪款万寿无疆大碗四个，9 光绪款万寿无疆小碗三个，10 同治款黄釉寿字碗一个，11 光绪款黄釉彩花小碗五个，12 光绪款黄釉彩花中碗五个，13 光绪款绿釉紫龙碗一个，14 长春同庆红釉紫花中碗四个，15 光绪款黄釉彩花碗五个，16 同治款黄釉红蝶碗三个，17 光绪款黄釉中盘二个，18 同治款黄釉彩花中盘四个，19 光绪款黄釉彩花大盘五个，20 同治款黄釉彩花大盘六个；六三五木桶一个：1 同治款黄釉彩花大盘三个，2 光绪款黄釉中盘三个，3 光绪款黄釉彩花中盘五个，4 光绪款霁蓝碟五个，5 光绪款黄釉暗龙盘三个，6 至 7 光绪款黄釉彩花大盘九个，8 光绪款黄地绿龙碗四个，9 光绪款黄釉彩花中碗十二个，10 同治款万寿无疆大碗一个，11 同治款黄釉彩花中碗一个，12 光绪款黄釉彩花饭碗一个，13 光绪款霁蓝小碗一个，14 光绪款万寿无疆小碟一个，15 光绪款大小霁蓝碗二十个，16 同治款红釉彩花盘四个，17 光绪款黄釉盘一个，18 同治款黄釉彩花碗四个，19 同治款黄釉彩花大盘八个，20 光绪款霁蓝小碟一个；六三六木桶一个：1 同治款黄地蓝花大盘一个，2 同治款各色黄裹条匙二十四个，3 同治款黄裹蓝寿字小碟八个，4 同治款黄地雀梅碗二十四个，5 同治款黄地小碗四个，6 同治款黄地雀梅碗二十三个，7 同治款黄地大碗十四个，8 同治款黄地大海碗二个，9 同治款黄地金喜字百蝶海碗四个，10 同治款黄地大碗三个，11 同治款黄地百蝶花大碗五个，12 光绪款黄地金寿字大碗四个，13 光绪款黄地暗龙大碗五个，14 光绪款黄地海碗一个，15 同治款黄地五福拱寿海碗一个，16 同治款破黄地蓝花大碗一个，17 光绪款霁蓝碟九个，18 光绪款霁蓝小碗六个；六三七木桶一个：1 光绪款黄地福寿大碗二十个，2 光绪款黄地福寿碗九个，3 同治款黄地喜字大碗五个，4 同治款大小黄地红蝠碗六个，5 同治款黄地绿竹饭碗六个，6 光绪款绿地紫龙碗八个，7 道光款黄瓷盘二十一个；六三八木桶一个：1 光绪款黄地暗龙九寸盘十个，2 光绪款黄地福寿盘四个，3 光绪款黄地暗龙八寸盘四个，4 同治款黄地百蝶中碗七个，5 光绪款黄地万寿无疆碗五个，6 光绪款黄地暗龙羹匙八个，7 同治款红地金喜字海碗三个，8 光绪款大小黄地福寿碗五个，9 光绪款黄地万寿无疆碗二个，10 同治款黄地喜字碗三个，11 同治款红地金喜字盘一个，12 同治款黄地蓝寿八寸盘一个，13 道光款黄瓷盘一个；六三九木桶一个：1 光绪款黄釉大碗二个，2 光绪款黄地万寿无疆大碗三十一个，3 同治款黄地梅雀中碗二十二个，4 光绪款黄地万寿无疆中碗十个，5 光绪款霁蓝小盘十七个，6 光绪款黄地万寿无疆大盘十五个，7 同治款黄地梅雀大碗三个，8 同治款黄地蝴蝶花大碗三个，9 光绪款黄地福寿大碗二个，10 同治款黄地寿字盘一个，11 光绪款黄釉茶碗六个，12 同治款黄地百福中碗一个，13 同治款黄地五彩小碗一个；六四〇木桶一个：1 光绪款黄釉大碗十个，2 光绪款绿地青龙中碗十个，3 光绪款黄地万寿无疆大碗三个，4 光绪款白地青花大碗二个；六四一木桶一个：1 光绪款绿地紫龙中碗七十八个，2 光绪款黄地百福百寿大碗十个，3 光绪款黄釉中碗五个，4 光绪款黄地百福百寿中碗五个，5 光绪款黄釉大盘四个，6 至 7 光绪款黄地百福百寿大盘八个，8 光绪款霁蓝盘五个，9 同治款黄地蓝花大碗二个，10 光绪款白地青花大碗一个；六四二木桶一个：1 至 2 光绪款绿地紫龙小碗三十一个，3 光绪款霁蓝中碗五个，4 光绪款白地黄裹万寿无疆盘五个，5 光绪款黄地白裹万寿无疆中碗十二个，6 光绪款大小霁蓝盘六个，7 光绪款霁蓝碗一个，8 光绪款黄釉茶碗一个，9 同治款白地黄裹金喜字匙一个；六四三木桶一个：1 已损伤白地五彩高足碗一个，2 光绪款黄地暗龙大盘二个，3 光绪款白地黄裹百福百寿盘五个，4 光绪款绿地紫龙小碗二十个，5 光绪款黄地白裹万寿无疆碗三个，6 光绪款白地黄裹万寿无疆盘四个，7 光绪款绿地紫龙中碗九个，8 光绪款白地黄裹万寿无疆盘五个，9 光绪款黄地白裹万寿无疆大盘三个；六四四木桶一个：1 光绪款白地黄裹百福百寿盘一个，2 光绪款白地青花大碗五个，3 光绪款白地青花大碗十个，4 光绪款黄地暗龙大碗三个，5 同治款黄地青花大碗一个，6 同治款黄地红喜字大碗一个，7 光绪款绿地紫龙小碗一个；六四五木桶一个：1 光绪款黄地暗龙大碗五个，2 光绪款白地青花大碗九个，3 光绪款黄地暗龙中碗五个，4 光绪款黄地暗龙大碗四个，5 光绪款黄地万寿无疆碗九个；六四六木桶一个：1 彩花高足大碗五个，2 彩花高足小碗七个，3 道光款黄瓷盘一个，4 高足大盘四个；六四七木桶一个：1 紫龙绿地碗三十个，2 光绪款黄地暗龙大盘五个，3 黄瓷盘五个，4 光绪款黄地金寿红福瓷盘六个；六四八木桶一个：1 光绪款绿地紫龙碗二十八个，2 光绪款黄地万寿无疆碗五个，3 光绪款黄地中碗十个，4光绪款黄地万寿无疆大小盘十四个，5光绪款霁蓝中碗三个，6光绪款黄地暗龙碗三个，7高足彩花盘一个，8光绪款黄地福寿小碗二个；六四九木桶一个：1光绪款大小黄瓷盘四十九个，2光绪款黄瓷暗龙中碗二个，3光绪款黄瓷盘五个，4光绪款万寿无疆黄瓷碗一个，5光绪款福寿黄瓷盘五个；六五〇木桶1个：1光绪款白地青花大碗二十二个，2光绪款霁蓝大碗七个，3光绪款黄瓷大碗二个，4同治款蝠〔福〕字大碗二个，5光绪款万寿无疆黄瓷大碗四个，6光绪款福寿大碗四个，7光绪款绿地紫龙中碗九个，8光绪款霁蓝中碗四个，9同治款黄地五彩小碟七个；六五一木桶一个：1同治款万寿无疆黄瓷大碗六个，2同治款福寿黄瓷大碗六个，3光绪款万寿无疆黄瓷盘十四个，4光绪款黄瓷暗龙大盘二个，5光绪款黄地万寿无疆大盘一个，6光绪款黄地万寿无疆中碗三个，7光绪款黄地福寿中碗三个，8光绪款霁蓝碟一个，9同治款黄地福字茶盅一个；六五二木桶一个：1光绪款万寿无疆大盘五个，2光绪款万寿无疆七寸盘五个，3光绪款万寿无疆六寸盘五个，4光绪款万福万寿五个，5同治款黄地雀梅碗五个，6光绪款绿地紫龙碗九个，7光绪款霁蓝大碗五个，8光绪款万寿无疆中碗五个，9光绪款万寿无疆盘一个；六五三木桶一个：1至2光绪款万寿无疆大碗十七个，3同治款万福万寿中碗八个，4光绪款黄地暗龙大碗一个，5同治款黄釉大碗五个，6同治款万寿无疆小碗一个，7同治款黄瓷茶杯十二个；六五四木桶一个：1光绪款万寿无疆海碗四个，2同治款万寿无疆大碗十五个，3同治款黄釉暗龙碗四个，4光绪款万福万寿盘四个，5光绪款万寿无疆盘四个，6光绪款绿地紫龙饭碗八个，7光绪款万寿无疆小碗一个；六五五木桶一个：1光绪款黄釉大碗五个，2光绪款万寿海碗三个，3光绪款万寿无疆大碗三个，4 光绪款万寿无疆大碗四十二个，5 光绪款黄釉茶杯十一个，6 光绪款绿地紫龙碗一个，7 光绪款羹匙一个；六五六木桶一个：1 光绪款霁青盘五个，2 大小黄地彩花碗十个，3 同治款黄地红喜字盘七个，4 大小黄地彩花盘二十五个，5 大小黄地暗龙盘五个，6 黄地彩花小碟十一个，7 黄地彩花碗一个，8 黄磁〔瓷〕盘碗二件；六五七木桶一个：1 黄地彩金福寿盘三十四个，2 光绪款黄釉小碗六个，3 光绪款大小黄地彩花碗八个；六五八木桶一个：1 光绪款黄地暗龙盘四个，2 黄地彩花盘八个，3 霁蓝碗八个，4 大小黄地彩花碗四个，5 黄釉盘三个（附彩花盘一个）；六五九木桶一个：1 光绪款白地青龙七寸盘三十个，2 浇黄磁〔瓷〕茶碗十二个，3 光绪款白裹黄地万寿无疆汤碗九个；六六〇木桶一个：1 光绪款浇黄暗龙九寸盘三个，2 光绪款大小浇黄磁〔瓷〕碗七十七个；六六一浇黄白裹墩子碗一桶均光绪款三十九个；六六二木桶一个：1 光绪款大小黄地百福百寿磁〔瓷〕碗五个，2 光绪款大小霁青磁〔瓷〕盘九个，3 光绪款黄瓷大盘五个，4 光绪款黄裹万寿无疆白地四季花磁〔瓷〕盘十个，5 光绪款浇黄暗龙墩子碗六个，6 黄磁〔瓷〕茶碗一个；六六三木桶一个：1 燕喜同和红地金喜字磁〔瓷〕盘九个，2 光绪款黄裹金寿红蝠磁〔瓷〕盘五个，3 同治款黄地百福磁〔瓷〕六个，4 光绪款浇黄暗龙瓷盘五个，5 光绪款霁蓝磁〔瓷〕碗五个，6 光绪款黄地暗龙大碗四个，7 光绪款黄地万寿无疆碗五个，8 光绪款黄地暗龙碗五个，9 同治款黄地蓝寿字大碗五个，10 光绪款黄地百福百寿碗五个，11 同治款黄裹红蝠白地番花大盘三个；六六四木桶一个：1 光绪款大小霁蓝磁〔瓷〕盘十五个，2 同治款白裹黄地百蝶大碗四个，3 光绪款黄裹万寿无疆瓷盘五个，4 光绪款大小白裹黄地万寿无疆瓷碗十七个，5 光绪款白裹黄地万

寿无疆撇口碗六个，6光绪款大小黄裹万寿无疆瓷盘二个，7光
绪款黄瓷盘一个，8光绪款黄釉茶碗一个；六六五木桶一个：1
长春同庆款红地金喜字大盘十一个，2光绪款豇豆红瓷盘五个，
3光绪款黄地万寿无疆盘三个，4燕喜同和大小红地金喜字盘七
个，5燕喜同和红地金喜字大小碗九个，6同治款红面白裹金喜
字大碗三个，7光绪款黄地百福百寿碗五个，8光绪款黄地万寿
无疆盘四个，9黄地百蝠盘一个；六六六木桶一个：1光绪款大
小黄瓷盘十七个，2光绪款黄地百福百寿碗三个，3光绪款霁蓝
大碗五个，4光绪款霁蓝中小碗二十四个；六六七破烂木器一大
堆；六六八漆炕桌三张；六六九木箱一个：1光绪款霁蓝大盘五
个，2光绪款白地黄裹万寿无疆大盘十个，3光绪款霁蓝大碗五
个，4光绪款黄地白裹万寿无疆小碗十五个，5光绪款霁蓝大小
碗二十一个，6光绪款霁蓝大小盘五十四个，7光绪款白地黄裹
万寿无疆大盘五个，8光绪款白地黄裹万寿无疆大小盘十六个；
六七〇木桶一个：1光绪款大小黄地白裹万寿无疆碗十个，2光
绪款大小霁蓝碗二十二个，3大小黄釉盘二十三个，4光绪款大
小霁蓝盘十七个；六七一木桶一个：1光绪款大小白地黄裹万寿
无疆盘十一个，2光绪款黄裹白地瓷盘五个，3光绪款黄地白裹
福寿碗二个，4光绪款黄地白裹万寿无疆碗五个，5同治款黄地
白裹雀梅大碗二个，6光绪款黄釉大小碗三个，7光绪款大小霁
蓝碗十个，8光绪款大小黄地白裹万寿无疆碗六个，9光绪款霁
蓝盘五个，10光绪款白地黄裹福寿盘四个，11同治款白地黄裹
喜字盘一个；六七二木桶一个：1光绪款大小霁蓝碗三十六个，
2光绪款大小霁蓝盘三十个，3光绪款黄釉瓷盘六个，4同治款
黄地红喜字盘四个，5光绪款黄地红福金寿碗四个，6光绪款黄
地万寿无疆碗四个，7同治款黄地彩花小碟一个；六七三木桶一

个：1光绪款霁蓝大盘二十八个，2光绪款霁蓝九寸盘十九个，3光绪款霁蓝七寸盘十个，4光绪款霁蓝碗十九个；六七四木桶一个：1光绪款黄地红福金寿大盘八个，2光绪款黄地万寿无疆大盘十个，3光绪款霁蓝大盘五个，4光绪款黄地万寿无疆七寸盘五个，5光绪款大小黄釉盘十四个，6光绪款霁蓝大碗四个，7光绪款黄釉碗三个；六七五木桶一个：1光绪款大小霁蓝盘十三个，2光绪款大小黄瓷碗三十四个，3光绪款暗龙黄瓷碗十个，4大小百福百寿盘五个，5万寿无疆小碟三个，6黄瓷盘二个，7大小霁蓝碗九个，8万寿无疆碗四个（附黄羹匙三把），9黄瓷茶碗七个；六七六木桶一个：1百福百寿盘四十五个，2万寿无疆盘四个，3光绪款万寿无疆碗一个，4黄瓷盘一个；六七七木桶一个：1同治款黄裹百蝶金喜字瓷盘四个，2同治款黄地雀梅瓷盘四个，3光绪款交黄瓷七寸盘五个，4同治款砾红金喜字七寸盘四个，5光绪款霁蓝墩子碗四个，6光绪款霁蓝四寸碟七个，7有□交黄暗龙碗一个，8有□白裹黄地福寿碗二个，9光绪款白裹黄地万寿无疆汤碗四个，10光绪款绿地紫龙撇口汤碗一个，11光绪款大小霁蓝瓷盘六个，12光绪款大小霁蓝瓷碗六个；六七八木桶一个：1光绪款大小霁蓝瓷碗三十六个，2光绪款霁蓝瓷碟七个，3光绪大小交黄瓷盘十三个，4同治款砾红喜瓷盘三个，5光绪款黄裹万寿无疆瓷盘一个，6光绪款大小万寿无疆瓷碗三个，7同治款黄地百蝶喜字汤碗一个，8光绪款黄釉大碗一个，9光绪款米汤茶碗二十三个，10光绪款黄地绿龙茶碗五个，11同治款黄地百蝶喜字茶碗二个，12瓷羹匙一把；六七九木桶一个：1光绪款黄地暗龙大小碗四十一个，2同治款白裹黄地蝶喜字海碗一个，3同治款黄地白裹绿竹海碗三个，4同治款黄地白裹雀梅海碗一个，5同治款黄地白裹蓝寿字海碗一个，6

光绪款黄地白裹蝠寿中碗一个，7光绪款黄瓷茶碗六个，8光绪款黄地绿龙五寸碟二个，9光绪款彩红白竹大海碗十三个；六八〇木桶一个：1彩红白竹大海碗十五包（每包五个原包未动），2光绪款黄地暗龙大盘五个，3光绪款黄地万寿无疆七寸盘九个，4光绪款黄地福寿七寸盘三十五个；六八一木桶一个：1光绪款黄地金福寿字七寸盘二十，2光绪款黄地万寿无疆中碗九个，3光绪款黄瓷大碗三个，4黄地万寿无疆中碗四包（每包五个原包未动，光绪款），5光绪款黄地福寿中碗四个，6光绪款黄瓷九寸盘三个，7光绪款黄地福寿七寸盘九个；六八二木桶一个：1光绪款绿地紫龙中碗二十个，2光绪款黄瓷大盘九个，3光绪款黄裹福寿大盘五个，4光绪款黄地福寿大碗五个，5光绪款黄地万寿无疆大碗四个，6光绪款黄地福寿大碗九个，7黄地福寿小盘一个；六八三木桶一个：1光绪款大小黄瓷盘二十六个；六八四草裹各种彩花碗盘二百二十四捆（未计数）；六八五木桶一个（内盛大小高足碗五十个）；六八六大小草粗碗十七捆；六八七月饼模子四块；六八八垫案二张（带木匣）；六八九大空木箱一个；六九〇铁火盆一对；六九一木箱一个：1同治款白地黄裹万寿无疆盘二十二个，2光绪款霁红盘九个，3光绪款霁蓝盘一个，4同治款大小红地金喜字盘十五个，5同治款大小白地黄裹蝶喜盘三十二个，6光绪款黄釉暗龙大盘二十五个，7道光款黄釉盘十九个，8光绪款黄地白裹盘四十二个，9同治款白地黄裹蓝花盘十一个，10同治款白地黄裹百寿盘四个，11光绪款大小白地黄裹福寿盘十一个，12同治款白地黄裹百蝶盘七个；六九二木桶一个：1光绪款黄釉暗龙盘三个，2杂款黄瓷盘十个，3同治款白地黄裹百蝶盘四个，4同治款黄地白裹彩花大碗二个，5光绪款黄地暗龙大碗二个，6光绪款黄地白裹万寿无疆大小碗七个，

7 光绪款大小黄地白裹福寿碗五个，8 光绪款大小黄地各式彩花盘七个，9 杂款大小黄地白裹暗龙碗三个；六九三木桶一个：1 光绪款霁红碗七十四个，2 光绪款白地黄裹福寿大盘十一个，3 同治款白地黄裹百寿大盘一个，4 光绪款黄地暗龙大盘二个，5 光绪款黄地白裹大盘五个，6 同治款白地黄裹雀梅大盘二个；六九四大木箱一个：1 同治款彩黄万寿无疆盘七个，2 同治款黄地寿字九寸盘四个，3 同治款蓝地百蝶盘五个，4 同治款黄地金喜字盘五个，5 同治款黄地百蝶盘六个，6 同治款黄瓷釉大小盘十个，7 至 8 同治款万寿无疆盘四包，9 同治款黄地白裹八寸盘三包，10 同治款霁蓝九寸盘五个，11 同治款黄地暗龙盘四个，12 同治款白地黄面盘四个，13 同治款黄地百蝠盘四个，14 同治款黄地暗龙盘五个，15 同治款万寿无疆盘十个，16 同治款黄地百蝶喜字盘五个，17 同治款黄地蓝花盘六个，18 同治款黄地彩花盘五个，19 同治款黄地百蝶双喜盘五个，20 光绪款黄瓷盘四个，21 光绪款黄地暗龙碗三个，22 光绪款黄地红福金寿五个，23 同治款黄地百蝶大盘五个，24 光绪款黄地万寿无疆盘三个，25 光绪款黄瓷盘五个，26 光绪款黄地万寿无疆盘九个，27 光绪款黄面白裹瓷盘五个，28 光绪款黄瓷盘五个，29 光绪款黄面白裹瓷盘五个，30 光绪款豇豆红盘二个，31 同治款黄地万寿无疆盘五个，32 同治款黄地喜鹊梅花九寸盘五个，33 同治款黄裹金喜字蝶喜九寸盘五个，34 同治款黄地百蝶九寸盘五个，35 同治款黄地红喜字九寸盘四个，36 光绪款黄釉七寸盘五个，37 光绪款白裹黄釉九寸盘八个，38 同治款黄地蓝寿字七寸盘一个，39 同治款黄裹万寿无疆盘四个；六九五至六九八空木箱四个；六九九木桶一个：1 大小黄地福寿中碗五个（同治款一个、光绪款四个），2 光绪款黄地万寿无疆中碗三个，3 光绪款万寿无疆大

碗一个，4 同治款黄地绿竹大海碗三个，5 同治款黄地万寿无疆
大碗二个，6 道光款黄地绿龙墩碗一个，7 光绪款黄釉暗龙大碗
二个，8 同治款黄地红蝶大碗一个，9 光绪款黄地白裹大碗一个，
10 同治款黄地红蝶中碗六个，11 道光款黄釉小碗一个，12 白地
五彩高足大碗十个，13 白地五彩高足小碗八个，14 大小白地五
彩高足盘八个，15 光绪款黄裹福寿字盘一个；七〇〇锡香炉二个；
七〇一锡花插一个；七〇二破铜把锅三个；七〇三木桶一个：1
大小白地彩花高足碗十三个，2 道光款残破黄釉碗六个，3 光绪
款大小白地黄裹万寿无疆盘四个，4 光绪款黄地白裹彩花碗六个，
5 同治款黄地白裹绿竹碗一个，6 同治款黄地白裹喜字碗一个，7
道光款黄釉暗龙碗一个，8 白地彩花高足碗五个；七〇四木桶一
个：1 大小白地彩花高足碗十四个，2 白地彩花高足碟一个，3
白地彩花高足碗五个；七〇五木桶一个：1 白地彩花高足小碗三
个，2 白地彩花高足盘二个，3 白地彩花高足大碗九个（内有一
个破足），4 白地黄裹万寿无疆小碟一个，5 白地彩花高足小碗三
个；七〇六铜炉盆一个；七〇七带提盘铁炉盆一个；七〇八绢地
绣花漆围屏一份（计六扇带大木匣）；七〇九木方桌二张；七一
〇大木柜二个（内盛玻璃匣未计数）；七一一带屉方几一个；
七一二硬木椅一个；七一三风箱铁炉一个；七一四屏镜楠木座一
个；七一五紫檀镶木竹床一个；七一六方木盘一个（内盛破玻璃
未计数）；七一七金漆博物带屉格一个；七一八紫檀雕花圆屏框
二个；七一九金漆嵌镶牙螺钿挂屏一对（粘条原镶嵌不全）；
七二〇金漆油画山水挂屏一对；七二一硬木八仙行路桌二张；
七二二风扇八架；七二三绣花缎地嵌玻璃围屏四扇（玻璃破）；
七二四庆寿图七块（分盛三木匣）；七二五紫檀长方木座一座；
七二六破硬木方桌面一块；七二七紫缎地绣花金漆圆桌二份（每

份十二件带木匣二个）；七二八破硬木桌面四块；七二九硬木宝座坐一个；七三〇硬木太师椅一张；七三一玻璃门木箱一个；七三二金漆圆木面二块；七三三破金漆木宝座一座；七三四珐琅铜炭炉罩一个；七三五铜大蜡千〔阡〕一对；七三六铜带罩炭炉一对；七三七铜胎珐琅足炉一对；七三八铜火炉三个；七三九铜炭箱二个；七四〇金漆木质蜡千〔阡〕一对（欠蜡盘一个）；七四一铜胎珐琅蜡千〔阡〕一对；七四二铜炭炉一对；七四三二人抬椅一张；七四四硬木宝座一座；七四五大小漆脚凳四个；七四六硬木座三个；七四七破硬木椅一张；七四八铁方箱火炉一个；七四九金漆炉几一对；七五〇硬木藤心椅一对；七五一躺床一张；七五二方木几一张（带屉一个）；七五三楠木座一个；七五四坐垫二个；七五五铜炉挡一个；七五六宫灯架二座；七五七铜带罩炭盆一个；七五八铜胎珐琅带罩炭盆一对；七五九大小铜盆二个；七六〇长方木箱一对；七六一铜带罩炭盆二个；七六二铜火炉一对；七六三风箱一对；七六四大小铜锅二个；七六五铜炭盆五个；七六六大铜炭盆一个；七六七方炭箱一个；七六八铜珐琅炭炉罩一个；七六九破硬木凳一个；七七〇硬木太师椅一对；七七一破硬木炉座二个；七七二破香几四个；七七三破硬木月牙桌一张；七七四带盖铜烛一对；七七五破玻璃挂屏四扇；七七六带盖大小铜炭炉二个；七七七铜炭盆一个；七七八铜炭炉一个；七七九铜戳灯座五个；七八〇大木柜五个；七八一印座十一个；七八二长方漆坑〔炕〕座一个；七八三硬木足凳八个；七八四破硬木宝座一份；七八五大小圆笼九个；七八六花梨瓶座一对；七八七空木柜五个；七八八风琴一个；七八九电灯泡一堆（未计数）；七九〇长方漆桌一张；七九一空木柜二个（内有册宝箱八个）；七九二二人舆二座；七九三至七九四空木柜八个；

七九五至七九七大木柜十九个（附玻璃挂灯十个、木座盒子一堆，未计数）；七九八硬木长桌一张；七九九硬木长凳二个；八〇〇木桌二张；八〇一木佛龛一个；八〇二木桌三张；八〇三木橱柜一个；八〇四木凳一个（以上慈宁宫右门左右屋）。

八〇五铜胎景泰蓝大炭炉一对；八〇六铜胎景泰蓝太平景象一对；八〇七铜胎景泰蓝方炭炉一对；八〇八景泰蓝大小宫熏二对；八〇九景泰蓝大炭炉六个（一缺足，带铜帽二件）；八一〇景泰蓝八角宫熏一对（破坏缺足）；八一一破木八仙桌二张；八一二东洋织绒挂屏二个；八一三木框绣鹰挂屏一个；八一四大小木框油画屏三个；八一五硬木边铜胎景泰蓝地铜字抱柱对一对；八一六至八一八破钟三对；八一九破钟三个；八二〇破钟一对；八二一铜座钟一对；八二二紫檀边珐琅挂屏八个（带木匣御制诗）；八二三景泰蓝太平景象一对；八二四景泰蓝角端二个；八二五景泰蓝圆插屏一对、花瓶一个、炉一个；八二六硬木小炕几一个；八二七大木箱一个：1景泰蓝大花瓶一个，2破钟二个，3绿铜四足鼎一个，4古铜四方尊一个，5古铜尊二个，6古铜三足香炉一个，7铜博山鼎一个，8破古铜炉一个，9珐琅鸳式熏炉一个，10铜象足鼎一个，11古铜四足长方炉一个，12古铜朝冠耳炉一对，13大小铜檀香炉二个，14明间青绿元洗一个，15珐琅匙箸瓶四个，16乾隆款珐琅大小盒四个，17铜珐琅提梁壶一个；八二八古铜熏炉一个（带盖座）；八二九铜火池一个；八三〇铜火池一对；八三一嵌宝石大插屏一对（原嵌玉石脱落不全）；八三二景泰蓝三屉方熏炉一个；八三三三足双环铜炉一个；八三四木箱一个：1虫蚀庆寿图一张，2添筹称庆二木匣（内象牙筹码十六筒），3红象牙筹码一匣，4添筹称庆一匣（内象牙筹码八筒），5红白象牙珊瑚筹码一小箱（内附麻雀牌一小匣）；

八三五木箱一个（内盛景泰蓝嵌宝石盆景四件）；八三六木箱一个：1景泰蓝双耳尊一个，2景泰蓝花觚一个，3景泰蓝方觚一个，4大明景泰年制景泰蓝双耳凤瓶一个；八三七木箱一个：1大小景泰蓝出戟花觚三个，2大小景泰蓝花觚二个，3大小景泰蓝美觚二个，4大小景泰蓝方觚六个；八三八绢堆人物挂屏八扇；八三九珐琅挂屏四扇（带木箱）；八四〇至八四六九九三镶如意七匣；八四七木箱一个：1景泰蓝方口花瓶一个，2景泰蓝圆瓶一对，3乾隆款景泰蓝扁瓶一个，4景泰蓝玉壶春式瓶一个，5景泰蓝龙瓶一个，6景泰蓝带耳扁瓶一个，7景泰蓝双耳鸟瓶一个，8景泰蓝天鸡瓶一个，9景泰蓝鹦鹉尊一个，10牛头景泰蓝瓶一个，11景泰蓝瓶一个，12破景泰蓝双环瓶一个，13乾隆款景泰蓝扁瓶一个，14景泰蓝葫芦式扁瓶一个；八四八木箱一个：1至3景泰蓝双环瓶三个（内一个破），4景泰蓝彩花瓶一个，5景泰蓝方口花瓶一个，6景泰蓝瓶一个，7景泰蓝小口瓶一个；八四九木箱一个：1至2景泰蓝彩花双环瓶二对，3至4破景泰蓝彩花瓶二个，5景泰蓝双环瓶一个，6景泰蓝螭虎瓶一个，7景泰蓝双环扁瓶一个；八五〇木箱一个：1至3大珐琅樽三个，4珐琅方炉一个，5至6珐琅三足炉二个，7至9珐琅双耳炉三个；八五一木箱一个：1珐琅兽炉一对（带珐琅座），2珐琅炉一对（带珐琅座）；八五二大小珐琅插屏十二个（带木箱，破二个，全不带座）；八五三大木箱一个：1珐琅大花瓶一对，2破万年青花盆一个，3破珐琅葫芦式花瓶一个，4破珐琅花盆十一个，5大吉葫芦式花瓶一个，6破珐琅葫芦式镶玉小花瓶一对，7珐琅鸟一对；八五四木箱一个：1景泰蓝双耳掸瓶一对，2景泰蓝双耳瓶一个，3景泰蓝方尊一个（景泰年制缺环一），4景泰蓝双耳大瓶一个，5景泰蓝出戟方尊一个；八五五木箱一个：1

景泰蓝两截花瓶一个，2 景泰年制景泰蓝双耳方尊一个，3 景泰蓝双耳大瓶一个，4 景泰蓝出戟方尊一个，5 景泰蓝两截大花瓶一个，6 景泰蓝双耳尊一个，7 景泰蓝兽耳方瓶一个，8 景泰蓝花罐一个，9 景泰蓝双耳两截花瓶一个，10 景泰蓝小口大梅瓶一个，11 景泰蓝小口梅瓶一个，12 景泰蓝双耳敞口瓶一个；八五六木箱一个：1 景泰蓝鸭樽一个，2 景泰蓝象头三足炉一个，3 景泰蓝双耳兽头三足鼎一个，4 景泰蓝牺樽一个，5 景泰蓝人形三足双耳带盖炉一个，6 景泰蓝双耳三足鼎一个，7 至 8 景泰蓝三足带盖炉二个，9 景泰蓝鱼形双耳带盖瓶一个，10 景泰蓝双耳三足洗一个；八五七木箱一个（内盛插屏座十二个）；八五八木箱一个：1 至 3 景泰蓝带盖大炉三个，4 景泰蓝炉一个（带盖），5 景泰蓝双筒瓶一个，6 景泰蓝兽炉一个，7 景泰蓝方炉二个，8 至 9 景泰蓝带盖方炉一对，10 景泰蓝象一对，11 至 12 景泰蓝带盖炉一对，13 提梁凫壶一个；八五九木桶一个：1 珐琅反口八戟花瓠一个，2 景泰年制景泰蓝圆口方瓶一个，3 珐琅圆口花瓶一个，4 珐琅双耳胆瓶一个；八六〇木桶一个（内盛大铜钟一个已破）；八六一木盘一个（内盛景泰蓝山水挂屏两方）；八六二紫檀圆镜架一对；八六三木盘一个（内盛残破水烟袋大小三十三个）；八六四木箱一个（内盛景泰蓝双耳菊花式扁式方口大瓶）；八六五至八六六木桶二个（内各盛景泰蓝角端一件）；八六七木桶一个（内盛景泰蓝双耳三隔大圆瓶一个）；八六八铜珐琅挂屏三个（带木箱）；八六九至八七〇景泰蓝太平景象一对（带木箱）；八七一木箱一个：1 景泰蓝天吉罐一个（带兽形座），2 景泰蓝大方花瓠一个，3 景泰蓝元式一个，4 景泰蓝活口两隔瓶一个，5 景泰蓝花瓶一个；八七二景泰蓝挂屏三个；八七三木箱一个：1 景泰蓝角端一对，2 景泰蓝仙鹤一对，3 景泰蓝玉壶春式屏一个；

八七四大穿衣镜一个；八七五大小玻璃宫灯三十九个；八七六木柜一个（内盛灯穗未查数）；八七七硬木架几案一座（附镜箱一个）；八七八方木凳一个；八七九硬木隔扇十一个；八八〇小戏台一份；八八一粗木桌一张；八八二大小黄瓷盘二十四个（杂款）；八八三黄地绿龙碟十三个（杂款）；八八四黄瓷碗十八个（均有伤）；八八五黄瓷盘二个（附瓷罐一个，光绪款）；八八六硬木玻璃壁灯四个；八八七木柜四个；八八八玻璃挂灯十二件；八八九木几一个；八九〇粗木桶一个（内盛玻瓷未计数）；八九一木盘一个：1 光绪款青花白地辈三个，2 宜兴盘二个，3 洋瓷大小盘五个，4 洋瓷罐一个，5 洋瓷长圆式盘二个（带盖），6 大小洋瓷高足盘五个，7 洋瓷鹤花大碗一个，8 洋瓷食盒一对，9 玻璃菜花瓶二个，10 洋瓷高足盘一个；八九二木盘一个（内盛黄瓷大小碗一百二十个光绪款）；八九三粗木盘一个：1 光绪款福寿黄磁〔瓷〕碗二十个，2 光绪款内外黄磁〔瓷〕碗二十三个，3 光绪款黄磁〔瓷〕暗龙碗七个，4 乾隆款大小黄磁〔瓷〕暗龙盘六个，5 道光款青花白地磁〔瓷〕[1]二个；八九四木桶一个：1 洋磁〔瓷〕盘六十四个，2 大小洋磁〔瓷〕长圆式盘三个（带盖），3 洋磁〔瓷〕水盂一个；八九五木盘一个（内盛陶器未计数）；八九六黄磁〔瓷〕大小碗五十九个；八九七高足盘碗共八捆；八九八木桶一个（内盛红地金喜字盖碗十个）；八九九各式碗盖二十一个；九〇〇白地青花瓷罐一个；九〇一万历款白地青龙大盖罐一个；九〇二嘉庆道光款黄釉磁〔瓷〕碗三个；九〇三同治光绪款万寿无疆碗十三个；九〇四嘉庆款黄釉大碗六个；九

---

[1] 原档如此。

〇五黄釉小碗五个；九〇六康熙嘉庆款黄釉绿紫龙小碟二百五十四个；九〇七同治款黄釉万字大碗七个；九〇八康熙款黄釉暗龙碗七个；九〇九光绪款黄釉绿龙茶盅五个；九一〇康熙款黄釉小碗二十六个；九一一同治光绪款黄釉彩花大碗二十六个；九一二白地青花圆罐一个；九一三同治款大小白地彩花高脚热水碗五个；九一四珐琅瓷扁盒二个；九一五白地彩花瓷扁盒一个（附瓷扁盒盖三个同治款）；九一六同治款万字大瓷盘十个；九一七同治款万寿无疆瓷盘五个；九一八同治款黄釉彩花大瓷盘十九个；九一九光绪款黄釉白裹瓷盘六个；九二〇道光款黄釉瓷盘二个；九二一光绪款黄釉瓷盘一个；九二二木桶一个（内盛高足大小碗三十六个）；九二三木桶一个：1光绪款大小黄地磁〔瓷〕盘十一个，2白地彩花磁〔瓷〕盘一个，3光绪款大小破黄碗二个，4高足大小碗一百六十九个；九二四金漆盒二个；九二五水桶一个；九二六册宝二件（带木箱册宝附历书十四本）；九二七光绪款霁蓝碗三十八个；九二八光绪款黄地百福碗五个；九二九道光款黄磁〔瓷〕盘一个；九三〇光绪款黄地白裹大碗七个；九三一霁蓝盘十二个；九三二黄瓷茶盘二个；九三三竹帘一件；九三四佛柜一个；九三五木佛龛一座（内有木神牌二个）；九三六锡蜡阡四件；九三七锡香炉一件；九三八锡香池一件；九三九瓷香炉二件；九四〇木佛龛一座（内铜佛八尊）；九四一木佛龛一座（内插屏佛像四件）；九四二木佛龛一座（内铜佛三尊，龛门破）；九四三木佛柜一个；九四四大木佛桌一张；九四五木佛柜一个（内破佛龛一个）；九四六绣花绸子佛帘一件（带木匣）；九四七玻璃挂灯四对；九四八活腿饭桌二张（带木箱）；九四九铜炭盆二个；九五〇铜炉二个；九五一大竹帘一个。

　　卷一终

卷二　慈宁花园〈略〉

卷三　造办处〈略〉

卷四　内务府　附银库〈略〉

卷五　皮库瓷库　城隍庙　官果房　衣库　枪炮库　油木作

修书处　西河沿一带〈略〉

1932 年故宫博物院三次标卖残废金质器皿经过情形史料

　　1929 年春，故宫博物院决定将无关历史文化残废金质器皿标卖，得款作为建设基金使用。1931 年 6 月，成立临时监察委员会，专门商议标卖事宜。1932 年 7 月，又制定了《故宫博物院处分残废金质器皿投标适用规则》。1932 年 7 月 21 日至 8 月 12 日，故宫博物院共分三次将残废金质器皿标卖售出。

　　此件史料主要收录有临时监察委员会议事录、故宫博物院处分残废金质器皿投标适用规则、三次到院看货及投标各商号名单及得标各商号标单的照片等，详细记录了故宫博物院三次标卖残废金质器皿的经过情形。

北京市档案馆藏，档号：J3-1-291。

——选编者　王　星

故宫博物院三次标卖
残废金质器皿经过情形

（1932 年 7、8 月）

查十八年春，本院在京理事何敬之先生等开会议决本院旧藏无关历史文化等物，提出处分得款充作基金，以为建设之用。乃拟定章则，于同年五月间呈奉行政院核准，交本院执行。并由本院于二十年六月根据呈准处分物品临时监察委员会规则（规则见本院前印之《处分无关文史物品经过概况》）之规定，敦聘北平地方法院、北平市市长、平津卫戍司令、本院理事及北平大学代表为委员，成立临时监察委员会。同月七日开第一次会议，议决原则数项：

一、处分物品必遵理事会议决呈准原案，限与文史无关；

二、处分物品售得价款悉数充为基金，专作修建及印刷流传之需，不作别用；

三、处分物品办法暂定为投标、拍卖二种，其零售、公卖视情形再定。

本院照议决案，凡关合于处分之物品，分批提出，集中整理。先均经监委会之审查可决，然后分别售卖或仍旧保存。先药材，次食品，再次绸缎皮货；或标卖，或公卖，或零售，迭经办理在案。近以本院永寿宫、景仁宫两处库房内有旧日用过之残废金器皿一批，或有碗而无盖，或盖已残破，或缺少配件，类多不整。先由本院按照平常出组手续分别提出，集中于延禧宫新建之库房。因于本年六月二十九日召集第十四次监察委员会议（出席委员见后附该日议事录）提出讨论，均以此项用器既以残缺，似无保存必要。会后由各委员亲赴延禧宫库房查视鉴定该项残废金器，认为均属咸丰以后残废器皿，确是无关文化，决议准予处分。其稍有雕刻或年号在咸丰以前者，概行剔去，不予处分。本院旋即根据监委会决议派员整理编号。第一次分为十标，并订定投标适用规则（规则见后），分函本市金银号及首饰行商会内各商号宝兴隆等一百十八家，于七月二十一、二两日来院看货。二十一日到乾泰金店等二十四家，二十二日到三阳金店等二十八家，公开估看，准许以试金石磨验，鉴定成色。二十三日投标，到汇泉金店等二十六家（来院看货及投标各商号名单见后细表）。投标截止后，随即当众开标。开标结果因各商所投成数太低，仅售出第三、第四、第十三标，由宝昌金店等三家分得，得价七万六千九百零五元二角四分（各商投标细数及得标标价见后表，下同）。其未售出之七标，第二次酌分为八标，复分函各商号乾泰金店等一百十三家于二十七、八两日来院看货。二十七日到汇泉金店等三十三家，二十八日到庆和金店等三十二家。二十九日投标，到三聚源等二十九家。开标结果售出第一、第二、第三、第四、第五、第七六标，由义聚金店等八家分得，得价二十一万二千二百零八元一角七分。其第六、第八两标因所投成数稍低未售，另期招标。第三次将所余两标益以上次业已编号未及分标金器数种，又复分成九标，仍分函各商号三阳金店等一百二十八家于八月十一日看货，到三益兴等四十五家。十二日投标，到宝善金店等三十一家。开标结果全数售出，由宝源金店等九家分得，得价九万九千零二十七元一角三分。三次开标，均有地方法院检察处及北平市府、北平大学等各监委到会，在场监察开标。得标各商号即于当日携带自己砝码与本院所置天秤之市平砝码较准后，双方公同衡计得标重量。原器内如灌有银、铜等条块，剪开剔出，仍归本院。然后以净得重量与所投成数折合足金，即以当日上午本市汇丰银行所定金价行市，每市平一两合银若干元核算价值，将款缴清。经守门公安局所派保安队警、区警检查后，将各标物品领去。三次共得款三十八万八千一百四十元五角四分，均经存放银行，记入本院基金项下。兹将三次投标得标各商号及此项残废金器原存地点、数量分别详细列表于后，以便考查。此本院三次标卖金器之经过实在情形也。

附件：

（一）　得标各商号标单摄影

（二）　临时监察委员会议事录

（三）　故宫博物院处分残废金质器皿投标适用规则

（四）　三次到院看货及投标各商号名单

（五）　残废金质器皿三次分标对照表〈略〉

（六）　三次售出残废金质器皿名称重量表〈略〉

（七）　三次各商号所投各标成数表〈略〉

（八）　三次得标商号及标价表〈略〉

附件1：得标各商号标单摄影

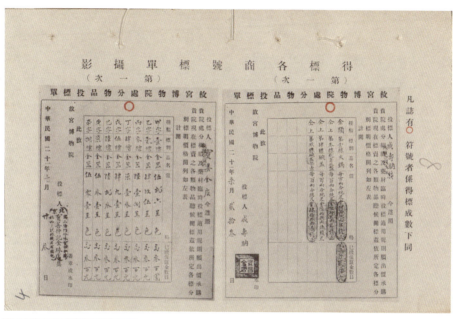

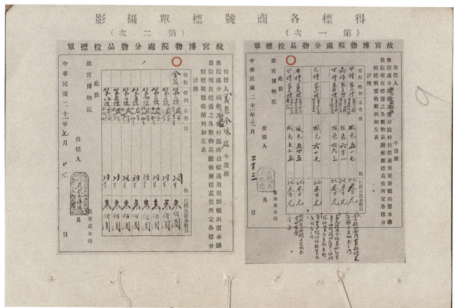

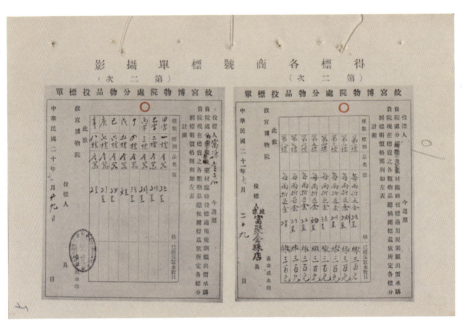

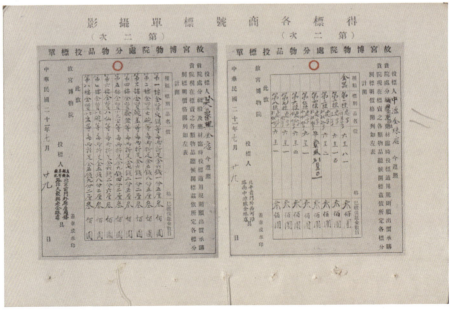

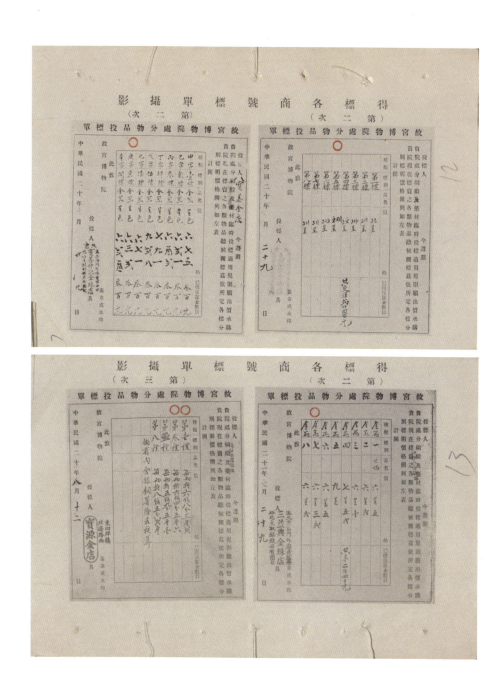

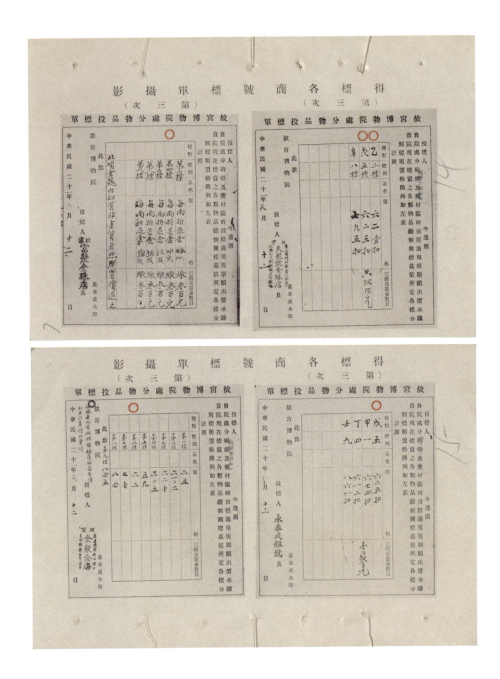

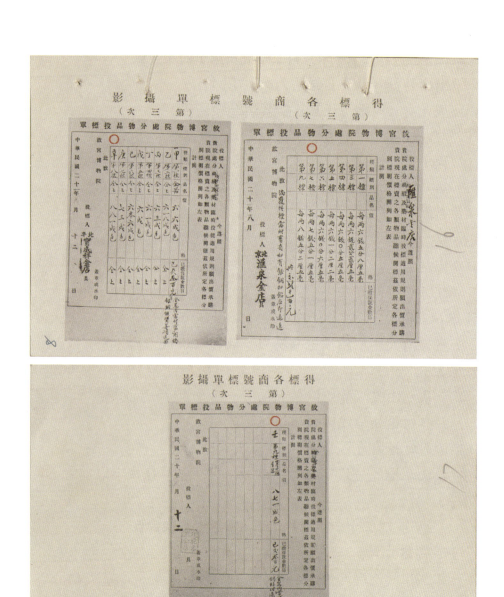

附件 2：临时监察委员会议事录

二十一年六月二十九日第十四次会议

出席委员（以签名先后为次，下同）：

周大文（周鹏飞代）

刘瑞琛（北平地方法院检察处）

程干云

易培基

俞同奎

吴　瀛

程星龄

江　瀚（何澄一代）

议案：

一、清太庙枯柏投标开标（计到协和、成聚合木厂、义兴桅厂三家）。

议决　由义兴桅厂以最高估价三千一百十一元得标。

二、讨论处分残废金质器皿事。

同赴延禧宫查视金器后。

议决　准处分残废金器一部分，但有年号在咸丰以前者不得处分。

二十一年七月二十三日第十五次会议

出席委员：

祁耀川（刘瑞琛代）

周大文（周鹏飞代）

程干云

程星龄

李宗侗

俞同奎

江　瀚（何澄一代）

易培基

吴　瀛

议案：

一、商人要求金内灌有银、铜、铁、锡等条块，准于得标后剪开剔除。

议决　照准。

二、残废金质器皿投标开标（计到汇泉金店等二十六家）。

议决　第三标、第四标、第十标可以售出，其余各标所投成数太低，另期招标。

二十一年七月二十九日第十六次会议

出席委员：

祁耀川（刘瑞琛代）

程干云

易培基

李宗侗

俞同奎

吴　瀛

程星龄

周大文（周鹏飞代）

议案：

第二次残废金质器皿投标开标（计到三聚源金银号等二十九家）。

议决　第一标、第二标、第三标、第四标、第五标、第七标可以出售，第六标、第八标所投成数稍低，另期招标。

二十一年八月十二日第十七次会议

出席委员：

祁耀川（刘瑞琛代）

周大文（周鹏飞代）

易培基

江　瀚（何澄一代）

俞同奎

吴　瀛

程星龄

议案：

第三次残废金质器皿投标开标（计到宝善金店等三十一家）。

议决　九标全数售出。

附件 3：故宫博物院处分残废金质器皿投标适用规则

（1932 年 7 月）

一、本院此次标卖旧藏残废金质器皿共约重五千四百三十五两，分左列十标，承购商人可任择一标或数标，投标购买之。

甲、第一标（处字第一号至第二号）

金器约重五百六十四两八钱。

乙、第二标（处字第三号）

金器约重七百六十两四钱二分。

丙、第三标（处字第四号至第八号）

金器约重四百五十三两七钱。

丁、第四标（处字第九号至第十一号）

　　金器约重五百五十三两。

戊、第五标（处字第十二号至第十六号）

　　金器约重六百零一两一钱九分。

己、第六标（处字第十七号至第廿三号）

　　金器约重五百九十六两一钱七分。

庚、第七标（处字第廿四号至第廿六号）

　　金器约重三百四十二两四钱七分。

辛、第八标（处字第廿七号至第廿八号）

　　金器约重八百四十八两六钱四分。

壬、第九标（处字第廿九号至第三十号）

　　金器约重五百六十六两七钱七分。

癸、第十标（处字第三十二号）

　　金器约重一百四十八两二钱。

　　上项金质器皿均经编号，其件数、重量另详所附清单。

　　二、前项金质器皿承购商人得于本院所定看货之日临时以试金石验看，估计成色。

　　三、衡计重量以两为单位，并以本市通行之"市平"为准。投标人只须标明每一标内各件平均所含成色若干（即百分之几）。此项成色经投定得标后，即以开标日凭北平汇丰银行所定该日上午北平金价行市为准，衡计实重，核算价值。

　　四、投标人应缴纳保证金，每标三百元。某标不缴保证金，其所投某标无效。得标，抵作缴价。不得标，立时发还。

　　五、投标人承购一标或数标，可用连写法。在一标单内分别标明各标每两成色，并填写姓名（商号）、住址，盖用图章（水印），亲自加封，于投标日缴纳保证金后，投入标匦。标函外面并须将所投各标分别写明。

前项标函、标单由本院制备发给。

六、投标人对于某标所估定成色，以超过本院检定某标最低成色之上之最高数为得标。如有二数相同时，以抽签法定之，或公同协议平均分得之。

七、得标人至迟应于两日内来院，衡计重量，核算全值，缴清款项，取去标卖物品。

八、得标人逾限不来院缴价者，即属放弃得标权利，所缴保证金则没收之。本院另通知次高数者，照放弃人所投定成色核价，递补承买。

九、投标人对于某标所估定成色，如不达本院检定某标最低成色之上，或投标仅止一人，或次高数不愿照最高数承买时，本院得另行招标。

十、本院订于廿一年七月廿一、二日上午十时至下午四时看货，廿三日上午九时到十时投标，十一时当众开标。

按第二次、第三次投标适用规则，除第一条分标、第十条日期不同外，其余各条均同从略。

附件4：三次到院看货及投标各商号名单

二十一年七月二十一日到院看货各商号

乾泰　天聚兴　天丰　庆善　宝兴隆　全聚　汇泉　泉兴　天宝　宝成　志成　宝成祥　中源　宝善　天聚　宝源　义聚　三阳　同康　富聚　中和　春华　三益兴　宝华

二十一年七月二十二日到院看货各商号

三阳　庆和　宝成　中源　宝昌　宝成祥　汇泉　泉兴　宝兴

隆　全聚　义聚　宝善　天聚　三益兴　天宝　乾泰　宝源
晋丰　同康　天聚兴　天丰　志成　源成　庆善　聚泰　富源
永泰成

二十一年七月二十三日到院投标各商号

汇泉　天宝　泉兴　富源　宝源　三益兴　富聚　义聚　中源
聚泰　天丰　晋丰　天聚　乾泰　宝善　三阳　庆善　志成
庆和　宝成祥　宝成　天聚兴　宝兴　全聚　同康　宝昌

二十一年七月二十七日到院看货各商号

汇泉　泉兴　庆和　天聚兴　三阳　宝成　天丰　宝成祥　志
成　宝源　乾泰　富源　天宝　晋丰　三益兴　聚太　中源
天聚　宝善　庆善　同康　宝昌　义聚　永泰成　广裕　宝恒
祥　宝兴隆　全聚　佩珍　富聚　马天利　三聚源

二十一年七月二十八日到院看货各商号

庆和　宝恒祥　三阳　宝兴　宝善　宝成　开泰　广裕　聚义
农工　天聚　汇泉　泉兴　宝兴隆　全聚　宝源　庆善　三
益兴　天增　宝成祥　志成　同康　天丰　晋丰　乾泰　宝昌
三聚源　马天利　天宝　永泰成　通记

二十一年七月二十九日到院投标各商号

三聚源　宝恒祥　通记　宝兴隆　三阳　汇泉　天丰　开泰
天宝　全聚　天聚兴　乾泰　宝成　庆和　晋丰　马天利　永
泰成　永增合　同康　宝昌　天增　天聚　三益兴　义聚　富
聚　中源　宝善　富源　聚泰

二十一年八月十一日到院看货各商号

三益兴　开泰　宝恒祥　三阳　宝成　宝兴隆　全聚　中源
义聚　庆善　天丰　庆和　马天利　同丰　同康　乾泰　广裕
富源　宝昌　天增　天宝　福源　天聚　志成　宝成祥　天

聚兴　庆善　汇泉　泉兴　宝源　庆成　晋丰　宝善　德源
德森　宝成　富聚　永泰成　三聚源　聚义　增华　东源兴
德华　宝兴

二十一年八月十二日到院投标各商号

宝善　三益兴　富聚　天宝　三阳　宝源　志成　广裕　天聚
　天佑成　全聚　宝兴隆　宝恒祥　马天利　宝成　庆和　乾
泰　宝成祥　开泰　义聚　汇泉　永泰成　富源　中源　天增
　宝昌　晋丰　同康　天聚兴　庆善　天丰

2010 年的故宫博物院

（北京市城市建设档案馆提供）

20世纪30年代孔庙、国子监管理史料

　　孔庙，又称文庙、先师庙，是祭祀孔子的圣庙。在中国，孔庙遍布各地，而北京孔庙规格最高，是元、明、清三朝皇帝举行国家祭孔的场所。元世祖忽必烈定都北京后，为了加强思想统治，笼络汉族民心，下令袭历代旧典，命宣抚王楫于金枢密院建宣圣庙，祭祀孔子。据《元史·哈剌哈孙传》："京师久阙孔子庙，而国学寓他署，乃奏建'庙学'。"元成宗铁木耳大德六年（1302年），在今址建庙，元大德十年（1306年）建成，西邻国子监（又称"太学"），构成左庙右学规制。北京孔庙占地22000多平方米，以大成殿为中心，南北成一条中轴线，三进院落，建筑左右对称，主体建筑依序为先师门、大成门、大成殿、崇圣祠。经历代多次扩建修葺，至民国五年（1916年），才最终形成现在的规模和布局，成为仅次于山东曲阜孔庙的全国第二大孔庙。

　　国子监始建于元朝，是元、明、清三代国家管理教育的行政机关和最高学府，至今已有700多年历史。国子监作为古代中央大学，历来倍受国家重视，多有修建，尤其是经明永乐、正统年间分别进行的大规模修缮，清乾隆年间增建辟雍后，形成了今天的建筑规模和格局。民国时期和新中国成立后，也曾对国子监进行过不同程度的修缮。1961年，国子监由国务院公布为第一批全国重点文物保护单位。国子监平面整体呈南北走向的长方形，由三进大型院落组成，占地面积27000多平方米，中轴线上由南向北依次排列集贤门、太学门、琉璃牌坊、辟雍

殿、彝伦堂、敬一亭。主体建筑两侧有"二厅六堂"、御碑亭、钟鼓亭等，形成传统的对称格局。国子监前院东侧由"持敬门"与孔庙相通。

1953年，首都博物馆开始筹备，馆址位于孔庙内，1981年10月正式对外开放。1956年10月，北京市市立第一图书馆迁入国子监，并正式定名首都图书馆。2001年至2005年，随着首都博物馆和首都图书馆陆续迁出，孔庙和国子监又重新归于一体。2008年，北京市委市政府和文物局对其进行了大规模修缮。2008年6月，孔庙和国子监博物馆正式成立并全面对外开放。

本组史料选编了20世纪30年代有关孔庙、国子监管理的档案，内容涉及进士题名碑及石经拓印、禁止在孔庙和国子监内驻军、有关孔庙的修葺整理及财产保管规则等。

北京市档案馆藏，档号：J17-1-1042，J20-1-60，J57-1-191、255、312、368、377、453。

——选编者　王海燕

国立北平图书馆关于拓印进士题名碑及石经给北平坛庙管理所的函

（1931 年 5 月 22 日）

迳启者。敝馆顷拟椎拓进士题名碑及石经各三份，用资存庋。查归贵处管理保存，相应函达，即希察照见复，俾便募工为荷。此致
北平坛庙管理处^①

国立北平图书馆启

五月二十二日

北平坛庙管理所关于图书馆拓印进士题名碑及石经给内政部的呈（稿）

（1931 年 5 月 26 日）

呈为图书馆拓印进士题名碑及石经请示遵行事。案准国立北平图书馆函开：敝馆顷拟椎拓进士题名碑及石经各三份，用资存庋。查归贵处管理保存，希查照见复，俾便募工，等因。当经本

---

① 原档如此。

所函复，孔庙、国子监内石碑均属古物，所请椎拓之处，应俟本所呈奉部准，再行函达办理在案。查孔庙内元、明、清三朝进士题名碑，共一百九十八座，国子监内彝伦堂御制石经碑十六座，率性修道等六堂石经碑一百九十座，在前内务部齐总长耀珊任内曾拓清题名碑一次，十六七年间沈总长任内曾拓石经一次，均经派员前往监视，需时月余之久，以防毁损、盗拓、多印之弊。此次该馆函请拓印存庋，既属国立之馆，自当拟请照办，惟本所经费支绌之时，于该馆椎拓之后，各题名碑及石经等势必加以清洁，以免剥蚀，但销时费工，非少数财力所可为办理，必须另行派员前往监视，亦非数日所能竣事。薪资、车饭及椎拓后雇工刷洗清洁等费，为数不下二百余元，可否准其拓印，由部令酌收保管费，以免他人拓印，本所受无故之损失。未便擅专，可否之处，理合抄呈原函及用费清单，据实陈明，敬请鉴核批示祗遵。谨呈内政部部长、次长

附抄呈原函一件、清单一件。〈略〉

中华民国二十年五月 日

内政部关于图书馆拓印进士题名碑及石经给北平坛庙管理所的指令

（1931 年 6 月 12 日）

内政部指令礼字第五九号

令北平坛庙管理所：

呈一件，为北平图书馆拓印进士题名碑及石经请示遵行由。

呈件均悉。北平图书馆请求拓印碑经，以备庋存，应予照准。至征收保管费一节，着毋庸议，仰令饬孔庙及国子监两处管理员负责监视清洁事宜，即由该图书馆拓印时随时洗刷清洁可也。此令。附件存。

刘尚清

中国民国二十年六月十二日

国立北平图书馆关于派员接洽拓印题名碑事宜给北平坛庙管理所的函

（1931 年 7 月 16 日）

迳启者。准六月十七日贵所函开："准函请拓印孔庙进士题名碑及石经一节，业经本所将贵馆提倡文化教育既庋存古迹之热心，以及本所应赞助之意，详为转呈在案。现奉内政部指令内开：'呈件均悉。北平图书馆请求拓印碑经，以备庋存，应予照准。仰令饬孔庙及国子监两处管理员负责监视，勿遭毁损，以重古迹。清洁事宜即应由该图书馆拓印时随时洗刷清洁可也。此令。'等因。奉此，相应函达查照，即希贵馆克日派员来所接洽拓印手续、开工日期暨洗刷办法。"等因前来。当以馆址迁移，诸务纷集，致稽时日。兹委托贺君性存前往，即希察照接洽，至纫公谊。

此致

内政部北平坛庙管理所

国立北平图书馆启

七月十六日

国立北平图书馆关于开工日期
给北平坛庙管理所的函

（1931 年 8 月 20 日）

迳启者。查敝馆椎拓孔庙题名牌〔碑〕及石经事项，当委托贺君性存前往接洽在案。兹定于八月廿二日开工，由拓工会方阁承办，相应函达，即希察照。此致

北平坛庙管理处②

国立北平图书馆启

八月二十日

---

② 原档如此。

孔庙办事员涂秀斌
关于监督拓碑办法的传知

（1931 年 8 月 22 日）

内政部北平坛庙管理所传知第　号

为传知事。案准国立北平图书馆函请拓印孔庙进士题名碑及国子监石经碑各三份一案，业经本所呈报内政部准予拓印在案。兹准该馆函称，已定于八月二十二日开工，由拓工会方阁承办，等因。现拟订监督办法十项，合行传知该办事员，切实照案监督，妥慎办理为要，切切此传。

附监督拓碑办法一纸。

右传知孔庙办事员徐秀斌准此

中华民国二十年八月二十二日

附件：监督拓碑办法

一　题名碑及石经碑数目应拓者务须当面点清（题名碑共一百九十八座、彝伦堂御制石经碑十六座、石经碑一百九十座，共四百零四座）。

一　各碑之原旧损伤者务须记明。

一　各碑经拓印之后须一律洗刷清洁，由图书馆办理。

一　拓碑时如有捶毁处，应即勒令止工，具报听候核办。

一　拓工不得在庙内食宿，以杜私拓及火险。

一　监督人应酌派工人二名，随时轮流替换监视。

一　拓题名碑应以朝代为序，拓石经应以经首为序，不得乱拓，以便稽核。

一　每星期拓至何处由监督人报告一次。

一　各碑拓印照案均以三份为限。

一　拓印自开工之日起以两月为限，每日不准继烛。

国立北平图书馆关于加拓石经两份
给北平坛庙管理所的函

（1931年9月7日）

迳启者。查椎拓孔庙题名碑及石经一案业已募匠开工，兹拟加拓石经贰份，相应函达，即希察照为荷。此致
北平坛庙管理处③

国立北平图书馆启

九月七日

---

③ 原档如此。

北平坛庙管理所关于加拓石经两份给国立北平图书馆的复函（稿）

（1931 年 9 月 14 日）

迳启者。准函开："查椎拓孔庙题名碑及石经一案业已募匠开工，兹拟加拓石经二份，相应函达，即希察照为荷。"等因到所。查孔庙、国子监题名碑及石经碑前经贵馆函请椎拓三份，业经本所呈明内政部在案。兹准续请拓印石经二份之处，案经呈准，未便变更，相应函复查照为荷。此致

国立北平图书馆

内政部北平坛庙管理所启

九月十四日

北平坛庙管理所股员张清远关于查验拓印竣工情形的报告

（1931 年 10 月 13 日）

为报告事。奉钧谕派清远查验国立北平图书馆椎拓孔庙十三经及进士题名碑竣工情形，遵于本月十二日前往。兹查该馆所拓经碑均已工竣，惠〔会〕芳阁工人正在整理器具及拓片，今明日

即可离庙。石经石碑亦由工人用碱水洗刷，但四周因油墨固结，未能去净，据云须用砖石磨礤不可。职恐伤字迹，嘱令勿动。此次计每份四百零八张，总计一千二百二十四片，点查无多，理合将调查情形具报鉴核。谨呈

主任张

股员张清远呈

十月十三日

孔庙办事员张清远关于孔庙、国子监驻军损失情形的呈

（1933年3月25日）

呈为呈报事。窃职查二十二年三月二十日突有区署派警偕同二十五师散兵前来孔庙、国子监看房占驻，业经呈报在案。该项军队当晚即行开来约二千余名，系由前线退回，不相统属，不服官长约束，所有国子监全部、孔庙之崇圣祠均行驻满，二十三日方行开去。惟驻庙时期适值天寒，该兵士等攫取木料烘火御寒，以致将国子监绳愆厅、博士厅东南、西南两序本所存放木料之所全行打开，取木燃烧，职一面监视一面预防火患，开走之后即饬庙户用水浇灭。计驻军三日，所有孔庙、国子监损失分别建筑、器物两项开列详细清单一件，理合具呈并检同清单敬请鉴核。谨呈

主任傅

孔庙办事员张清远呈
中华民国二十二年三月二十五日

北平坛庙管理所关于孔庙、国子监驻军损失情形给内政部的呈（稿）

（1933年3月27日）

呈为呈报孔庙、国子监驻军损失情形仰祈鉴核并转咨军委分会制止孔庙驻军事。窃查本所管理之孔庙、国子监于本年三月二十日突有第二十五师官兵约二千余人前来占驻，业于马代电陈明在案。兹据孔庙办事员报称："为报告事。窃职查孔庙、国子监三月二十日所驻系二十五师兵士，仅由两副官率领，不服官长约束，国子监全部及孔庙之崇圣祠均经占满，秩序零乱，二十三日方行开去。惟驻庙时期适值天寒，该兵士等攫取木料烘火御寒，以致将国子监绳愆厅、博士厅等处门窗及本所存储木器全行取用燃烧，尤以国子监损失情形较重，计驻军三日所有两处损失分别建筑、器物两项开列详细清单，请鉴核。"等情前来，所有损失情形经复查相符。查天坛、先农坛等处历次驻军此往彼来，视同传舍，值此军事时期，阻止极为困难。惟查孔庙曾经钧部会同军政、教育二部通行各军不得占驻在案。故近年以来并无军队占驻。此次驻军经职所援案制止，未生效力，正拟函知地方军事长官商办间，该军已行开拔。惟临行时并声言地上铺草不得移动，不日仍有军队来驻等语。倘再有军队开来，职所自当会同地方军事长官设法制止，并拟请钧部预行咨军事委员会北平分会转饬各军嗣后不得占驻孔庙范围内房屋，以符会令而保文化古迹。所有孔庙、国子监驻军损失情形及拟请转咨各缘由，是否有当，理合具文检同清单呈请鉴核。谨呈

内政部

　　附呈清单一件。〈缺〉

北平坛庙管理所主任傅〇〇

中华民国二十二年三月廿七日

国民政府军事委员会北平分会
关于禁止在国子监、孔庙内驻军的布告

（1933 年 4 月 12 日）

　　国民政府军事委员会北平分会布告 事工字第三四四号为布告事。查得本市国子监及孔庙原系国有文化机关，亟应严加保护，以重古迹。近自各部队调防以来，时有占用国子监及孔庙情事，殊失公家保持文化本旨。兹自布告之日起，无论任何部队采择防所，概不准占用国子监及孔庙房所，以重文化，如敢故违，定予究惩，决不姑宽。除已令本市公安局嗣后代部队寻觅房间不得占用文化机关外，仰即遵照勿违，切切此布。

蒋中正

何应钦

中华民国二十二年四月十二日

北平市管理坛庙事务所关于派警驻守孔庙给公安局的函（稿）

（1935 年 2 月 15 日）

据本所孔庙管理员张楚珣呈称：孔庙庙宇尊崇，地址辽阔，庭院深邃，而古迹繁多，库储尤关重要，现仅一二职员驻守，诚恐防护难周，倘有疏虞，关系至钜。拟恳商请就近警区拨警驻庙，以资警卫而策安全，等情。相应函请贵局查照，转饬内三区署就近拨派警士二名，移驻孔庙，协助守护，至纫公谊。此致

市公安局

中华民国二十四年二月十五日

北平市管理坛庙事务所关于派警驻守孔庙给市政府的呈（稿）

（1935 年 2 月 19 日）

窃前据驻孔庙管理员呈称："孔庙庙宇尊崇，地址辽阔……（云云至）以资警卫而策安全。"等情。当以所呈，确为切要之举，即经转函公安局，商请转饬就近警区拨警移驻孔庙，协助守护，各在卷。兹准公安局复函内称："查本局警额有限，当此防

务重要，警力早苦不敷分配，况冬防尚未解除，尤感难于兼顾，贵所如有需人驻守必要，拟请暂行自编卫士，以资防护。"等由。准此。查孔庙院宇辽阔，库储繁重，若无警士驻守，实不足以策安全，而自编卫士，本所经费有限，事所难能。况先农坛向有卫警六名，天坛亦有卫警四名，皆系由就近警署拨派，每月由所酌支津贴，列入预算，作正开支。孔庙事同一律，自可援照办理。理合具文呈请钧长鉴核，俯赐转饬公安局拨派警士四名，移驻孔庙，仍由所按天坛成规月给津贴，以资警卫，实为公便。谨呈

市长　袁

中华民国廿四年二月十九日

北平市政府关于派警驻守孔庙给
北平市管理坛庙事务所的指令

（1935 年 2 月 25 日）

北平市政府指令 政字第 1089 号

令北平市管理坛庙事务所：

呈一件，呈请转饬公安局援照农坛、天坛前例拨警四名驻守孔庙以资警卫由。

呈悉。准如所请办理。惟各坛庙驻守警士均系特派，既经领有月饷，勤务并无特殊，该所应毋庸另给津贴。除令饬公安局遵办，一面转饬各该管区署知照，并于孔庙仍遴派警士四名前往驻守防护外，仰即遵照！

此令。

市长　袁良

中华民国二十四年二月廿五日

北平市政府关于纪念四配十二哲及
两庑诸贤给北平市管理坛庙事务所的训令

（1935 年 2 月 26 日）

北平市政府训令 政字第 604 号

令北平市管理坛庙事务所：

案奉行政院二十四年二月十六日第九零三号训令内开："案查前准中央执行委员会秘书处函送中央执行委员会第五次全体会议柯璜呈请复行历代文武圣哲春秋丁戊祭祀一案到院，经交内政部核复，旋据复称：'本案并准军事委员会函请核办过部，查核关于纪念四配十二哲及两庑诸贤一节，似属可行，拟请于纪念孔子时一并列入，用志景仰。至逢戊合祀关岳，以现在推行国历，凡属支干字样，早已废除，碍难举行。且庙宇多已改建官署或其他公益场所，事实上亦多故障，拟暂缓办。'等情。经函请中央执行委员会秘书处转陈决定在案。兹准中央秘书处函开：'此案经陈奉常务委员批准，准予照办。并报告中央第一五六次常会在案，即希查照转行饬知。'等由。准此，除令知内政部驻平政务整理委员会及呈报国民政府并分行外，合行抄发原呈，令仰遵照。"等因。奉此，除分行外，合行抄发原呈，令仰遵照，该所长迅即查视孔庙四配十二哲及两庑诸贤旧有牌位是否损坏，并酌量加以整饬修饰，以符通令，仍将办理情形具报为要。

此令。

附抄发原呈一件。

市长　袁良

中华民国二十四年二月廿六日

附件：抄宗圣会黄岩柯璜原呈④

浙江黄岩公民柯璜为请求复行历代文武圣哲春秋丁戊祭祀事。窃以上丁释奠，始见周礼，历代相沿，典礼有加，国家崇德报功，形式虽似事神，精神实为治国。自十五年大学院蔡院长以院令停止祀事，迄今九载，各县庙庑有改机关，圣贤神位几同虚设。窃考之历史，证之教化，察之群情，观之民政，揣之国际，为国家权其利害得失，较其轻重本末，似应早日重设春秋祀典，以应时势要求者，约有五端，谨与我大会陈之：

敌国侵略野心，无微不至，无不利用吾国普通心理，转藉以引吾民。该国近令其大学毕业生与祭孔庙，又曾为失晦翁作八百年纪念，而东三省此四年来两丁照常举行，包藏祸心，路人皆知。其对于山东尤极力经营，图谋深远，到处可见，万一复据吾圣人发祥之地，提倡尊孔，登高一呼，号召全国，亦如今日傀儡让清、挟令满蒙，此实大可深虑。凡事每有仍之似不足轻重，废之实大可使人乘隙借端者，此在吾国不可不先自特别注重，以防

---

④ 柯璜（1877—1963），字定础，号绿天野人，浙江黄岩人，近代著名爱国学者、教育家、书画艺术家、社会活动家。1911年组织"宗圣会社"，目的是传承孔学，促进社会由失序走向有序。曾辑录1912年至1921年国内孔学研究成果，编为《孔教十年大事记》。

敌人之利用。此亟宜复祭祀者一。

世界各国鉴于功利剧烈之争竞，物质绝对优胜之说行将告穷，乃转集目光于东方精神文化。而东方文化史中重要先哲几全入于文武之两庙，一如东西国之纪念先哲，无不立为铜像。乃外人方加意崇拜过去圣哲，而吾国乃对于圣哲竟删其历代相因之优礼，人将其谓我何？总之东方圣哲是东方文化之代表，西人注意东方文化，即东方黄族文化行将传布世界之朕兆，即吾国民族行将振兴之端倪。若我自不推崇先哲，即自摇国性，即自亡国魂，即自与外人以轻视。此祭祀不可不亟复者二。

考之四配十二哲及两庑诸贤，与夫从祀关岳诸名将，无一不极端主张三民主义者。无论孔氏春秋严内外之妨，为言民族之要素；孟氏贵民主义，提倡民权，《尽心》章所言"王道"，与《大学》"生财"章皆同一阐发民生之关键；即秦汉以下文武诸贤，文集、言行、功业，事事皆无一不实践三民主义。且其立说之精粹，成仁之悲壮，实多为古昔东西诸儒所未敢言、未能行者，必欲使吾国全民真切认识、果敢实行其三民主义，非加殊礼历代文武圣贤，以惹起人人严重之注意，实无由得。各种铁案，以昭彰民族、民权、民生之大义。此不可不亟复祭礼者三。

东西学科灌输而后，中国固有之民德断，以新陈代谢顿起变化，虽际改革之期，固有一定过渡之阶级，然非于处处有杜渐防微之矫正，民德将渐动摇，必时为群不逞所利用，杀机之发，何时能已？先总理在时，璜常陈书与论中国旧道德阐发之必要。先总理乃答以中国文明导线（见《孔教十年大事》），即是孔子之教化，故先总理于《大学》必称诚正修齐，于《周礼》必道蜡宾一叹，大道之行。孔子集古今群学之大成而入庙，文武诸贤又为全国数十年来人物之精华。崇祀所以崇德，事死所以事生；追既往，所以诏将来。自停祀后，民众道德观念益失重心，青年措施，时形冲动。而欧美之伦理说、宗教观、道德论、哲学派，又一时未能深入普遍人心，环顾环境，人欲横流，千疮百孔，现正为一般教育、政治、军事、实业诸家所棘手、所无可如何。此不可不亟复祭祀，以与新生活相表里、相辅助者四。

世界各国皆有所谓宗教，中国初无所谓宗教，至汉乃入佛氏，至唐始进天方，及明季方来天主耶稣，究之尚为小数之信仰。然中国自古以春秋二祭致诚于历代之圣哲，犹之各教之有礼拜，犹之各宗教国之有拜祷仪式。祭祀虽异宗教之仪式，祭祀实表信仰之精神。历史家谓世界人种宗教性薄弱之国为无教之国，即为国民性薄弱之民族。故停止祭祀，即表现中国历代少可崇拜之人，即中华形其国民性之薄弱，即中华国民显其数千年于无人物之历史。此不可不亟复祭祀者五。

窃以此等大事，苟可以顺舆清、弥敌衅、辅民治者，有一于此，犹当速于应变，以应时机，况有五大端乎？或云现在我政府对于孔子纪念，已有诚挚之尊敬，圣哲后裔官以奉祀，即为祀事之变形。然圣诞纪念，只为孔子一人，奉祀之礼，只及四配，而十二哲、两庑及关岳诸贤，仍无其祭也。或又谓祭祀为封建时代之旧物，过去黄花，自可删汰。然试思，家有庙，乡有祠，人情对于此等祭祀，向心可以已乎？一家之宗祖，一乡之贤哲，尚未忍稍薄其追远致敬之心，况为古今不可多得之圣哲，人民之过去与现在、未来皆受其功业上、道德上之绝大影响者乎？虽旧时祀事，礼乐仪式或有不适于时，亦不妨博采世界崇拜英哲典礼，损益折中，大为修订，一新视听之耳目。璜素不与闻国家政治，六旬衰老，曷又何求？但此等华夏安危所在，民心观感攸关，匹夫有责。近复读蒋汪两公感电，有集思广益、相见以诚诸谕，逖听

之下，心益耿耿。用敢不揣冒昧，上呈万一，敬乞垂纳，代提五中全会，早予通过，国家幸甚！民族幸甚！谨呈

中央党部常务委员会

宗圣会黄岩柯璜

北平市政府关于孔庙严禁驻军的训令

（1935 年 3 月 15 日）

北平市政府训令 政字第 847 号

令北平市管理坛庙事务所：

案奉蒋委员长元秘渝电内开："国于天地必有兴立孔子之道，昭垂二千余年，为我国民族一切文化之中心，凡忠孝仁爱、礼义廉耻之各种固有美德，莫不秉其渊源，受其化育，后世建庙崇祀，理宜永承勿替。嗣后所有各省市之孔庙，一律严禁军队驻扎，其已驻有军队者，应即责令克日迁出，如庙内规模业有损毁，各省市县各级政府尤应设法修葺，务须恢复旧观，俾人民获资瞻仰，因以砥砺。醇风立国化民所关，实大务，希深体此旨，切实照办，并转饬所属一体遵照为要。"等因。奉此，除将本市孔庙现在实况先行电复并分令外，合行令仰该所知照。

此令。

市长 袁良

中华民国二十四年三月十五日

北平市文物整理实施事务处关于修缮孔庙神龛神案给工务局的函

（1935 年 3 月 26 日）

字第三三号

案奉市政府政字第九七二号训令内开："案查本府前奉行政院令，以柯璜呈请复行历代文武圣哲春秋丁戊祭祀一案，查关于纪念四配十二哲及两庑诸贤，请于纪念孔子时一并列入，奉准照办，令仰遵照。等因。当经令饬管理坛庙事务所查明先哲牌位有无毁损，并予整饬修饰去后，兹据复呈遵经详细查视，四配十二哲、两庑诸贤牌位无甚毁坏，惟诸贤神龛稍有朽烂，神案油漆完全剥落，桌腿亦多损坏，均应请予修理。等情。据此，查孔庙整理案已列入该处第一期实施工程案内，此项神龛神案应行修整各项，应一并归入该处整理工程案内办理。除指令管理坛庙事务所知照外，合行令仰该处遵照。此令。"等因。奉此，查此项孔庙整理工程已列入第一期实施办理在案。兹奉前因，应请贵局详细视查庙内神龛几案损坏剥落之处，从速估价开单，送处核定后，即行拨工整理完竣见复，以凭转报。此致
北平市工务局

中华民国二十四年三月廿六日

北平市文物整理实施事务处关于
修理天坛及孔庙墙垣等给工务局的函

（1935 年 7 月 20 日）

字第一四六号

奉市府交管理坛庙事务所呈称："案准公安局外五区署函，以本市天坛僻处城南，年久失修，墙垣坍塌，当此时局不靖，匪患堪虞，倘有暴徒越墙而过，为患不堪设想，应请克日派工修补，以防不虞。等因。查天坛外坛坛墙，周围本极长广，墙砖多有倒坍，尤以西北西南墙隅，缺口甚多，易启宵小攀援之念，于治安上及保管上均不无关系，拟请钧府转令文物整理实施事务处，将该项工程补列整理计划内，提前勘修，不求美观，但期缺口修补坚固，杜人逾越。又整理孔庙计划，已经规定在第二期举办，但墙垣坍塌处所及大成殿后西北隅便门，门扇残缺不固，似亦应提前装修补砌，以昭慎重。拟恳钧府并饬文物实施事务处一并提前兴修，理合呈请鉴核令遵。"等情。查孔庙全部工程前经委托贵局代办，并准勘估工程用款概数，函送到处，所有庙墙及大成殿后西北隅便门两项工程，当已包含在内，现据该所呈请提前修理，应请派员先将该两项工程分别勘估，函知本处，以凭核办，相应函达，即希查照办理为荷。此致
工务局

中华民国二十四年七月廿日

北平市工务局文整建筑股主任关于
修理孔庙墙垣等的签呈

（1935 年 8 月 6 日）

查文整处公函第一四六号内开：孔庙墙垣及西北隅便门两项工程，现据坛庙管理所呈请修理，应请分别勘估，函处核办等因。兹由职等前去孔庙接洽，由该庙管理员朱君文棣导领查勘，其应行提前修理之各项工程如下：

（一）国子监集贤门两旁大墙有缺口各一，拟照原有大墙式样堵砌整齐，其高计二.三公尺，厚六公尺〔寸〕，顶部用青灰抹成尖形，计需工料洋一百二十三元，如两旁大墙亦须见新，共需工料洋二百三十五元。

（二）又二门西边大墙北首坍塌墙一段，宽三.五公尺，高一.六公尺，厚四公寸，并拟加高约三公尺，与西边大墙一平，顶部亦用青灰抹成尖形，并拟将墙北渣土运去一部，计需工料洋九十五元。

（三）敬一亭前西科房南大墙一段，计长五.〇公尺，高一.七二公尺，拟加高与南面门洞墙平，顶上亦用青灰抹成尖形。其南面门洞一座，拟用砖料堵塞，计宽二.二公尺，高二.四五公尺，计需工料洋八十四元。

（四）又东科房南门洞一座，亦拟用砖堵塞，计宽二.二五，高二.七〇，计需工料洋四十元。

（五）西厢西房二间，后沿墙坍塌不堪，拟从新垒砌，计长六.六五公尺，高二.五〇公尺，计需工料洋壹百二十八元。

（六）国子监东夹道、崇圣祠西门北端，拟建新墙一道，长十公尺零，高二.二〇公尺，上用琉璃瓦盖顶，中辟一门，计需工料洋二百二十四元。

以上六项工程，所用砖料拟将国子监路南大墙拆下使用，计需拆工洋二百八十五元。

（七）孔庙大成殿西北隅便门四扇，门扇残缺不固，拟找补见新，计需工料洋七十六元。

（八）孔庙前路南大墙已有坍塌之处，拟将影壁保留，两旁大墙全部拆除，以拆下之旧砖移作堵塞上项所开诸门墙之用。并改建道牙以保大树。前面空场辟为停车场，则游人车马不至停靠大门之前，妨碍交通矣。道牙之平面设计见附图。

以上一至六项完全属于国子监范围以内，是否由本局提前代办，抑交由基泰工程司于国子监修缮案内提前办理。至第七、第八两项，乃孔庙所属，已由文整处决定于第二期修缮项内办理，但本月廿七日为祭孔日，是否由本局提前办理，拟请合并函处审核见复，如何之处，尚乞鉴核。

附平面图一件。〈略〉

文整建筑股主任葛宏天谨签

八、六

北平市工务局关于修缮孔庙神龛神案给文整处的函（稿）

（1935年8月9日）

案准贵处第三三号公函略开：奉市府令，据管理坛庙所查复孔庙诸贤神龛神案多有损坏、剥落之处，令照案函请从速估价送核修缮，等由。当即派员前往勘查，计东西两配殿内，所有供桌、下桌、神龛、牌位等，大部均已残缺不完，兹拟依照原有式样加以修理，详为估计，木作及添配工料需洋七百三十五元，油添及画工料需洋一千一百五十元，两共合洋一千八百八十五元。此项预算前已列入孔庙修缮工程总概算以内，并以该项孔庙修缮工程已改列入文整计划第二期应办工程中，该项神龛几案等是否提前修理之处，相应函请查核见复为荷！此致
北平市文物整理实施事务处

中华民国　年　月　日

北平市工务局关于修理孔庙墙垣等给文整处的函（稿）

（1935年8月10日）

案准贵处第一四六号公函略开：查孔庙全部工程，前经委托贵局代办，并准勘估工程用款概数，函送到处，所有庙墙及大成殿后西北隅便门两项工程，当已包含在内，现据坛庙管理所呈请提前修理，应请派员先将该两项工程分别勘估，函知本处，以凭核办，相应函达查照办理。等由。当经本局派员前往孔庙接洽，由该庙管理员朱文棣君导引查勘，分别估计，兹将应行提前修理之各项工程损坏情形及预估价格胪列如次：

（一）国子监集贤门两旁大墙有缺口各一，拟照原有大墙式样堵砌整齐……（以下照录原签至：）前面空场辟为停车场，则游人车马不至停靠大门之前妨碍交通矣。道牙之平面设计见附图。以上前六项完全属于国子监范围以内，是否由本局提前代办，抑或交由基泰工程司于国子监修缮工程案内提前办理？至第七、第八两项，系为孔庙所属，已由贵处决定列入第二期修缮项内办理。（惟查本月二十七日为祀孔日期）是否均由本局提前办理之处，相应检同图件，函请查核见复为荷！此致

北平市文物整理实施事务处

附平面图一件。〈略〉

中华民国　年　月　日

北平市文物整理实施事务处关于
修理孔庙神龛等给工务局的函

（1935 年 8 月 17 日）

字第一七三号

接准贵局第三二一四号公函，以修理孔庙诸贤神龛几案，业经派员勘估，惟孔庙工程已改列文整第二期修缮，该项神龛几案是否提前修理，函请查核见复，等因。查孔庙修缮工程，现经改列第二期办理，所有龛案等件，自应同时修缮，勿庸提前整理，相应函复，即希查照。此致
工务局

中华民国二十四年八月十七日

北平市文物整理实施事务处抄转
年度计划中有关孔庙工程的内容
给工务局的函

（1935 年 9 月 26 日）

字第二二二号

案奉市政府抄交管理坛庙事务所二十四年度补充行政计划内开，第十三、十四两项属于孔庙工程，相应摘录原件函送贵局，以资参考。此致

工务局

附抄件。

中华民国二十四年九月廿六日

附件：照录管理坛庙事务所廿四年度补充行政计划 第十三、十四项

孔庙及国子监修缮工程已列入故都文物整理计划中，分期兴工，惟成贤街牌坊已经倾斜，倒坍可虞，拟请提前修理或先拆除，以免发生危险。

成贤街公路揆诸目前交通之状况，颇感不便，且路面亦已坎坷不平，拟请令饬工务局提前计划兴工改修，将现已坍塌之街墙拆除，仅留影壁，俾与夹道连通。

北平市政府关于孔庙财产保管规则 给北平国货陈列馆的训令

（1936 年 6 月 6 日）

北平市政府训令 甲字第 1996 号

令北平市国货陈列馆：

案准内政部、教育部、财政部会咨内开："案查本内政部前奉行政院二十五年二月六日第七八一号训令，以据本内政部呈拟先哲先烈祠产财产保管规则草案，经交据本部等审查报告前来，应准照审查意见办理，抄发审查会议记录，饬即遵照，等因。查该项记录末段内载'民国十八年六月间由内、财、教三部会令公布之孔庙财产保管办法，与现在实际情形已有不相符合之处，似应仍由该三部商议修订，以利施行'等语，自应遵办。当经本部等参照原办法一再会商，另拟孔庙财产保管规则草案，呈奉行政院二十五年五月二日第一五零五号指令，以该项草案大致尚无不合，仰由该三部会令公布施行，并将十八年原颁办法会令废止，等因。除将前项规则遵照修正公布及分行，并将原办法会令废止暨呈报外，相应检同该项规则，咨请查照并转饬所属一体遵照。"等因。准此，除分行外，合行抄发原规则，令仰该馆知照。

此令。

附孔庙财产保管规则一份。

中华民国二十五年六月六日

市长　秦德纯

附件：孔庙财产保管规则

二十五年五月二十七日公布

第一条　本规则所称孔庙财产系指孔庙之房屋、田地及其他一切产款而言。

第二条　孔庙财产之保管依左列之规定：

甲、国有者由内政部保管之。

乙、省或直隶行政院之市所有者（省市内旧府学宫），由省民政厅或市社会局保管之。

丙、县或隶属省政府之市所有者，由县政府或市政府保管之。

丁、特殊行政区（如威海卫管理公署设治局等）所有者，由各该官署保管之。

第三条　孔庙财产应由保管机关切实清查整理。

前项财产之收益应充作纪念孔子、修缮孔庙及拨充办理各该地方教育文化事业之用。

第四条　孔庙房屋除经核准利用办理教育文化事业外，不得任意占用。其原有之大成殿仍应供奉孔子遗像或牌位，专充纪念孔子之用。孔庙正门上之名称匾额与庙内各项碑碣礼器等均须保留。

第五条　孔庙房屋应由保管机关负责修缮，其有使用者并由使用机关酌量负担修缮费用。

第六条　孔庙财产须经保管机关核准方得使用。

第七条　孔庙之房屋、田地，非经内政部转呈核准不得处分。

第八条　保管孔庙财产之机关，应将保管实况依照内政部所定孔庙实况调查表查填递报内政部备案，如有变动并应随时具报。

第九条　孔庙财产如在本规则公布前经已拨充办理各该地方教育文化事业之用者，不得再行变更，并应由当地保管机关清查整理后，转报内政、教育两部备案。

第十条　本规则自公布日施行。

2007 年修缮后的国子监

（北京市城市建设档案馆提供）

20世纪三四十年代
中国博物馆协会史料

中国博物馆协会是由开展博物馆有关业务的组织和个人自愿结成，并依法登记的行业性、全国性的非营利社会团体法人。中国博物馆协会最早成立于1935年，在88年的发展历程中，从博物馆协会到博物馆学会再到博物馆协会，推动了中国博物馆学研究和博物馆事业的发展壮大。

中国博物馆协会由北平图书馆馆长兼故宫博物院图书馆馆长袁同礼、故宫博物院院长马衡、中央博物院筹备委员傅斯年、李济等会商之下，合力推动而建立的。其缘起在于1934年袁同礼作为中国代表出席国际博物馆协会大会，会上广泛接触各国代表，深感中国成立博物馆协会之必要，加以国内考古发现不断增多，各省市博物馆之设立逐渐增加，"应有一联合团体，使已成立之博物馆及对于博物馆有兴趣的人士，便于互相借镜，互相观摩"。在同人的支持下，作为协会的首要倡议者，袁同礼以北平图书馆作为筹备协会的机关，承担起了协会筹备工作的各项事宜。

经过一年多的筹备，1935年5月18日，中国博物馆协会在北平景山公园绮望楼召开成立大会，讨论通过《中国博物馆协会组织大纲》，确定协会的宗旨是"研究博物馆学术，发展博物馆事业，并谋博物馆之互助"。会议选举马衡、袁同礼、朱启钤、沈兼士、徐鸿宝、李济、翁文灏、李书华、钱桐、胡先骕、徐炳昶、叶恭绰、丁文江、严智开、傅斯年15人为执行委员，选举马衡为执委会主席，袁同礼为书记兼会计，钱桐、李书华、翁文灏、李济、胡先骕为常委。协会还建立专门委员会分工负责博物馆学术研究、博物馆建筑和陈列、审查出版博物馆学专著和论文、召开学术讲演会。在日本蚕食东北和国外文物从业者虎视西陲文物的时代背景下，中国博物馆协会成立的立意不仅仅关注博物馆本身的发展，而是希望通过这样一个平台来加强文化保存的力量，最终还是要通过民众在不断接触博物馆的过程中吸收和体会民族文化，加深文化认同，强固国家之基石。

中国博物馆协会办公场所设于北平陟山门大街三号，协会成立时有机关会员30多个、个人会员120多人。办会经费方面，作为民间机构刚开始开支完全仰赖社会各界捐赠。中国博物馆协会成立之初，由几个机关筹款捐助，其余收入依靠会员缴纳会费。1937年卢沟桥事变爆发后，在侵华日军的肆意摧残下，中国博物馆事业遭受空前劫难，不少博物馆纷纷倒闭或南迁躲避战火，中国博物馆协会活动被迫中断。抗战胜利后，随着各地博物馆的恢复，1948年6月中国博物馆协会在北平复会，于1949年自行解散。尽管由于时局动荡，民国时期中国博物馆协会存续时间不长，但博物馆协会仍然通过出版会报、编辑丛书、举办展览和学术讲演等活动，为促进中国博物馆学研究和博物馆事业发展做了开创工作。

中华人民共和国的成立，为博物馆事业的发展带来了勃勃生机，但全国性博物馆行业组织的建立，却是在改革开放之后。1979年前后，中国历史博物馆、中国革命博物馆、故宫博物院、中国人民革命军事博物馆、中国地质博物馆、北京鲁迅博物馆、上海博物馆和南京博物院等八家有影响力的博物馆共同发出成立中国博物馆协会的倡议，在文化部和国家文物局的支持下，于 1982 年 3 月得到中共中央宣传部的批准。为强调这一新生全国性博物馆组织的学术属性，中宣部在批复中特意将筹备时期的中国博物馆协会更名为中国博物馆学会。1983 年 7 月，中国博物馆学会正式加入国际博物馆协会，并代行国际博物馆协会中国国家委员会的职责。为更好发挥学会兼具的学术团体和行业组织功能，进一步加强与世界同行特别是国际博物馆协会在组织架构上和合作范围上的紧密衔接，经文化部和国家文物局同意，民政部于 2010 年 7 月批准中国博物馆学会更名为中国博物馆协会。2010 年 8 月 31 日，中国博物馆学会召开特别会员代表大会，宣布将中国博物馆学会更名为中国博物馆协会。

本组史料收录 1935 年 7 月中国博物馆协会成立初期为发展会员与北平国货陈列馆的来往函件和组织缘起、组织大纲，以及 1948 年 6 月中国博物馆协会为纪念复会举办展览与北平广播电台的来往函件和新闻稿，反映了民国时期中国博物馆协会成立和复会时期的具体情况。

北京市档案馆藏，档号：J20-1-41、J70-2-882。

——选编者　赵力华

中国博物馆协会为证求入会事致北平国货陈列馆的函

（1935 年 7 月 15 日）

迳启者。敝会于本〔五〕月十八日在北平组织成立。由会员公选马衡、袁同礼、朱启钤、沈兼士、徐鸿宝、李济、翁文灏、李书华、钱桐、胡先骕、徐炳昶、叶恭绰、丁文江、严智开、傅斯年十五人，为本届执行委员。自即日起，在北平陟山门大街三号本会事务所开始办公。

夙仰贵【馆】组织完善，成绩卓著。对于敝会宗旨，当表赞同。用特征求贵【馆】加入敝会，共策进行。附缘起及组织大纲各一纸，即希查照办理。至纫公谊。

此致
北平国货陈列馆

附缘起及组织大纲各一纸。

中国博物馆协会　谨启

七月十五日

附 1：组织中国博物馆协会缘起

同人组织此会约有三义，可得而言：

（一）我国立国垂数千年，文献流传，汗牛充栋，莫不为吾先民精神之所寄托。顾民族文化之表现，文献而外，尚有器物。

文献所不能尽者，器物可以补充之。文献有所疑者，器物可以实证之。其间如殷周之铜器甲骨，两京之石刻画像，不唯足以上窥当代礼俗，补苴史事，即就其制作精美而言，先民在艺术上之造诣，亦可使后人赞叹流连，精神振奋，不能或已。汉魏以后，古物出土，代有所闻。然或收入内府，或沦于私家，大率深藏闭守，恒人不得而窥。而社稷倾覆，朝代推移，不旋踵而散佚殆尽。论其遭际，宁止七厄！此原于吾国旧习，学归私门。而历代储存文物，迄无妥慎之法。至如由国家筑馆储藏，分别部居，公之世人，以备观摩者，前此盖未之有也。逮夫清季，西人考古西陲，于是敦煌之遗书，流沙之坠简，相继以出，捆载而去。士大夫憬然有感，始谋所以保存之方。然以吾国立国之久长，地下宝藏，当不止此。是以年来发掘殷墟，迭获奇珍。而河洛间私人盗掘，亦不乏鼎彝重器。重以世乱年荒，故家巨室不克保其旧藏。于是三代两汉之物，流传海外，不复见于中土，岂不惜哉！兹欲使先民之遗迹，永久保存，固有之文化，日新又新，则博物馆之建设，实为今日最迫切之需求。此一义也。

（二）所谓博物馆者，不仅限于保存古物已也。举凡动植矿产民俗人种教育卫生科学工程建筑美术之类，均宜兼收并蓄，各建专馆。比年以来，学校日辟，课室之所讲授，学子之所诵习，无不取则东西。顾其弊也，理论多于目验，空谈胜于事实。以致兴学数十年，而效未大见。倘今后凡百科学，各设专馆，搜集实物，以资稽考。则学子之所诵习者，可以目验。一国富源民情风俗以及现代科学之沿革及其应用，俱能一目了然，供其参览。至于世界列国国势国情，亦复罗列一室，仰视俯观。不惟知己知彼，且可使爱国家保种族之心，油然而兴。博物馆在教育上之价值，几倍于学校。是以先进各国于博物馆之设立提倡，不遗余力，收效之宏，堪资借镜。此又一义也。

（三）尝观欧美博物馆不惟于保存文物宣扬知识上尽其职责，并往往目光及于殊方绝域，边陲奥区。肆其探检考查，以所得供专家之研索，资国防之借镜。兹仅就其与我国西陲有关者言之，如柏林民俗博物馆之于吐鲁番，伦敦不列颠博物馆之于新疆甘肃。不唯李唐一代之壁画古书，连翩而西，即欲考索西疆之民情风俗物产地理，勒柯克斯坦因之大著，何一非今日之要典乎？是博物馆者，静的方面可以为文化之保管人，社会教育之良导师；动的方面并可以为国家边陲，筹长治久安之策，此其余义也。

吾国文化上之建设，图书馆方面规模粗有可观。而于博物馆之设施，尚在萌芽。同人等私虑所及，不揣棉［绵］薄，集合同志，组织此会。冀以嘤鸣之诚，藉收切磋之益。而更相策励，造成舆论，使博物馆之设立，与日俱增。博物馆之管理，随时改进。则其于文物之保存，教育之扶翼，国家之前途，胥有裨益，或亦贤士大夫之所共许也。用识数言，尚祈共鉴。

发起人：

丁文江、王献唐、王孝缉、司徒乔、任鸿隽、朱启钤、向达、吴定良、李麟玉、李荣芬、李书华、李燕、李仁俊、何澄一、沈兼士、吴其昌、邵锐、洪业、胡先骕、姚彤章、唐兰、容庚、袁同礼、袁复礼、马衡、翁文灏、徐鸿宝、徐炳昶、徐悲鸿、梁思成、梁思永、郭葆昌、张庭济、张元济、张星烺、张道藩、张炯、张继、陈垣、贺昌群、庄尚严、黄文弼、黄鹏霄、黄念劬、常惠、傅汝霖、傅斯年、傅以文、程时煃、裘善元、叶恭绰、叶澜、虞和寅、寿振黄、齐如山、赵儒珍、邓以蛰、滕固、欧阳道达、刘士能、刘节、谢涛、励乃骥、钱桐、颜文樑、严智开

附2：中国博物馆协会组织大纲

第一章　名称

第一条　本会定名为中国博物馆协会。

第二章　宗旨

第二条　本会以研究博物馆学术，发展博物馆事业，并谋博物馆之互助为宗旨。

第三章　会员

第三条　本会会员分四种：

（一）机关会员　以博物馆及教育文化机关为单位；

（二）个人会员　凡博物馆及教育文化机关职员或热心于博物馆事业者；

（三）永久会员　凡个人会员一次缴足会费五十元者、机关会员一次缴足一百元者；

（四）名誉会员　凡于博物馆学术或事业上著有特殊成绩者。

第四条　凡会员入会时，须由本会会员一人之介绍，经常务委员会之通过，得为本会会员。

第四章　组织

第五条　本会设执行委员会及专门委员会。

（甲）执行委员会

第六条　本会设执行委员十五人，由会员公选之。

第七条　执行委员会设主席一人、书记兼会计一人、常务委员三人至五人，由执行委员会互选之。

第八条　执行委员任期三年，每年改选三分之一。惟第一任执行委员会任期一年、二年、三年者各五人，于第一次开执行委员会时签定之。

第九条　常务委员任期一年，但得连任。

第十条　每年改选之执行委员，由执行委员会照定额二倍推举候选执行委员，由会员公选之。但于候选委员以外选举者，听之。

第十一条　执行委员会之职权如左：

（一）规定进行方针；

（二）筹募经费；

（三）编制预算及决算；

（四）推举常务委员及候选执行委员；

（五）组织各项专门委员会；

（六）执行其他重要事项。

第十二条　执行委员会细则由该会自订之。

（乙）专门委员会

第十三条　专门委员会各设专门委员若干人，主任委员一人由执行委员会聘请之。

第十四条　专门委员任期三年，但得连任。

第十五条　专门委员会之职权如左：

（一）分工研究博物馆学术及与博物馆相关之各项学术；

（二）设计博物馆建筑及陈列或设备上种种改进事项；

（三）审查关于博物馆学之书籍及专门论文；

（四）举行学术讲演会。

第十六条　专门委员会细则由该会自订之。

第五章　经费

第十七条　本会经费以下列各项充之：

（一）机关会员年纳会费五元；

（二）个人会员年纳会费二元；

（三）个人永久会员一次纳会费五十元、机关永久会员一次纳会费一百元；

（四）捐助费。

第六章　选举

第十八条　本会执行委员由机关会员及个人会员票选之。

第七章　会议

第十九条　本会每年开年会一次，其地点及会期由前一年会决定之。但遇必要时，得开临时会。

第二十条　本会开年会时，各机关会员得派代表一人出席。

第二十一条　执行委员会及专门委员会开会时间、地点，由各该会自定之。

第八章　附则

第二十二条　本大纲如有不适之处，经执行委员会过半数或会员二十人以上之提议，经大会出席会员三分之二以上之通过，得修正之。

北平国货陈列馆关于即日入会事致中国博物馆协会的复函

（1935 年 7 月 19 日）

迳复者。接准贵会大函：征求敝馆入会，作为机关会员，以便共策进行。等因。准此，敝馆对于此种互助互利之组织，自然乐于赞同。用拟即日加入，遵照会章，履行义务。准函前因，相

应函复，即希查照为荷！

此复

中国博物馆协会

附：填就调查表一份、一览一册、职员录一本〈缺〉（新征员目录尚未印竣，容俟印出后再行寄达）。

北平国货陈列馆　启

七月十九日

中国博物馆协会关于举办茶会和展览致北平广播电台的邀请函

（1948 年 6 月 1 日）

敬启者。兹订于六月六日（星期日）下午五时，假午门楼上历史博物馆事务室茶会，并委托该馆特办欧美博物馆照片展览以资纪念，届时即请光临指导是荷。

此上

北平广播电台

附上新闻稿一件〈缺〉，请于六月一日在贵台《地方新闻》时间广播乃感。

中国博物馆协会　谨启

六月一日

北平广播电台关于新闻稿已播出并将派员出席给中国博物馆协会的复函

（1948 年 6 月 9 日）

北发（37）671 号

顷准大函。为于六月六日假历史博物馆事务室茶会并展览照片，嘱予广播等由，附新闻稿。准此，除新闻已于四日在本市新闻时间中播出及派员届时前往出席外，相应函复，即希查照为荷。

此致

中国博物馆协会

中华民国卅七年六月九日印发

中国博物馆协会关于请广播本会新闻稿致北平广播电台的函

（1948 年 6 月 10 日）

敬启者。兹奉上本会新闻稿一则，请斧削后在贵台六月十日教育时间发表是荷。

此致

北平广播电台

中国博物馆协会　谨启

六月十日

附新闻稿：

欧美博物馆介绍展览观者踊跃
中国博协会会务即将展开

中国博物馆协会为纪念该会复会，自六月六日起委托北平历史博物馆特办欧美博物馆介绍展十四天以资纪念。闻该特展在午门楼上第一陈列室举行，每日由上午九时至下午六时开放，任人参观。连日参观人士甚为踊跃。

兹悉该会于每星期日（十三日及二十日）下午三时至四时有专人在展览室解说，实行导引制度。又该会现正在约请专家对博物馆作特别讲演，一俟定期即行宣布。

又闻中国博物馆协会自复会以来，各方纷纷请求入会者颇多。该会已定于星期日（十三日）下午三时，在故宫博物院会议室举行第一次会议，筹备一切进行事宜，会务即将积极进行云。

北平广播电台关于新闻稿已播出
给中国博物馆协会的复函

（1948 年 6 月 15 日）

北发（三七）字第 693 号

顷奉大函，嘱予播送欧美博物馆介绍展览稿件。等由。准此，除予播出外，相应函复，即希查照为荷。

此致
中国博物馆协会

卅七年六月十五日

播送日时　六月十日二十时三十分本市新闻中播出。

台长　副台长（印）

科长（印）

股长（印）

抗战胜利后故宫博物院接收
中央银行长春分行运平古物经过史料

清末民初，朱启钤收集我国宋元明清刻丝①、刺绣精品共计八十余件，并著有《存素堂丝绣录》。1929年，张学良将此八十余件丝绣全部收购，并运至沈阳，存于边业银行库房。九一八事变后，东北沦陷，边业银行被日没收，改为伪满中央银行，而存素堂丝绣亦变为伪满中央银行资产。后伪满中央银行随伪满迁都于长春，存素堂丝绣亦随至长春。抗战胜利后，国民政府要求将这八十余件存素堂丝绣收归国有，并连同中央银行长春分行接收的其他古物共二十七箱由国立北平故宫博物院接收保管。

本组史料主要收录有中央银行秘书处关于由长春运平古物应先查明来历及所有权并开列清单给北平分行的公函、国立北平故宫博物院接收中央银行长春分行运平古物清点目录、中央银行北平分行职员关于长春分行运平古物移交北平故宫博物院经过情形的报告等，记载了这批古物的来历运转、装运费用及接收经过情形。

北京市档案馆藏，档号：J33-1-39。

——选编者　王　星

---

① 又称"缂丝"，通经断纬，是中国传统丝绸艺术品中的精华，极具欣赏装饰性。

中央银行秘书处关于由锦运平古物应切实注意潮湿蠹噬给北平分行的电文

（1946 年 8 月 19 日）

由锦运平古物 27 箱如何处置正向行政院请示中。际此溽暑季节，应切实注意潮湿蠹噬，以免受损。特达。秘书处。沪。0819〈2〉。

中央银行秘书处关于由锦运平古物暂由贵分行妥为保管给北平分行的电文

（1946 年 9 月 6 日）

本处 0819 电谅达。关于处置由锦运平古物念〔廿〕柒箱，兹准财部代电节开"应暂由贵分行妥为保管，并开单送部查核"等语，希遵办具报。秘书处。0906〈7〉。

国立北平故宫博物院关于
请订期移交由锦州运平古物给
中央银行北平分行的公函

（1946 年 9 月 11 日）

案奉教育部社字一六八五三号令开："案准行政院秘书处八月二十二日礼京（一）字第二〇九〇〇号通知，略以'存锦州中央银行古物，奉谕交教育部转饬故宫博物院保管'等由，附抄送原件过部。准此，除函知中央银行查照办理外，合行抄附原件，令仰径向该行北平分行洽办具报。"等因。奉此，兹抄附原抄件请贵行订定移交日期，以便派员前往接收，相应函达查照，并希见复为荷。此致
中央银行北平分行
　　附抄原件。

院长　马衡

附件：抄原件

（衔略）查本行长春分行接收古物一批，前以东北战事关系，长春失守，经由该分行抢运锦州本行保存。兹迭据本行北平分行电称："存锦州分行古物廿七箱已于七月十八日航运到平，应如何处置，祈电示。"等情。除电请财政部核复外，前项古物应如

【何】处置，理合电祈鉴核示遵。

中央银行秘书处关于由长春运平古物应先查明来历及所有权并开列清单给北平分行的公函

（1946 年 10 月 21 日）

秘字第 3478 号

前准教育部函，以奉行政院秘书处通知，长春分行接收运交贵分行□行保管之古物，应交故宫博物院保管，请查照办理等由，当经函转财政部核复。嗣准贵分行秘字第六十号函送该项古物清单十纸，并请示应否移交国立故宫博物院等由，复经转函行政院暨财政部核复在案。兹准财政部京钱丙字六七二一号代电开："中央银行公鉴：本年九月十三日沪央秘字第 1095 号代电奉悉，关于贵行长春分行运平古物（中经存放贵行锦州分行）既准教育部函，经准院秘书处通知，奉谕交教育部转饬故宫博物院保管，自应照办，惟仍请先行查明该项古物来历及所有权，开列清单送部，再凭酌复为荷。"并准行政院秘书处通知单为"教育部呈'关于存素堂丝绣移交故宫博物院接收一案，请饬中央银行办理'由；奉院长谕，交中央银行查复"各等由，并附件到行。奉批"照知王特派专员及北平分行查复"等因。除分函外，相应抄同原附各件函达查照办理见复，以便转陈为荷。此致

北平分行

　　附件。

秘书处副处长　范墅之

中央银行秘书处副处长（印）

三十五年十月廿一日

附件1：抄原呈

　　案查前奉国民政府卅五年二月十三日府交字第二三五九号代电内开："据该部清理战时文物损失委员会平津区副代表王世襄呈，以'存素堂丝绣八十余件尚存伪满中央银行，请即派员查明，收归国有'等语。兹将存素堂丝绣辗转经过情形随文抄发。查该项丝绣应即查明，由故宫博物院接收保管，以免散失。除分电东北行营外，即希迅予会同该行营办理为盼。"等因。附抄件一份。遵经令饬本部东北区臧特派员启方及国立北平故宫博物院遵照办理在案。顷据国立北平故宫博物院八月卅日呈字第三四号呈，略以"存素堂丝绣现经探明，已由东北运北平，存于中央银行北平分行，请转呈行政院，令饬中央银行总行转知北平分行，将该项丝绣全部移交本院，以便遵令接收保管"等情。据此，理合抄附国民政府府交字第二三五九号代电所附抄件一份，呈请钧院鉴核，令知中央银行总行转饬北平分行遵照办理，实为公便，谨呈。

附件2：抄存素堂丝绣辗转经过情形

　　查紫江朱启钤氏搜罗我国刻丝、刺绣有年，集有宋元明清四种精品，共计八十余件。著有《存素堂丝绣录》一册，一一详加著录。民国十八年，张学良氏拟在清故宫创立奉天博物馆，求让全部丝绣。成交后，悉数辇归沈阳。据闻当时张氏款项系向边业银行挪得，是以存素堂丝绣即存在该行库房中。九一八事变起，东北沦陷，边业银行初经日人没收，旋即改为"满洲国"中央银行，存素堂丝绣亦一变而为伪满中央银行之资产。当时营厚任伪满中央银行总裁兼任伪满文化协会会长，与会员袁金铠及日人水野梅晓等共同献议伪满当局，将存素堂丝绣定为伪"满洲国"国宝，并影印成书。二年而书成，名曰《纂组英华》，精装一帙两册，附中英日三国文字解说，分赠各国大图书馆（国立北平图书馆即有此书）。于是，存素堂丝绣遂更昭昭于世人耳目。迨后伪满庆祝满州建国十周年，日本帝室博物馆举行"满洲国"国宝展览会，船运存素堂丝绣之一部赴日（有"满洲国"国宝展览会绘叶书第一、二两辑可查）。闻当时之保险金额即达七百万日元之巨。展览会闭幕后，仍运回东北。存素堂丝绣始终经伪满中央银行保管。伪满迁都，中央银行辟新址于长春，丝绣亦随之而北。此数十年来文物辗转经过之大略也。

国立北平故宫博物院接收中央银行
北平分行移交长春分行运平古物清点目录

（1946 年 11 月 25 日至 28 日）

清点中央银行长春分行运平古物目录			
原来号数	品　名	件　数	备　　考
骨七〇	玉花杯	乙件	附匣囊及木座
七二	玉小碟	乙件	（仝上）
七三	玉水池	乙件	（仝上）有裂纹
七四	白玉水池	乙件	附匣囊及木座
七五	玉水碗	乙件	（仝上）
七六	白玉小碟	乙件	（仝上）
七七	玉碟	乙件	（仝上）
七八	翠插屏	乙件	（仝上）
七九	翠插屏	乙件	附匣囊及木座，此件与七八成对
八一	玉水池	乙件	附匣囊及木座
八四	玉小碟	乙件	（仝上）查系小圆洗
八五	玉小瓶	乙件	附匣囊及木座，底有孔
八六	玉花小盒	乙件	附匣囊及木座，有盖
八七	汉玉小盒	乙件	附匣囊及木座，原有裂纹，查系小洗
九三	玉花小屏	乙件	附匣囊及木座，查系镶玉小插屏
九四	玉小插屏	乙件	附匣囊及木座，查系镶玉小插屏，玉未破损
以上原第一箱，共十六件			
原来号数	品　名	件　数	备　　考
三四	玉花瓶	乙件	附匣囊及木座，扁形

五二	玉壶	乙件	玻璃罩〔罩〕破损，附匣囊及木座，查系有环带盖扁方壶
五三	玉花碟	乙件	附匣囊及木座
五四	玉杯	乙件	（仝上）
六五	玉花瓶	乙件	（仝上）查系方形底原缺损
八九	玉三镶如意	乙件	附匣囊及锦座，查一块脱胶
以上原第二箱，共六件				
原来号数	品 名	件 数	备 考
一四	水晶葫芦	乙件	附匣囊及木座，口破损，有盖
五七	玉石山	乙件	附匣囊及木座
六三	水晶水池	乙件	（仝上），兽形
六四	玉水池	乙件	附匣囊及木座，椭形
九〇	玉三镶如意	乙件	附匣囊及木座
以上原第三箱，共五件				
原来号数	品 名	件 数	备 考
三二	玉册文	乙件	附匣囊及木座，查系玉册文插屏
四一	白玉水池	乙件	附匣囊及木座，查系青玉
四三	玉鸳鸯	乙件	附匣囊及木座
五八	玉石瓶	乙件	（仝上）
一六	白玉茶碗	乙件	（仝上）
七一	玉水池	乙件	（仝上）
八三	玉碟	乙件	（仝上）
八八	碧玉缸	乙件	附匣囊及木座，带盖
九六	玉盖碟	乙件	附匣囊及木座，查原系玉盒盖配木底
以上原第四箱，共九件				
原来号数	品 名	件 数	备 考
八	玉花碗	乙件	附匣囊及木座，查系玉菊花洗，足微有缺
骨别一七	金描玉碗	乙件	附匣囊及木座，查系描金双耳玉洗，原有裂纹
骨二三	白玉香碟	乙件	附匣囊及木座，查系青白玉香插碟
四〇	玉三星	乙件	附匣囊及木座，查系渔婴玉山

四二	玉碗	乙件	附匣囊及木座
四七	白玉小碗	乙件	（仝上）
四九	玉水仙	乙件	附匣囊及木座，查系鹤鹿同春玉山子
以上原第五箱，共七件			
原来号数	品　名	件数	备　考
一	玉牌子	乙件	附匣囊及木座，查系玉圭带刚卯穗子，乾隆御题
六	玉小碗	乙件	附匣囊及木座
骨别一二一三	玉雀盒	二件	附匣囊及木座，成对
九一	脂玉佛手	乙件	（仝上）查系青玉
九五	汉玉壶	乙件	附匣囊及木座，查系带皮青玉扁壶，有盖顶脱
骨九二	玉长方盘	乙件	附匣囊及木座，查系海棠式玉盘缺口
以上原第六箱，共七件			
原来号数	品　名	件数	备　考
骨别一一五	玉如意	乙件	附匣囊及木座
骨三一	玉册文	乙件	附匣囊及木座，查系玉册文插屏
三五	脂玉笔筒	乙件	附匣囊及木座，查系青玉松竹梅扁圆笔筒
六二	玉水碗	三件	附匣囊及木座（原册注乙件）
八二	雕漆盒	乙件	附匣囊及木座，查系桃形雕花残缺
铜二二七	古铜小圆瓶	乙件	附匣囊及木座，查系仿古铜兽环壶
以上原第七箱，共八件			
原来号数	品　名	件数	备　考
骨七	玛瑙盘	乙件	附匣囊及木座，查系玛瑙单把杯
二一	玉中碗	乙件	附匣囊及木座
三七	玉小盒	乙件	（仝上）查系青玉圆洗
五五	玉水池	乙件	附匣囊及木座，查系玉雕花杯
六九	玉水池	乙件	附匣囊及木座，查系桃形
九五	玉水池	乙件	附匣囊及木座，查系雕花寿字玉小碗
以上原第八箱，共六件			

以上原第一箱至第八箱于民国三十五年十一月二十五日下午在故宫博物院接待室会同启封清点。

中央银行北平分行　王建中、李光显

教育部清理战时文物损失委员会平津区办公处　唐兰（周祖汉代）

国立北平故宫博物院　李鸿庆

清点中央银行长春分行运平古物目录（续）			
原来号数	品　名	件　数	备　考
二八	碧玉盘	乙件	附匣囊及木座
以上第九箱，共乙件			
原来号数	品　名	件　数	备　考
三〇	金洲石笔筒	乙件	附匣囊及木座，查系金星石
三九	脂玉瓶	乙件	附匣囊及木座，查系青玉
四六	白玉中碗	乙件	附匣囊及木座
五一	玉小碗	乙件	仝上，查系圆洗
牙二〇一	象牙	乙件	附穗
以上原第十箱，共五件			
原来号数	品　名	件　数	备　考
三八	玉小盒	乙件	附匣囊及木座，查系青玉圆洗，与骨三七成对
五九	玉圆盘	乙件	附匣囊及木座，查系玉圆洗
六一	玉水碗	二件	附匣囊及木座，成对，查系玉杯二件
六〇	玉水碗	二件	附匣囊及木座，成对，查系玉盖碗二件
	镶真珠金戒指	五个	
	镶钻石金戒指	乙件	查系镶翠
	仝右	乙件	查系镶紫宝石
	仝右	乙件	查系镶翠
	仝右	乙件	查系镶蓝宝石

	仝右	乙件	查系镶蓝宝石
	仝右	乙件	查系镶蓝宝石
	镶真珠饰物	乙件	查系镶珠蝴蝶别针
	镶真珠镯	乙件	查系镶珠小金镯
	镶真珠	乙件	查系镶螺甸小佛金盒
以上十四件合装乙盒			
	渡〔镀〕金金属	乙盒	查系童饰锁帽花等零件
	小宝石	乙包	查系珠九粒、杂色宝石十六粒，分装三小包，内附原名单
	宝石屑	乙包	查系玉石屑
以上二包合装乙盒			
以上原第十一箱，共二十三件			
原来号数	品　名	件　数	备　考
骨二	碧鼎炉	乙件	查系碧玉炉乙件、木座乙件，原注二件成对
五	碧玉插屏	乙件	查系缺座，座见第十三箱
一〇	玉中碗	乙件	附木座
以上原第十二箱，共三件，外附插屏木座二个			
原来号数	品　名	件　数	备　考
一一	脂玉鹿	乙件	附木座，查系青白玉
一二	玉寿桃盒	乙件	附木座，查系玉寿桃盒
一八	白玉插屏	乙件	缺座，座见第十二箱
一九	白玉插屏	乙件	仝上，【与一八号】成对
二二	玉壶水池	乙件	有盖，附座
四八	玉鹿	乙件	附座
骨别五四	汉玉杯	乙件	查系双耳带木托，木托伤残
骨八〇	碧玉大碗	乙件	碗口破钱大一块，附座，查系镶金叶一块
以上原第十三箱，共八件，外附插屏木座乙个			
原来号数	品　名	件　数	备　考
二四	玉十二辰	乙份	计十二件，附御题一册，共装一盒
五〇	玉砚池	乙件	附木盒
六七	蜜腊朝珠	乙件	原册注蜜蜡

| 六八 | 淡蓝晶石朝珠 | 乙件 | 缺一小枝，原册注蜜蜡误 |
| 九八 | 嵌花玉如意头 | 乙件 | 原册注玉花如意 |

以上原第十四箱，共五件

原来号数	品　名	件　数	备　考
六六	玉如意	乙件	损一节，查系折断
九七	玉盒	乙件	盖破损
九一	玉手臂	乙件	
铜二一二	古铜香炉	乙件	查系双耳三足铜炉，附木座
二一三	古铜爵	乙件	查系饕餮纹爵，附木座
二一八	景泰蓝豆式盒	乙件	原册误注景泰空二兰字盒，有盖，附木座
二一九	涂金佛像	乙件	附木座
二二〇	景泰蓝盒	乙件	有盖，附木座残
二二一	景泰蓝小盆	乙件	原册误注景泰蓝盒，附木座
二二二	铜佛	乙件	附木座
二二三	铜佛	乙件	附木座

以上原第十五箱，共十一件

原来号数	品　名	件　数	备　考
二一〇	景泰蓝鼎	乙件	查系带木座，无盖未损，原注有盖损一处
二一一	景泰蓝鼎	乙件	查系景泰蓝梅瓶
二一四	古铜爵	乙件	查系饕餮纹铜爵，附木座
二二四	景泰蓝瓶	乙件	有伤，附木座

以上原第十六箱，共四件

原来号数	品　名	件　数	备　考
二一五	古铜边圆瓶	乙件	查系饕餮纹出戟铜瓿，附木座
二一六	景泰蓝缸	乙件	有伤，附木座
二一七	景泰蓝缸	乙件	全　　　前

以上原第十七箱，共三件

原来号数	品　名	件　数	备　考
铜二〇六	玉把排刀	乙件	查系乾隆年制炼精刀，玉把头残脱

丝绣一〇	宋刻丝牡丹团扇幅	乙件	
七	宋刻丝蟠桃春燕图轴	乙件	
六八	乾隆仿宋绣花卉小景轴	乙件	
二七	明刻丝故宫屏幛残段轴	乙件	
二〇	明宣德刻丝梅花仙禽轴	乙件	
六	宋刻丝吴煦蟠桃花卉轴	乙件	
五一	乾隆刻丝传古花卉椅披	贰件	
七〇	恽冰娥女士绣菊花轴	乙件	
五四	明绣溪山积雪图轴	乙件	
十六	宋刻丝米襄阳行书轴	乙件	原册误注卷
二一	明刻丝仇实父水阁鸣琴轴	乙件	
四一	乾隆刻丝朱衣达摩像轴	乙件	
七二	清丽英纳纱山水轴	乙件	
二五	明刻丝乞巧图轴	乙件	
二四	明刻丝碧桃花轴	乙件	
三	宋刻丝瑶池献寿图轴	乙件	
七一	明绣岁寒三友轴	乙件	
六七	乾隆仿宋绣花卉小景轴	乙件	
一五	宋刻丝米襄阳行书轴	乙件	原册误注卷

二三	明刻丝宣宗校射图轴	乙件	
五八	明顾希孟发绣人物轴	乙件	
一九	元刻丝通景花卉屏幛片幅轴	乙件	
七五	乾隆纱窗帘	乙件	
一七	元刻丝释迦牟尼佛像轴	乙件	
一四	宋刻丝米襄阳行书卷	乙件	
九	宋刻丝紫鸾鹊谱轴	乙件	
二	宋刻丝雀白三秋图轴	乙件	
二二	明刻丝牡丹轴	乙件	
三〇	乾隆刻丝李太白夜宴桃李图轴	乙件	
八	宋刻丝天官轴	乙件	
一八	元刻丝宜春帖子岁钥图合璧轴	乙件	
二九	康熙刻丝董其昌临蔡苏黄米四家书卷	乙件	
五	宋刻丝海渥〔屋〕添筹卷	乙件	
七三	乾隆御用龙凤双喜纱帘	贰件	
铜二〇七	铜把排刀	乙件	查系乾隆年制飞鹊刀玉把
二〇二	玉把排刀	乙件	乾隆年制叩鸣刀
二〇三	玉把排刀	乙件	刀未拔出，未能定名
丝绣五九	明顾绣董书弥勒佛像幅	乙件	此件原册列第二四箱
以上原第十八箱，共四十一件			

以上原第九箱到第十八箱于民国三十五年十一月二十六日

上、下午在故宫博物院接待室会同启封清点。

中央银行北平分行　王建中、李光显

教育部清理战时文物损失委员会平津区办公处　唐兰

国立北平故宫博物院　李鸿庆

清点中央银行长春分行运平古物目录（再续）			
原来号数	品　名	件　数	备　考
画三〇一	元吴镇草堂烟雨图轴	乙轴	附木匣残，直幅绢本
以上原第十九箱，共乙件			
原来号数	品　名	件　数	备　考
三〇二	宋人民物熙乐图轴	乙轴	附木匣，缺轴头乙个，直幅绢本
以上原第二十箱，共乙件			
原来号数	品　名	件　数	备　考
三〇三	明陈粲葑禄鸳鸯图轴	乙轴	附木匣，虫蛀，直幅绢本
以上原第二十一箱，共乙件			
原来号数	品　名	件　数	备　考
三〇四	宋人扁舟傲睨图轴	乙件	附木匣，匣刻"元赵孟頫停舟携琴图　臣张之洞恭进"，直幅绢本，缺轴头乙个
以上原第二十二箱，共乙件			
原来号数	品　名	件　数	备　考
丝绣一一	宋刻丝芙蓉鸂鶒片段幅	乙件	
一二	宋刻丝万年枝片段幅	乙件	丝绣录载仿宋刻丝
以上原第二十三箱，共二件			
原来号数	品　名	件　数	备　考
丝绣一	宋刻丝绣线合璧册	乙册	计六幅子目列后
	朱克柔刻丝牡丹	乙幅	
	朱克柔刻丝山茶	乙幅	

	宋刻丝徽宗御笔花卉	乙幅	
	宋绣瑶台跨鹤图	乙幅	
	宋绣海棠双鸟	乙幅	
	宋绣梅花鹦鹉	乙幅	
丝绣四	宋刻丝迎阳介寿卷（附觯斋绣本卷）	二卷	附木匣乙个，玉别均残
一三	宋刻丝米南宫自书诗卷	乙件	附木匣乙个
三一	乾隆墨云室记卷（刻丝）	乙件	附木匣乙个
三二	乾隆鸡雏待饲图、雀雏待饲图（刻丝）	二件	原册注乙件，附木匣乙个
三四	御制平定台湾功臣赞序（刻丝）	乙卷	
仝	御制平定台湾告成碑文（刻丝）	乙卷	
仝	御制生擒庄大田纪事语（刻丝）	乙卷	原册注乾隆平定台湾方略四卷乙件
仝	御制生擒林爽文纪事语（刻丝）	乙卷	以上四卷共装乙木盒，盒伤，附《纂组英华解说》乙册
四九	康熙组金织彩佛幌	二件	
五三	宋绣金刚般若波罗密经	乙册	附锦套及木匣
五五	明顾韩希孟自绣花鸟册	乙件	
五六	明顾绣花鸟人物册	乙件	
五七	明顾绣花鸟册	乙件	
七四	清代理金莽绣甲裳	乙件	
七八	如皋贴绒画册	乙件	
七九	包纱嬉春图	乙函	计八开，原册注八件
以上原第二十四箱，共二十【六】件			

原来号数	品　名	件　数	备　考
七七	清绣玉堂富贵幅	乙件	
以上第二十五箱，共乙件			
原来号数	品　名	件　数	备　考
古泉汇第一册	古圆足布	九件	
仝	古方足布	一八五件	以上二种乙函计二十一板，破损五个
古泉汇第二册	古尖足布	二六三件	原册注二六件，破损五件，共乙函二十六板
古泉汇第三册	古空首布	三十件	内破损二件，共乙函八板
古泉汇第四册	古齐刀	三十六件	三件微损
仝	古列国刀	八十八件	乙件微损，以上二种乙函二十四板
古泉汇第五册	古列国刀	一一〇件	共乙函二十二板
古泉汇第六册	周列国泉	十七件	原册注周列国刀
	秦泉	十件	
	新王莽泉	一一〇件	
	公逊述泉	乙件	
	东汉泉	四件	
	西汉泉	六十八件	
	北周泉	乙件	
	蜀泉	九件	
	吴泉	四件	
	赵石勒泉	二件	
	西凉泉	乙件	
	晋泉	十二件	
	宋泉	二十六件	
	北魏泉	五件	
	梁泉	四十四件	
	北齐泉	三件	
	陈泉	乙件	
	北周泉	二十八件	
	隋泉	四件	
	六朝泉	八十五件	
	唐泉	九十一件	
	史思明泉	四件	
	晋唐泉	乙件	

	晋泉	二件	
	后汉泉	五件	以上共乙函二十三板
古泉汇第七册	周泉	二十六件	
	南唐泉	十五件	
	前蜀泉	六件	
	后蜀泉	乙件	
	南汉泉	乙件	
	闽泉	四件	
	楚泉	二件	内破损乙件
	燕泉	二件	
	北宋泉	一八九件	
	南宋泉	二三〇件	内微损二件
	西夏泉	六件	以上共乙函二十二板
	说明书	二函	计二十册，查系古泉汇原册，列第二十七箱
以上原第二十六箱，共一千七百四十三件			

以上原第十九箱至第二十六箱于民国三十五年十一月二十七日上、下午在故宫博物院接待室会同启封清点。

中央银行北平分行　王建中、李光显

教育部清理战时文物损失委员会平津区办公处　唐兰（李松节代）

国立北平故宫博物院　李鸿庆

清点中央银行长春分行运平古物目录（叁续）			
原来号数	品　名	件　数	备　考
古泉汇第八册	辽泉	二十四件	
仝	金泉	二十八件	
仝	齐刘豫泉	五件	
仝	元泉	五十二件	
仝	徐贞一泉	四件	
仝	陈友谅泉	三件	
仝	徐寿辉泉	二件	
仝	张志诚泉	四件	
仝	韩林儿泉	四件	
仝	明泉	一二一件	
仝	福王泉	五件	

全	鲁王泉	四件	
全	永明王泉	十三件	内乙件系万历泰昌合背泉
全	唐王泉	四件	
全	李自成泉	二件	
全	张献忠泉	二件	
全	孙可望泉	四件	
全	吴三桂泉	十五件	
全	耿精忠泉	四件	以上共乙函十六板
古泉汇第九册	外国泉	六十七件	
全	无考泉	四十八件	
全	异品泉	二十五件	
全	厌胜泉	四十二件	
全	仙佛符咒泉	二十一件	
全	生肖钱	六十五件	以上共乙函十八板
古泉汇第十册	马钱	十八件	
全	泉镜	八件	
全	泉范	七件	
全	华文钱	十一件	以上共乙函九板，板二有伤
续第乙册	古方足布	十三件	
全	古空首布	十六件	内四件破损，以上共乙函八板
续第二册	古齐刀	十八件	
	齐刀	十一件	查系伤缺二件，原注三件
	古列国刀	四十五件	以上共乙函二十板，内二板伤
续第三册	古列国刀	八十件	以上共乙函十七板
续第四册	古列国刀	一三九件	以上共乙函二十四板，内伤缺三件，原注二件
续第五册	古列国刀	一四七件	以上共乙函二十五板，内破损三件
续第六册	周泉	九件	
全	汉泉	十六件	
全	新莽泉	十四件	
全	六朝泉	五十件	
全	唐泉	二十五件	内伤缺乙件
全	宋泉	六十九件	内破损乙件
全	辽泉	二件	

161

全	金泉	十二件	
全	五代泉	五件	以上共乙函十四板
续第七册	异品泉	九件	
全	厌胜泉	二十五件	
全	生肖钱	十五件	
全	花纹泉	十件	
全	元泉	七件	
全	明泉	十五件	
全	常平钱	四件	
全	无明厌胜泉	五件	
全	石契刀	乙件	
全	石半两	二件	以上共乙函十三板
古泉汇第八册	五铢泥范	三件	内有乙裂纹
全	洗镜	二件	以上共乙函三板
以上原第二十七箱，共一三八一件			

　　以上原第二十七箱于民国卅五年十一月二十八日上午在故宫博物院接待室会同启封清点全部完毕。

　　按以上中央银行长春分行运平古物，计玉器、缂丝、古泉等共叁仟叁佰拾玖件，分装二十七箱匣，系于民国三十五年十一月二十五日中央银行北平分行原封移交本院保管。当于即日起会同中央银行北平分行及教育部清理战时文物损失委员会平津区办公处代表按照原单原箱顺序启封清点。查原箱均有民国三十五年三月十九日中央银行徐庆澜封条，箱外麻皮均有同日中央银行晏戴封条，各器并多贴有伪满洲中央银行号签，其名称、件数除间有不符及原单间有误字当予更正并加注明外，均依原单开列物品，逐件点验清讫，仍装原箱封存。

　　　　　　　中央银行北平分行　李光显、王建中

　教育部清理战时文物损失委员会平津区办公处　唐兰（李松节代）

　　　　　　　　国立北平故宫博物院　李鸿庆

　　　　　　　中华民国三十五年十一月二十八日

中央银行北平分行职员关于长春分行运平古物移交故宫博物院经过情形的报告

（1946 年 11 月 29 日）

奉派移交长春分行运存古物原封廿七箱匣，由北平市故宫博物院接收保管。经于十一月廿五日上午十时，故宫博物院方派员来行洽提。当即原件交付，并由职随同押往。经该院院长马衡、科长赵儒珍、组长李鸿庆会同教育部清理战时文物损失委员会平津区办公处代表唐兰确认全部原封无误，验收给据。随由院方按照原册原箱顺序启封清点，全部廿七箱匣，共计三千三百十九件，于十一月廿八日点验清讫。原册所列名称及件数间有名误及字误，均经逐件注明并详加更正。除分订目录四册，三方各执一册，余一册由故宫博物院留底存查外，本行取具之收据业作保管品付出凭证附件。谨将长春行运存古物移交工作情形缕陈如上，并祈转陈总行备案为祷。谨呈

副经理

　　附件〈缺〉

职李光显、王建中谨呈

十一月廿九日

国立北平故宫博物院关于附送
运平古物清点目录
给中央银行北平分行的公函

(1946 年 12 月 9 日)

光字第 106 号

案查贵行长春分行运平之古物计箱匣二十七件，经本院派员于十一月二十五日会同贵行人员押运到院，并于即日起会同教育部清理战时文物损失委员会平津区办公处代表，按照原单原箱匣顺序启封清点，于二十八日清点完竣。兹送上油印清点目录五册，即请查收。此致
中央银行北平分行

　　附油印清点目录五册〈缺〉

院长　马衡

中华民国卅五年十二月九日

中央银行长春分行关于收到故宫博物院接收古物目录副本给北平分行的复函

（1946 年 12 月 25 日）

春平字第 20 号

准贵分行长春字二四号函开："查关于贵分行运存本分行古物，前奉秘书处 1113（32）电嘱凭原单点交北平故宫博物院。"等因。遵经派员会同该院人员，将原装廿七箱匣押提至该院启封，照原单点交完竣，并编订接交目录。原单所列名称及件数间有未符或名误及字误，例如骨字六二号玉水碗一件，实系三件并附匣囊及木座；又骨字二号碧鼎炉二件成对，实系碧玉炉一件、木座一件；又铜字二一〇号景泰蓝鼎一件、有盖损一处，实系带木座无盖未损等，均经逐件注明，详加更正。除陈报秘书处外，相应检同该院接收目录副本一册随函附送，即希察洽见复等由。附北平故宫博物院接收目录副本一册，准此，除存查外，相应函复，即希查照为荷。

此致
北平分行

长春分行
中央银行长春分行经理（印）
中华民国卅五年十二月二十五日

附件：运平古物清单〈略〉

中央银行长春分行关于运平古物装运等费应由故宫博物院担负给北平分行的公函

（1947 年 1 月 16 日）

春平字第二号

　　查本分行前运贵分行寄存之古物二十七箱，计用装运等费东北券壹拾六万伍千伍百壹拾柒元捌角六分。该项古物既经贵分行移交北平故宫博物院接收，所有上项装运等费自应归由该院担负。兹将该款按一二•五折合国币，于本月十六日以春付＃34报付尊册。除报单另以表单目录寄奉外，相应函请查照洽收为荷。

　　此致
北平分行

长春分行

中央银行长春分行经理（印）

中华民国三十六年一月十六日

国立北平故宫博物院关于古物运装费
应俟产权确定后再行办理
给中央银行北平分行的复函

（1947 年 2 月 4 日）

准贵行中字第一四二号函开："查长春本行接收运平古物贰拾柒箱，前经全部移交贵院接管在案。所有该项古物运装等费共合国币贰百零陆万捌仟玖百柒拾叁元贰角伍分整，应请由贵院担付，相应函达，至希查照，惠予拨付。"等因。查该案，本院于一月十五日准行政院秘书处函略开："该项古物内有张三畲堂财产清理委员会请求发还之缂丝古画五十六种。奉院长谕，此项缂丝仍由该院暂行妥为保管，张三畲堂所有权准予保留。俟查送一切有关证件后再行核夺。"等因。此项古物产权既未确定，本院系奉令暂行保管，所嘱拨付运装费用一节，应俟产权确定后，再行呈请行政院核示办理。相应函复，查照为荷。此致
中央银行北平分行

国立北平故宫博物院启

三六、二、四

20世纪50年代
明十三陵划归北京市管理史料

　　十三陵是明朝迁都北京后所建的皇帝陵墓群，始建于1409年，到1644年明朝灭亡，前后历经二百余年，共建有长陵、献陵、景陵、裕陵、茂陵、泰陵、康陵、永陵、昭陵、定陵、庆陵、德陵、思陵等13座皇陵，此外还有7座嫔妃墓和1座太监墓。明十三陵位于北京市昌平区天寿山麓，距北京约50公里，陵区顺山麓修建，总面积约80平方公里。

　　明十三陵是中国历代帝王陵墓建筑中保存得比较完好的一处，它建筑宏伟、体系完整，具有较高的历史和文物价值。新中国成立后，党和政府十分重视对十三陵的管理和修缮保护。1956年，经国务院批准，定陵开始发掘，1957年定陵地宫被打开，1959年定陵博物馆成立。1957年十三陵被列为北京市第一批重点古建文物保护单位，1961年又被列为全国重点文物保护单位。1972年11月，定陵博物馆和十三陵管理处合并，划归北京市园林局。1981年6月，北京十三陵特区办事处成立，作为昌平县人民政府的派出机构，接管十三陵管理处职能。1982年11月，八达岭—十三陵风景区被列为全国重点风景名胜保护区之一。1995年12月，明十三陵博物馆成立。2003年7月，明十三陵被列入《世界遗产名录》。

　　新中国成立初期，十三陵隶属于河北省通县专署昌平县管辖，1950年8月，为使明十三陵得到更好修缮保护，河北省政府向中央提出建议，将十三陵地区连同建筑物一并划拨北京市。接管工作由北京市政府公园管理委员会负责，经过勘查了解与沟通磋商，公园管理委员会就陵墓及其附近范围村庄、陵区工作和所需干部等项内容提出了接管意见。1952 年 4 月，中央政务院决定陵区区划不作变动，交接工作于是搁浅。1955 年 6 月，十三陵划归北京市事项再次提上议事日程，北京市园林局提出了陵村一并接管的意见，并于 9 月 24 日正式接管了明十三陵全部保管范围及其组织机构。

本组史料收录了北京市政府相关部门与河北省政府及其所属的通县专署就十三陵划归北京市管理的报告、通知、来往函等，较为完整清晰地反映了 20 世纪 50 年代，明十三陵由河北省划归北京市管理的整个过程。现予整理公布，供研究者查考。

北京市档案馆藏，档号：98-1-36、224、266。

——选编者　王海燕（副馆长）

公园管理委员会关于
明十三陵概况及接管工作意见的报告

（1950 年 11 月 16 日发）

京园计字第 661 号

关于河北省府准备将明十三陵交由我市接管问题，我会经于十一月一日派员偕同河北省府李率农同志前往实地勘查，兹将该陵概况及我会对接管工作之意见报告如下，敬候核示！

一、概况

1. 十三陵分布范围及交通情形：十三陵距昌平县约廿里，位其西北面，四方有山，成为一盆地，东西长约廿里，南北约十六里，内有廿九村二〇二四户，耕地二九五一〇亩。有河自西北向东南，为此盆地浅山洪唯一水道，平时多干涸。原有县道可通汽车，但年久失修，只留遗迹，路面崎岖，卵石满布，行旅颇为不便，所有桥梁均不知所终，乡人积跳石河中，勉强可渡。陵墓列东西北三面，距离不等，近者不过二三里，远者在六七里以上，相互间亦有山道可通，曲折穿行，极为不便。

2. 土地使用情况：陵园土地自土地改革后，除陵墓围墙以内尚为国有外，其余均已分为农民私人所有，但在农民种有棉麦果林之地内，尚有属于公有之不少的松柏乔木及卫河石桥等建造，显系以前陵墓范围不仅以墙为界，亦有少数耕地为近数年新开垦者，但均已发土地证，因之土地划分很难明确。整个陵园内之土地，除种植棉麦外，大多为果树，尤以西部为甚，其中以柿、杏、

核桃为主，梨、苹果、桃、槟子、山楂等无一不备，山货土产直运北京，为该处农民之主要收入。

3. 陵墓状况：各陵大小虽不划一，修建型式亦有不同，就其中大体而言，多相类似，均外围以墙，中门直入，内分三院，中为大殿，顶端为陵寝，圈以园墙，遍植松柏或杂以橡树，除长陵尚称完整外，其他各陵均已残破不堪，大门享殿早已塌毁，木料散失，瓦砾满地，荆棘丛生，石缝中之柏树已盈碗（请参考昌平县之意见中第三、五页及附图）。

4. 目前管理情形：昌平县设有护陵委员会，原定五人，现只有当地人三名，掌管保护陵墓及招待游人之责，由县府地粮内月发小米每人一五〇斤。因各陵均无住屋，工作同志均住景陵村民家，平时留一人看家烧饭、招待游人及接洽一切公事，其余二人往各陵巡视，以免群众破坏陵园。在工作方面讲，只有消极防御，而缺乏积极的组织群众、教育群众而爱护古迹及国家财产。

二、意见

1. 省府意见：希望土地行政仍属河北省，只十三处陵寝之围墙以内属北京市，昌平县在行政上协助。三工作同志拨归市府支薪，将来新委员会成立仍请县府派员参加。

2. 我会意见：

（1）成立机构：以我会为主，与昌平县府合组十三陵管理委员会，负责管理十三陵原区域范围内一切事宜。

（2）业务分工：区内治安警卫、司法、文教、财政税收等一般行政工作由昌平县府在委员会统一领导下负责办理，陵园管理修缮、国有树木培植及有关庭园建设之调查研究工作由我会负责。

（3）财务独立：所有十三陵区内所收公粮、农产税及其他一切税款等均指〔只〕作全陵管理修建专款，不做〔作〕别用，建立独立会计制度，暂时以陵养陵为原则。

（4）人事配备：除昌平县府现在驻陵看管三人今后改隶委员会继续工作外，我会增派二人办理第（5）项各项工作，另派会计人员一人，协助昌平县府办理财务工作。

（5）目前工作：

甲、看管陵园，防止伐盗（在可能条件下作必要的修缮）。

乙、调查陵园农民私有土地上国有树木之情形及搜集资料。

丙、研究现况改进及将来建设之计划。

附1：明十三陵图

附２：陵墓略图

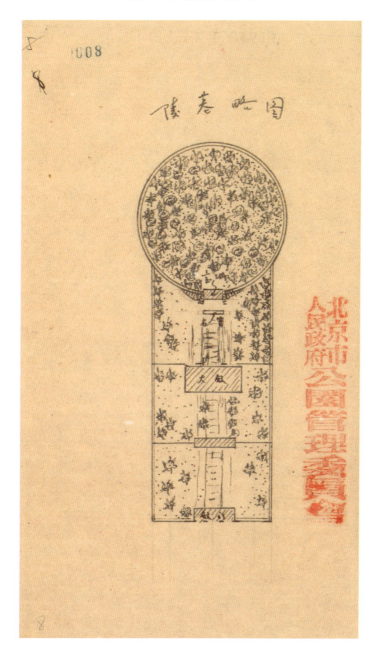

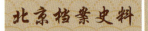
附3：昌平县十三陵（明陵）登记册

（1950 年 11 月 14 日）

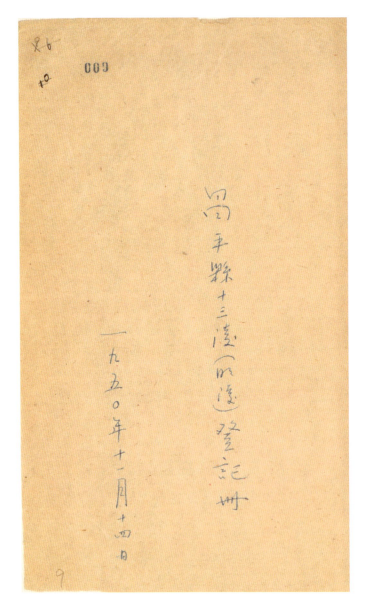

昌平县一区　德陵　明陵登记表

项别 \ 面积 \ 数量	正方形	长方形	高数量	间数	树四八至寸寸	树九1尺至寸5寸	备考
宝顶	3.2 丈	3.2 丈	4.5 丈				
明楼石碑	4 尺		1.3 丈				（文）熹宗愍皇帝之位
石围墙	35 丈	25 丈					
影壁	1.1 丈		1.2 丈				
供桌	5 尺	1.8 丈					
石牌柱			2.5 丈				2 根
平门	5 尺	2 丈					
大殿座	1.5 丈	5 丈					没殿
宫门口	1.5 丈	4.3 丈					
石碑	5 尺		1.6 丈				
白桥	2 丈	15 丈					
红墙	15 丈	20 丈					
柏树					56 棵	310 棵	
松树						55 棵	

昌平县一区　永陵　明陵登记表

项别 \ 面积 \ 数量	正方形	长方形	高数量	间数	树四八至寸寸	树九1尺至寸5	备考
明楼	3 丈	3 丈	2 丈				
明楼石碑	4 尺		1.5 丈				大明世宗肃皇帝之陵
后围墙	30 丈	40 丈					塌一部
石桌	4 尺	1.8 丈					一个

石柱	1 尺		1.5 丈			两根
大殿	5 丈	2 丈				已塌无
木头						27 根（大小）
红墙	20 丈	30 丈				
陵门	6 丈	1 丈	1.2 丈	3		无门
石碑	4 尺		1.8 丈			
石桥	2.2 丈	6 丈				石桥 3 个
柏树				27	474	
松树					127	
白果松					15	
橡树					22	
死松树					1	

昌平县一区　景陵　明陵登记表

项别　面积　数量	正方形	长方形	高数量	间数	树四八至寸寸	树九1尺至寸5	备考
明楼	3 丈	3 丈	2 丈				坍塌
明楼石碑	4 尺		1.5 丈				（碑文）宣宗章皇帝之陵
后围墙	52 丈	10 丈					
供桌	4 尺	1.8 丈					
石牌柱			1.9 丈				2 根
大殿	2 丈	9 丈					没殿
门洞	2 丈	4 丈					没
石碑	4 尺		1.6 丈				
柏树					2 棵	20 棵	
松树						7 棵	
松树						4 棵	死树

昌平县一区　长陵　明陵登记表

项别 \ 面积 \ 数量	正方形	长方形	高数量	间数	树八四寸至寸	树1尺五九寸至寸	备考
明楼	5丈	5丈	3丈				
明楼石碑	0.5丈		2丈				大明成祖文皇帝之陵
后围墙	60丈	70丈					坏一小部
石桌	2丈	0.5丈					
花碑方	1丈	0.5丈	1.2丈				一座
三道门	1丈	0.6丈	1.2丈				两个
稜恩殿	18丈	8丈	3丈	45			
低楼	0.8丈	0.5丈					两座
稜恩门	8丈	4丈	2丈	10			
石碑	0.2丈		0.7丈				一统〔通〕
东碑楼	2.5丈	2.5丈	2.5丈				
石碑	0.4丈		1.2丈				
陵门	6丈	1.5丈	1.5丈	3			
红墙	40丈	80丈	1.2丈				
白石桥	1.5丈	3丈					一座
柏树					255	1033	
松树						33	
橡树					620		
死柏树						6	
死松树						1	

昌平县一区　献陵　明陵登记表

数量／面积／项别	正方形	长方形	高数量	间数	树四寸至八寸	树九寸至1尺5	备考
明楼	3丈	3丈	2丈				坏一部
明楼石碑	0.4丈		1.5丈				大明仁宗昭皇帝之陵
后围墙	30丈	40丈					
石桌	0.4丈	1.8丈					一个
石柱	0.1丈		1.5丈				两根
大殿							
陵门	6丈	1丈	0.2丈				无门
红墙	15丈	10丈					塌一部
前宫							
大殿	5丈	2丈					无殿
石碑	0.4丈		1.8丈				
石桥	0.6丈	1.5丈					
柏树					20	11	
松树						9	
橡树					5	149	

昌平县一区　庆陵　明陵登记表

数量／面积／项别	正方形	长方形	高数量	间数	树四寸至八寸	树九寸至1尺5	备考
宝顶	3丈	3丈	2丈				坍塌一部
石碑	5尺		1.5丈				光宗贞皇帝之陵
后围墙	20丈	25丈					
石桌	4尺	1.8丈					一个

项别	正方形	长方形	高数量	间数	树八至四寸	树1尺至九寸5	备考
石柱	1尺		1.8丈				2根
红墙	10丈	11丈					
陵门	1丈	5尺	8尺				坍塌一部
前宫							
红墙里面积	15丈	20丈					
大殿座	5丈	1.5丈					无殿
桥三个	3丈	2丈					
小桥一个	6尺	1.5丈					
石碑	4尺		1.8丈				
柏树					273棵		
松树					95棵		
松树					5棵		死树

昌平县一区　裕陵　明陵登记表

数量 面积 项别	正方形	长方形	高数量	间数	树 八寸 四至寸	树 1尺 九至寸5	备考
明楼	3丈	3丈	2丈				楼顶全坏
明楼石碑	0.4丈		1.5丈				大明英宗睿皇帝之陵
后围墙	30丈	40丈					
石桌	0.4丈	1.8丈					一个
石柱	0.1丈		1.5丈				两根
大殿	4丈	2丈					已无
红墙	15丈	20丈					
陵门	5丈	1丈					已无
石碑	0.4丈		1.8丈				一统〔通〕
石桥	1丈	2丈					
柏树						13	
松树						13	
橡树						4	

昌平县一区　茂陵　明陵登记表

项别　面积　数量	正方形	长方形	高数量	间数	树四寸八至寸	树九寸1尺至寸5	备考
明楼	3 丈	3 丈	2 丈				坍塌
明楼石碑	0.4 丈		1.5 丈				大明宪宗纯皇帝之陵
后围墙	30 丈	40 丈					
石桌	0.4 丈	1.8 丈					一个
石柱	0.1 丈		1.5 丈				两根
大殿	5 丈	2 丈					已无
木头							13 根
红墙	15 丈	40 丈					
陵门	6 丈	1.5 丈					无
石碑	0.4 丈		1.8 丈				
石桥	1 丈	2 丈					
松树						91	
死松树						7	
柏树						264	
死柏树						11	

昌平县一区　泰陵　明陵登记表

项别　面积　数量	正方形	长方形	高数量	间数	树四寸八至寸	树九寸1尺至寸5	备考
明楼	3 丈	3 丈	2 丈				坏一部
明楼石碑	0.4 丈		1.5 丈				文孝宗敬皇帝之陵
后围墙	30 丈	40 丈					

石桌	0.4 丈	1.8 丈				一个
石柱	0.1 丈		1.5 丈			两根
大殿	5 丈	2 丈				已无
红墙	15 丈	40 丈				坏一部
陵门	6 丈	1.5 丈				已塌无
石碑	0.4 丈		1.8 丈			一个
石桥	9 丈	2 丈				
松树					105	
死松树					8	
柏树					63	
橡树					19	
色树					7	
槐树					6	

昌平县一区　康陵　明陵登记表

面积 项别 ＼ 数量	正方形	长方形	高数量	间数	树四八至寸寸	树九1尺至寸5	备考
明楼	4.5 丈	4.5 丈	4 丈				明楼顶损失一部
明楼石碑	5 尺		1.3 丈				大明武宗毅皇帝之陵
后围墙	25 丈	30 丈					
石桌	1.8 丈	5 尺	4 尺				1 个
石柱			2.5 丈				2 根
大殿	7 丈	2 丈					无
大门	4.3 丈	1 丈					损坏
陵前石碑	5 尺		1.6 丈				1 个
三空桥	1 丈	3 丈					1 个
红墙	10 丈	15 丈					坍塌 1 部
松树					20 棵	93 棵	
松树						2 棵	死树
槐树						4 棵	
橡子树					45 棵		

昌平县一区　定陵　明陵登记表

项别\面积\数量	正方形	长方形	高数量	间数	树四八至寸寸	树九1尺至寸5	备考
明楼	3丈	3丈	2丈				
明楼石碑	0.4丈		1.5丈				大明神宗显皇帝之陵
后围墙	30丈	40丈					
石桌	0.4丈	1.8丈					
大殿	5丈	2丈					已坏
二通门	1丈	0.5丈	1丈				
陵门	6丈	1丈	1.3丈				
红墙	20丈	40丈					
石碑	0.4丈		1.8丈				一统〔通〕
石桥	5丈	2丈					三道桥
柏树				800			
松树				6			

昌平县一区　昭陵　明陵登记表

项别\面积\数量	正方形	长方形	高数量	间数	树四八至寸寸	树九1尺至寸5	备考
明楼	3丈	3丈	2丈				
明楼石碑	0.4丈		1.5丈				穆宗庄皇帝之陵
后围墙	30丈	40丈					
石桌	0.4丈	1.8丈					
石柱	0.1丈		1.5丈				两根
大殿	4丈	2丈					已无

二道门	5 丈	0.9 丈				三道门
陵门	5 丈	1 丈				无
红墙	15 丈	20 丈				
木头						22 根
石碑	0.4 丈		1.8 丈			
石桥	1 丈		2 丈			一座
柏树				304		
松树				5		

昌平县一区　悼陵监　明陵登记表

项别 ＼ 数量 ＼ 面积	正方形	长方形	高数量	间数	树 四 八 至 寸 寸	树 九 1 尺 至 寸 5 尺	备考
陵面积	15 丈	39 丈					
石碑	4 尺		1 丈				崇贞〔祯〕皇帝之陵
小石碑	2 尺		5 尺				2 个
石碑	4 尺		1 丈				2 个
石桌	2 尺	7 尺					1 个
后宫							
圈墙里	22 丈	30 丈					
石桌	2 尺	5 尺					1 个
娘娘坟里面积	25 丈	35 丈					
小宫里面积	10 丈	14 丈					
柏树					20 棵	110 棵	
松树						36 棵	
松树					1 棵		死树

昌平县一区　石牌坊　明陵登记表

项别	正方形	长方形	高数量	间数	树四寸至八寸	树九寸至1尺5	备考
牌坊	1.5丈	7丈	2丈	5间			
大宫门	2.8丈	8丈	2.5丈	3间			
碑楼	6丈	6丈	3丈				
石柱	3尺		2丈				4根
石柱	1尺		1.5丈				2根
狮子		6尺	5尺				4个
独鸡兽		5尺	4尺				4个
骆驼		1丈	7尺				4个
象		1.2丈	7尺				4个
麒麟		6尺	5尺				4个
马		6尺	5尺				4个
石人	2尺		1.2丈				12个
龙门	6丈	1丈	1.5丈				
五空桥	1.5丈	3丈					1座

昌平县一区　万娘坟　明陵登记表

项别	正方形	长方形	高数量	间数	树四寸至八寸	树九寸至1尺5	备考
墙里	23丈	23丈					
石碑	3尺		4尺				1个
影碑	6尺		5尺				1个
石桌	4尺	2尺					1个
红墙里	11丈	16丈					
柏树					2棵		
槐树					2棵		

公园管理委员会
关于明十三陵接管工作的签报

（1951 年 3 月 14 日）

园庭字第 291 号

一、关于十三陵接管问题，河北省人民政府已令通县专署转令昌平县提出交接意见，我会曾派员赴通县专署接洽，该署有如下两个意见：

"1. 将陵区以内划归北京市领导，陵以外附近大小村庄仍归昌平县领导。

2. 为了以陵养陵，为了便于今后领导，可将陵附近村庄同划归北京市统一领导，不组织其他共同管理机构，于今后双方领导都有利。"

二、在该陵范围之内计有廿九个自然村，如依第二个意见，将陵附近村庄亦划归北京市统一领导，则村庄还要加多。陵区以内土地均于土改时分给农民所有，有的是公家的树长在私人土地上，公共建筑物四周亦为农民耕地。为了将来造成风景区，行政与园林管理实有相互配合之必要，园管会只能管理风景部分，行政必须有区长或其他行政机构管理，这一区的岁入应作行政与风景布置修缮之开支，成一个新区必须村庄较多，收入自然增大。经与京市郊委会周主任凤鸣交换意见，以为"单设一个区如得钧府批准编制则无意见"，如包括明陵范围以及附近村庄另成一个区，与陵园分开管理，似觉便利，拟先依此原则持通县专署介绍

185

信前往昌平县作初步商洽，俟提出具体意见后再专文呈报。所拟接管十三陵办法是否有当，谨请鉴核。谨呈

市　长彭[①]

副市长张[②]

　　吴[③]

　　　　　　　　　主任委员　李公侠（印）

　　　　　　　　副主任委员　王明之（印）

　　　　　　　　　　　　　　武志平（印）

郊区工作委员会、公园管理委员会关于接管明十三陵意见的签报

（1951 年 5 月 15 日）

园秘字第五六七号

关于接管明十三陵问题，经我们共同研究，提出接管意见如下：

1. 陵墓及昌平县原第九区全部四十四村，原第一区石牌坊、大宫门、东山口、西山口、仙人洞等五村一并由我市接管，组设陵区区政府及明陵管理委员会，分工管理行政及陵园事宜。

---

① 彭，即北京市市长彭真。

② 张，即北京市副市长张友渔。

③ 吴，即北京市副市长吴晗。

2. 该区工作受我市郊区工作委员会代表市府领导，但因该区情况与我郊区不同，各种工作仍多采取河北省的办法，故其工作应受昌平县之指导，期使工作密切配合。

3. 由于我市干部缺乏，不易抽派，同时我市干部对该地情况不熟悉，作风习惯亦与当地有别，因之该区机构的组成，仍应由昌平县在当地旧有干部中留用，俾得驾轻就熟。此点拟与昌平县正式磋商，求得解决。

4. 财政上在当地开支，不超过当地收入的原则下，由我市财政局统筹调度，不能加重当地人民负担。在公粮收入送缴市库后，其地方行政开支经郊委会审核、市财局核发，陵园修建开支，经园管会审核转财政局核拨。

以上所拟是否有当？谨检附陵区地图一纸，签请核示！谨呈

市　长彭

副市长张

　　吴

（附陵区地图一份）

周凤鸣（印）

武志平（印）

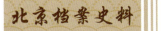
附：明十三陵陵区全图

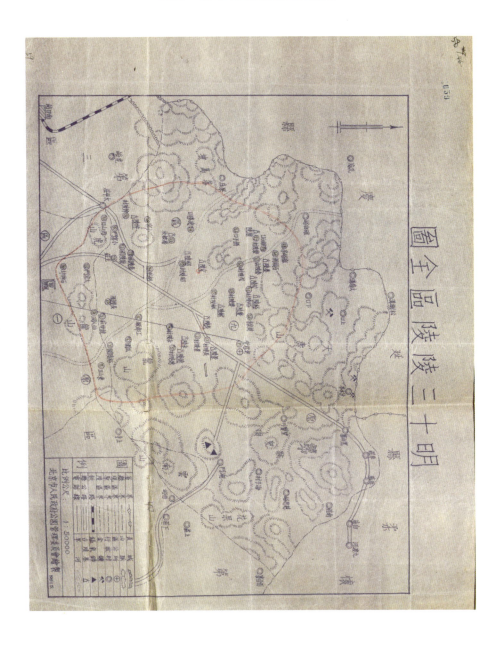

188

公园管理委员会关于接管
明十三陵仍按前项意见办理的签报

（1951 年 6 月 19 日）

园秘字第七三四号

1. 奉批交我会拟具意见之河北省人民政府民字第六十四号函为商榷明十三陵改划意见请查核速复一案奉悉。

2. 对接管明十三陵问题，前经我会与郊区工作委员会共同研究拟具意见，并已于五月十五日以园秘字第五六七号签报（附图）在案，至今尚未奉到批示。

3. 因鉴于我会各附属单位均为自给自足，市府不予补助，因之应连同陵区内之原昌平第九区全部四十四村及第一区石牌坊、大宫门、东山口、西山口、仙人洞等五村一并接管，组设陵区区政府及陵园管理委员会，在我市郊委会与园管会直接领导下分工管理行政及陵园事宜。对当地之田赋收入，由市财政局掌握统筹开支，尽量争取该区之财政自给。但因该区情况与我市郊区不同，各种工作仍多采取河北省的办法，故其机构的组成，仍应由昌平县就当地旧有的熟悉情况的干部中留用，并受昌平县之指导，期使工作能驾轻就熟，密切配合。

4. 河北省人民政府之意见为只将陵划归我市领导，陵附近之村庄仍归昌平县领导，否则陵与陵附近之廿四个村庄均划归我市领导，一切工作亦由我市负责，这在今后护陵工作上都是有实际困难的，特别如只划陵附近之廿四个村，而使昌平原第九区之其他村庄与昌平县境隔离，对昌平县的工作上也是有困难的，故仍拟按前项意见办理。

以上所拟是否有当？谨附呈原件，签请结合前次签报核复。

谨呈

市　长彭

副市长张

　　　吴

（附河北省政府函一件）〈略〉

武志平（印）

市政府关于会商拟具
明十三陵改划意见的通知

（1951 年 8 月 20 日）

（51）府秘正字第二三六〇号

主送机关：公园管理委员会、郊区工作委员会：

一、关于明十三陵改划本市领导一案，前经本府函复河北省人民政府，仍主张为了适应护陵工作需要，必须将陵附近的石牌坊、大宫门、东西山口、仙人洞等五村与昌平县第九区所属各村全部划归我市郊委会直接领导，可另成立区政府，并接受陵园管理委员会之指导，原有各村政府干部，应受我市郊委会暨陵园管理委员会及昌平县政府双重领导。兹接河北省府八月十四日民高字第二号函称："本府基本上同意贵府所提'将陵附近的石牌坊等五村及昌平县第九区所属各村，全部划归京市领导'。为便于贵市领导，我们意见将现在第一区（即原九区大部）自石牌坊，大宫门，仙人洞，东、西山口等五村以北地区，全部划出（如附图），该地区一切工作均由京市负责。至于是否成立区政府，可由贵市根据工作需要自行决定。关于建立管理委员会问题，本府同意贵市府于一九五〇年十一月三十日府秘字第六〇三四号函中所提：'以京市为主，与昌平县府合组明十三陵管理委员会'。昌平县府参加该会协助工作并负护陵之责。以上所提，请速考虑赐复。"

　　二、兹检附原图（交园管会），希园管会与郊委会互相会商拟具意见报核。

北京市人民政府（印）

八月廿日

附：河北省明十三陵附近村庄略图

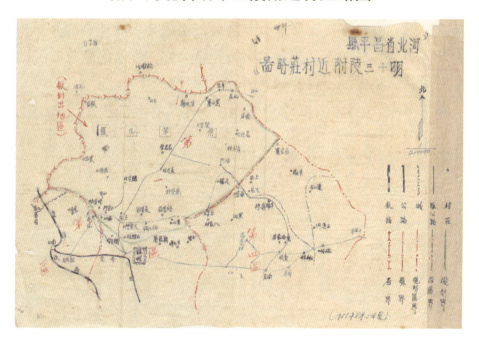

市政府转发明十三陵仍归
河北省昌平县管辖的通知

（1952 年 4 月 26 日）

（52）府秘正字第 223 号

主送机关：公园管理委员会、郊区工作委员会：

接河北省人民政府四月十五日函称："前拟将明十三陵区改归贵市管辖问题，兹接中央人民政府政务院一月二十二日政政齐字第八号批复：一、该区距北京市远达一百余里，市府越界领导，照顾亦难周到。二、明十三陵区只是个名胜古迹，在工矿商业等方面无何意义，为此增设机构也不符精简原则。三、明十三陵区属昌平县第一区，紧连昌平县城，由该县领导便利的多。为此无须改变领导关系，仍属昌平县管辖为宜。本府同意政务院批复意见，该陵区划不再变动。"转希知照。

北京市人民政府（印）

一九五二年四月廿六日

市园林局关于明十三陵的接管方案

（1955年6月6日）

明十三陵，包括十三个陵，娘文坟、石牌坊等名胜古迹，其间有自然村三十五个，其范围东西约七公里，南北约十公里，总面积约七千八百公顷。

十三陵的管理问题，昌平县政府组织了护陵委员会，领导各村的护陵小组，行政机构在县文化科下设有明陵管理所（干部三人），上午十时上班下午五时下班，在长陵工作，配合昌平公安人员共同负责看护陵园以及有关游览事宜。

十三陵陵园多数破烂不堪，现正进行着重点修缮。

根据以上十三陵的简单情况，我们提出陵村一并接管的意见，其理由如下：

一、便于管理：我们了解到十三陵附近村庄的居民，多为数代看陵，他们对陵园的观念很深；另方面陵地十分分散，如接陵不接村，在今后管理上不但浪费人力，且会增加很多困难，同时也脱离了当地的群众。如陵村并接，那就会各得其所，人人满意，对工作就有莫大的好处。

二、便于今后建设和发展：根据各方面的意图，我们接管之后，必须向陵墙以外发展，如植树凿湖等，但如若接陵不接村，我们绿化建设用地，就必须事事经过河北省，那在工作上会增加许多不应有的麻烦，如陵村并接，这些缺点就不再存在，工作就方便得多了。

三、能够解决管理费用：接管后，陵园之古建筑及林木保养、管理人员的工资开支等，必须大笔的管理费用，如不接村，就须由市库无偿动支，如陵村并接，三十五个村庄所缴纳之田赋，可解决大部分问题。

以上是我局提出陵村并接的理由。其次：陵村接管后，究竟如何管理的问题，也提出几点意见：

一、政权管理：因为接收三十五个自然村，就必须组织政权管理，唯因村庄不算多，就不必另设区政权了，我们认为可以划归附近之清河镇区管辖，在十三陵地区设办事处或工作组性质的行政管理机构，以便加强当地政权的领导，并应设置公安派出所，以维护当地治安。

二、陵园管理：

甲、由园林局设立管理处，领导各村原有护陵组织，进行陵园的养护、管理、绿化等工作。

乙、考虑今后绿化荒山和陵园的需要，可于接管范围内开辟苗圃，并为适应群众造林，可注意培植适合当地生长的果树苗木。闻目前农林水利局已有计划，接管后即应迅速进行。

以上接管方案，是否妥当？请予以考虑。

北京市园林局（印）

一九五五年六月六日

市园林局关于明陵
今后管理问题的请示（稿）

（1955 年 7 月 19 日）

主送：市人民委员会

关于明十三陵的管理问题，我局曾于六月六日提出陵村一并接管的意见报批在案。最近河北省通县专署派文化科向群同志前来联系陵园交接问题，经我们共同研究，认为过去所提意见牵扯问题较多，不易实行。同时又考虑到明陵系名胜古迹，与市郊毗连，中外往来参观人士较多，且有辟作大规模公园计划，不论从目前及将来发展情况看，如继续由昌平管理，似有不便。但由京市接管，亦感到有些问题不好解决，因为陵区分散，多年以来都是依靠当地群众护陵。如陵村都划归京市，势必又牵涉省、市行政区划及政法、农税等管理问题。为了加强陵园管理并照顾目前的具体情况，我们提出如下管理办法（与通专向群同志共同研究的）：

一、组织领导：组织明十三陵管理委员会。由我局与河北省昌平县为主，并吸收有关区及当地文物保管所等单位参加组成（委员会五至七人），负责领导与贯彻有关陵园建设管理上的较重大问题。由我局局长或副局长一人担任主任委员，昌平县长为副主任委员。

在委员会下，设十三陵管理处，办理日常陵园养护、管理、绿化等行政事务工作及执行委员会的有关决议，隶我局及管理委员会双重领导，其建制属我局，供给亦由我局负责。管理处除由我局派一定干部外，并吸收原有地方护陵组织的人员参加工作。

二、业务分工：有关陵区的政法、财经、农税、文教等区、村政权工作，仍由昌平县负责办理，涉及陵园管理问题，须经委员会研商决定，由管理处具体执行。

三、经费开支：关于陵园管理费用，本"以陵养陵"的原则，由券价收入中自给，不足部分由市财政调剂（估计可以自给）。关于陵园修缮、养护等方面的必要费用，报请中央拨专款解决。

四、交接问题：为了保证把交接工作搞好，原有昌平县护陵委员会及文物保管所应将全部文物进行清点整理，移交给新的委员会及管理处。移交工作结束后，原有的委员会及保管所应即撤销。但此项接交工作，必须于八月中旬以前办完。

目前陵区修缮工作已接近完成，急待解决管理问题。我们意见除将上项协商办法抄知通县专署外，拟由我局派负责干部持此前往河北省面商，以便争取及时成立管理机构。可否，请速批示。

北京市园林局（印）

市人委关于
明陵今后管理问题请示的批复

（1955 年 7 月 23 日）

（55）乐办字第 044 号

主送机关：园林局

抄送机关：通县专署

一九五五年七月十九日园办范（55）字第792号请示，关于明陵今后管理问题的请示问题，奉批："同意你局所提办法，并由范副局长①前往通县洽商，俟取得通专同意后，再复河北省"。

北京市人民委员会办公厅（印）

一九五五年七月廿三日

河北省通县专署关于明陵移交问题给北京市人委的函

（1955 年 8 月 3 日）

文物字第七一号

关于我专明陵移交贵市管理问题，根据河北省人民委员会（55）文范字第六号通知精神与贵市所提共同组织明十三陵管理委员会的意见，经反复研究、对照的结果，我们的意见是：除遵照河北省人民委员会通知，将明陵全部保管范围及其组织机构移交你市接管外，可由北京市园林局和我专昌平县（并吸收有关区参加）共同组成护陵委员会（委员会五至七人，主任由园林局负责同志担任，副主任由昌平县一副县长担任）。委员会的工作，主要是负责教育当地群众，认真保护陵园与有关陵园看护上的较重大问题。关于陵园建设、管理、绿化、经费开支等行政事务均由北京市园林局负责办理。

---

① 即北京市园林局副局长范栋申。

上述意见，我们除已报送河北省人民委员会批示外，特此函告。请考虑有何意见，请直接与河北省人民委员会联系接洽为盼。

河北省通县专员公署（印）

一九五五年八月三日

市园林局关于东单公园两园免费开放、十三陵等四园售票开放并拟定开放管理计划的请示（稿）

（1955 年 9 月 1 日）

园办范字 954 号

主送机关：乐副市长①

今年"十一"我局拟将东单花园、官园（拟与西四区协商改为西四区公园）两园免费开放；陶然亭、团城、卧佛寺、十三陵四处庭园售票开放。几经与各有关公园会议研究，拟定开放管理计划如下：

一、东单花园〈略〉

二、官园（拟改名西四区公园）〈略〉

三、陶然亭公园〈略〉

---

① 即北京市副市长乐松生。

四、团城〈略〉

五、卧佛寺〈略〉

六、十三陵

长陵、景陵、永陵三个陵园的修缮工程，九月二十五日可全部竣工，不影响"十一"开放。

1. 组织管理处，设干部七人，工人二十二名，负责售、查票，园务，园艺，小壶茶水，水泵管理，三个陵的看守、清洁等工作。

2. 同通县专署约定九月一日到昌平县府商谈交接问题。九月二日开始查点林木、建筑、财物，并造具移交清册，预计九月十日办完，并召开新的护陵委员会，在清册上双方签章，完成交接任务。

3. 只长陵一处售票壹角，其他各陵园均不售票。开放时间暂定夏秋季上午九点至下午五点，春冬季上午十点至下午三点。

除以上分别计划外，各处均布置一花卉花坛，点缀园景。并有计划的安装说明、园图牌、游览须知及果皮箱、垃圾箱等设备。至各处所需职工，除一部由老公园调拨外，并按工作繁简陆续补充一部分新工人。

开放管理计划约略如上。可否？报请核示。

局印

一九五五年九月一日

市园林局报送十三陵交接清册
及第一次会议记录的请示（稿）

（1955年9月28日）

园办范（55）字1035号

主送机关：乐副市长

我局业于九月廿四将十三陵接收，并当日与昌平县组织了护陵委员会，以便将陵园管理好。谨将交接清册一份、第一次会议记录一份报请备查。

附：交接清册一份。

会议记录一份。

北京市园林局（印）

九月廿八日

附1：昌平县明十三陵名胜古迹数量、状况、移交接管、分陵分类明细表

（1955 年 9 月 8 日）

德陵

项别	单位	数量	说　明
宝城	座	1	部分坍塌
冥楼	〃	1	〃
冥楼石碑	幢	1	
石供桌	个	1	
琉璃屏	座	1	
旗杆座	〃		
三座门	〃	1	损坏
稜恩殿	〃	1	仅存殿座
稜恩门	〃	1	仅存门座
袖帛炉	个		
东角楼	座		
宫门	〃		
兽石碑	幢	1	
一孔桥	座	3	
三孔桥	〃		
五孔桥	〃	1	部分损坏
七孔桥	〃		
三道桥	〃		
门楼	〃		
龙凤门	〃		
影壁	〃		
松树	棵	51	
柏树	〃	418	
橡子树	〃		
白果树	〃		
白皮松	〃		
色树	〃		
槐树	〃		
石碑	幢		

永陵

项别	单位	数量	说　明
宝城	座	1	
冥楼	〃	1	
冥楼石碑	幢	1	
石供桌	个	1	
琉璃屏	座	1	
旗杆座	〃		
三座门	〃		
稜恩殿	〃	1	仅存殿座
稜恩门	〃	1	仅存门座
袖帛炉	个		
东角楼	座		
宫门	〃	1	
兽石碑	幢	1	
一孔桥	座	1	部分损坏
三孔桥	〃		
五孔桥	〃		
七孔桥	〃		
三道桥	〃	1	部分损坏
门楼	〃		
龙凤门	〃		
影壁	〃		
松树	棵	152	
柏树	〃	891	
橡子树	〃	28	
白果树	〃		
白皮松	〃	27	
色树	〃		
槐树	〃		
石碑	幢		

景陵

项别	单位	数量	说　明
宝城	座	1	
冥楼	〃	1	
冥楼石碑	幢	1	
石供桌	个	1	
琉璃屏	座	1	
旗杆座	〃		
三座门	〃	1	
稜恩殿	〃	1	仅存殿座
稜恩门	〃	1	仅存门座
袖帛炉	个		
东角楼	座		
宫门	〃		
兽石碑	幢	1	
三孔桥	座		
壹孔桥	〃	1	部分损坏
五孔桥	〃		
七孔桥	〃		
三道桥	〃		
门楼	〃		
龙凤门	〃		
影壁	〃		
松树	棵	11	
柏树	〃	314	
橡子树	〃		
白果树	〃		
白皮松	〃		
色树	〃	1	
槐树	〃		
石碑	幢		

长陵

项别	单位	数量	说　　明
宝城	座	1	
冥楼	〃	1	
冥楼石碑	幢	1	
石供桌	个	1	
琉璃屏	座	1	
旗杆座	〃		
三座门	〃	1	
稜恩殿	〃	1	
稜恩门	〃	1	
袖帛炉	个	2	
东角楼	座	1	
宫门	〃	1	
兽石碑	幢	2	
一孔桥	座	2	部分损坏
三孔桥	〃		
五孔桥	〃	2	部分损坏
七孔桥	〃	1	剩余二孔
三道桥	〃		
门楼	〃		
龙凤门	〃	1	
影壁	〃		
松树	棵	54	
柏树	〃	1610	
橡子树	〃	1218	
白果树	〃		
白皮松	〃		
色树	〃		
槐树	〃	1	
石碑	幢	2	
石勋臣	个	4	部分损坏

石文臣	〃	4	〃
石武臣	〃	4	〃
石马	〃	4	〃
石麒麟	〃	4	〃
石象	〃	4	〃
石橐驼	〃	4	〃
石獬豸	〃	4	〃
石狮子	〃	4	〃
石柱	〃	6	华表四根
大碑楼	〃	1	
大红门	〃	1	
石牌坊	〃	1	

献陵

项别	单位	数量	说　明
宝城	座	1	墙垛口部分损坏
冥楼	〃	1	部分损坏
冥楼石碑	幢	1	
石供桌	个	1	
琉璃屏	座	1	已坏，仅有石柱两根
旗杆座	〃		
三座门	〃		
稜恩殿	〃	1	仅有殿座
稜恩门	〃		
袖帛炉	个		
东角楼	座		
宫门	〃	1	残缺
兽石碑	幢	1	
一孔桥	座	5	
三孔桥	〃		
五孔桥	〃		
七孔桥	〃		

三道桥	〃	1	
门楼	〃		
龙凤门	〃		
影壁	〃		
松树	棵	24	
柏树	〃	118	
橡子树	〃	377	
白果树	〃	3	
白皮松	〃		
色树	〃	2	
槐树	〃		
石碑	幢		

庆陵

项别	单位	数量	说　明
宝城	座	1	损坏
冥楼	〃	1	坍塌一部
冥楼石碑	幢	1	
石供桌	个	1	
琉璃屏	座	1	已坏，仅存石柱两根
旗杆座	〃		
三座门	〃	2	
稜恩殿	〃	1	仅存殿座
稜恩门	〃	1	仅存门座
袖帛炉	个		
东角楼	座		
宫门	〃		
兽石碑	幢	1	
一孔桥	座	3	
三孔桥	〃		
五孔桥	〃		
七孔桥	〃		

三道桥	〃		
门楼	〃		
龙凤门	〃		
影壁	〃		
松树	棵	94	
柏树	〃	345	
橡子树	〃		
白果树	〃		
白皮松	〃		
色树	〃		
槐树	〃		
石碑	幢		

裕陵

项别	单位	数量	说　明
宝城	座	1	损坏
冥楼	〃	1	〃
冥楼石碑	幢	1	
石供桌	个	1	
琉璃屏	座	1	已坏，仅存石柱两根
旗杆座	〃	4	已坏
三座门	〃	1	部分损坏
稜恩殿	〃	1	仅存殿座
稜恩门	〃	1	仅存门座
袖帛炉	个		
东角楼	座		
宫门	〃		
兽石碑	幢	1	
一孔桥	座		
三孔桥	〃		
五孔桥	〃		
七孔桥	〃		

三道桥	〃	1	部分损坏
门楼	〃		
龙凤门	〃		
影壁	〃		
松树	棵	31	
柏树	〃	30	
橡子树	〃	49	
白果树	〃		
白皮松	〃		
色树	〃		
槐树	〃		
石碑	幢		

茂陵

项别	单位	数量	说　明
宝城	座	1	部分损坏
冥楼	〃	1	部分坍塌
冥楼石碑	幢	1	
石供桌	个	1	
琉璃屏	座	1	已坏，仅存石柱两根
旗杆座	〃		
三座门	〃	1	部分损坏
稜恩殿	〃	1	仅存殿座
稜恩门	〃	1	仅存门座
袖帛炉	个		
东角楼	座		
宫门	〃		
兽石碑	幢	1	
一孔桥	座	1	
三孔桥	〃		
五孔桥	〃		
七孔桥	〃		

三道桥	〃		
门楼	〃		
龙凤门	〃		
影壁	〃		
松树	棵	71	
柏树	〃	344	
橡子树	〃		
白果树	〃		
白皮松	〃		
色树	〃		
槐树	〃		
石碑	幢		

泰陵

项别	单位	数量	说　明
宝城	座	1	部分损坏
冥楼	〃	1	部分坍塌
冥楼石碑	幢	1	
石供桌	个	1	
琉璃屏	座	1	已坏，仅存石柱两根
旗杆座	〃		
三座门	〃		
稜恩殿	〃	1	仅存殿座
稜恩门	〃	1	仅存门座
袖帛炉	个		
东角楼	座		
宫门	〃		
兽石碑	幢	1	
一孔桥	座	2	
三孔桥	〃		
五孔桥	〃		
七孔桥	〃		

三道桥	〃	1	
门楼	〃		
龙凤门	〃		
影壁	〃		
松树	棵	96	
柏树	〃	66	
橡子树	〃	17	
白果树	〃		
白皮松	〃		
色树	〃	5	
槐树	〃	5	
石碑	幢		

康陵

项别	单位	数量	说　明
宝城	座	1	部分损坏
冥楼	〃	1	部分坍塌
冥楼石碑	幢	1	
石供桌	个	1	
琉璃屏	座	1	已坏，仅存石柱两根
旗杆座	〃		
三座门	〃	1	部分坍塌
稜恩殿	〃	1	仅存殿座
稜恩门	〃	1	仅存门座
袖帛炉	个		
东角楼	座		
宫门	〃		
兽石碑	幢	1	
一孔桥	座		
三孔桥	〃	1	
五孔桥	〃		
七孔桥	〃		

三道桥	〃		
门楼	〃		
龙凤门	〃		
影壁	〃		
松树	棵	103	
柏树	〃		
橡子树	〃	45	
白果树	〃	1	
白皮松	〃		
色树	〃		
槐树	〃	7	
石碑	幢		

定陵

项别	单位	数量	说　明
宝城	座	1	
冥楼	〃	1	
冥楼石碑	幢	1	
石供桌	个	1	
琉璃屏	座	1	已坏，仅存石柱两根
旗杆座	〃		
三座门	〃		
稜恩殿	〃	1	
稜恩门	〃	1	
袖帛炉	个		
东角楼	座		
宫门	〃	1	
兽石碑	幢	1	
一孔桥	座		
三孔桥	〃		
五孔桥	〃		
七孔桥	〃		

三道桥	〃	1	
门楼	〃		
龙凤门	〃		
影壁	〃		
松树	棵	43	
柏树	〃	2886	
橡子树	〃		
白果树	〃		
白皮松	〃		
色树	〃		
槐树	〃		
石碑	幢		

昭陵

项别	单位	数量	说　明
宝城	座	1	部分损坏
冥楼	〃	1	部分坍塌
冥楼石碑	幢	1	残
石供桌	个	1	
琉璃屏	座	1	已坏，仅存石柱两根
旗杆座	〃		
三座门	〃	1	
稜恩殿	〃	1	仅存殿座
稜恩门	〃	1	仅存门座
袖帛炉	个		
东角楼	座		
宫门	〃		
兽石碑	幢	1	
一孔桥	座		
三孔桥	〃		
五孔桥	〃		
七孔桥	〃		

三道桥	〃	1	
门楼	〃		
龙凤门	〃		
影壁	〃		
松树	棵	9	
柏树	〃	1589	
橡子树	〃		
白果树	〃		
白皮松	〃	2	
色树	〃		
槐树	〃		
石碑	幢		

思陵

项别	单位	数量	说　明
宝城	座	1	仅存宝顶及王丞恩墓
冥楼	〃	1	仅存楼座
冥楼石碑	幢	1	
石供桌	个	2	仅剩石桌
琉璃屏	座		
旗杆座	〃		
三座门	〃		
稜恩殿	〃		
稜恩门	〃		
袖帛炉	个		
东角楼	座		
宫门	〃		
兽石碑	幢		
一孔桥	座	1	
三孔桥	〃		
五孔桥	〃		
七孔桥	〃		

三道桥	〃		
门楼	〃		
龙凤门	〃		
影壁	〃		
松树	棵	18	
柏树	〃	27	
橡子树	〃		
白果树	〃		
白皮松	〃		
色树	〃		
槐树	〃		
石碑	幢	5	

十三陵娘娘坟

项别	单位	数量	说　明
娘娘坟	座	5	德陵一个，定陵一个，万娘坟一个，悼陵监二个
王子坟	〃	1	悼陵监
太子坟	〃	1	悼陵监
石桌	个	3	万娘坟一个，悼陵监二个
稜恩殿	座	2	仅存殿座（万娘坟一个，悼陵监一个）
九龙池	个	1	昭陵村
门楼	〃	4	部分损坏（万娘坟村）
铁缸	〃	1	悼陵监宫
影壁	〃	1	部分损坏（万娘坟村）
石碑	幢	4	德陵、定陵、万娘坟、悼陵监宫各一个
松树	棵	19	悼陵监宫
柏树	〃	669	万娘坟 2 棵，悼陵监 667 棵
槐树	〃	3	万娘坟村

附2：十三陵护陵委员会第一次会议记录

时间、地点：九月二十四日在十三陵管理处。

出席：主任委员范副局长（园林局）、副主任委员黄副县长①（昌平县人民委员会）、委员邢区长②（昌平县一区人民委员会）、刘庆本、李宗（十三陵管理处）均出席。

乐副市长、李副秘书长③等莅会指导。

主席：范主任委员

讨论议决事项：

一、交接问题：十三陵陵圈内的名胜古迹，业已造具交接册六份，移交机关昌平县、接收机关园林局各执三份，以便各自呈转存查。

新的护陵委员会成立，人选五人同出席人位；旧的护陵委员会取消。新护委会管理范围同旧护委会。

十三陵管理处已成立，原十三陵保管保管所取消。

二、明确方针、政策及任务：护陵委员会应掌握方针，即关于陵园如何发展的问题；同时要掌握政策，即关于牵连到群众的问题。护陵委员会是个出主意的机关，管理处是个办事机关。

管理处必须依靠县、区护陵委员的领导，联系群众，整顿乡护陵小组，做好护陵工作。十三陵明年的发展计划，亦应很快拟定。

护陵委员会会议次数，原则一年四次（每季一次），秋冬为了做好防火护陵工作，应适当增加会议次数，会议日期、地点临

---

① 即昌平县人民委员会副县长黄文达。
② 即昌平县一区人民委员会区长邢国珍。
③ 即北京市人民委员会副秘书长李公侠。

时通知。

三、秩序如何维持问题：有些学校在游览时，折花、摘果、拔小树，影响群众利益，有时发生争吵，无法解决，除一面进行宣传外，并联系建立公安派出所，以维当地秩序。

四、几项工程修缮问题：

1.长陵门外的大平台，铺砖破烂换洋灰面，起下少量大城砖，可铺修江杖两侧甬道。

2.停车场做卵石黄泥灌浆，上铺沙子。

3.冥楼墙上树的去掉问题，待工程费核算后再议。

4.在存车场南开路及收地问题，管理处与有关乡联系办理。

5.大个的石基础石条，可洗成石桌石凳，置于存车场树林下，以利游人。

6.花坛砖牙子抹洋灰。

五、零碎问题：

1.稜恩殿内陈设古物问题，请文物组看一次后决定。

2.稜恩殿要从〔重〕新写说明牌，旧牌应先行取消。

3.长陵冥楼下走道，修缮时新站泥坑甚多，管理处要马上进行铲除刷洗。

十三陵护陵委员会第二次会议记录

（1955 年 12 月）

时间：一九五五年十二月十八日上午九时，地点：十三陵管理处。

出席：主任委员、北京市园林局范副局长，园林局办公室修主任。副主任委员、昌平县人民委员会黄副县长，昌平一区人民委员会邢区长和十三陵护陵小组正副组长，及十三陵管理处：李宗、刘庆本，计共二十五人。

主席：邢区长委员，记录：凌玉清。

邢区长报告：

十三陵划北京后，各村护陵小组同样起到很大作用，除了陵内的荒草和积土，一方面帮助管理处清洁了陵内的卫生，另一方面群众也可利用这多年的积土积肥，以增加五六年的产量（余略）。

李宗委员汇报建立管理处以来的工作情况（略）。

范主任委员讲话要点：

（1）自今年十月成立了护陵委员会和十三陵管理处以后，昌平县对管理处的帮助是热情的。在座的同志们在管理方面很熟习、很关心，所以管理的很好，没有发生过大的问题（烧山等），主要是大家的重视和努力。

（2）为什么十三陵由北京市接管以后还同昌平县、区、乡组织护陵委员会？主要是国家地位提高，须要加强管理，需要管理的更好，否则，外宾日益增多，就会影响很大。

（3）为了把五六百年的古迹保护下来，中央拨款修缮三个陵，以后会随发展逐步修缮起来，亦即十三陵的繁荣情况是逐步上升的，所以护陵工作就更为重要。

（4）由于县、区和当地群众的支持，作了很多的工作，具体表现在清理陵内杂草、树叶、积土，邢区长经常注意做了不少工作。

（5）十三陵的发展方针，不但要修整，而且要荒山造林，大片的种植果树，造成更优美的环境。园林局打算先买五十亩地（五六年）开辟苗圃，给群众解决果树苗木问题。希望农业合作社大量种植。

（6）根据十三陵的发展，需人很多，如由北京市派几百个人也不能解决问题，所以我们具体意见，每一个陵与那〔哪〕一个村接近，就与那村的农业生产合作社结合起来负责陵内清洁卫生，可采取包工的办法，以免国家浪费过多人力、财力。

最后，管理处思想要明确，坚决依靠县、区、乡和群众，不能脱离群众和县、区的领导。只有这样，才能管理好。思想上不准有隔阂，不要认为我们是北京的，比别人高，那是犯错误，只有大家团结起来才能把陵管好。

黄副主任委员讲话要点：

今天这个会是很重要的，根据范局长主任委员的指示，我们一定做好。

（1）昌平县对管理处的帮助是不够的，如：各陵小组名单还有少数村没有报上来。

（2）十三陵划北京后出现了新的面貌，如不划北京，一个县是修不起的。由于上级党政领导的正确，修缮了三个陵，外宾络绎不绝，所以我们要把十三陵管理好，把名胜古迹保护好。五六年还要种五十亩地的果树苗，也是适合十三陵地区的需要，今后一定按上级给的任务去完成。

（3）明确工作问题：各陵小组现已组织起来，服从护陵委员会和管理处的检查督促，接受管理处的意见，要加强团结，取得密切联系，更好的把工作做好。

最后，今天到会的都要负责向群众经常不断地宣传教育护陵的重要意义，贯彻这次会议的精神，防止破坏，只许我们做好，不准我们做坏，一定要按党和上级的要求去做。

讨论决议：

各护陵小组长一致同意以上指示，并表示按照办理。

20 世纪 50 至 70 年代
北京天文馆工作史料

北京天文馆是我国建立的第一座大型天文馆，现为国家级自然科学类专题科学博物馆。

北京之有天文仪器可以追溯到金朝（1115—1234 年），靖康元年闰十一月（1127 年 1 月）金攻陷宋都汴京（现河南开封），四个多月后，把宋朝的天文仪器迁到北京。元朝最初按金朝的制度从事天文工作，至元十六年（1279 年）建立了司天台，属于太史院。司天台位于元朝都城的南面城墙（今建国门），经过明清两朝以至今天，都没有移动过。明朝于永乐十九年（1421 年）迁都北京，将司天台改名为观星台。清朝又改名为观象台，属于钦天监管辖。辛亥革命后，改名为中央观象台，属于教育部。1929 年改为国立天文陈列馆和北京气象测候所两个机构，分别隶属于中央研究院天文研究所和气象研究所领导，1936 年改隶于北平研究院。

新中国成立后，1954 年 9 月中央文委决定筹建北京天文馆，地址位于西直门外大街南侧，1955 年 10 月北京天文馆动工。北京天文馆自 1954 年开始筹建后，同时进行古观象台的收回和开放准备工作。1956 年 2 月，北京古观象台拨交北京天文馆保管，遂开始进行整修、制作展览，并于当年五一节正式对外开放，定名为"北京古代天文仪器陈列馆"。1957 年 9 月，北京天文馆正式落成并对外开放。

1961 年 5 月，建国门古代天文仪器曾连同陈列馆址由国家科委下交北京市，后又因故将房屋收回，仍由国家科委使用，造成这批天文仪器不能向群众开放，其保管维护也十分困难。北京市曾计划迁移位于建国门的古代天文仪器，围绕古观象台和古天文仪器的保护、开放等问题，北京天文馆、北京市科委以及一些天文学者和科学工作者作了积极努力和大量沟通协调，使得古观象台和其上的 8 件古天文仪器得以在原址保存至今。

1973 年，考虑到北京天文馆已经运行了近 20 年，其建成时的仪器设备均为进口且已落后，不能满足需要，国家计委、中国科学院酝酿在北京新建一座用国产天象仪装备、具有国际先进水平而又有中国特色的天文馆，因而提出了在建国门古观象台附近建设"首都天文馆"，并将古观象台作为其组成部分的计划设计任务。由于多种原因，直至 2001 年 12 月，北京天文馆扩建工程正式开工，2004 年 12 月北京天文馆新馆（B 馆）正式对公众开放。

本组史料收录了上世纪五十至七十年代有关天文馆及古观象台的相关会议摘要、规划、请示、报告、方案、展览说明词等，反映了北京天文馆建馆及其交由北京市管理，古观象台和古天文仪器的管理与保护陈列，天文馆展览工作，筹建首都天文馆等方面的情况。现予以整理公布，供研究者查考。

北京市档案馆藏，档号：7-1-403，7-3-8、41、103、10-1-108、137、144、173，11-1-145，164-2-458、459。

——选编者　王海燕（副馆长）　李　泽

北京市政府文化教育委员会关于研究有关天文馆建馆问题的会议摘要

（1955 年 1 月 17 日）

日期：一九五五年一月十七日

地点：市府大楼第一会议室

出席人：吴　晗　李续纲　竺可桢　陈宗器　钱临照

　　　　袁翰青　彭庆昭　朱兆祥　李　杬　卞德培

　　　　张开济　李嘉乐　王书庄　宋匡我　马　迅

　　　　王之平

决定：

1. 天文馆初步设计，基本上以市设计院提出的第一方案为基础。馆的前厅可适当加高，为了减少基建投资，馆前两侧走廊可用松树墙及月台代替。在不再增加拆建民房的原则下，建筑基地可向北稍移，使海岸圆形半岛地带便道适当加宽。

2. 基建投资以不超过一百二十亿元为限。基建面积按市设计院第一方案的五六〇〇平方公尺进行设计，在使用方面应多加考虑，不必过分追求装饰。

3. 关于一九五五年经常费及开办费问题（包括训练干部经费）由全国科普业务费开支，不足时，另行研究解决。

4. 为了今后事业的发展，要求建管局在馆的周围应划出一部分地基作为馆址的保留地带，以备将来扩充之用。

5. 关于组织领导问题和工作干部问题，经交换意见，初步决定：

（1）建馆筹备委员会可暂不设立，有较大问题可组织会议讨论，具体工作由筹建办公室办理。

（2）天文馆学术委员会需要筹备成立，以便指导该馆的业务工作。先请科学院全国科普提供名单后开会研究。

（3）天文馆工作干部应及时拟出名单进行调配。关于干部的培养训练问题，由中国科学院协助解决。

市科委、市科协
关于接收北京天文馆的报告

（1959 年 6 月 17 日）

根据市委的批示，我们于三、四月份向全国科协接收了北京天文馆。全国科协除将天文馆以西的房屋留下使用并将原天文馆所属古代天文仪器陈列馆（在建国门外）留下转给中央科技馆外，其余房屋财产均已下交；天文馆原有编制 93 人（现有工作人员 84 人）全部转下；一九五九年经费也已由财政部转市财政局拨下。馆内有党员 11 人，团员 23 人，关系已转至西城区委领导。

在交接过程中，我们注意积极开展活动，不仅没有因为交接而影响了活动，而且边交接、边研究改进工作。我们召集了几次馆内工作人员的座谈会，听取意见。然后发动全馆讨论制订今年的活动计划。最近，还邀请了中国科学院北京天文台筹备处、北京天文学会、军委测绘学院、北京教师进修学院等有关单位，座谈了如何办好天文馆的问题，并研究了今年天文馆的活动计划。

我们认为，天文馆下交以后，要努力把活动搞得更好，认真充实活动内容，提高质量，加强与群众的联系。初步计划今年要办好十件事，其中的四项重点为：一、编排通俗易懂的、思想性、科学性、艺术性较强的新节目，充实天象厅的表演；二、办好各种天文知识讲演；三、认真组织群众性的天文爱好者活动，如天体观察活动等；四、办好"天文爱好者"刊物。现将活动计划要点送上，请审查。

我们初步考虑，目前天文馆工作中几个需要注意的问题是：

一、办好天文馆单靠本身干部力量是不够的，需要善于依靠社会力量的帮助，因此应当积极扩大与有关方面如北京天文学会、中国科学院天文台、有关的高等院校、教育行政部门、工会、共青团等的联系、协作。下交以后，特别要注意主动争取中央所属科学技术部门的指导帮助。

二、我国目前还只有一个天文馆，经验不多，而其他社会主义国家则有若干个，苏联莫斯科天文馆已办了三十年，因此要在过去一般联系的基础上加强与他们的联系，主动与他们交换资料，结合我国情况，学习他们的先进经验。

三、天文馆还担负着"北京人造地球卫星光学观测站"的工作，这是中苏科学技术合作项目所要求的观测任务的一部分。据国务院通知，这项工作在各省市由当地党政领导进行，经费器材也归各省市解决，业务上则由中国科学院领导。过去天文馆未下交，我们没有管这件事，今后需要加强领导。年内应努力提高观测质量，进行一定的研究工作，准备条件，迎接新的观测任务。

四、天文馆的建筑、设备具有相当的规模，下交以后，必须用好、管好，经常加以维修，没有完备的部分，在可能条件下逐步添补。全国科协原计划修建的天文广场（经费二万元已批拨下来，部分材料已拨给），根据本市物资的可能条件，今年先修建一部分，以迎接"十一"。天文馆干部力量较弱，原馆长×××是右派（已撤），缺乏领导骨干，科学技术人员也不多，而且科学技术人员中没有一个党团员。须在可能条件下，逐步予以充实，适当调给几名党员骨干，并在分配高校毕业生时加以照顾（需要学天文、物理、数学方面的人员，也需要二、三名美术人员）。

以上意见，是否有当，请予指示。

附：1959 年北京天文馆活动计划要点〈缺〉。

市科委

市科协

6 月 17 日

北京市天文馆三年规划

（1959 年）

全国在党的建设社会主义的总路线的光辉照耀下，为了加速建设社会主义的各项事业，正以万马奔腾之势，持续的向前大跃进。

北京天文馆在这一大好形势下，必须高举毛主席的思想红旗，坚持政治挂帅，坚决贯彻党的总路线所规定的两条腿走路的方针；

坚决贯彻群众路线，大搞群众运动，以宣传、教学为主，科研、生产为辅；以普及与提高相结合的精神进行工作，更好的为工农兵服务，为社会主义建设服务。同时注意培养广大青少年树立起征服自然探索宇宙秘密的雄心壮志，来攀登世界先进科学高峰。为此，我们要传播关于宇宙的构造和发展的正确观念，有助于辩证唯物主义世界观的培养；宣传祖国天文学成就，有助于爱国主义教育。同时，现在又处于"人类进一步征服自然的新纪元"的时代，所以必须要大力宣传有关宇宙航行、人造天体……以及和天文学有关的邻近学科的尖端科学技术成就。要把天文馆【建】成为天文爱好者的活动基地。

（一）三年规划：

1.天象厅是一所极为形象的宣传阵地，和最合适的天文学教学基地。必须更好的提高质量和讲演效果。为此：

（1）讲稿的创作必须以毛主席的文艺思想为指导，更好地为人民大众服务，主要是为工农兵服务，为社会主义建设服务。因此，讲稿必须有鲜明的政治思想性；并且也要有科学性和艺术性。同时要区别对象，用群众语言，深入浅出，通俗易懂，为群众所欢迎。并要创造适合自己的民族形式。三年内创造讲稿64篇，做到保质保量。其中：一般讲稿18篇，主要是为广大工农兵普及天文和星际航行知识；教学讲稿36篇，主要是配合大专、中、小学校业余天文讲座和辅助教师教学，以及有关单位（军队、测量部门等）业务需要；儿童讲稿10篇，主要是培养少年儿童喜好天文，树立大志，征服大自然的愿望。

（2）为了讲稿保质保量按时上演，建立讲稿小组，它应是专业与群众相结合。它负责组织编写、审查讲稿及指导排练工作。

2.组织天文爱好者小组，积极开展天文爱好者业余活动。主要对象是中学生并兼顾其他天文爱好者。在三年内争取北京市校校有天文爱好者，使他们成为学校天文活动的骨干。它的活动必须是理论联系实际，坚决贯彻党的教育方针。如举办"天文学和生产知识教学"，举办天文知识讲座，进行实际观测，研究太阳能的利用，天文导航，制作火箭模型，磨望远镜等等。

3. 加强与改进展览工作：（1）配合新的教学大纲，贯彻"由近及远，由浅入深"的原则，重新制作新的展览。并充实电动模型和讲解自动化。（2）配合中心任务，如星际航行，举办临时性的和专题的展览。（3）制作专题展览，同有关单位（文化馆）挂钩，以便巡回展出或配合教学用，如月亮展览。（4）增设土仪器陈列馆室，以启发与帮助教师和天文爱好者。仿制这些仪器，以便应用。（5）收集陨石，充实陨石陈列。

4. 讲演工作：（1）本馆讲演，经常和北京天文学会以及有关单位合作举办讲演。（2）外出宣传，选择离馆较远的文化馆、大型工厂、人民公社作为基点，通过他们组织观众，用宣传车开展天文普及活动，并与电视台（同时争取广播电台合作）合作，通过他们来扩大宣传。

5. 大力开展天文广场的活动。争取早日完工。除原有设备外，并逐步增加射电望远镜、太阳塔、电视望远镜和象征征服自然的雕塑。并尽快的增设太能的利用仪器。

6. 加强群众的观测活动。按季节进行观测太阳黑子、月球、行星、星云、星团、月掩星、变星及地方经纬度、方位角的测定等。如逢到奇异天象如日月食、彗星、流星群、五星联球等，除利用天文台望远镜外必要时在广场临时增设望远镜，进行更广泛的观测活动。

7. 加强"天文爱好者"的编辑工作。它是一个以宣传天文知识为中心的普及刊物，它应为工农兵和教师服务。内容除宣传基本的天文知识，帮助读者建立正确的宇宙观外，还应宣传新的天文成就和有关邻近的科学知识。编排内容力求生动和通俗易懂，适合一般读者的要求。

8. 为了扩大天文普及宣传，满足广大工农兵、教师和青少年爱好者的要求，必须加强资料的编译工作：（1）编辑天文讲演集，1960 年出一册，以后陆续出。并编天文简历（从 1961—1962 年，开始编写 1963 年的）1962 年开始出版、儿童天文丛书、彩色天文连环画册一套；星图一册。（2）翻译苏联天文爱好者丛书全套和天文摘要的一部分。（3）编写天文电影剧本和着手编写天文资料汇编。（4）编写"观测天象"和教学有关的资料。（5）1960 年出一批少年儿童读物。

9. 科学研究工作：坚决贯彻"以任务带动学术研究"的原则来开展工作。（1）加强人造天体的研究工作（另订计划）。（2）研究有关国民经济建设和国防所需要的实用天文（如天文导航、日照等）。（3）有关太阳某些方面的研究（太阳黑子、太阳辐射等）工作。

10. 建立维修实验工厂。它的任务是：（1）配合天象厅讲演的形象化需要，必须加强附属仪器、幻灯及音响的工作；（2）为本馆需要建立光学车间，磨制马克斯托夫望远镜以及附属仪器所需镜头；（3）试制普及教学用的天文教具。

11. 为配合教学建立天文实验室，其中包括有关的地理和物理实验。

12. 协助有关部门培养天文业务干部：（1）举办教师天文进修班，充实中小学校教师在天文方面的知识；（2）协助其他天文馆举办短期训练班，培养天文普及干部。

13.干部培养：（1）认真的学习毛主席的著作，更高地举起毛泽东思想的旗帜，这是提高干部阶级觉悟，实现"大跃进"的根本保证。除此，还要学习时事政策。水平高的同志还应学好"自然辩证法"。（2）业务学习要求做什么学什么，做到学用一致，以达到改进工作，提高质量。要求如下：

大专毕业或具有一定专业知识的同志，应结合本身业务，进行研究，并面向工农，面向实际，使普及与提高紧密结合起来。每年定期汇报研究成果一次以上。

辅导员与有关干部，在较短的时间内，采用速成办法，组织学习与天文有关的数理，并结合当前业务需要，相应的提高天文知识，三年内达到能独立胜任本职工作。每人至少掌握一个专题的全面知识，如讲解、观测实习、实验室实验、仪器维修或制作、观测数据处理等。

行政干部，除应认真钻研本职业务外，组织学习苏联十年制天文学。

14.基建：建立群众休息室、天文教室和天文实验室、中星仪室、无线电望远镜和电视望远镜工作室、太阳塔室、维修实验工厂、星际航行的雕塑。初步估计1800平方米。

（二）为了完成上述任务，必须做好以下工作：

1.坚持党的领导，坚持政治挂帅，大搞群众运动，掀起学、赶、超、帮的社会主义竞赛运动。

2.根据工作中的轻重缓急，分别的分批的成立专业小组，以任务带研究、带提高。在小组内必须政治挂帅、思想领先。

3.抓紧计划的制定和检查，要明确任务，定人定事，定期完成。要使计划落实。

4.抓工作中的问题和薄弱环节，并及时研究解决。

5. 加强与有关业务单位的协作配合。

北京市科委关于原北京古代天文仪器陈列馆的情况和重新开放的意见

（1961 年 4 月 17 日）

市科协：

根据王副市长①和李副秘书长②的指示，我们对原北京古代天文仪器陈列馆的情况作了一些了解，并考虑了如何将其恢复起来重新开放的意见如下：

在建国门附近的原北京古代天文仪器陈列馆，原系北京天文馆所属一部分，1959 年北京天文馆由全国科协下放北京市时，陈列馆并未下交，而由全国科协转给了国家科委所属中央科技馆筹备委员会，并停止开放。现中央科技馆已缓期修建，科技馆机构已撤销，陈列馆的原址被国家科委机关办了托儿所，古观象台上的天文仪器也弃置没有利用。

陈列馆的原址是元朝元年至十六年（即 1279 年）建立的"司天台"遗址，明朝永乐十九年（1421 年）改名"观星台"，清朝又改名为"观象台"，辛亥革命后成为"中央观象台"。陈列馆所陈列的 8 件古代天文仪器（天体仪、地平径仪、黄道经纬仪、地

---

① 即副市长王昆仑。
② 即副秘书长李续纲。

平经纬仪、纪限仪、象限仪、玑衡抚辰仪）是我国贵重的天文文物，至今已有 200 多年的历史，不仅在天文史上而且在艺术上也有相当价值。据说这样古老的天文仪器，世界上也是罕有。1900年八国联军侵入中国时，法、德帝国主义曾将之劫走，法国劫走之仪器于 1902 年归还，德国劫走之仪器至第一次大战后，才根据凡尔赛和约的规定于 1921 年索回。这些仪器，解放以前没有很好地管理和利用，至解放后，才于 1956 年整理陈列出来，向群众开放，受到了天文爱好者和广大群众的欢迎，外国天文学者来到中国也都特地来此参观，评价很高。这两年停止开放，不少天文科学工作者和天文爱好者，对此都有意见，认为如此贵重的文物，没有发挥应有的作用，殊觉可惜，有一些外国学者指名要参观这些古代天文仪器，也发生困难（如最近苏联塔什干天文台台长谢格洛夫通讯院士来京，就指名要求前往参观）。因此，将古代天文仪器陈列馆恢复起来，重新开放，实有必要。

为此，我们已向国家科委副主任范长江同志作了汇报，范长江同志意见将此陈列馆下交北京市，恢复开放。他已布置国家科委办公厅周副主任具体和天文馆联系办理下交的手续，陈列馆原有的天文仪器和房屋、家具设备、人员全部下交。

我们考虑将陈列馆全部接下来，仍交给天文馆，作为天文馆的一部分，是适当的。接交工作预计可以在 4 月底完毕。接下来以后陈列馆的设置有两个方案：1. 陈列馆仍设在原址，如果按城市规划，将来建国门附近拆除城墙，修建公园，古观象台仍予保留，作为公园的一部分，可保留古迹陈列文物，又可作为风景观赏，与整个公园置配起来，相得益彰；2. 如果在拆除城墙时，将古观象台及有关建筑全部拆去，即可将古代天文仪器，迁至天文馆，将现有天文馆广场加以扩建，古今天文仪器配合一起，便于

观众参观，对系统地普及天文科学知识，也颇有好处。我们意见，将来选择那〔哪〕个方案，可以根据城市规划及文物保管的要求从长计议，目前还是采取第一个方案先在原址恢复起来比较切实可行。在原址恢复，花一万元稍加修葺，短期内即可开放；如果采取第二个方案，搬运古天【文】仪器及扩建天文广场，约需七万元，并需一些钢筋、水泥等建筑材料，花费较大。如果同意先按第一方案进行，请求即拨款一万元，以便立即着手修葺。

是否有当，请予批示。

北京市科委（印）

1961 年 4 月 17 日

北京天文馆
关于古代天文仪器的放置方案

（1961 年 5 月 22 日）

市人委迁移东城古代天文仪器的决定下达后，天文馆有关人员提出了一些初步方案，大致可分为集中、较集中和较分散放置等三种主张。经调查研究，把这三种方案的优缺点加以分析比较，并约请了有关各界人士座谈，可归纳为：

甲：科学界人士认为较集中放置的方案比较好，这将影响着学术研究，拍照方便，仪器的配套，天文馆天文广场的发展和活动以及文物的保护等等。

乙：文物保管单位倾向于集中放置的方案，他们认为：由文物角度出发，迁来后应该给人以"建国门第二"的印象，主张原样照搬，但搞科学史的人又认为：目前台上仪器陈列样式是清乾隆以后的样子，仪器受地形等限制排列得并不合理，因而提出恢复清初仪器的配套问题。

丙：美术界人士主张分散一些，因为精美的雕塑作品，一般公认的放置距离不能小于作品本身高度的二、三倍，使人能围绕作品欣赏，古天文仪器是世界闻名的艺术品，其艺术价值不比其科学价值低，放置时应考虑到人们的欣赏需要和要求。

据上述意见，我们认为这三种看法都很重要，考虑到这三种情况，并和建筑界人士商讨，综合以上几种意见的优点，拟定了第四种方案。由于这个方案的提出，前述三种看法得到统一，这一方案的要点为：

一、古天文仪器集中陈列到天文广场北半部，南半部给将来陈列新的仪器和观测活动留下地位，必要时可和天文台南的长条地联成一片，给天文广场的将来发展打下基础。

二、广场北部临马路，来往行人车辆从很远的地方即可看到，便利全国各地前来参观的人士及来访的国际友人等，也美化了市容。

三、仪器较集中的放置满足科学界和文物界的共同要求，并使人能从不同角度、不同距离观看和欣赏每件仪器，满足了美术界提出的合理要求。

四、仪器的排列即〔既〕照顾了清初的合理配套，又把乾隆以后受地形限制的不合理因素消除，简言之：清初的六件仪器大体上按原占面积放置，按清初配套情况排列，占地约等于现今建国门台上的总面积。乾隆年间所制地平经纬仪和玑衡抚辰仪是后来硬挤进去的二件大仪器，也是台上布局太紧的主要原因，并把清初的仪器合理配套位置打乱。这次排列把这二件大仪器放在清初六件仪器南面,使人们即〔既〕可了解清初六件仪器的配套使用情况,更可了解仪器的发展经过(地平经纬仪是地平经纬仪和象限仪的结合和发展的产物,玑衡抚辰仪是黄道经纬仪和赤道经纬仪的结合和发展)。它们的放置可说是即〔既〕考虑历史情况和发展经过,又没有单纯的复古,这样对文物保护、学术研究、参观讲解都很方便。

五、由于仪器放置比较集中,若干年后,当需要对有关仪器进行总体保护时也很容易施工(不必再动仪器),虽然这是几十年,甚至是几百年以后的事。

北京天文馆

1961 年 5 月 22 日

北京天文馆关于拆迁古代天文仪器和如何处理古观象台的意见

(1961 年 6 月 15 日)

根据市人委拆迁建国门古天文仪器指示,我们积极进行了有关的筹备工作,并就拆迁以后如何在天文馆广场布置的方案,征求了有关单位及专家的意见。大家除对布置方案提出应尽可能保持原来面目,按照古代原来布置的程序为原则的意见外,普遍提出希望保留建国门古观象台的原址,不要将古代天文仪器拆迁。他们主要的理由是:这个"观象台"自明朝正统四年(1439 年)

建立以来已有五百多年历史，直到辛亥革命前，一直都是我国天文观测的主要基地。它是我国尚存的两个古观象台之一，河南登封的"观星台"已列入国务院第一批重点文物，但这个台上已没有观星仪器，而北京的"观象台"则保留得比较完整，从其整个结构和仪器布置等都还可以相当全面地反映出明清时代我国天文学发展的水平。就世界范围来看，像北京这样古老而又保存得这样完整的古天文台，也是少有的。因此，大家认为，只要对北京城市建设没有大的妨碍，应当将它保留下来。

竺可桢说："现在建国门的古天文仪器和古观象台都是我国重要的天文学古迹，有几百年的历史，是世界上少有的。许多外国天文学专家对此评价很高（他还举苏联天文学家最近寄给他的新出版的关于中国天文学史的书中对此观象台及仪器的详细的评介为例来说明）。只要对北京城市建设发展没有大的影响，希望市领导部门考虑，最好把现在这个古观象台保留下来"。赵进义说："建国门泡子河的古观象台比台上仪器的历史还久，并在现有的城墙之前早已建立，很有保留的价值。河南登封的古天象台已保留下来了，这非常好，北京这个也应该保留下来，即使将来要拆城墙，修环城马路，观象台也还是可以留下，据说苏联斯大林格勒某处修马路时，为了保留一个古迹，就将马路绕了一个小弯，马路围绕着这个古迹，再加绿化花木配置起来，也很好看"。他还一再叮嘱希望把他的意见向领导上反映一下。军委总参测绘局胡明城说："仪器如果能留在原来的古观象台上，完整的一套保留下来，那是最好了。1953年苏联专家冯扎耶夫去参观时，认为这是世上罕有的天文学古迹，称赞不绝，许久舍不得离去，并细致地提出应把天球仪上掉落的几颗星修补起来"。古文物工作队向群等也认为：这个古观象台是有价值保留的，而且古观象台南边的城墙角楼已列为保管文物，保留古观象台，遥遥相对，在城市建设规划上，也能配合得当。雕塑工厂贾国卿等认为古天文仪器放在古观象台上，台较高，背景是天，气氛很适当，而搬到天文馆，三边是高大建筑，前边是大马路和广场，一堆天文仪器挤在一起，远看一小撮黑点，并不好。

国家科委副主任范长江同志在下交古天文仪器陈列馆时也曾谈过，这套天文仪器如何处理可以有两种方案：一是保留原址，一是搬到天文馆。他说他趋向于采取保留原址的方案，因为天文仪器与观象台都是古文物，将来即使拆了城墙，也可留下这个观象台，附近修成花园，群众一边游览、休息，一边观赏古文物，也很好看，很方便。如果将来城市规划要求非拆这个台不可，到时后〔候〕再拆也不晚，先留下来，比较主动。

另外，中国科学院自然科学史研究室对这个问题还专门作了一些研究，提出了一份书面意见，也要求尽可能不要拆迁（见附件）。

根据以上一些反映意见，是否拆迁，请领导上考虑。

此呈

北京市科协

附：中国科学院自然科学史研究室"对于古观象台拆迁的意见"。

北京天文馆（印）

1961 年 6 月 15 日

附件：对于古观象台拆迁的意见

根据目前掌握的材料来判断，此台确立于明正统四年（1439

年），而且可能是在金朝（公元 12 世纪）司天台的基础上建立的。这在明末朱彝尊《日下旧闻》一书中对元人吴师道的一首城外纪游诗的批语中可以看出。

明太祖定都南京后把元大都（即北京）的天文仪器全部运往南京鸡鸣山。因此，明成祖迁都北京后，主要的天文工作有一段时间仍是在南京进行的，当时的北京没有天文台，《明英宗实录》记载，"正统二年二月行在钦天监（即北京的钦天监，明成祖迁都北京后，建立了一套与南京相同的官制，但均加行在两字）监正皇甫仲和等奏，南京观星台设浑天仪、璇玑玉衡简仪、圭表以测七政行度凌犯迟留伏逆，北京齐化门（即今朝阳门正统四年所改）城上观测，未有仪象，乞令本监官一人往南京督匠以木如式造之。赴北京，较北极出地高度（即根据北京纬度）准验，然后用铜铸造"等等。可见那时的观测是很简单的，就是人在城墙上（因为城墙上比周围建筑要高，便于观天）用肉眼观看，那时也无须正规的天文台建筑，正统四年十一月仪器造成（见《昭代典则》）大概就在那一年，同时建成观象台的建筑物，并把仪器安装完毕（古代的仪器非常笨重，一般都是在台上作最后的配置安装的，在正统四年以后并无其他有关"台建成"或"安装仪器"的记载，这就表示仪器造成即是已经完全安装好的意思）。这个台的建筑物据明人笔记《五杂俎》记载道："台高五丈许……台下小室有量天尺……中为紫微殿"。《明会典》又记载"正统十一年……又造晷影堂"。如果再查对一下清人著作，那么可以知道和今天的台址建筑物大体相符。清吴长元《宸垣识略》记载"紫微殿内有御书联扁……紫微殿东小屋曰壶房（即《五杂俎》所谓'有量天尺'的小室），东厢五间为测量所，又有别室三楹为晷影堂"。今观象台下紫微殿、东厢测量所都存在，壶房因殿东小屋甚多，无法判断是那一间，晷影堂则已无可考。晷影堂的圭表都放在露天了。

至于台上的仪器陈列布置，则在清代有过两次较大的改变，第一次是在康熙十三年（1674年），南怀仁等新造了六件仪器，就把明代的简仪等仪器搬至台下，六件仪器现都还在台上，当时的布置也还有图可考，见南怀仁《灵台仪象志》附图。这个布置已与现在台上的布置相近了。康熙五十四年（1715年）又造地平经纬仪一架。乾隆九年（1744年）又造玑衡抚辰仪一架，均安装在台顶，于是整个台顶的布置又改成了今天所见的式样。

这个观象台从明以来直至辛亥革命前一直都是我国天文观测的主要基地，虽然明清时期我国天文学的成就已不如古代那样在世界上据有特出的地位，但是总的看来它仍有它的历史功绩。明清时代的天文家在这个台上辛勤地观测，从而保持了中国古代天文学的观测传统，丰富而绵延不断的天象记录得以继续延持。虽然在十七世纪以后，欧洲各国由于望远镜的改进和运用，近代天文台逐渐建立起来，天文记录也开始丰富和形成传统，但是总的来看，十八世纪以前的明清天文观测记录，尤其是明的记录仍具有重要的补充作用，也就是说，明清观象台在世界天文史上仍有一定的地位。

从中国天文学史上来讲，它是我国现存的四大天文学古迹之一。另外三个是河南登封县元观星台、苏州文庙石刻天文图、南京鸡鸣山明观象台遗址。其中鸡鸣山观星台已完全毁了。苏州石刻天文图作于南宋初年，也是宝贵的文物，但它总究只是一张星图。河南观星台是我国古代保持至今较完整而又古老的文物，有很重要的历史意义，国务院已作为第一批重点保护文物，但是台上已没有观星仪器，除了高表部分外，已不能看出当时是如何进行天文工作的全部景象了。相比之下北京古观象台就保留得比较完整，从它的整个结构和仪器布置等可以相当全面地反映出明清时代我国天文学发展的水平，也可以从而推知当时的天文学家们是如何进行天文工作的。

从世界范围内来看，虽然各文明古国都建有天文台，但是，早于十六世纪的天文台，今天大都已不存在了，存在的也都是些残缺的遗物，像北京古观象台这样古老而又保存得比较完整的天文台，可说是极为罕见的。因此，解放后十二年来凡是来我国参观、访问和工作的外国天文学家都曾来这里参观，苏联史天堡天文研究所并用塑料把这个台作了模型放在他们那里；在外国出版的许多天文书里，也常常载有这个台的照片。

根据以上情况，我们认为：古观象台是应该作为一项珍贵的历史文物而予以保护的。把这个台附近的地区辟作绿化区域，这样也可以和它西南面的北京车站及南面的角楼构成一个协调的整体，美化北京市容，根据记载，在明清时代这一带原来就是风景很美的区域。它的南面就是泡子河，《宸垣识略》引《燕都游览志》的描写道："泡子河——前有长溪，后有广淀，高环其东，天台峙其北，两岸多高槐垂柳，空水澄鲜，林木明秀……城内自德胜河外惟此二三里间无车尘市嚣"。

从文物保护的角度来看，这样当然是最理想的了，但是如果它的位置与今天的城市建设规划有所冲突，而在这里将建设的，其所得远超过于文物保护的意义时，那末就像永乐宫和三门峡的关系一样，将古观象台拆迁也是完全应该的和合适的。

拆迁以后可以有两个办法：

（一）仅把仪器搬往如天文馆等地去安置陈列，这样的好处是使这些仪器能为更广大的群众所参观和欣赏，而且所花费的人力物力较下面第二个办法为小，缺点是台的本身建筑就将完全不存在了，而作为科学文物来讲，台的本身也是一项重要的文物，因此最好用下面第二个办法。

（二）仿照永乐宫迁建的办法，把整个台迁往适当的地方重建一个，这样的优点是可以达到全面保存文物原来面貌和特点，给广大群众一个完整的印象，当然这要增加一个台的建筑就要稍增点花费。

因我们不了解城市建筑规划的全面情况，特提出以上意见，仅供参考。

中国科学院自然科学史研究室

1961 年 5 月 25 日

市科协筹备委员会关于建国门古代天文仪器保护问题给市科委的报告

（1962 年 7 月 23 日）

市科委：

市天文学会及天文馆反映了一些天文学者及科学工作者对维护保管建国门古代天文仪器及恢复开放陈列馆的意见（附后）〈略〉。

市科协第二季度常委会上，主席茅以升、王书庄、赵进义和其他常委也都对此问题提出了意见，他们提出：目前国家科委不交房子，只交仪器，天文馆无法管理，应当反映给有关领导部门解决。茅以升一再叮嘱说：仪器是铜质的，万一被人拆去当废铜卖了，损失将无法挽回，要赶快解决。

我们觉得这些意见是值得重视的，天文学会及天文馆所提出的解决办法也是可以考虑的。如果国家科委能够下交房屋，既能加强仪器的保管，还可以积极筹备向群众开放参观。房屋没有交下之前，天文馆确无法负责保管仪器，建议由国家科委继续负责保管。

是否有当，请予指示。

北京市科学技术协会筹备委员会（印）

1962 年 7 月 23 日

市科协筹备委员会关于建国门古代天文仪器保护问题给市委的报告

（1962 年 8 月 8 日）

市委大学科学部：

建国门古代天文仪器于去年 5 月由国家科委下交北京市，根据市委批示，按照保管文物的要求，这批古仪器应留原址，不宜迁移，但该处房屋仍由国家科委办托儿所占用，没有下交，因此，这批古仪器不仅不能向群众开放，而且维护看管也发生困难，行人、孩子可以从城墙爬上观象台，长此下去，可能造成仪器损坏。最近，市天文学会及天文馆反映了一些天文学者及有关科学工作者的意见（附后），市科协第二季度常委会上，主席茅以升，副主席王书庄、赵进义和其他常委也都对此问题提出了意见。茅以升还一再叮嘱：仪器是铜质的，万一被人拆去当废铜卖了，造成损失将无法挽回，要求赶快解决这个问题。我们已经责成北京天文馆用砖垒了栏墙，但这只是临时性的措施，未能根本堵塞漏洞，同时，也无法解决向群众开放的问题。

我们觉得，天文学会及天文馆所反映的意见是值得重视的，他们提出的解决办法也是可以考虑的，如果国家科委能够下交房屋，则可由天文馆负责仪器的维护保管，并积极筹备向群众开放；如果国家科委仍不能下交房屋，则建议在房屋下交之前，请国家科委继续负责保管这批仪器。

是否有当，请予指示。

市科协

1962 年 8 月 8 日

附：一些天文学者及科学工作者
对维护保管建国门古代天文仪器及恢复开放陈列馆的意见

国家科委范主任：

建国门古代天文仪器曾连同陈列馆址于 1961 年 5 月由国家科委下交北京市，后又因故将房屋收回，仍由国家科委使用。至今这批古代天文仪器还单独放置于观象台城墙上，北京市无法单独派人维护看管。最近天文学会几次学术会议上，一些天文学者及有关的科学工作者对此提出了不少意见和建议。

在最近召开的一次我国天文学史讨论会上，许多学者谈到建国门的古观象台是元朝至元十六年（1279 年）司天台的遗址，房屋是明朝永乐十九年（1421 年）成立观星台时所建，现存 8 件天文仪器是清康熙、乾隆年间的遗物，这是我国保存下来从台址、房屋到仪器最古老的一套比较完整的天文古迹和文物，不仅对研究我国天文学史有重要意义，而且在世界天文学史上也有极重要的价值，许多国外的天文学者到中国都要专来此参观。苏联 В•П• 谢格洛夫教授所著《中国天文学史》，英国李约瑟教授所著《中国科学与天文史》等都对此作了论述，评价极高。中国科学院竺可桢副院长在去年年底一次天文学会学术讨论会上还谈到，他去年去伦敦见到伦敦天文馆还专门编了介绍北京古观象台和古天文仪器的节目上演。因此，大家认为几年来把明朝观星台的房屋作了它用，天文仪器不能向群众开放，殊属可惜。1956年曾将此作为古代天文仪器陈列馆，作用很好，现应采取措施，迅速将陈列馆恢复，向群众开放。赵进义教授说，团城整理的很好，群众去参观的很多，实际上建国门这一套天文古迹和文物，在学术价值上胜过于团城，却没有整理出来向群众开放，非常可惜。如有国外学者要来参观，看见这样荒废影响也不好。这个地方是应当用来进行天文学学术活动的。军委测绘局胡明城、师大教授刘世楷等也认为，这一套天文文物、古迹，无论对天文学史的研究和向群众普及天文知识进行爱国主义教育，都可以发挥积极作用，房屋移作它用，仪器废弃起来，都是不好的。

　　古天文仪器的维护保管问题确实严重。目前，仪器放在城墙上，虽然天文馆已用砖垒了临时的栏墙，但尚不能根本解决问题，行人、孩子仍有可能偷越爬上去，长此以往，可能造成损坏，损坏之后，破损件也可能丢失。有的人在会上谈到，每次走过建国门，见到城墙上仪器无人看管，孩子们可以爬上去玩弄，非常担心，也很心痛，万一损坏了，将无法挽回，要求迅速解决这个问题。大家建议：应当利用原有房屋，恢复展出，如一时尚不能展出，至少要将仪器维护保管好。目前，为了避免仪器损坏丢失，仍请国家科委一并继续照料。

以上是否妥当，请予指示。

北京市天文学会

北京天文馆

1962 年 8 月 20 日

抄送：全国科协、市科委、市科协、文化部文物局、国家科委办公厅隋主任。

北京天文馆关于
北京古观象台对外开放情况简述

（1964 年 6 月）

一、概说

北京古观象台为世界著名的天文学古迹之一，台上现存的八件铜质古代天文仪器极为珍贵。北京天文馆自 1954 年开始筹建后，同时也进行古观象台的开放准备工作。1956 年经前全国科普报经上级批准，将北京古观象台拨交北京天文馆筹建办公室积极进行开放准备。1956 年五一节正式对外开放，并定名为"北京古代天文仪器陈列馆"，在 1958 年第四季度移交给全国科协以前的两年多当中，从未停止开放，中外观众有数万人，其中外宾也占一定比例。

二、陈列和展览

陈列馆中分陈列和展览两大部分。

陈列的仪器有：台上八件古代天文仪器；自制汉白玉日晷一具；仿制明代圭表一具。

展览先后有下列几种：中国古代天文学的成就展览；中国历法展览；中国近代天文学工作展览；中国天文书刊展览；天文知识图片展览等。

三、开放情况

1956 年五一节开放初期，观众很多，每天从成百人到上千人。后来规定为星期日和假日全天开放，平常除星期一、三闭馆外，其余日期只下午开放。当时因地点偏僻、交通不便、观众较少。

观众中有不少是外宾，参观后或留言或面谈，对陈列馆都深表赞扬，认为只有中国才有条件设立这样一个代表古代天文成就的陈列馆。有的外宾参观回国后还在报刊上发表介绍的文章和照片，如苏联、民主德国、英国等报刊上都发表过介绍陈列馆的文稿，颇有国际影响。

在我国报刊图书、广播中都广为宣传介绍，并向国外华侨广播。

四、其他活动

1956 年 9 月火星接近地球期间，曾在陈列馆台上架设天文望远镜接待群众观测火星，群众很感兴趣，参加观测活动的在六千人以上，有些首长同志也到那里进行观测火星。

五、目前情况

从 1959 年以来，陈列馆一直没有开放。而目前交通情况大为改观，陈列馆已经出现在交通干线的旁边，靠近北京车站，交通非常便利。现在到北京天文馆参观的观众们经常打听古代天文仪器陈列馆的事，很想参观。外宾要求参观的也不少。

对于这一个有国际声誉的著名的北京古观象台，除了加强文物保护外，同时也最好恢复开放，以便普及科学知识，进行爱国主义教育以及宣传我国古代天文科学的辉煌成就。

附："北京古观象台"图照说明〈缺〉。

北京天文馆

1964 年 6 月

北京天文馆关于
新展览工作情况的汇报

（1972 年 1 月）

市文化系统指挥部：

我馆展览厅"天文展览"，自去年八月内部展出以来，收到了各方面的反映，认为：能在很短时间把展览制成，成绩是主要的，使广大群众对我国天文事业上所取得的部分成就有所了解，同时也学得一些天文知识，但也有不足之处，如：这次展览主题思想是"以成就带知识"，即以人造卫星、1968 年日全食观测以及解放后我国天文学的部分成就作为中心内容，因而展览的面比较窄，如有关行星、恒星以及认识宇宙等方面都没有介绍，特别是作为成就展览就必然受时间的限制。从展览的形式来说也存在一头挤、一头空，容纳观众少，比较拥挤，讲解困难，通风、透光都不利。另外本展览基本上是图片展览，活动模型太少，观众对一些知识难以理解。尤其是如何运用辩证唯物论的认识论、认识自然界、认识宇宙，就更不足了。基于以上缺点，我们认为：现在的展览必须彻底修改。

新展览的主导思想：以辩证唯物论的认识论为主题，按人类认识宇宙的程序：由近到远，由浅入深，在三大革命中，利用自然、克服自然，联系生产实际，适当安排解放后我国天文学发展内容来介绍天文知识，帮助观众建立正确的宇宙观，并对中小学教学起到一定的配合作用，做到活动模型、橱窗多。这样，既介绍了宇宙概貌，满足工、农、兵、学生、老师的要求，展览本身也可以相对稳定，争取在一般情况下，展出3—5年。展览形式如后图。

我馆革委会已于1971年12月1日着手进行筹备工作，成立了展览小组，并于十二月上旬到工厂、学校访问、座谈、听取意见，馆内各班也组织了讨论。十二月中旬进行了归纳，提出初步方案，十二月廿五日汇报给了馆革委会。经革委会初步讨论之后，认为可以先照该方案进行工作。在征求意见以及讨论期间，指挥部业务组王同志来馆了解情况时，已将大体情况进行了汇报，并送了一份第一次方案（草稿）资料。

现在，这项工作已进行到：最后决定展出形式、内容。在经过馆内有关人员初步讨论（这次讨论，指挥部王同志也参加了）的基础上，组织了三结合（即文字设计、图面设计、形象设计）小组，制作小样再在馆内、外征求意见。

现将这项工作进行经过向指挥部领导汇报，同时送上"新展览"有关材料，请领导批示。

一、展览主导思想、形式及内容

主导思想：用伟大领袖毛主席的哲学思想——贯穿唯物论的反映论观点来指导展览。本着简明扼要精神，紧密结合"三大革命"运动，说明天文学和国民经济、社会主义建设有着密切关系。宣传宇宙及其规律是可知的，从而帮助人们建立起正确的唯物宇宙观。

布局形式：展览厅平面图，南边两立柜，北边一立柜。〈图略〉

"新展览"共有面积：116.64平方米。其中：

前言占：	3.24平方米
地球展览占：	6.48平方米
月亮展览占：	12.96平方米
人造卫星展览占：	6.48平方米
太阳展览占：	12.96平方米
日、月食展览占：	3.24平方米
行星展览占：	9.72平方米
流星展览占：	3.24平方米
彗星展览占：	3.24平方米
太阳系总结占：	3.24平方米
天象预报占：	6.48平方米
恒星展览占：	16.20平方米
银河系等展览占：	9.72平方米
无限宇宙占：	3.24平方米
为社会主义服务天文学占：	9.72平方米
天文学成就占：	3.24平方米
结语占：	3.24平方米

"新展览"预计共有:

活动模型:

一、三球仪※,二、银河系模型※,三、日、月食模型※,四、昼夜模型,五、"四季"模型,六、月相模型,七、时间模型,八、活动星图,九、北斗星距离模型,十、变星模型,十一、人卫绕地模型,十二、人卫飞行路线模型,十三、"认星定向"模型※,十四、恒星大小比较模型,十五、恒星质量比较模型,十六、太阳、行星比较模型,十七、"土星"模型。

橱窗:

一、前言橱窗※,二、太阳活动橱窗※,三、太阳系总结橱窗※,四、来自宇宙电波橱窗※,五、无限宇宙橱窗※,六、北斗星自行橱窗,七、社会主义天文学橱窗,八、时间历法橱窗,九、新星爆发橱窗※,十、葵花式河外星系橱窗,十一、哈雷彗星橱窗,十二、结语橱窗※。

实物:一、陨铁,二、月球仪,三、天文年历。

其中,带 ※ 号是新制作的模型或橱窗;其余的是恢复旧的并加以改进的模型或橱窗。

展览内容小样草稿见附件。

二、展览工作进度计划

1.1971 年 12 月 1 日成立展览小组。

2.1971 年 12 月 15 日—25 日归纳、整理调查、访问的意见,提出方案。

3.1972 年 1 月 6 日—15 日进行"新展览"内容初步设计。

4.1972 年 1 月 16 日—31 日比较完善的"新展览"小样正式制好,交馆内外征求意见。模型、橱窗有一些开始动工。

5.1972 年 2 月 1 日—14 日，小样征求意见，进行归纳，内容进一步充实，定稿。春节后上班，图板画面，即可动手绘画，模型、橱窗继续制作。

6.1972 年 2 月下旬，模型、仪器、图板画面全面动工。

7.1972 年 月到 月，展览厅关闭，"新展览"柜子木匠施工开始。

8.1972 年 9 月初，"新展览"全部展出，内部审查。

9.1972 年 10 月 1 日国庆节正式对外。

三、需要的费用、材料及人员

由于"新展览"内容比较多，面积计 116.6 平方米，比现展览实际展出面积　　平方米，要大得多，而且采用大立柜形式，所以需要木料、铁料也相应多一些，预计需要：

（一）木料：四立方米　其中（1）三合板　张　（2）五合板

（二）铁料：约 5000 斤

　其中（1）　型号角铁

　　　（2）　型号角铁

　　　（3）　型号槽钢

　　　（4）　其他

（三）费用：六千元。

制作新展览仍然为上次展览制作，本着自力更生，群策群力的精神制作，在充分挖掘馆内力量的前提下，仍感到美工实在力量单薄，望指挥部帮助适当解决。

以上各项向领导汇报，请予批示。

天文馆党支部

北京天文馆革命委员会（印）

72.1

北京天文馆的性质方针任务

（1972 年 4 月 28 日）

一、性质：从事科学普及的事业单位。

二、方针：为无产阶级政治服务，为工农兵服务，辅助中、小学教学。

三、任务：通过普及天文知识宣传辩证唯物主义和历史唯物主义，宣传唯物主义的认识论和唯物主义宇宙观，以达到团结人民教育人民，在三大革命运动中同形形色色的唯心主义进行斗争。逐步认识自然改造自然。

四、形式：通过人造星空表演（自编讲稿），天文展览（自编）以及天文望远镜的观测，虚实结合搞好天文普及工作。

另外，也可以通过深入工厂、农村、部队和工农兵相结合，接受工人、贫下中农再教育，同时进行天文普及工作。

五、附属电影厅：放映故事影片及科技影片，和兄弟影院一样，上映电影公司发行的各类影片。对广大观众进行宣传教育。

北京天文馆革委会

1972 年 4 月 28 日

北京天文馆关于
新展览说明词征求意见的函

把新展览的说明词二次修改稿发给同志们，请提出修改意见。

展览小组

72·5

北京市天文馆新展览说明词

（1972 年 4 月 28 日第二次修改稿）

前言（草稿）

人类对于天体的认识，对于宇宙的了解，是一个不断地由浅入深，由近到远，由片面到更多的方面发展的历史。

这展览遵循人类认识宇宙的进程，介绍月亮、太阳、星星的知识、宇宙的概貌以及时间历法等方面，从而揭示出：一切认识来源于实践，理性认识依赖于感性认识；反过来，理性认识又为实践服务；使我们更自觉地学习和运用辩证唯物论的认识论，改造客观世界，也改造主观世界，树立正确的宇宙观，为无产阶级政治服务。

结语（草稿）

宇宙是物质的、运动的、发展的。宇宙的规律是可以认识的。

伟大的中华人民共和国成立以来，在毛泽东思想的光辉照耀下，我国天文事业有了很大的进展，为社会主义建设作出了一定的贡献。

253

今后，我们还必须在探索宇宙、征服自然的道路上不断地有所发现、有所发明、有所创造、有所前进！为人类做出较大的贡献！

团结起来，争取更大的胜利！

"地球"说明词

地球，是人类居住的一颗星球。通过生产斗争和科学实验得出：地球的形状接近于球体。

地球不停转动：主要有自转和公转。

研究地球，了解它的构造和运动变化规律，可以更直接地为生产实践服务。

地球照片：从人造卫星上拍照的地球。

地球分层：分为地壳、中间层、地核三层。（模型）

五带：热带、南温带、北温带、南寒带、北寒带。（图画）

辐射带：来自太阳的带电微粒子和紫外辐射，被地球磁场"扑护"而形成。（图画）

地球辐射尾：由电子组成的辐射尾巴。（图画）

大气层：分为对流层、平流层、电离层等。风、雨、雷、雪等天气变化就发生在对流层里。（橱窗）

昼夜和四季：向太阳的半面是白天，背太阳的半面是黑夜。（模型）

四季是由：地球自转轴和绕太阳的轨道面有 66.5° 的倾斜角，地轴指向保持不变，因而产生日照时间和太阳照射角度变化所形成的。

〈数据〉：地球自转周期：23 小时 56 分 4.0905 秒。

公转周期：365 天 6 时 9 分 9.5 秒。

平均半径：6371 公里。

赤道周长：40075.7公里。

质量：60万亿亿吨。

地离日最近时间：每年1月3日前后。

地离日最远时间：每年7月4日前后。

辐射带高度：内带：离地面600—6000公里。

中带：离地面3—4万公里。

外带：离地面4—8万公里。

辐射尾巴：最远可达25万公里。

"月亮"说明词

每一事物的运动，都和它的周围其他事物互相联系着和互相影响着。

月亮绕着地球转圈子，是地球的天然卫星。月亮的圆缺变化规律，是制定历法的根据。地球上潮水涨落主要是受月亮的影响。现在，正在探讨月亮和地震、气象的关系。

月亮上没有水，几乎没有空气，温度变化很大。没有生命存在。

月球仪：月亮上有圆形的山，叫环形山，约30万个以上，最大的直径约200多公里，最高的七、八公里。

环形山放大：黑暗部分叫"海"，是平坦地区。（照片）

月地距离：平均38万4千4百公里。（图画）

人走（每小时5公里）：8年9个月。

飞机（每小时1000公里）：16天。

火车（每小时60公里）：267天。

光（每秒30万公里）：1.03秒。

月、地直径比：地球直径是月亮的3.7倍。（图画）

月、地质量比：地球质量是月亮的81倍。

月亮温度：白天 140℃，黑夜：零下 150℃左右。

潮汐：潮汐是受月亮、太阳（主要是月亮）的影响而形成的。初一、十五前后大潮，初七、二十三前后小潮。预报潮汐，对生产有重要意义：轮船进出港口（图片），扑鱼（图片），盐田（图片）。

月相模型：月亮本身不发光，反射太阳光才发亮。被太阳照亮部分以不同角度向地球，就形成圆缺的月相变化。

月亮照片：月牙，上弦，满月，下弦，残月。

〈观测园地〉：在月亮的"土地"上。（照片）

月面上的土壤，月亮上的岩石。

〈科研消息〉：月亮和地震有关吗？

图片说明：统计表明小地震发生在初一、十五前后为多。

地震谚语：阴历十五搭初一，家里做活多注意。

〈数据〉：月亮体积：地球的 1/49。

月亮直径：3473.4 公里。

绕地周期：27 日 7 时 43 分 11.47 秒。

月相变化周期：29 日 12 时 44 分 2.78 秒。

轨道速度：1.02 公里/秒。

"人造卫星"说明词

通过实践而发现真理，又通过实践而证实真理和发展真理。人造卫星的发射成功，证实了人类认识天体运动规律的正确性，同时又促进了对天体运动的深入认识。

1970 年 4 月 24 日，我国成功地发射了第一颗人造卫星，这是毛主席革命路线的伟大胜利。

什么叫人造卫星？就是把人工预制好的物体，用火箭发射，使它达到必要的速度而进入绕地球飞行的轨道，这物体就叫人造卫星。

观看人造卫星照片：喜看人造卫星。

轨道夹角：卫星轨道平面和赤道平面之间的角度。（图画）

紫台双射望远镜：我国自行研制的望远镜。（照片）

人造卫星、运载火箭照片：我国第一颗人造卫星照片。（紫台拍）

我国第一颗人造卫星运载火箭照片。（紫台拍）

人卫的科学用途：高空气象观测。（图画）

天文观测。

大地测量。

宇宙电视。

人造卫星轨道电动模型：每秒约 7.9 公里（近地面的圆形轨道）。

每秒 7.9—11.2 公里之间（椭圆轨道）。

每秒 11.2 公里（抛物线轨道）。

人造卫星绕地飞行：人造卫星为什么不掉下来呢？这是由于地球引力的作用，才迫使卫星绕地球飞行。否则，就沿切线方向飞走了。（图画）

〈名词解释〉：什么叫"三个宇宙速度"。

人造卫星在地球附近作圆形轨道飞行所需的速度，每秒 7.9 公里，叫第一宇宙速度。速度在 11.2 公里时，就可摆脱地球引力，成为绕太阳运行的天体。这速度叫第二宇宙速度。每秒

16.7 公里时，可以摆脱太阳引力，飞出太阳系。这速度叫第三宇宙速度。

〈小资料〉：我国两颗卫星的数据：

发射日期	重量（公斤）	周期（分）
1970.4.24	173.0	114.0
1971.3.3	221.0	106.0

最近点（公里）	最远点（公里）	轨道夹角（度）
439.0	2384.0	68°.5
266.0	1826.0	69°.9

"太阳"说明词

太阳，是进行大规模热核反应，自己发光发热的星球。

"万物生长靠太阳"，就是描写太阳和地球的密切关系。研究太阳，对社会主义建设有重要作用。太阳及其活动对地球的许多影响，在今后科学实验中，将得到更深刻的探讨和认识。这对于人类克服自然，改造自然、从自然里得到自由有十分重要的意义。

日、地距离：平均距离 149500000 公里（图画）。

　　　　　火车（每小时 60 公里）：285 年 5 个月。

　　　　　飞机（每小时 1000 公里）：17 年 1 个月。

　　　　　火箭（每小时 4032 公里）：155 天。

　　　　　光（每秒 30 万公里）：8 分 20 秒。

日、地关系：地球上生物生长，地下矿藏；风、雪、雷、雨等变化，都和太阳有密切关系。（图画）

太阳的分层：光球层、色球层、日冕（图画）

太阳黑子：太阳表面气体旋涡，由极大年到极小年变化平均周期是 11 年。（图画）

日珥：色球层的"喷泉"。

年轮：太阳活动的记录，树木年轮有以11为倍数的疏密条纹。（实物）

耀斑：色球层爆发，在黑子群附近突然出现的亮斑。（照片）

太阳微粒流：太阳上出现大黑子和"耀斑"时，强烈的带电粒子流、X射线、紫外线辐射到地球，地球上就出现。（图画）

极光：高纬度地区出现极光。（照片）

收报机：短波无线电通讯中断。（照片）

指南针：磁暴。（照片）

太阳温度：表面5500°；中心1400万度以上。（图片）

太阳、地球质量比较：太阳质量是地球33万倍。（图片）

太阳能来源：在太阳内部，大规模地进行着四个氢原子核结合成一个氦原子核的聚变，同时放出如同千万颗氢弹爆炸的能量。（模型）

一克氢的能量等于几百列车煤的能量，（图片）可使1500吨的水烧开。（图片）

太阳能的利用：人造卫星太阳能电池；太阳炉，太阳能热水箱；太阳聚光镜。（图片）

〈日地关系动态〉：世界各地雨量、气温变化，大气环流，水位涨落，国防通讯，宇宙航行，都和太阳有关。（图画）

〈宇宙消息〉：太阳风，（图画）从整个太阳表面发出的各种微粒辐射，以每秒约400公里的速度，连续不断地"吹"出来，起名叫"太阳风"。

〈数据栏〉：（一）太阳直径：139万公里（=109倍地球直径）

（二）太阳体积：130万倍地球体积。

（三）太阳自转周期：25.38天（太阳赤道）。

（四）日珥高度：10—100 万公里以上。

（五）色球层厚度：15000 公里。

（六）日冕高度：20000 公里（内冕）。

1000 万公里（外冕）。

"行星"说明词

和地球一起绕太阳运行的水星、金星、火星、木星、土星、天王星、海王星和冥王星，叫九大行星。它们本身不发光，反射太阳光才发亮。

金星、火星、木星、土星，是航海航空上用来导航的四大行星。

水星凌日：水星经过太阳表面（昆明天文台拍摄）

九大行星和太阳大小比较：地球 =1，水星 =0.05，金星 =0.9，火星 =0.14，木星 =1295，土星 =745，天王星 =50，海王星 =40，冥王星 =0.09，太阳 =130 万（模型）

金星位相图：金星的位相。（照片）

东有启明，西有长庚。（图画）

〈观测园地〉：水星自转周期，雷达测得：58.6 天

金星自转周期，224 天；方向和地球相反（图画）

火星：火星四季，春、夏、秋、冬。（照片）

观测火星：由二十多年观测火星的资料，分析归纳发现行星运动规律。（图画）

椭圆轨道：行星按椭圆轨道绕太阳运动，太阳在焦点上。（模型）

〈动态〉：火星上环形山（1969 年照片）

火星上大气。（图画）

火星大冲图。（图画）

地球在太阳、火星之间，看到火星"冲"，约两年一次。火星过近日点前后发生的"冲"，叫"大冲"，每15—17年一次。

木星：木星——最大行星。（照片）

木星模型：木星有12颗卫星。

土星：土星——第二大行星。（照片）

土星光环变：土星光环变化。（图画）

〈科学实验〉：土星的第十颗卫星和新光环。

1966年发现土卫十，半径240公里；离土星最近。

发现土星有第四光环。

"小行星"简介

在火星和木星的轨道之间，绕太阳运行的小天体，叫小行星，已发现约2000颗。最大的直径不超过800公里，最小的只有一、二公里；几乎所有小行星都不能直接看到。

"遥远的行星"简介

天王星、海王星和冥王星，是土星外面的三颗遥远行星。

1781年发现天王星，以后，在分析一百多年的观测资料基础上，运用万有引力定律，通过计算又在1845年发现海王星；1930年发现冥王星。这是辩证唯物主义认识论的光辉胜利，证明了正确的理论对实践的伟大指导作用。

〈图解和数据〉：〈略〉

"日食和月食"说明词

人类在科学实践中，不断地开辟认识真理的道路，掌握了太阳、月亮、地球运动的规律。

日食、月食是日、月、地三个星球运行所产生的现象。十八世纪以来，就已经可以很准确地预报未来见食的地点和时间了。

日、月、地三星球空间关系：日、月、地三星球在宇宙间
　　　　　　　　（图画）

日全食图：三个星球中心差不多成一直线，月亮本影扫过的
　　　　　地区，看到全食。发生在夏历初一。（图画）

日偏食图：月亮半影遮盖的地区，看到日偏食。（图画）

日环食图：月亮本影短了，伪本影正指的地区，看到环食。
　　　　　（图画）

月全食图：月亮进入地影，就发生月全食，发生在夏历十五
　　　　　前后。

月全食照片：1972年1月30日的月全食照片。

日、月全食未来预告：

〈小统计〉：（一）月亮本影长度：379660公里（最长）
　　　　　　　　　　　　　　　　367000公里（最短）

　　　　　（二）月亮本影宽度：直径165公里。

　　　　　（三）地球影子长度：1383000公里。

　　　　　（四）地球影子宽度：直径9100公里（在月亮轨
　　　　　道处切口）

"彗星"说明词

彗星，又叫扫帚星，绕太阳运行。由固体物质、气体及宇宙尘埃所组成；接近太阳时，气体蒸发，受激发光，在太阳光压力下，形成尾巴。

在旧社会每当出现彗星的时候，统治阶级就散布迷信，欺骗

人民。现在对彗星已得到本质的认识。科学地解释已经取代了迷信传说。

近年来发现的彗星：1969年第9颗彗星，我国在1970年4月看到拍摄。（照片）

哈雷彗星：1910年出现的哈雷彗星。（照片）

哈雷彗星运行模型：沿椭圆轨道运行。接近太阳，尾巴最长，远离太阳，尾巴渐短。（模型）

周期76年1986年将再出现。

彗星古记录：早在公元611年，我国就有哈雷彗星记录，比外国记录早670多年。（照片）

比拉彗星崩溃照片：1846年分裂成两个，1852年离得更远，1870年就不出现了。

〈数据〉：（一）比拉彗星：周期6.6年1852年9月24日出现。

（二）彗星化学成份：氨、甲烷、氮、氰、一氧化碳等。

"流星和陨星"说明词

行星之间，存在微小物体，叫流星体；成群绕太阳运行的叫流星群。流星体闯入地球大气层，冲击生热、发光的现象叫流星；没有"燃烧"完的掉到地面，叫陨星。

陨星的化学成分都是地球上可以找到的，这说明宇宙间物质的统一性。

新疆陨铁：重三万公斤，由铁、镍等元素组成。

火流星图画：高速闯入地球大气的流星体，生热发光，发出巨响。

流星群图画：许多流星群是由彗星分裂而成的，在原轨道上绕太阳运行。

流星雨图画：流星群闯入地球大气层，产生流星雨。

辐射点图画：流星雨好像都从这点出来，叫辐射点。

流星雨图画：公元 687 年天琴座流星雨记录，是世界最古的。

雷达观测流星：可以发现电离气体，确定流星的距离，方位
和速度。

〈数据〉：（一）石质陨星化学成份：矽、钙、镁、硫、碳、
钠等。

　　　　（二）铁质陨星化学成份：铁、镍、钴、硫碳等。

"太阳系总结"说明词

太阳系包括太阳、行星、卫星、彗星和流星群等天体；它们
都按一定轨道绕太阳运行。从太阳到目前认为最远的冥王星，虽
然远达 60 万万公里，但是也只是宇宙很小的一部分。

整个太阳系在太阳"带领"下，向着织女星附近运动。

"恒星世界"说明词

恒星，是和太阳一样自己发光发热的星球。

恒星每天的东升西落；四季星空的改变，是地球自转和公转
的反映，不是恒星本身的运动。恒星，以不同的速度和方向在运
动着，只因为离我们太远，在短时间内，感觉不到它们相互间位
置有改变。

人类对恒星的大小、温度、质量、亮度等的物理性质、变化
规律的认识和探讨，是不断深化，由浅入深，由片面到更多方面
的过程。

天上有多少星？：用眼睛能看到的约六千颗。（图画）

恒星周日运动？：北极星周围的星星在转动。（本馆拍照）

光年解释：光一秒钟走 30 万公里，可绕地球七圈半。光走

一年的距离（95万万万公里）叫——"光年"。

（图画）

北斗七星距离：α：105光年，β：76光年，γ：88光年，

δ：76光年，ε：49光年，ζ：78光年，

η：192光年。（模型）

星空解释：古人把天上的星星划分区域，这些区域，叫星座。

国际通用88个。（图画）

恒星大小质量光度的比较："南门二"星=1，柱六星直径

=2100。

"南门二"星=1，"参宿四"星

=40。

"南门二"星=1，天蝎座ζ星

=50万。（模型）

恒星的自行：十万年前、现在，十万年后的北斗七星。

（橱窗）

四季星座：春：狮子；夏：天蝎；秋：飞马；冬：猎户。

（橱窗）

星图：星图是认识星星的工具。（模型）

认星定向：从北斗可找北极星，从仙后也可找到。面对北极

星，左西、右东。（橱窗）

星等：星星亮暗的等级。（模型）〈略〉

恒星光谱：光谱记录恒星的化学成份温度等。（图画）

O型：兰星30000°猎户座λ星英仙座η。

B型：兰白星25000°猎户座星室女座α星。

A型：白星10000°天狼、织女。

F型：稍黄星7500°双子座δ星小犬座α星。

G 型：黄星 6000° 五车二，南门二。

K 型：红橙星 4500° 牧夫座 α 星、北河三。

M 型：红星 3000° 参宿四，心宿二。

恒星的生长和衰老：

〈数据〉：太阳近邻：

1. 比邻星：4.3 光年　　2. 半人马 α 星：4.4 光年

3. 巴纳德星：7.3 光年　　4. 沃尔夫 359 星：8.2【光年】

5. 拉朗德 21185 星：8.3 光年

6. 天狼：91 光年　　　　7. 罗斯 154 星：9.6 光年

8. 罗斯 248 星：10.4 光年；

9. 波江座 ε 星：10.7 光年

10. 天鹅座 61 座：11.3 光年。

二十颗亮星：

天狼星	-1.6	牛郎星	0.9
老人星	-0.9	参宿四	0.9
半马人 α 星	0.3	南十字 α 星	1.0
织女星	0.1	毕宿五	1.1
五车二	0.2	北河三	1.2
大角星	0.2	角宿一	1.2
参宿七	0.3	心宿二	1.2
南河三	0.5	北落师门	1.3
水委一	0.6	天津四	1.3
马腹一	0.9	轩辕十四	1.3

几颗巨星的直径（南门二星 =1）

柱六	2100
仙王座 W 星	1200

266

武仙座 α　　　　800

猎户座 α　　　　420

天蝎 α　　　　　280

金牛 α　　　　　36

牧夫 α　　　　　23

最小恒星

路登星表（768-500）号星 0.0001

〈新资料〉

什么叫超星（照片）

1963 年发现的巨大天体，直径是太阳的几百万倍；质量是太阳的几百万到几亿倍。发出强的辐射，亮度为太阳的一万亿倍。已发现 12 个以上。

什么叫中子星。

质量和太阳差不多。密度很大，半径还不到十公里。表面温度一千万度以上，中心温度 60 亿度。发射 X 射线。它的核心几乎由中子组成，故叫"中子星"。

〈资料点滴〉

天蝎座 ζ 星，光度比南门二强 50 万倍以上。

路登星表（768-500）号星，光度只有南门二的 10 万分之一。

柱六星，在御夫座，体积是南门二的 9 亿倍。

路登星表（768-500）号星，体积是南门二星的 130 万分之一。

〈恒星之最〉

【表】面温度最低的星：在天鹅座，表面温度只有 400 度（中心温度 2，500 万度）

体积最小的星：路登星表（768-500）号星，半径 640 公里，在鲸鱼星座。

密度最小的星：仙王座 VV 星，是地球大气密度 12 万分之一。

密度最大的星：中子星，1 立方厘米物质重 1 亿吨。

最亮的星：3 〇-273 号星，比太阳亮十万万万倍，是目前宇宙间最亮的天体。

自行最大的星：蛇夫星座巴纳德星。

"双星和聚星"的说明词

两星看起来靠近的叫双星；有引力关系互相绕转的叫"物理双星"；没有引力关系（方向相近，前后相距很远）的，叫"光学双星"。

三颗星以上互绕的叫聚星。

天琴座双星：ε 星分为 ε_1，ε_2 两颗，$\varepsilon_1\varepsilon_2$ 也是双星。（图画）

开阳和辅：辅是双星，开阳是六合聚星。（图画）

大陵五：两星互绕，主星亮度有变化。变光时间极准确，是天然钟表。（模型）

鲜艳的双星：（一）天鹅座 β 星　　黄与兰

（二）英仙座 η 星　　兰与红

（三）猎犬座 α 星　　白与黄

（四）天蝎 β 星　　　白

（五）海豚座　　　　黄与青

（六）仙女座 γ 星　　黄与青

（七）猎户座 β 星　　白与兰

（八）仙后座 ι 星　　黄与红

（九）英仙座 α 星　　黄与青

（十）牧夫座 ε 星　　黄与兰

（十一）天蝎 α 星　橙与青

（十二）牧夫座 ζ 星　黄与红

〈观测园地〉：

恒星都带行星吗？：观测发现不仅太阳有行星，其他恒星
　　　　　　　　　有的也有行星。著名的也有：（图画）
　　　　　　　　　天鹅座 61 星、波江座 ε 星。

"星协、变星和新星"说明词

　　星协，是新形成的成群恒星。变星，是本身张缩，引起光度
有变化的恒星。新星，是突然爆发，亮度增强，后来又恢复原状
的恒星。这说明"矛盾存在于一切事物的发展过程中"。宇宙间
的恒星是变化的，发展的。

　　猎户座四边形星：是属 O 星协。（照片）

　　英仙座双星团：属星协。（照片）

　　新星橱窗：金牛座 α 星西北 1°位置，曾有一新星爆发，抛
射大量物质，很象螃蟹，叫蟹状星云。也是一个射电源和 X 射
线源。严格说：是一个超新星余迹。

　　古书记：翻译成白话文。（图画）

　　〈数据〉：蟹状星云距离约 5000 光年。膨胀速度每秒 1300 公
里。

　　〈名词解释〉：

　　超新星：在爆发期间，辐射的总光度可以和十亿个太阳的能
量相比叫超新星。目前为止，记载下来的只有七个。最著名是金
牛座超新星。

"银河系"说明词

　　银河系是由一千万万颗以上的恒星和星际物质组成的系统。
太阳是它的一个成员。

银河系也在转动着；在太阳的位置，转一圈的时间约需二万万年。

对银河系的认识，是在认识日、月、星辰的基础上发展起来的。这说明："就人类认识运动的秩序来说，总是由认识个别的和特殊的事物，逐步扩大到认识一般的事物。"

夏夜银河橱窗：夏天夜晚银河横跨天空东北到西南。牛郎、织女在两岸。

银河不是河：银河是由无数恒星组成的。（照片）

银河系模型：银河系长约十万光年，厚约一万光年。

银河系正面侧面图：银河系是旋涡结构，有三条臂；正看是圆形，侧看象梭子。（图画）

银河系里的多种"天体"。（照片）

武仙座球状星图：密集的恒星集团，约十万颗星。距离34000 光年。

昂星团：七姐妹星团，由 280 颗星组成，距离 500 光年。

猎户座星云：由稀薄电离气体组成，受附近高温恒星辐射发光，距离 1800 光年。

马头暗星云：星际尘埃物质。在猎户座里，距离 300 光年。

天琴座环状星云：在天琴座，距离 5400 光年。

人马座三叶星云：气体组成距离 3200 光年。

网状星云：在天鹅座。

"河外星系"说明词

在银河系外面，和银河系类似的星系叫河外星系。已发现十万万个以上。它们也是由许多恒星组成的。从北半球看来，最近的一个是仙女座河外星系，距离在 150 万光年以上。

从地球上看来，河外星系具有多种多样形状，旋涡形、椭圆形、梭形、不规则形。它们也是运动的。

"来自宇宙的电波"说明词

宇宙间的天体，不仅发出光线，也发出无线电波。近二、三十年来，开辟了用无线电望远镜认识宇宙的另一"窗口"，取得了光学观测得不到的，有启发性的新发现。开创了探讨天体构造及能量来源的新途径。

两个窗口：无线电"窗口"比光学"窗口"要大得多。（图画）

无线电望远镜天线阵：照片或图画。

无线电望远镜：照片或图画。

几个强的宇宙射电源：天鹅座，仙后座，仙女座，室女座，半人马座，英仙座，金牛座，船尾座。

电波是那〔哪〕里来的：上面几个对应的照片。

半人马座电源：NGC 5128

仙女座射电源：M31

英仙座射电源：NGC 1273

金牛座射电源：蟹状星云

船尾座射电源：特殊河外星云

室女座射电源：NGC 4486

天鹅座射电源：两个星系相碰

仙后座射电源：特殊河外星系

太阳在广播什么？（图画）

色球层发射厘米波；米波从日冕发出来；分米波从色球层外层和内冕发出来。耀斑出现时，太阳米波射电增强几百万倍。

月亮辐射电波（图画）：

月亮发射厘米波，从月面深 40 厘米这一层发出。

行星的射电（图画）：

木星发出厘米波和 10 米波射电，厘米波发自木星辐射带；10 米波发自木星电离层。

火星、水星、金星、土星，也发射厘米波。

"无限的宇宙"说明词

当代的望远镜所探索的范围，叫总星系。总星系不是宇宙的边界。不论是向前或向后，向上或向下，向左或向右，没有一个方向是有终点的；总之，宇宙是无限的。

人类在实践、认识，再实践、再认识的进程中，对客观世界的认识必将更深入、更全面同时也将探索到更遥远的宇宙空间。

"时间和历法"说明词

观测星辰的运行，反映出地球的转动，得出准确的时间；基本单位是时、分、秒。

根据地球、月亮运行的规律，把年、月、日等时间单位，按一定法则，配合成计算较长时间的系统，叫做历法。

太阳东升西落图：观测太阳而确定的时间系统，叫太阳时。（图画）

地方时：地球上经度不同，当地的时间也不一样；东边地方时间比西边地方时间早。（图画）

区时：全世界分 24 个时区，经度每隔 15°（中央经线东西各隔 7.5）为一时区。经度 0° 的地方时，叫格林尼治时间或世界时。（图画）

北京时间：我国采用东经 120° 标准经线为准的时间，叫北京时间（新疆，西藏采用东六区区时）。（图）

日期变更线：以经度 180° 这经线为日期变更线。从东向西通过这线时"跳"过一天；从西向东通过时，要重复一天。（图画）

中星仪观测：观测星星，定出准确时间。（照片）

计算：进行归算。（照片）

守时：我国自制氨分子钟（每天误差不超过万分之一秒）把测得的时间保持下来。

授时：把准确的时间讯号播出去，供大地测量等科研部门应用。（图画）

阳历：以太阳的运行（也即地球绕太阳运动）为准，编定的历，叫阳历，年长 365.2422 天，叫回归年。（图画）

阴历：以月亮的运动，即圆缺的朔望周期编定的历，叫阴历。一朔望月为：29.5 天，年长 354 或 355 天。（图画）

阴阳历：年长以回归年，月长以朔望月为准定制的历法，叫阴阳历，或夏历。

〈问答台〉：

节气属于阴历吗？

因为节气是按地球在轨道上（也即太阳在黄道上）的位置来决定的，所以属于阳历。

为什么有闰月？

夏历根据朔望月的长度（29.5306 日）为一个月的平均值，全年 12 个月，和回归年（365.2422 日）相差 10 天 21 小时，因而必须置闰，即 3 年闰 1 个月；5 年闰 2 个月，19 年闰 7 个月加以补充，这就产生闰月。

〈名词解释〉

原子秒。（暂缺）

〈小数据〉

地球上各纬圈自转速度。（图画）

赤道上每秒：465 米　　　20 度纬度每秒：447 米

40 度纬圈每秒：360 米　　　60 度纬度每秒：230 米

80 度纬圈每秒：79 米

"天文学在航空航海测量上的应用"说明词

天文学和社会主义建设有密切关系。大地测量、航海、航空、绘制地图都需要准确时间。预报潮汐，编制天文年历，都是天文学应用的内容。

天文年历刊载有关日、月、星辰的数据，供有关部门使用，是社会主义建设不可少的工具书。

北京天文馆关于"新展览"
第二次小样征求意见的总结

（1972 年 6 月 10 日）

按照市文化局业务组王同志传达局里领导指示："'新展览'第二次小样还必须再到北京各科研单位征求意见，包括：（一）主导思想是否明确，（二）科学性怎么样，（三）如何做到展览有启发性；并将征求所得的意见，以及如何进行修改的方案，作一汇报"的精神，我们在六月一日到沙河北京天文台，六月三日到北京大学地球物理系天文专业进行访问和座谈。现将结果整理汇报如下：

一、经过

六月一日，天文馆五人（包括领导、美术设计、专业人员）前往北京天文台征求意见；他们六位专业同志参加；由我们将主导思想略为介绍，并按图解释，然后座谈，共进行三个多小时。三日，前往北大天文专业，他们两位老师参加座谈，共进行两个半小时。

二、总的轮廓

北京天文台同志谈总的印象，认为："这次小样，把人类对宇宙的认识，由近到远，由浅及深，由感性到理性，一切认识来自实践的辩证唯物观点这一主导思想，基本上反映出来。因为在展览小样里已经提到：对天体运行的观测，太阳系天体的发现，行星运动规律的获得，以及宇宙的无限性、宇宙及其规律是可认识的等等，都离不开实践。这一基本轮廓，已经体现出来。"

北大老师也认为："一些毛主席语录贯串在说明词里面，结合得不错。这对体现主导思想起了作用。随着生产力的发展，宇宙观也逐渐完善，在小样中已经体现。天文学的成就就是由观测实践得来的，由现象的观测而得出本质的东西，这就合乎辩证法。"

但是，这里面还有不足之处，必须改进，才能更为完善。怎样改进的意见，将在下面列出。

至于科学性方面，他们的意见，归纳起来，可分为两方面内容，即：对现在内容的解释上是否有错误；能否反映当前国内外水平。

北京天文台同志认为："作为通俗性，照顾初中水平的天文基本知识展览，到这程度还算合适。但是还存在缺点，就是：有些重点不突出，与生产联系还不够，基本原理阐述还不透彻，数据也多了一点，在解释中贯串认识论的观点还不紧凑，甚至有些解释还不够确切。他们还认为：一些新的天文学发现，以《新动态》《观测园地》《宇宙消息》的形式出现，是比较好的。"

北大老师的意见，归纳起来，认为："科学性方面，在展览说明词里面，解释得还比较恰当。但还要做到：对于研究每一种天体和实际有什么关系，意义在什么地方；每一发现和当时生产水平的关系的介绍上，要再提高一步，这样，观众就体会到天文学不是空虚的。至于能否反映当前水平的问题，他们认为：近来的新发现，大体上已经介绍了。太高深的，至今还没有定论的项目，如'宇宙有限和无限的争论，宇宙的起始时刻'等等，就不适合在这里介绍了。"

三、具体的意见

（一）前言、结束语思想性太弱，要加强。可参考恩格斯自然辩证法；马、列语录，贯彻辩证唯物认识论。

（二）重点要再突出。如太阳、日地关系，要突出与国防、生产、宇宙航行的关系，体现天文学新方向，研究太阳是一个新的课题。

（三）多讲基本原理。如"时间历法"里面的时间，应介绍选择恒星作为地球外面的参考点，而恒星有它的坐标，对地球的运行而言，就产生时间，这样就容易接受。

（四）要加上发展史、两种世界观的斗争，介绍时间、空间物质运动无限性，天体发展演化的规律性，宣传唯物论，批判唯心的不可知论。

（五）适当加进新成就。如类星体，生命有机分子，脉冲星等新发现。时间的准确要求与卫星火箭发射控制的关系；太阳系、宇宙间生命问题，原子时也要介绍。

（六）每项展览，尽可能结合实际。说明研究的科学意义，如观测日、月食，研究双星、变星的用途。恒星光谱的实际意义。

（七）内容次序可适当调整。"时间历法""来自宇宙的电波"，可移到其他位置，这样，观众参观时，从距离最近的月亮看起，到太阳系、恒星世界，河外星系，再到无限宇宙，达到高潮，有联贯性，线条分明。

四、我们的修改方案

征求意见回来以后，我们在六月五日、六日、七日三天进行讨论、分析归纳，认为很有收获，必须采纳他们意见，准备这样修改。

（一）加强唯物主义思想的贯串

（1）前言、结语按马列主义认识论再为加强、修改或重写。

（2）力争做到把认识论思想贯串到科学内容的解释里面去，如两种宇宙观的斗争，就可结合认识论。海王星的发现，可结合科学实践、理论指导实践的范例来介绍。恒星光谱的发现，是对"天体不可知论"的有力批驳。时间和空间是物质运动的存在形式，也都要加以阐明。

（二）次序调整

（1）把"时间历法""来自宇宙的电波"这两项移到其他位置。这样，在认识的次序上，由近及远，一步一步推广到"无限宇宙"，更为完善一些。

（2）准备把"来自宇宙的电波"这一项独立出来，扩展成为"天文观测工具的演进"一栏，表明借助于工具，更有效地认识宇宙。再配上恩格斯有关"工具与改造自然的作用"语录，进行唯物宣传。

（3）其他的适当调整。如地球和月亮两项合并。

（三）适当加进新内容

（1）适当加进"日心、地心"宇宙观发展史，简单示明"游牧民族"时代，只能有"地心宇宙"观，只有到航海时代，才可能有"日心宇宙"观。

（2）加上基本原理的说明。如时间的来源与恒星运行的关系，从本质上介绍；又如"日地关系"，加上太阳黑子的磁性；太阳、地球的磁场。

（3）恒星的新发现，表示发现宇宙间新能源。

（4）加上原子时，示明由于地球自转不均匀，而必须过渡到原子时。

（四）根据征求意见，对其他部分作小修改，如删减一些数据，修改不确切的说明词；去掉不必要的展览项目，使主体更清楚。

天文馆革委会关于新建北京天文馆的请示报告

（1973 年 4 月）

北京市科学技术局：

〈略〉一九五六年建的北京天文馆，已无法适应当前广大群众对普及天文和科学技术知识的迫切需要，因而，在首都新建一座具有一定规模的现代化天文馆就日益显得十分必要了。

新建天文馆的设想：我国的天文工作已有二千多年的悠久历

史。遵照伟大领袖毛主席关于"古为今用""洋为中用"的教导，新建的天文馆应继承我国在天文方面的丰富遗产，吸收外国近代天文馆的合理部分，充分体现出社会主义的优越性。这座天文馆要成为宣传马列主义、毛泽东思想的阵地，利用普及天文知识，宣传唯物辩证法，并兼顾其它领域的科学技术活动。

新建的天文馆估计需占地九万平米；基建面积一万四千平米，天文广场四千平米，绿化面积二万平米；总投资——包括仪器等设备投资，约八百至一千万元；全馆人员编制——包括工人，约一百八十人。

1.馆址，建议设在东城建国门北京古观象台附近，并把这个在全世界保留最完整的古观象台包括在内。

2.建筑规模，以天文馆为主（包括古观象台），兼顾其它领域的科学技术活动。

（1）直径为25米、有600多座位的天象厅，包括配电、录音、预备、休息等辅助面积，1500平米；

（2）综合展览厅和专项陈列室，3000平米；

（3）设有中型天文望远镜的天文台二座，计500平米；

（4）有1000个座位的电影厅，1000平米；

（5）科技活动室：500座位的一间，200座位的三间，100座位的五间，交流座谈用的八间，计2000平米；

（6）维修、制作仪器、模型，小型印刷和试验室等建筑，面积1000平米；

（7）图书、阅览、票房、接待及其它公用建筑，1000平米；

（8）办公楼1500平米，车库、仓库600平米，宿舍2000平米；

（9）室外观测、表演用的天文广场4000平米。

另外，建议把世界上第三大陨星（重 30 吨）从乌鲁木齐运京展览；把 1931 年运往南京的世界著名的古代天文仪器，浑仪、简仪等七件（现存南京紫金山天文台）运回北京陈列、展览。

3. 仪器设备，需投资 217 万 4 千元。

（1）天象仪一台，目前世界上多数天文馆都用德国天象仪，建议进口西德蔡斯 6 型天象仪一台，约合人民币 80 万元；

（2）天文望远镜，300 毫米直径的折射望远镜一架，其它中、小型的轻便天文望远镜数架，需 35 万元；

（3）太阳望远镜及其它仪器，需 50 万元；

（4）维修仪器、制作模型、研究实验和印刷等设备，需 15 万元；

（5）展品、模型，需 20 万元；

（6）天象厅等用的桌椅，需 6 万元；

（7）宣传车、交通车及其它设备，需 11 万 4 千元。

北京天文馆

北京天文馆革命委员会（印）

一九七三年四月

北京天文馆关于进一步落实新建天文馆
各项筹建任务给市科技局的请示报告

（1975 年 2 月 26 日）

市科技局党委：

　　根据吴德同志最近的批示和黄作珍同志主持召开会议所作的决定，要求首都天文馆按原计划于一九七七年十月一日开馆等指示精神，为加速首都天文馆的建设进度，有关工作须进一步落实。现将有关问题请示如下：

　　1. 落实拆迁任务。为保证首都天文馆于一九七六年初施工，年底或七七年初交付使用，馆址范围内三百多户的拆迁、动员等工作至迟须于今年三、四季度开始，并于七六年一、二季度前分期分批全部搬迁完毕。为此所需的拆迁用房，国家计委于七四年十一月批准按新建二万六千平方米考虑，投资二百六十万元。由于拆迁任务重，时间紧，市计委、规划、设计等部门一再建议拆迁任务须赶快落实和抓紧进行。因而需请市建委迅即向国家建委提出报告，争取早日把首都天文馆的拆迁任务以及有关建筑面积和投资等正式列为一九七五年计划，同时请规划局尽快安排相应的建筑用地。我们意见，从今年三、四季度到七六年一、二季度前，分两批完成全部二万六千平方米拆迁用房，今年可先完成一万三千平方米。

　　2. "规划设计小组"的组织落实问题。2 月 7 日科教组召开的会议上，确定由规划局、科技局、文管处、水利气象局、建筑设计院、天文馆等六个单位组成首都天文馆"规划设计小组"，负责总体设计方案，小组由规划局负责，并在规划局集体办公。虽然于2月17日由规划局主持召开了小组会议，但规划设计小组并未真正从领导上和组织上得到落实。17日的会议，文管处没有派人参加，表示没有得到上级单位的正式通知，不能承担任务；科技局也没有派人参加；规划局把总体设计的任务交给了建筑设计院，让设计院今后与天文馆直接联系，并说下次会议是审查设计方案。我们意见，规划设计小组应首先做到组织落实，由规划局负责，并需有人总抓，订出大体规划，根据领导的指示，尽快拿出总体设计方案。

关于文管处参加上述小组的问题，须尽快落实，因不仅古观象台和附属古建筑群移位与否与该处有关外，其他像古台的考查、修缮，古仪器的修复等都须文管处参加。

3. 正式成立首都天文馆筹备处。为此，我们曾于七四年十一月向科技局打过报告。从目前情况来看，距离预定的开馆时间只有两年半，各项筹备工作像拆迁、设计、施工准备、基建以及展览、古台、气象、仪器设备等业务准备工作，都须抓紧进行或即将陆续开展，亟须在局领导下尽快正式成立筹备处和刻发公章。根据需要，筹备处于七五年内陆续调配各类人员五十名（计划另报），其中包括复员军人和知识青年十名，列为北京市一个事业单位的编制，并于近期内先行调配二十至二十五名。筹备处七五年约需事业费十五万元，作为人员工资、调研、日常开支和添置最必要的家具、设备等费用，此事曾于七四年十一月上报。

4. 古观象台及附属古建筑群的移交问题。现该处由市计委所属机电设备公司建国门供应站占用。在黄作珍同志主持召开的会议上，决定让供应站尽快搬迁。为了有利于筹备工作和古台的考查、修缮等工作的开展，请科教组与市计委协商于今年五一节前将该处拨归首都天文馆筹备处使用。

5. 加强领导。由于我们缺乏筹建工作的经验，各项工作抓得不紧，请示汇报不够。今后我们决定加强请示报告，希望局领导对我们工作经常督促检查。为了便于及时地掌握筹建工作进展情况，存在问题和全面加强对筹建工作的领导，我们希望除由局领导同志直接抓筹备工作外，最好指定专人联系。

以上意见，当否，请批示。

北京天文馆

北京天文馆革命委员会（印）

一九七五年二月二十六日

北京市科技局关于古观象台
迁址问题给市领导的请示

（1975 年 4 月 22 日）

（75）京科字第 93 号

肖英并黄作珍同志：

根据吴德同志批示精神，我局潘梁同志于三月十一日会同市文管处的同志前去国务院文管局同彭副局长等同志商谈了关于新建天文馆时，古观象台及紫微殿的迁移问题。彭副局长说：吴德同志的批示已经看见，文物局对这个问题也做了研究，我们考虑古观象台最好不要迁址。主要理由是：1. 在我国文物保管中属于科学技术方面较完整的只有北京古天文观象台，是我国古代天文观测作得较多、较系统的一个台，如现址移动，则变动了观测方位。对于研究古天文观测资料不利。在国际上保存这样完整的古观象台也是仅有的，因此影响也较大。2. 古观象台是我国元朝都城的东南拐角，保留此址也是有意义的。3. 在兴建地铁时，也曾酝酿迁址，但依中央批示没有迁。对于紫微殿，彭副局长表示，可以在古台附近迁动，也可不依原样修复。

据了解，市设计院有的设计人员也认为古台不迁（紫微殿迁）也可做较好的规划设计安排。

因此，如何处理这个问题，我们建议请规划局多做几个古台迁或不迁的规划设计方案，交领导讨论，待论理后如古台必须迁址，再向国务院文物局商谈。

以上意见当否，请示。

北京市科技局

1975 年 4 月 22 日

北京天文馆关于首都天文馆筹建工作给市科技局的请示报告

（1975 年 7 月 21 日）

科技局：

为力争新建首都天文馆于一九七七年十月一日开馆，筹建工作必须抓紧进行。现将目前进展情况和存在问题汇报如下：

今年一月，吴德同志批示研究落实首都天文馆筹建工作以来，设计院先后提出三批规划方案。由于存在下列主要问题，方案一直没能定下来：

1. 馆址范围内的古观象台是附属紫微宫搬不搬？

2. 主体建筑安排在什么位置？也关系到首批拆迁任务的大小。

3. 用地面积规划局定为三万六千平米，根据设计规划方案提出使用要求四万三千平米以上。

根据半年来的进度，如果规划方案迟迟定不下来，加之拆迁投资一直没有落实，天文馆工程明年就不可能上马，七七年就不可能开馆。

从设计院这次提出的三个方案来看，第三方案（古台、紫微宫都不搬，主体建筑放在西北角）比较理想，但首批搬迁任务大。为力争七七年开馆，哪怕是部分地开馆，采取第二方案（古台不搬，紫微宫迁建，主体建筑放中间）比较现实，首批拆迁任务也不大。

为此，我们建议：

1. 国家计委已于去年批准拆迁盖房二万六千平米，投资二百六十万元，请市计委先暂垫上。

2. 请市建委于年内正式下达拆迁任务，安排统建，并将新天文馆的工程任务列为七六年计划，安排施工力量和相应地完成有关施工图纸。

3. 请市规划局迅即拨给拆迁用地和新馆建筑用地执照。

4. 在采取第二方案的情况下，为力争主体工程尽快上马，主体工程所占地面上的民房必须赶快搬迁（估计最多一千多平米），我们意见请市房管局先如数调拨周转用房。具体搬迁动员等工作可由天文馆负责。

此外，根据国家计委指示，首都天文馆"规模要大一些"。由于首都馆外建家属宿舍面积为三千八百平米，馆范围内总建筑面积 17200 平方米，将是京、沪、津三个馆中最小的一个。为了使首都馆规模能适当大一些，我们意见将家属宿舍面积移作主体工程使用，相应的家属宿舍用房将来请市里统筹解决。

以上意见，当否，请指示。

中共北京天文馆领导小组

北京天文馆革命委员会（印）

一九七五年七月二十一日

北京天文馆关于首都天文馆总体规划方案进展情况给市科技局的情况汇报

（1975 年 7 月 21 日）

局党委：

现将半年来首都天文馆总体规划方案进展情况汇报如下：

今年一月二十五日吴德同志批示市科教组请示报告，二月五日黄作珍同志主持会议研究天文馆地点、规划设计等问题之后，科教组于二月七日传达会议精神并成立规划设计小组，小组于二月十七日开展工作。二月十五日科教组再次请示报告关于规划设计的步骤、要求等事项，吴德同志于二月十八日批示"拟同意所提方案"。

建筑设计院经过一个多月的努力，于四月九日提出三个方案。经规划设计小组于四月二十三日开会研究，提出意见后，设计院于五月十二日又提出三个方案。五月二十一日建委会议对几个方案再次讨论，然后建筑设计院根据讨论意见进行修改调正〔整〕提出现在的方案并作了模型。

几个月来新天文馆规划方案一直没能定下来，影响规划设计的进度，归纳起来有这样三个主要问题，即：

一、古观象台和附属紫微宫移位不移位的问题；

二、主体建筑位置和搬迁面积问题；

三、馆址用地范围问题。

有关这三个问题的情况汇报于下：

一、古观象台等移位不移位的问题

前几年，由于地铁路线与古台位置有矛盾，总理曾批示地铁绕行。今年二月十八日吴德同志批示科教组的请示报告："拟同意所提方案，临街的建筑物一定要与立交周围建筑对称。古观象台既已地基下沉，可移动，紫微宫如无多大保存价值也不一定原样恢复。可与文管处一商。"市文管处将情况向国家文物局汇报，潘梁同志也于三月中旬直接找文管局邓哲范副局长（？）①措商，文管局意见是：古观象台不能迁移，必须原地保护，紫微宫可迁建，也不定原样恢复。据我们所知，文管局表示要直接向吴德同志打报告。市建委和规划局则一直主张拆迁古台，在馆址范围内统筹安排位置重建，而将天文馆主体建筑安排在东北角上。

迁建古台的主要理由有两个：（一）该处为北京市区东大门，主体建筑放东北角上对城市规划，改变市容有好处；（二）拐角

---

① 原档如此。

处无拆迁任务，主体建筑有可能先行动工，馆址内的其它拆迁任务以后逐步进行。

主张古台原地保存的理由有三：（一）有数百年历史的古观象台，连仪器在内基本保存完整，至少五百年来在那里天文工作不断，这样的天文历史文物，全世界只有一处；（二）馆址范围内的民房肯定早晚将予以拆除，为了暂时少拆民房而把古台迁建，腾出地来安排主体建筑是否合适，应从百年大计从长考虑，况且迁建古台并不比拆迁数千平米民房更简单；（三）馆址东南北三面地铁正在施工，据了解最早一九七七年能完工，主体建筑放在东北拐角，是否能在七七年开馆还很难说（届时，古台是肯定来不及恢复的）。

二、主体建筑位置和搬迁面积问题

根据初步调查，馆址范围内总拆迁面积约为 11280 平米（不包括目前地铁的临时施工用房的拆迁数），其中绝大部分集中在馆址西半部。主体建筑安排在哪个部位与第一期拆迁面积的多少、主体建筑动工的早晚以及使用上方便与否都有关系。一般来说，主体建筑越往东，第一期拆迁面积可减少，有可能早日动工，但主体建筑与古台越接近，新建筑与旧古台的对比越强烈，在处理上有很多困难，也关系到拆迁古台的问题；另外，馆址北面为三十多米宽的绿化地带和立交的引桥，主体建筑放在东北角，将会使人有建筑物在桥底下的感觉，车辆与观众的出入也更加不方便。

我们考虑，如果主体建筑放在馆址东北角上，从表面上看来似乎可以动工早开馆快，事实上不完全这样，而且后患较多；如果主体建筑放馆址西北角上，这从布局来说比较合理，但拆迁过多，困难较多，影响动工，影响开馆。我们的倾向性意见是将主体建筑放在居中的位置上，即这次建筑设计院搞的第二方案，只要处理得当，一些问题有可能得到比较妥善的安排。这样的话，虽说要马上拆一千多平米的民房，但领导重视，经过努力有可能加快拆迁过程，争取主体建筑早日动工的。

三、馆址用地范围问题

市规划局今年二月份给出三万六千平米作为天文馆的设计范围，其中包括古观象台和紫微宫占地约四千五百平米，地铁盖板（上面不便于安排建筑物和观测场）约六千平米，实际能使用的面积为二万五、六千平米。

天文馆除内部用房外，开放部分为七个项目九个场所：（一）天象厅；（二）展览厅；（三）天文观测台和观测场；（四）气象观测台和观测场；（五）古观象台；（六）电影厅；（七）群众科技活动室。对参观的流量（平日同时暂以六千人考虑）和群众的集散应有足够的考虑。此外，天文望远镜和气象仪器等对周围环境有一定的要求，这些要求根据天文馆的性质已大大降低，如四大望远镜（折射、反射、太阳、射电）我们只要求在东南西三个方向保证能观测到15°的高度，人造卫星观测设备则希望观测得更低些；并避免街灯、避免振动；对气象台要求一定的观测条件。

尽管如此，要在三万六千平米的范围内安排那么些建筑项目，考虑那么些条件，确实是不可能，从设计院的几次方案来看，都说明这问题。

一九七四年六月市计委、建委、科教组联席会议上提出天文馆用地四万五千平米。七四年八月由我们起草，由市计委上报国家计委的"首都天文馆设计任务书"中提出"需占地面积约四万五千平方米（包括古观象台在内）""占用地面上估计有一万三千平方米建筑需要拆迁，拆迁盖房初步估计需盖二万六千平方米，约二百六十万元"。国家计委于七四年十一月批复"拆迁面积可按一万三千平米考虑，投资另计二百六十万元"。我们理解为：国家计委同意天文馆用地面积可按四万五千平方米考虑。

我们并不强调新馆用地非四万五千平方米不可，我们也希望在满足使用要求的情况下尽量节约用地。现在设计院提出的几个方案，用地面积约为四万三千二百平方米，初步看来，基本上能符合天文馆的使用要求。

天文馆的东、西、北三面将是马路，南面与无线电元件六厂和规划中的建国门中学北界参差相接。为了更便于规划使用，我们意见在保证不缩小厂、校用地面积的情况下，适当改变该两单位的地形，把厂、校与天文馆相接的界线拉直，即像这次提出的第二方案那样，这样对三个单位的建设和使用都比较有利。

我们希望上面提到的三个问题能尽快得到明确的指示和解决，以利于总体规划和扩处设计的进行。我们的倾向性意见是采纳第二方案，即：古观象台原地保存，紫微宫适当移位，主体建筑沿马路线中间，争取少量拆迁后就能动工，天文馆建筑用地约四万三千二百平方米。

此外，中央批准的国家计委（74）计计字132号文件指示：北京新建天文馆"规模要大一些"。从国家计委已批准的首都、上海、天津三地天文馆的计划任务书来看，首都馆的总建筑面积最大，总投资最多，但是经分析比较，首都馆将是三个馆中最小的一个，情况如下：

一、国家计委批准的面积、投资指标：

	首都馆	上海馆	天津馆
总建筑面积	21000 平米	20000 平米	20000 平米
总投资	1260 万	950 万	970 万

二、三馆总建筑面积分析比较

	首都馆	上海馆	天津馆	备注
总建筑面积（平米）	21000	20000	20000	备注
其中：外建家属宿舍（平米）	3800		2000	天津家属、单身宿舍等合报 3000 平米家属暂以 2000 平米计
馆范围内总建筑面积（平米）	17200	20000	18000	

首都、天津两馆在计划任务书中漏报人防工程项目，首都馆已补报人防工程 2300 平米，如果这部分面积及相应的投资也要从总建筑面积中扣除的话，则首都馆将更小。

三、三馆总投资分析比较

	首都馆	上海馆	天津馆	备注
总投资（万元）	1260	950	970	
其中：拆迁	260	50	30	天津为估计数
外建家属宿舍投资	40		16	
古观象台及古代天文仪器维修、复制	70			
馆范围内建筑总投资	890	900	924	

首都馆地处长安街和东二环路的交叉路口，馆址内有约六千平方米的地铁盖板，由于所处的位置，在建筑造价、立面处理以及地铁盖板的基础处理等方面，还可能会多花些投资。

四、三馆计划任务书所报各主要单项工程建筑面积比较

	首都馆	上海馆	天津馆
天象厅	2300 平米	2000 平米	2300 平米
天文观测台	1000	1100	1000
气象观测台	500	1000	500
展览厅	5800	6100	5500
电影厅	1800	3000	2500
群众性科技活动	1000	1400	1000

我们意见，为了使首都天文馆规模能适当大一些，将外建家属宿舍的面积 3800 平方米改为主体建筑面积使用比较合适，家属宿舍面积将来由市里解决。领导上考虑与天文馆合并建设的首都科技活动面积希望能及早定下来，以便总体规划时统筹安排进去。

首都、上海、天津三个馆的用地面积也以首都馆为最小：

首都馆：用地面积 36000 平方米。馆址内古观象台和地铁盖板约占 10500 平方米，实际使用面积约为 25500 平方米。馆址东、西、北三面为马路，南面有一厂一校，已无发展余地。

上海馆：用地面积 31000 平方米。经过一系列规划方案归纳成五个比较方案后，都感觉用地范围太小，正考虑扩大，并在馆址南面留发展余地。

天津馆：用地面积 35000 ～ 40000 平方米。馆址在水上公园，留有发展余地。

以上意见，当否，请指示。

中共北京天文馆领导小组

北京天文馆革命委员会（印）

一九七五年七月二十一日

北京市科技局关于首都天文馆半球铝制银幕设计工作的意见

（1975 年 8 月 16 日）

（75）京科字第 212 号

市建委：

根据中国科学院（74）科发二字 374 号文件，北京、天津、上海天文馆的半球铝制银幕的设计工作应由北京建筑设计院承担。

当前三馆的基建设计工作都已开始，特别是上海天文馆的基建设计工作进展较快，曾二次致函科学院二局索取天幕设计资料。为保证及时向他们提供天幕设计资料和七六年按时提供全套天幕装备，希望北京建筑设计院立即组织人员开始天幕设计工作，以便确保北京、天津、上海三馆基建工作的急需。

北京市科学技术局革命领导小组（印）

一九七五年八月十六日

293

北京天文馆关于天文普及
观测仪器问题的报告

（1977 年 3 月 19 日）

科技局党委：

中国科学院南京天文仪器厂为筹建新天文馆而研制的天文观测仪器，已经制成的有"跟踪打印经纬仪"（人民币 8 万元）；120mm 赤道式折反射望远镜（每台 7000.00 元）；观测人造卫星用"广角望远镜"（每架 2500 元）。

我馆经过再三研究，认为：跟踪打印经纬仪价格较贵，可以不要；"120mm 折反射望远镜"和"广角望远镜"都是专为天文普及设计的，仪器性能很好，使用和携带都很方便，我馆现又无同类仪器，而且又是国产的（天文馆以前仪器都是外国的），这对于在天文普及中更好地宣传和体现我国天文事业在毛主席和中国共产党的领导下所取得的巨大进展是有重大意义的，对于体现独立自主、自力更生精神尤其是必要的。为此我们要求留下三台 120mm 赤道式折反射望远镜，一台广角望远镜，经费问题请科技局予以解决。

最近与科学院二局联系得知，科学院三局正在处理这些仪器，要求我们通过局领导尽快给科学院三局发文，特此报告。

此致

敬礼

北京天文馆党的临时领导小组

北京天文馆革命委员会（代章）

一九七七年三月十九日

北京市科技局关于
申请分配天文仪器的报告

（1977 年 4 月 6 日）

（77）京科字第 45 号

中国科学院三局、二局：

在英明领袖华主席领导下，一举粉碎了祸国殃民的四人帮。打倒了四人帮，科学普及也要大上。

为广泛开展普及天文知识活动，我们特向你局申请南京天文仪器厂为三个新馆研制生产的 120 折反射望远镜 1 台（原已取回的 1 台样机除外），广角望远镜 1 台给北京天文馆。所须经费由我们支付。请予分配。

提货付款事宜，由北京天文馆直接办理。

一九七七年四月六日

抄送：南京天文仪器厂、北京天文馆。

2009 年的北京天文馆

（北京市城市建设档案馆提供）

20世纪50至80年代首都博物馆
筹建及开馆初期史料

　　首都博物馆是收藏和展示北京历史、文化、民俗和艺术的综合性城市博物馆，从1951年开始筹建至1981年正式开馆，首博经历了"三起两落"的曲折筹建历程。

　　1951年7月，北京市副市长吴晗提出在成立北京市文物调查组的同时，设立北京市博物馆筹备处。北京地区出土文物全部移交市文物调查组整理和保管，"作为北京市立博物馆的胚基"，由此拉开了首博第一次筹建的序幕。7月25日，市文物调查组经过调查认为，"古器物展览地点，应择交通便利、较为注目的地方，以便汲〔吸〕引观众"，建议"首都的历史博物馆"可暂设在"前门箭楼"。1952年6月，市文化教育委员会提出利用北海公园天王殿古建筑建设北京历史博物馆。

　　1953年，中国博物馆开始全面学习苏联经验，建设地志性博物馆。4月27日，市文化教育委员会召开建立"首都历史与建设博物馆"筹备座谈会，这次会议后来被广泛认为是首都博物馆筹备之始。

　　1954年3月，首都历史与建设博物馆筹备处正式成立，办公地点设在北海公园天王殿，与北京市文物调查研究组合署办公，天坛公园七十二长廊和宰牲亭划归筹备处作为展览地点。为了加强首博筹建工作，1956年文化部从上海、天津、广西、河南、辽宁等九个省市博物馆借调专业人员来京，协助首博调查征集文物并着手编写"社会主义建设时期"陈列提纲。1958年2月首博筹备处迁往位于国子监街13号的北京孔庙办公。

由于受到国家经济困难的影响，筹备工作陷入停顿，1960 年 11 月，首博筹备处被第一次撤销。

1963 年 10 月，随着国家经济形势逐渐好转，首博筹建工作得以第二次恢复，筹建机构更名为首都博物馆筹备处，与市文物工作队合署办公。经过三年的积极筹备，正式建馆的时机和条件日臻成熟。但由于受到"文化大革命"的冲击，1968 年 9 月首博筹备处被第二次撤销。

党的十一届三中全会后，随着各条战线拨乱反正工作的深入开展，1979 年 8 月首都博物馆筹备处得以第三次恢复，以北京孔庙为馆址着手建馆工作。在完成孔庙的古建修葺和陈列工作后，1981 年 10 月 1 日，首都博物馆正式开馆。首博开馆以来，以"联系全国、突出北京"为陈列宗旨，以"北京简史陈列"为基本陈列，并围绕北京地方史，举办一系列相关的专题和临时展览，在努力增加观众等方面作了很多有益探索。

1999 年，坐落在北京孔庙的旧馆已无法适应一座大型博物馆的发展，北京市将首都博物馆新馆建设项目作为"十五"期间重点文化建设工程批准立项。2001 年 12 月 25 日，首博新馆在复兴门外大街 16 号动工兴建。2005 年 12 月，首都博物馆从北京孔庙整体搬迁至新馆试运行开放。2019 年 10 月 28 日，北京市在位于通州区的北京城市副中心开工建设大运河博物馆（首都博物馆东馆），首都博物馆由此揭开了崭新的发展篇章。

本组史料收录 1953–1983 年间，首都博物馆筹建过程中的座谈会记录、请示报告、批复，以及开馆初期增加观众的措施和规划的报告等，反映了首都博物馆历时 30 年的曲折筹建过程及开馆初期提高展陈质量、组织更多观众所采取的积极措施。

北京市档案馆藏，档号：1-6-2192，11-1-128，164-1-180，

288-1-39，288-2-14、46、148。

——选编者　赵力华

北京市人民政府文教委员会关于建立"首都历史与建设博物馆"筹备座谈会记录

（1953 年 4 月 27 日）

时间：一九五三年四月二十七日

地点：北京市人民政府东大厅

主席：吴晗副市长、郑振铎局长

出席人：叶恭绰、胡蛮、邢赞亭、于非闇、常任侠、侯仁之、王松声、马衡、唐兰、常惠、刘盼遂、陈明达、王天木、罗哲文、韩寿萱、傅振伦、刘开渠、薛愚、赵万里、苏秉琦、张全新、王达成、启功、齐之彪、向达、华揽洪、朱欣陶、萧军等。

吴晗副市长首先致词说明：几年来首都由于各种建设的开展，经常发现地下文物，在中央文化部社会文化事业管理局、中国科学院考古研究所、北京大学等各方面的帮助下，我们曾进行了多次发掘，北京市人民政府并在文化教育委员会下成立了文物调查组负责这些工作，今年决定建立"首都历史与建设博物馆"，中央文化部社会文化事业管理局郑局长很注意这个问题，今天座谈会采取漫谈形式，请各位先生多多指教踊跃发言。

郑振铎局长说明：今天请各位专家来讨论建立"首都历史与建设博物馆"的问题，我补充吴副市长的意见。大家知道今天的北京已不是过去的北京了，五年十年之后更不是今天的北京，面貌必然大大地改变。如何保留行将过去的北京的形象，用对比的方法来说明北京市政建设和都市发展的情况是急待解决而又必需及时解决的问题。在建设首都的过程中，新的建设与旧的建设的对比，如龙须沟这样的工程必然要用对比的方法，用模型来说明，许多劳模和惊人的事迹也都需要留下影像使人们知道首都伟大的过去和伟大的将来，这样就必须成立博物馆，例如"莫斯科历史与建设博物馆"就是将莫斯科的全部建设过程用模型和图表表示出来，馆里陈列有劳动模范的照片，劳动模范特殊创造的成绩，也都制成了模型。莫斯科大学在一九四九年已将模型制作陈列出来，某一劳动模范创造搬运砖瓦的简捷方法也造型说明。莫斯科天气很冷，建筑工程上防寒设备的发展情况也都用模型表示出来。在中国譬如我们建筑上的民族形式还是正在争论的问题。旧有的四合院必然被淘汰，但又必需将其形像制成模型保留下来，屋顶用平顶还是用斜顶的问题，也正在争论不决。许多东西将随着首都市政建设的发展而消灭，但必须有一部分保留下来作为参考，来教育人民和下一代。

至于讲到北京的历史那就更早了，远可以追溯到周口店发现五十万年前的北京人，近一点是战国时代的燕国，据陶然亭的文物发掘可以推到二千五百年前左右。八百年前金海陵王完颜亮建都的中都，就是北京，实际上北京作为都城，比这个年代还早，唐朝的安禄山也是在这里建的。过去的博物馆都是摆古的东西，这是不适合的，我们建筑的这个博物馆要将正在改变中的现实表现出来，内容可以分为三部分，即历史阶段、现在阶段和将来阶段，用模型表现出来。凡是与北京建设发展有关系的都要加以表彰，例如明代朱棣时的姚广孝便必须特别提出老北京城是他设计的。这个博物馆的建筑只求适用，不必要什么宫殿式的绿瓦和白石栏杆，这方面的责任主要是由文物调查组负责。文献的搜集、人物的纪念品都不可缺少，文献方面希望赶快搜集参考书籍，印出目录作为参考。并希望这个博物馆能在本年的十月一日开幕。

图表一类也是很重要的，如王铎写的北京八景图、琼岛春阴图没有白塔，卢沟桥的栏杆上没有狮子。这都是文献、历史上的考据，北京过去光荣、现在光荣、将来更光荣，博物馆要使人民对于北京市将来的建设发展更有信心。

吴晗副市长：将来的北京城比现在的六十二平方公里的北京城要大好几倍。今年的下水道建筑比去年大三倍。地下发掘出来的东西将更多，建立博物馆的工作是为了明天，这是历史教育、艺术教育和爱国主义的教育，这个博物馆一方面是地方性的，与北京没有关系的东西不陈列，另一方面要有重点，不是什么都包括。就建筑形式来说，不求华美，只要适用，使参观的人不太费时间。希望是少花钱把事情办好。陈列的方法用工厂连续作业式多用模型和照片，例如德胜门外的大下水道，槽中可以并行六个人，可以通行小汽车，这就必须将模型照片留下，否则，填土以后什么也看不见了。

叶恭绰先生：听到主席说明，北京需要建立适合现代的博物馆。住在北京的人有此感觉：故宫是表现帝王生活的博物馆，而适合于现代文化教育的博物馆则没有。博物馆必须注意适合环境，注意内容，而且也是急需建筑的。地点我个人认为不一定在陶然亭，但听说已成定议。将来北京或不止一个博物馆，各馆分工，则陈列亦必须分开，房屋则由陈列品的不同而异，设备不应过于省费。至于搜集资料，除购买以外，私人的机关的是否也可以借来寄存陈列。在外省有关北京的资料，也可以采取种种方法集中到北京来。

唐兰先生：听了主席所说的大概情况，很为兴奋，这个博物馆完全是新的，在全国尚属创举，个人希望它赶快成立起来。它对北京的建设和重大的政治活动必须表现出来，关于北京历史方面的问题就更大了，中都、大都不必谈了，追溯到召公封于燕的时代，在清光绪年间卢沟桥所发现的十多件铜器，是燕国时代的东西（见殷文存）。它究竟是召公前或召公后的东西，还不能确定，所以北京的人文历史至少可以推到三千二、三百年以前。商代在此有什么活动，周代在此有什么活动，下到汉魏六朝隋唐辽金，都必须加以研究，通过文献、发掘两方面结合起来研究。也必须有系统地陈列，属于历史名胜，如年羹尧和纳兰成德的房子等都需要保存。

常任侠先生：听了主席的报告，北京要成立博物馆，地点在陶然亭很好。可是为了进行教育工作是否能够先行扩充北海的原址，开辟博物馆。陶然亭是远景，现在的交通、地点、环境还不很适合。建筑形式一定要采取民族形式，倒不一定要瓦顶，因为不耐久。并且希望编纂最丰富的最新式的北京方志，内容不但有丰富的文献而且有丰富的图片。北京是几朝首都，集中了丰富的艺术品，新博物馆可以部分保留这些艺术雕刻。北京的四合院是封建社会的具体表现，可以找几个典型保存起来；两个高柱子的门，也可以用照相或用其他方法保存下来；过去劳动人民的住宅，也需要部分保留起来作为对比，而博物馆内可以制出这些模型，作为教育人民的材料。

华揽洪先生：北京博物馆的建筑面积不大，只有1000至2000平方米，地点在陶然亭，但它是发展的。照片模型一定很多，一定要考虑到发展的前途，吴副市长指示要集中起来。至于内部修建，因陈列品的关系，间壁应该是活动的，可大可小。关于光线的问题，博物馆需要屋顶来的自然光。至于建筑物采取民族形式，按宫殿排房子是不可能的，但廊子是要的，又因为它在公园内，又要与公园的建筑布局融合。

刘开渠先生：博物馆的陈列要使人有整个的印象，不可使人有凌乱之感，因此就必须利用图表和模型来补充实物的不足，因为挖出的东西不可能是完美无缺的，用图表还不够应特别着重模型，使人能够得到完整的印象。陈列一定要有计划，建筑计划要有灵活性，建筑设计需从内容和性质来决定。民主德国首都柏林的纪念苏联红军的博物馆，就是在一进门正中有一个母亲的塑像，象征着待解放的德国人民；她身旁有两个红军塑像，接着用陈列品系统地说明红军解放德国的过程。在光线方面，完全用自然光是不可能的，而且也不相宜，一则因为它变幻无常，二则它会毁坏古物，所以采用灯光较好，华沙的美术博物馆就是大部分采用灯光。至于建筑设计要保存民族形式，但这并不是复古，东长安街的几座大厦，从建筑开始就有人骂，恐怕拆了还会有人骂；和平宾馆的建筑有人说是世界主义的表现；听到苏联科学院某院士对中国现在进行的建筑就有许多批评，我们要很严肃地注意这个问题，不要潦草马虎从事。

马衡先生：博物馆是一个活的地方志，北京成立首都博物馆是全国的创举。都市建设中，有很多东西要拆除，但要有整个的计划，该留的要留，对旧的不能随便乱拆乱改，现在市民写信反映这些问题的很多。博物馆屋顶采用平顶或斜顶形式的问题，很值得研究，平顶确实不好，它受日光久，泄水慢，很容易漏。

叶恭绰先生：北京是中国的大都市，同时又是多少朝代的首都，国内可以比的就只有西安和洛阳，但都早已衰败了。其次，北京人口虽只有两百多万，但其来源非常复杂，这一方面表现了北京的伟大，可以称为民族大家庭。在搜集资料上对于民族的来源、风俗、服装和文化的不同，应该注意，彻底消灭大汉族主义的残余。

萧军先生：建筑方面：一、求得实用、坚实、美观，能结合民族形式和现代科学建筑原理最好。二、房屋尽可能求得集中。但四面应尽可能求得空旷地，以备复原某种有价值的古墓，并为将来建筑房屋发展留下余地。三、求得建筑物和四周环境在美学上的和谐。

陈列方面：一、尽可能利用实物、模型、图画以求得形象化，为了照顾文化程度低和不识字的人，尽可能少用抽象的文字说明。二、陈列方法，应采取时代比较、对比，阶级的比较、对比，以得到明确阶级观念的效果。三、要有计划注意展览后的教育效果。

向达先生：发表两点意见：一、建筑要集中，但在集中中还要有分散，例如南京博物院七个大建筑物是一条龙联在一起，使参观的人疲惫不堪。为了检查效果，博物馆内必须有小型的图书馆和讲演堂以便讲演、放电影和幻灯，以广宣传。二、内容方面，侯仁之先生在文章上发表过北京城无巨川大河，这出于资产阶级地理学者知识范围以外，这说明中国劳动人民和自然斗争的成绩，改变了自然环境，博物馆要把这方面的问题表现出来。其次中国是多民族的国家，北京是很好的例子。北京城又是近百年来中国人民反帝反封建的地方，圆明园是被帝国主义烧毁的，团城曾作法军的司令部，这都是帝国主义压迫中国的实例，博物馆也要把这些问题好好地表现出来。

赵万里先生：博物馆要办好，首先要做好调查研究工作，但这很不容易，刚才所说的圆明园便是一例。又如门煤在何时开采，据个人所知它开始于元代。此外如北京很老的字号，一百年或二百年的账本还有，明朝的房地契也还有，都要注意搜集。例如《燕山丛录》《长安客话》，比较罕见；沈榜《宛署杂记》现在还没有找到，但并不是找不到。例如北京人物关汉卿和王实甫是大家都知道的，两人都是北京人，关汉卿是一个反封建的现实派作家，作品中充满反封建的意识，元后《析津志》中有关汉卿的传说很好，关、王二人的历史都必须特别表明。

于非闇先生：先调查资料，征集文献，然后建筑房屋。北京建筑大都为庑殿式，因为平房积雪易冻，博物馆应采用斜顶形式。

启功先生：刚才吴副市长说，将来的北京比现在要大好几倍，恐怕一个博物馆不够，是否将这个博物馆作为一个专门性的博物馆，另外设许多分馆，例如法源寺有苏灵芝写的碑，它关系于安禄山，移动很不容易，是否可改作博物馆分馆，并且保存了古建筑。其他如文庙国子监都可以这样做，从前名人的园亭，如果可能的话，也应辟为分馆，这些房子，就是最真实的陈列品。

吴晗副市长：将来希望做到不止一个博物馆，国子监和文庙等地现在都由其他单位使用，不久就要改正这种情况，来利用古建筑，并且也保护了古建筑。

侯仁之先生：主席说希望博物馆十月一日开馆，个人也希望如此。内容方面，以朝代分段陈列是否合适？是否可改为用以社会发展史的系统来陈列，如此则原始部落很值得注意。刚才向先生说到民族方面的问题值得正视。北京是游牧民族和农业民族冲突的焦点，金元时代建筑的北京城是许多民族共同劳动的产物。

再者北京过去是封建时代的中心，是消费的城市，将来要变成生产的城市，这一点也要说明。同时要具体说明北京劳动人民对自然界的斗争情形，在魏末晋初就兴建了大的灌溉渠。过去劳动人民的劳动是被强制的，但结果却改变了自然条件，北京城的建筑已经打破了资产阶级地理条件决定一切的谬论。最后应该将北京从封建中心转变到人民首都，从帝国主义侵略中国的据点转变到和平堡垒的过程——表现出来。

　　常惠先生：成立博物馆，要有一定的明确方向，如包罗万象恐办不到。陈列品要同时向各方面征求，例如前两年许多精巧的旧木器都烧了，其中有许多是元明时代的。今天的东西，可能明天就没有了，如门脸、市招等，如不收集它的形象，三五年后恐来不及了。编纂北京志，现在就要成立编纂委员会，搜罗东西很杂，要早些着手，风俗、制度都须注意。样子雷的东西，今天各机关也许有（北京老的建筑，历来找样子雷的样子），历史上的东西，也可以做成模型展览，博物馆不要大要多，城内可以用名人故居做分馆。

　　叶恭绰先生：北京的特种手工艺品很有价值，但现在许多手工艺品近年都毁了，毁的多，毁得很快，如把紫檀木打碎做乐器棹，景泰蓝熔化了取铜，现在是应该抢救的时候了。

　　刘盼遂先生：过去北平研究院曾对北京做过一些研究工作，搜罗了许多材料，现在应该追究其下落。又如北京的许多竹枝词，可以考见北京的古迹、民俗，也要搜集起来。永嘉刘贞晦先生曾作燕京百景图咏，陆续在北京市某画刊发表，这里面包含很多北京的风俗、习惯和北京市民的生活情况，也可以搜集一下。

　　唐兰先生：北京有许多花洞子种菜，四季蔬菜都有，什么时候都可以有黄瓜，来源于何时，值得注意。

郑振铎局长：北京早就有许多米丘林学说的实践者，这方面事情很多。

常惠先生：从前住在北京的人的日记，可以搜集一些保留。

启功先生：北京有许多旧书做了纸浆，做不了纸浆的碑帖也做了花爆卷纸，销毁古木器，长的改做秤杆，碎的做算盘珠，真是可惜，应赶快设法抢救。

韩寿萱先生：我们有这个经验。旧家具比新家具便宜，可以利用。北京建立地方志型的博物馆，是全国的创举，应起到示范的作用，建筑方面也应成为全国博物馆的表率。向先生说博物馆内应有图书馆和电影幻灯放映室，个人很同意。但博物馆的防火、防盗、防潮、防尘的保管问题，值得特别注意，这点应当在设计建筑施工时解决。其次是集体参观时休息室、厕所等一系列的问题也要予以注意，同时这个博物馆的方针性质要明确。北京出品的特种手工艺品不仅要搜集成品，而且对其制造过程、发展过程和生产工具也要制成模型，摄成照片陈列起来。关于史料搜集的问题，对新的方面，要多注意，不要只想过去的事。如"五四"时代的史料，就是活生生的东西，在北京应统一收集，今天不找，日后再找就困难了，将就对不起下一代了。

于非闇先生：我个人曾搜集过北京建筑材料的尺寸，内有光明殿的材料，现在丧失了，很可惜。

郑振铎局长：这个博物馆是专门性的，不是包罗万象的，它是北京历史与建设的博物馆，注重北京都市的形式和发展。这个博物馆的规模不宜过大，是带有展览性的，使人们得到爱国主义的教育，莫斯科的历史与建设博物馆便是如此。侯仁之先生所说的话非常重要，北京城建筑的发展过程是超出了资产阶级学者知识范围以外。至于建筑形式，不要铺张，归结为"民族形式、科学内容"。希望文物调查组负起责任，十月一日能使博物馆建好开幕。至于许多牵涉较大的历史问题，一时不易解决，暂不研究，可在另一个博物馆建立时解决。大家的意见都很宝贵，其他许多问题，以后再定期开会，请诸位参加。

吴晗副市长：谢谢诸位先生，现在散会。

傅振伦先生的书面意见：昨天参加座谈会，发言的人很多，未能发表我的意见，现在把个人不成熟的意见写出来，提供参考。

一、文物调查组一方面要进行经常工作，也要抢救文物，还要在五个月之内完成这个博物馆的建筑任务，必须根据上级的意图，抓紧重点，分头进行，及时完成。必要时似可调用市府或其他机关的干部协助。

二、征集文物资料是经常的工作，如采买、调查、发掘、调借复制、发动群众捐献，都应该经常进行。文物整理委员会所存前北平研究院史学会所拓北平市刻石拓本及所收民俗资料，可否请中央文化部社会文化事业管理局拨交文物调查组保存。今后每一工程进行之前，必须拍摄原来情况、建设情况和建设完成后的情况的照片。这些工作，似应和北京电影制片厂、人民画报社、都市计划委员会联系，向它们搜集材料。目前可以向这些机关和北京历史博物馆、故宫博物院、北京图书馆、文物整理委员会、北京大学、市总工会、中苏友好协会等了解有关筹办这个博物馆的重要材料，必要时可借用、摹绘或照相（陈列时需要的一尺或二尺的照片，即可一次照好）。市府各机关当然都有相当的材料。

三、这个博物馆的性质已很明确，但北京自然地理环境、重要资源也可作些图表陈列起来。中国历代在北京建都的情况也可以用图表作一简单介绍。

四、根据目前需要及照顾将来发展，可建二层楼（一层做过去的陈列，一层陈列现在及将来的）或陈列它三所，每所二、三间（每所分别陈列过去、现在、将来三部分）。

五、搜集过去首都的文物，应根据郑局长的指示，以明初以来的为主。至于北京人的发现，历代有关北京地区的历史事迹，可参考北平研究院的刊物，编制首都历代重大事迹表，文词要通俗、简要。要说出首都的形成和发展过程，要说出归功于北京的人民的重大事迹成就。反帝斗争，也可以加重些。萧军同志所谈，墓葬可照原状陈列。我以为可以把墓中发见的古物的精品陈列出来，至于原状陈列可另辟专题展览室（目前可能办不到）。

六、陈列品可能找不到重要材料，但无实物者可代以模型、照片、图表，甚至还可用简短文字补充这些空白。

七、编纂北京志或首都志的问题，马衡、常惠等先生都谈到三、五年后可能开始编纂，不过现在文物调查组可注意搜集有关资料，这个新博物馆，就是用形象教学方法的一部活的首都志书。

八、博物馆成立后可辟一路公共汽车通达到陶然亭，以推广博物馆的教育作用。

九、今天大家发表了很多宝贵的意见，文物调查组可整理研究，拟定一个筹办博物馆的初步具体意见，向各位专家书面征求意见，汇齐整理，再会商进行。

北京市文化局文物调查研究组、首都历史与建设博物馆筹备处关于精简编制的报告

（1957 年 8 月 28 日）

第 150 号

文化局：

根据彭市长 8 月 4 日在市人代会上讲话：为了从根本上解决党内外一些领导工作同志和工作人员在工作作风上的主要缺点和错误、克服机构重叠、人浮于事的现象，必须精简机构、紧缩编制、充实基层、参加劳动生产的要求精神。结合本单位，即文物组、博物馆两个单位至今尚合在一起工作，两个单位的工作，今后到底如何开展的具体情况，在单位内自下而上进行了慎重认真的研究，此次又进行了讨论，兹将我们的具体意见再次报告如下：

我们认为，根据文物组、博物馆两个单位的业务性质（文物组是行政单位——事业比重不大——博物馆是纯事业单位），及其业务的发展不应该继续合在一起，应该严格分开。因为一套干部，两种业务性质不同的使用，表面看，似乎符合精简精神。实际，以往的经验证明，只能对工作带来损失。当然在博物馆刚开始筹备的过渡期间，合在一起，不能说对节省开支和节省人力上没有好处，同时也做了些工作。但在两个单位业务向前发展的情

311

况下，任务是相当繁重的，领导对工作不易掌握，干部使用也不易调度。一句话，工作的正常开展，受到一定的限制，职责不明，分工也不明确，工作上显得混乱，工作效率低，进度慢，使两个单位的工作，受到不应有的损失，我们认为是一个严重的问题。

鉴于上述情况，兹提出初步分家方案：

一、根据精简机构、紧缩编制的要求精神，结合文物组的工作性质，我们认为，文物组不应该成立独立机构，否则在人力、物力、经费上都造成不必要的浪费，故提出：

撤销文物组，在文化局内设文物科，负责地上文物保护和文物出口鉴定工作。科下附设一个发掘工作队，负责配合基本建设进行地下发掘清理工作，其人员编制：

科长一人。科下分：保护组4人、鉴定组4人、发掘队3人，共12人。文物组现在实有人数为21人（业务人员11人、行政人员10人）。

二、博物馆筹备处独立办公。因为博物馆尚是一个筹备单位，内部的工作安排、干部的调配和各项制度的建立，皆未就绪。为了迅速开展博物馆业务，使《社会主义建设之部》的陈列早日与观众见面，尚须例外的适当地增加一些工作人员，其人员编制：

正、副馆长各1人。

行政：人事秘书1人，档案、收发、打字、缮写1人，总务1人，会计兼财产管理1人，出纳兼伙食管理1人。

业务：设计5人，征集5人，保管5人，群众工作部11人，绘制8人（组长1人、电工1人、美工设计1人、油画1人、照相1人、雕塑1人、模型1人、细木工1人）。

炊事员2人、通讯员1人、传达1人、工友5人。

总共50人。

博物馆现在实有人数 28 人。

上述意见是否有当，特报请领导研究迅速处理。①

北京市文化局文物调查研究组（印）

首都历史与建设博物馆筹备处（印）

1957 年 8 月 28 日

北京市文化机关党组关于恢复
"首都博物馆筹备处"的请示

（1963 年 10 月 17 日）

（63）发字第 13 号

邓拓同志并市委：

"首都博物馆筹备处"（原名"首都历史与建设博物馆筹备处"）于 1954 年 3 月建立，建立之后在积累资料、征集展品等方面做了一些工作。1960 年 11 月间，由于精简、调整等原因，这一机构已经撤销，遗留工作交由北京市文物工作队办理。现在拟将这一机构与任务恢复起来，我们的考虑和初步意见如下：

一、恢复"首都博物馆筹备处"的主要原因：

（1）中央文化部党组于 1959 年 12 月间召开的"全国文物、

---

① 北京市文化局 1958 年 3 月 17 日在报告上标注：文物组、博物馆分立问题已解决，文物组已搬局办公，管文物行政工作，故不必成立文物科。两单位编制大体已定。

博物馆工作会议"上提出的"关于全国文物、博物馆事业八年规划的初步设想"中，曾经要求"在八年内要完成各省（市、自治区）级地志博物馆和专门性博物馆的建馆工作"；于1963年4月间召开的"全国文物保护工作座谈会"上提出的"文物、博物馆事业十年（1963—1972）规划（草案）"中，又要求地志性博物馆"五年内根据馆的性质、方针、任务要进一步突出现有基本陈列中的地方特点，未完成基本陈列的应初步完成"。目前，各省（市、自治区），除青海、西藏两地还没有，辽宁、江苏、陕西、上海四地只有专门性博物馆之外，其余均已有了地志博物馆筹备机构或已正式建馆。

（2）北京地区虽已有中国革命、中国历史、故宫、自然等博物馆，但是这些博物馆均是全国性的或专业性的博物馆，不能代替综合性、地志性的地方博物馆的任务；而且其中革命、历史、故宫三馆由中央文化部下交本市以后，又已收回。

（3）在北京建立地方性的地志博物馆，有一定的困难，主要是由于首都不同于一般省市，区别事件与人物的全国性与地方性，真正搞出特点来比较困难，而且陈列的质量应当搞得更高。但是，也有许多有利的条件，一方面由于前几年已经摸索了一段，有了一定的基础，各地又已积累了不少经验；另一方面北京专家、学者多，社会力量雄厚。

二、"首都博物馆"的性质与任务：

"首都博物馆"是北京市地方性的、地志性（综合性）的博物馆，不同于全国性的、专业性的博物馆。其任务有三：①通过陈列，对群众进行教育；②收集与保管与北京历史有关的文物、资料；③适当开展北京历史的研究工作。陈列内容包括三个方面：①自然部分（北京地质形成与资源）；②历史部分（北京一般历史与革命史，近代史以革命史为中心，包括旧民主主义和新民主主义，到中华人民共和国成立为止，以全国为背景，突出北京地方的重大事件与人物）；③社会主义革命与建设部分（着重反映中央的路线、方针在北京市的体现）。其中最后一部分，外省博物馆大都尚未着手，缺乏成熟的经验，本市亦可暂不考虑，可以先积累一些文物、资料。

三、目前的基础与今后筹备步骤：

几年来由于考古发掘工作的开展，市文物工作队已经积累了五万余件出土文物，因之在北京历史文物方面已有一些基础；革命文物方面尚无基础。

根据这一情况，筹备工作在今后六年（1964年至建国二十周年的1969年）中分两步进行：前三年筹备自然部分与一般历史部分，并争取在明年（建国十五周年）国庆前后初步陈列出来，供内部审查、征求意见，以后再逐步充实提高；后三年筹备革命历史部分，拟订陈列提纲、积累资料、征集展品，并于建国廿周年国庆正式开馆。

四、几个实际问题的解决意见：

（1）筹备期间，由现有北京市文物工作队兼挂"首都博物馆筹备处"的牌子，不另单设机构；为开展筹备工作，今、明两年先给文物工作队增加十个人的编制。

（2）文物工作队现有主要领导干部不适于担负筹备处的领导工作，业务骨干亦需加派。因之，需要一、二名政治较强能担任馆长、主任的主要领导干部，以及五、六名搞历史的业务骨干。

（3）馆址拟仍设在孔庙（原筹备处即在此）。

以上意见是否可行，请批示。

北京市文化机关党组

1963 年 10 月 17 日

[中共北京市委书记处书记邓拓批示：此件送书记处传阅批示。我的意见是：（1）可以恢复"首都博物馆筹备处"的机构。（2）但在明年不要急于展出自然史与一般历史文物，而必须同时抓紧筹备革命历史部分的文物征集工作，如果要在国庆十五周年展出，就应该同时展览一般历史文物和革命历史文物。（3）正式开馆时间也不必定死，可以根据筹备情况，主要是看文物征集工作进展如何。只要有力量，抓得紧，也可以提前完成，否则到国庆廿周年也未必能完成。总之，不要搞个可有可无的机构，再拖很长时间仍然不像样子。29/10。]

[中共北京市委书记处书记万里批示：同意恢复博物馆。唯增加十人编制要与编委商量后再定。万里。30/10。]

[中共北京市委秘书长郑天翔批示：可以恢复这个名义。但其任务似不明确。郑天翔。十一月八日。]

北京市文物事业管理局关于恢复建立首都博物馆筹备处的请示报告

（1979 年 6 月 9 日）

（79）文物办字第 61 号

中共北京市委宣传部：

北京是我们伟大祖国的首都，历史悠久，富于革命传统。解放后，在市委的领导下，本市的文物、考古工作取得了很大的成绩。根据文物、博物馆事业的发展需要，在1953年建立了首都历史与建设博物馆筹备处。1964年又改组建立了首都博物馆筹备处。但在林彪、"四人帮"反革命路线的干扰破坏下，于1968年被撤销。这对我市文物、博物馆工作来说是个很大的损失。

根据党的三中全会精神，为适应全党工作重点转移的要求，贯彻调整、改革、整顿、提高的方针，现在我们认为恢复建立首都博物馆已经具备了条件，并有其迫切性。

1. 我局库藏革命文物一千六百多件、历史文物八万六千多件，就是说展品不成问题。

2. 我市有众多革命和历史遗址、古建筑等，这是举世闻名的，这必须予以介绍，有关这方面的资料必须加以整理。

3. 已有了一批专业人员。

4. 办公地址不用新找。所缺少的就是展览室，但这是可以在今后若干年内逐步解决的；且在解决之前，可借用别单位的房子或与别单位合作举办单项展览。

我们认为，恢复建立首都博物馆，就多了一个宣传阵地。它不但可以向广大人民群众进行爱国主义、革命传统教育和宣传历史唯物主义，传播历史和科学文化知识，更好地为三大革命斗争服务；而且还可以配合旅游事业的发展，为实现四个现代化作贡献。并从而培养博物馆队伍，为将来建立更多的各种博物馆准备条件。

一、首都博物馆的任务：它是地方综合性博物馆，不同于本市现有的中国革命历史博物馆、故宫博物院等。首都博物馆在马列主义、毛泽东思想指导下，主要是研究和表现北京地区的古代和革命历史情况，从事北京地区的文物收藏、宣传教育、科学研究的文化事业单位。其具体任务是：

（1）开展北京地区革命文物和历史文物等的调查、征集，并进行保管。

（2）把收藏的文物通过陈列展览，和广大群众见面。同时，配合党的中心工作，举办展览和流动展览。

（3）对北京地区的历史进行研究，筹办北京史陈列，编辑出版有关北京的资料，并向有关部门提供一些研究资料。

二、首都博物馆的机构编制：根据精简的原则，设馆长一人、副馆长若干人。下设办公室、陈列组、保管组、群工组、绘制组。暂定编制为五十八人。所需人员，可由我局现有人员中调整，个别领导干部和专业人员从外单位抽调补充。

三、首都博物馆馆址：暂设孔庙。将来有条件时，按照全市城建规划选定新馆址进行基建。目前孔庙房屋的维修和室内粉刷、安装照明设备等，由我局古建修缮经费和事业费中安排解决。

根据目前条件，先建立首都博物馆筹备处，抓紧进行筹备，同时开展各项工作（如调查征集文物、举办中小型展览等）。

以上意见是否有当，请批示。

北京市文物事业管理局

1979 年 6 月 9 日

首都博物馆筹备处
关于恢复进行筹备工作的通知

（1979 年 11 月 20 日）

各有关单位：

我馆业经北京市革命委员会批准恢复进行筹备工作，我馆的主要任务是：收藏和展出北京地区的历史文物和革命文物，研究和宣传北京地区的古代历史和革命历史，编辑出版有关北京的资料。办公地址在安定门内国子监街 13 号（孔庙内）。电话：441280。

希望今后多联系，并在各项工作上给予支持和帮助。

此致

敬礼

首都博物馆筹备处

一九七九年十一月廿日

首都博物馆筹备处关于筹建情况、主要问题和解决意见的请示报告

（1980 年 5 月 31 日）

〔80〕首博字第 3 号

北京市文物局党组：

最近我们在局党组的领导下，认真学习了中央书记处关于北京市建设工作的四项方针，提高了认识，明确了方向，我们坚决拥护照办。现在结合局拟订全市文物工作规划，将我馆筹建情况和存在的主要问题以及解决意见，请示报告如下：

（一）过去两次筹建简况

1953 年，中央文化部郑振铎副部 [局] 长、北京市吴晗副市长结合学习苏联博物馆工作经验，参照莫斯科地志博物馆的设置，决定在本市建立地志博物馆，定名为"首都历史与建设博物馆筹备处"，并着手筹建工作，由市里给编制六人，与北京市文物调查研究组合署办公。1953 年 7[4] 月，郑振铎和吴晗同志亲自主持召开了在京的有关专家座谈会，对筹备建馆工作征求意见。不久在后海附近购买地皮一块，准备正式建馆。1955 年中央文化部决定在全国各省市中以山东省博物馆和首都博物馆作为地志博物馆筹建试点。山东省博物馆在中央文化部和山东省委领导下，于 1956 年初完成了山东省博物馆的《自然之部》《历史之部》和《社会主义建设之部》三个陈列。1956 年春，中央文化部在该馆召开了全国地志博物馆会议，总结推广该馆的筹建经

验。同时加强首都博物馆筹备工作，1956年初，中央文化部与北京市委商定：首都博物馆先搞《社会主义建设之部》陈列，并由文化部出面从上海、天津、广西、河南、辽宁等九个省市博物馆借调十几名专业人员，到京协助首都博物馆调查征集文物并拟订陈列提纲。到1957年，由于进行"反右"运动，致使筹备工作停止，各省市人员返回。到了1958年2月市委决定在孔庙继续筹备，对孔庙进行维修。1958年5月，市委领导同志召集了市委部委负责同志研究讨论，根据当时情况决定先搞《首都十年建设成就展览》，由市里有关局抽调人员共同筹办，分片包干。于1959年5月基本完成，在孔庙进行内部展出。到1960年下半年由于当时全国遇到自然灾害，根据中央提出的八字方针，市委决定首都博物馆停办，机构撤销，库藏文物移交市文物工作队，一些人员下放劳动。

1963年底，市委根据需要，决定恢复筹建博物馆，定名为："首都博物馆筹备处"。市里给编制十三人，与市文物工作队合署办公。1964年2月在北海天王殿正式筹建，配备了业务人员，着手研究建馆方针任务。于1965年12月在北海天王殿举办了《一二·九运动三十周年纪念展览》对外展出，然后又到北京大学展出了一个多月。不久，"文化大革命"开始，筹备工作停止，在1968年9月被撤销，博物馆的人员和藏品等并入北京市文物管理处。

从以上筹建情况看，过去首都博物馆"两起两落"特别是"文化大革命"遭受浩劫，博物馆被撤销、人员分散、资料设备等散失，造成了很大损失，没有认真总结两次筹建的经验教训，也没有留下什么资料设备。

（二）目前筹建情况和存在的主要问题以及解决意见

1979 年 8 月，市委决定恢复首都博物馆筹建工作。1979 年 10 月初正式在孔庙筹建，各项工作都是从头做起，与全国其他各省市博物馆相比，确实要落后二、三十年。必须充分利用现在有利条件，重视存在的困难，扎扎实实地抓紧筹备。

我馆现有 49 人，设有办公室、陈列组、绘制组、保管组。我们除进行馆内各项工作安排外，于 1979 年 10 月与中国革命博物馆在陶然亭慈悲庵举办了《李大钊同志诞辰九十周年纪念展览》（今年 5 月 31 日结束）。我馆在今年 2 月上旬在中山公园举办了《清代民俗画展览》（3 月 15 日结束）。经过半年来的筹建实践，并联系过去建馆"两起两落"的经验教训，现将主要问题和解决意见列下：

第一，陈列问题：陈列是博物馆工作的中心环节，必须在科研的基础上进行。作为地方综合性的我馆，应有基本陈列，这是主体，同时也要举办临时展览。我馆基本陈列是北京史，但是目前社会上还没有系统的专门著作，特别是北京史的陈列，更需要从头做起。博物馆搞基本陈列，从某种意义上来说，就好像创作一部专著一样，要在马列主义、毛泽东思想的指导下，大量调查征集文物和科学研究的基础上进行。一方面要掌握有关文献资料和实物，一方面要用辩证唯物主义和历史唯物主义的观点进行科学研究，才能搞出正式陈列。这样就需要以我馆业务人员为主，同时还要得到社会上有关专家和科研部门的支持协作。据了解，最近市委宣传部已组织人力编写北京党史（地下党史），并布置市社会科学研究所负责编写北京史，该所已拟订规划；市历史学会对北京史也有专题研究计划并已组织力量进行。为了集中发挥本市有关专业部门和专家的力量，我们拟请局党组并提请市委宣传部考虑，对编写北京史和筹备北京史陈列要有一个通盘安排，召集有关单位研究建立一个必要的组织，分工合作，共同努力完成。这样既能保证质量，又能加快速度。

第二，藏品保管问题：博物馆藏品是国家宝贵的科学文化财产，是博物馆业务活动的基础。解放三十年来，本市出土文物均收藏在我馆，并征集了一些传世文物。我馆收藏历史文物八万四千多件（其中一级文物三百一十二件、二级文物一千一百多件）、革命文物一千六百件。但是现在还没有固定专用的文物库房，更谈不上科学保护措施和设备。现在这些藏品大部分存放在北海琉璃阁库，急待搬到孔庙。去年年底运到孔庙的一部分，由于搬运时间仓猝，设备条件很差。藏品保管工作中不安全的漏洞和隐患严重存在，甚至一、二级藏品、保密藏品和贵重藏品还没有固定专库；一千多件革命文物尚临时存放在局机关，由于房子小，又缺乏必要的设备，不得不装箱，堆在地上；临时搬到孔庙的一万多件二、三级历史文物和其他文物，也是没有适当房子，至今仍装在箱内，堆放在未经修理、门窗都不牢固的房子和碑亭里，长期不能整理上架，更提不到科学管理。尤其严重的是目前在孔庙存放字画箱的房子里，已发现不少虫子，严重威胁这些珍贵字画的安全。虽然我们已采取了打药除虫等临时措施，但不能从根本上解决问题。另外，孔庙是古建筑，是市级文物保护单位，现有房子不适合库房要求，并且房子也很少，不敷使用，但又不能在孔庙院内新建文物库房，只好对现有少量可用的房子加以维修。按博物馆的基本要求，孔庙的现状，不论在库房布局和库房室内设备条件等方面都不好解决，有的藏品只好堆放一起（如拣选来的铜器）。从现有藏品和今后发展来看，藏品保管问题是我馆不能自己解决的，希望局党组考虑向市委建议，尽可能提前

（在 1983 年以前）建设新馆址（新馆的基建初步方案已报局）。

第三，关于孔庙现有房屋使用问题：现在孔庙大部分是由局政策落实办公室存放查抄文物图书。我馆不能全面维修和作为陈列室、文物库房使用。根据这个实际情况，结合局领导多次指示我馆在今年对外开放的要求，我们提出分期腾出，在今年 3 月 10 日、4 月 21 日曾两次写过请示报告给局，请局政策落实组在 5 月上旬以前先将孔庙中院的西南和东北两廊的房子、大成门、大成殿腾出，我馆进行维修后，争取在今年 10 月 1 日前搞出《北京市历史文物展览》，同时完成大成门、大成殿原状陈列，进行内部展出。明年 1 月底以前要求将孔庙房屋基本腾完。但目前腾房进度很慢，我们无法抓紧维修，更谈不上使用。在 6 月底前如果腾不出来、维修不完，我馆今年的有关计划就会落空。为此，恳求局领导抓紧督促解决。

第四，我馆领导班子和专业骨干问题：我馆目前的临时领导小组由四人组成，不论党的工作还是业务行政工作都由这个领导小组负责。但人力不足，急待调整充实加强，以适应筹备建馆的需要。我们建议目前急需请局和市委调配业务馆长级干部一人（应当是专家，兼任也可以），业务和行政副馆长级干部二人。另外，我馆的主要业务部门陈列组和保管组的业务骨干也严重缺乏。如陈列组现有十二人，虽然绝大部分是大学生，但是没有搞过博物馆陈列工作，同时业务基础也不高。需要请局和市委宣传部调配具有研究员或副研究员水平的专业干部二、三人，以解决陈列工作中的重大业务、学术问题，并且对现有陈列人员进行具体辅导培养。这样，在我馆陈列人员自身努力为主，同时取得社会上的支持帮助下，才能更好更快地完成我馆北京史的基本陈列和科研任务。我馆保管组现有十三人，其中九人是青年，他们参加工作不久，文化和业务水平很低。就全组来看，缺乏具有一定水平的文物鉴定基本力量。现在对入库的文物不能鉴定，对库藏的文物也无法定级编目，更谈不上具体辅导现有青年保管人员尽快达到起码的业务管理水平。我馆曾多次向局领导提出调配方案（如调马保山、孟宪武、孙学海等同志），但一直没有解决，特再请局领导全面考虑安排解决。

最后，加强筹备建馆的领导问题：我馆是地方综合性博物馆，是我市社会主义科学文化事业的重要组成部分。由于我馆地处首都，对我馆的规格和要求应高一些，对外影响也较大。而我馆过去筹备时"两起两落"，基础很差，没有积累什么经验，并且现有队伍也不健全。现在又刚刚筹备，与中央书记处提出的北京市建设工作的四项方针的要求和为四化服务的需要来看差距很大，筹建任务十分繁重，困难也确实不少。为此，希望局党组和市委能加强对我馆筹建工作的切实领导，将筹建工作中的重大问题（如建馆的方针任务和规划、业务队伍的组建等）列入领导议事日程，作为重点工作来抓，及时帮助解决实际困难，以期更好地早日完成筹备建馆任务，为我市社会主义现代化建设做出贡献。

以上意见，是否有当，请批示。

首都博物馆筹备处临时领导小组

1980 年 5 月 31 日

首都博物馆筹备处
关于机构设置方案的请示

（1981 年 5 月 6 日）

首博字（81）第 14 号

北京市文物局党组：

　　根据局党组的指示和局今年工作计划要点，我馆力争在今年十月开馆。按照我馆的性质和任务，结合实际工作情况和需要，参考其他省、市、自治区博物馆的建制，经过我们研究，提出我馆机构设置的方案如下：

　　我馆在党支部和馆长、副馆长的具体领导下，本着精简机构，紧缩编制的原则，设立：

　　（一）办公室：主要任务是负责我馆的人事、保卫、秘书、行政等工作；联系综合馆内各部的工作，并负责对外的联系和接待任务。下设行政科和资料室。行政科负责财务、基建维修、采购、生活和交通等工作。资料室负责图书报刊资料的采购、编目、保管和提供工作。

　　（二）陈列部：主要任务是负责我馆基本陈列和各种展览计划的拟订，通过对文物藏品和有关文献资料的研究，根据全馆年度工作计划具体落实，不断提高陈列展览的思想性、科学性、艺术性。同时，开展有关北京史的科学研究和编写工作。

　　（三）保管部：主要任务是负责我馆藏品的保管、接收、征集文物以及馆际文物藏品交换等工作，对藏品进行鉴定、分类和科学保护管理，定期编目，不断提高藏品的科学保管水平。同时，开展对馆藏文物的研究，编辑出版专题和普及性出版物。

（四）绘制部：主要任务是负责我馆的基本陈列和各种展览的形式设计、制作和布置。下设照相室，负责有关拍照、洗印工作。

（五）群工部：主要任务是负责我馆的基本陈列和各种展览的宣传和观众组织工作。组织和接待观众，进行必要的讲解，发挥陈列、展览的宣传教育作用。

关于以上机构负责人的人选和任命以及人员编制，另报。

是否可行，请审批。

首都博物馆筹备处临时领导小组

一九八一年五月六日

北京市文物事业管理局
关于首都博物馆机构设置方案的批复

（1981 年 5 月 19 日）

（81）京文物组字第 17 号

首都博物馆筹备处：

经局党组研究，同意你处 1981 年 5 月 6 日报来"关于首都博物馆机构设置方案的请示"，馆领导下设一室四部：办公室、陈列部、保管部、绘制部、群工部。

此复

中共北京市文物局党组（印）

一九八一年五月十九日

北京市文物事业管理局关于首都博物馆增加观众的措施和规划的报告

（1983 年 7 月 12 日）

（83）博字 7 号

徐惟诚同志并北京市委宣传部：

今将首都博物馆六月二十九日送来我局的《增加观众的措施和规划》送上，请审阅。我们认为，该馆的报告中的一些措施是可行的。但总的来看，增加观众的潜力还很大，还需要进一步提高认识，发动群众，采取有效措施，增加观众人数，扩大博物馆的社会教育作用。目前，由于首都博物馆的领导班子很不健全，我们拟于机构改革过程中加强和充实首都博物馆的领导力量，并与他们一起共同研究措施和规划，再行报告。是否妥当，请示。

北京市文物事业管理局

一九八三年七月十二日

附：首都博物馆关于增加观众的措施和
规划的请示报告

（1983 年 6 月 10 日）

首博字（83）第 15 号

北京市文物局：

今年二月十一日，市委宣传部徐惟诚部长来我馆审查《北京春节民俗展览》时指示，要我们在去年观众不到十万人的基础上翻十番。他说：北京市有将近一千万人口，一年有一百万人来参观不算多。要根据群众的需要办展览，把展览办活，吸引更多的观众，为社会主义文明建设多做贡献。我们认为徐惟诚同志对我们的要求是正确的，为我馆的发展指出了方向，经过努力是能够逐步实现的。

（一）

我馆自一九八一年十月开馆以来，到今年四月，共计十九个月，观众总数为 174261 人次，平均每月 9171.6 人次，平均每天302 人次。其中：八一年十至十二月观众 43590 人次，平均每月14530 人次，平均每天 473.8 人次；八二年全年观众 97271 人次，平均每月 8105.9 人次，平均每天 266.5 人次；八三年一至四月观众 33400 人次，平均每月 8350 人次，平均每天 278.3 人次。

自开馆以来，观众超过万人次的月份，只有三个月，即八一年十月 26504 人次；八二年七月 16682 人次；八三年三月 11265人次。观众较多的主要原因是：刚开馆观众觉得新鲜；七月是党的生日，许多单位组织观众参观《李大钊同志纪念展览》，进行革命传统教育；再就是新办的展览群众喜闻乐见，如今年的《北京春节民俗展览》，展出期间的观众，与去年同期相比增加68.45%。

观众最少的月份是一、二、三、十一、十二月共五个月。比如八二年一月5261人次，二月7794人次，三月6995人次；十一月5279人次，十二月5489人次；八三年一月4760人次。平均每天140.5人次。观众少的原因主要是：时值参观游览的淡季；展室内没有取暖设备，屋子太冷，观众无法坚持把展览看完。更主要的是现有陈列内容不够生动，并且小型多样的临时展览不多。例如，不少观众反映：《北京简史陈列》内容丰富，文物也很多很好，基本反映了北京古代历史的概貌。但成组文物的原状陈列，古遗址的模型都太少，因此显得零散，在某个具体事件上得不到完整的认识；《李大钊同志纪念展览》很有教育意义，但观众提出，希望能办一个北京市地方革命斗争史，能使人受到系统的革命传统教育。特别是大量观众强烈要求尽快开放孔庙大成殿。此外，对说明牌上的错别字或文字不准确的地方，也提出了批评和建议。

另外，我馆对宣传组织观众不够有力。过去我们曾采取过一些措施：如八二年十二月中旬开始对中小学集体参观免收门票；向中小学和文科大专院校、少年宫、文化馆、部分工厂和经过我馆附近的公共电汽车站及北京站等单位寄送宣传材料和邀请信，请他们组织观众来参观，并协助给予宣传；第四展室，作为机动展室，经常更换展览。自开馆以来，曾与北京市文物商店联合举办过《历代碑帖展览》，与文物工作队合办过《拣选古代青铜器展览》，还有《馆藏近代中国画展览》《北京春节民俗展览》和与安徽芜湖市书画院合办的《芜湖市书画展览》等。每办一个展览都要尽量多发些请柬，通过报刊、电台、电视台进行宣传，吸引观众。但是缺乏深入调查，向有关单位征求意见，了解观众的需要，采取有力措施，把宣传组织观众工作搞好。

（二）

遵照徐惟诚同志对我馆大力增加观众的指示，我们召开了有关人员参加的座谈会，有部门领导参加的馆务会，进行了专门的研究，决定发动馆内职工群众，学习胡乔木同志的讲话《博物馆事业需要逐步有一个大的发展》，结合长远规划，进行讨论。通过大会动员，群众讨论，提高了认识，一致认为，就我馆现有的条件，是有潜力可挖的，观众人数翻十番，经过努力，在一个相当长的时期内逐步实现，当然要实事求是认真负责地进行。今年内我们的措施如下：

1. 对现有两个固定性的陈列进行修改和调整。《北京简史陈列》要修改提高。今年下半年李大钊烈士陵园开放后，我们将馆内《李大钊同志纪念展览》加以调整，计划筹备有关北京革命斗争史陈列。在筹备期间，尽量利用这个展室与有关单位合办临时展览。

2. 充分利用第四展室（机动展室）把临时展览办活，要多种多样，丰富多彩。今年以来举办的《北京春节民俗展览》效果较好，观众较多。我们在《芜湖市书画展览》《磁州窑艺术陶瓷展览》结束后，计划举办《馆藏扇面艺术展览》《征集文物展览》和《王树村收藏民俗板画展览》等等。《春节民俗展览》去天津展出。

3. 举办流动展览。把《李大钊同志纪念展览》复制两套，一套在本市郊区文化馆巡回展出，另一套应兄弟省市博物馆的要求到外省展出。复制工作已在联系进行。

4. 由群工部组织人员深入到本市各单位调查了解群众的要求，并宣传组织群众前来参观。这个工作先在东城区范围内做典型调查，根据群众的要求和建议，我们再进一步研究制订宣传组织观众的具体措施。

5. 与有关单位合作，举办有关北京历史的讲座，以中小学教师为主，争取观众，进行以热爱北京为中心的爱国主义教育。

6. 开放大成殿是广大观众的强烈要求，这也是吸引大量观众的最好条件之一。我们已经组织了一个专门小组，负责研究大成殿的开放和原状陈列的准备。这个问题需请局给予大力支持，尽早解决在大成殿内存放的查抄文物的问题。

7. 关于冬季取暖的问题，我们已提出了一个方案报局和市政府，一是为了防火，二是更好地为观众服务，我们也希望能够得到局领导的大力支持，尽快地解决。

以上各项措施，都已具体落实到人，并正在筹办中。

（三）

我馆是新建的馆，工作基础薄弱，基本陈列还不完整，可做机动临时展览的场地有限，根据目前实际情况和条件，我们将积极采取措施，在不断提高陈列展览质量，办好办活的基础上，大力组织观众，逐步增加参观人次。我们初步规划：

1983 年观众人次争取到达 15 万人次。

1984 年—1985 年每年到达 20 万—30 万人次。

1986 年—1990 年每年到达 50 万人次。

1991 年—以后每年 100 万人次。

以上意见当否，请批示。并请局审定后转报市委宣传部徐惟诚同志。

首都博物馆

一九八三年六月十日

2009 年的首都博物馆（夜景）

（北京市城市建设档案馆提供）

1959 年中国革命博物馆和
中国历史博物馆筹建史料

　　中国历史博物馆和中国革命博物馆是中国国家博物馆的前身。中国历史博物馆的成立时间可追溯至民国元年（1912 年），在蔡元培先生的倡导下，中华民国教育部设立国立历史博物馆筹备处，馆址在国子监，1918 年 7 月迁址到故宫的端门和午门。1920 年 11 月，国立历史博物馆正式成立，1926 年 10 月对外开放。

　　新中国成立后，国立历史博物馆于 1949 年 10 月更名为北京历史博物馆。1950 年 3 月中央决定成立中央革命博物馆筹备处，设在北海团城，后迁入故宫西华门武英殿。1958 年，为了推出中国通史陈列和中国革命史陈列，中央决定在北京天安门广场东侧建设革命博物馆和历史博物馆新馆，作为庆祝建国十周年的国庆建筑工程之一。1959 年 8 月中国革命博物馆、历史博物馆新馆落成，成为新中国社会主义文化事业发展的标志性建筑。1960 年 8 月，北京历史博物馆更名为中国历史博物馆，中央革命博物馆更名为中国革命博物馆，1961 年 7 月 1 日两馆正式对社会开放。2003 年两馆合并，组建成为中国国家博物馆。

　　本组史料收入了 1959 年中国革命博物馆、中国历史博物馆筹建情况报告，两馆向中央提出调干问题的报告，两馆所需展出业务费的请示报告，革命博物馆新馆编制的几点说明，历史博物馆关于文物陈列及安全保管方针措施的报告，以及中国革命、历史两博物馆改变名称的请示报告等相关档案，现整理公布。

北京市档案馆藏，档号：164-1-31、221。

——选编者　王永芬

北京市文化局党组关于
北京历史博物馆、中央自然博物馆
两馆变更馆名问题的请示报告

（1959 年 1 月 7 日）

（59）发字第一号

市委文化部：

北京历史博物馆、中央革命博物馆、中央自然博物馆由于形势发展三馆馆名需要变更的问题，一年多以前，各馆都曾提出，请上级研究解决。现在除中央革命博物馆已经中宣部决定为"中国革命博物馆"外，历史博物馆、自然博物馆馆名如何变更，一直没有解决。北京历史博物馆提出改为"中国历史博物馆"，中央自然博物馆提出改为"中国自然博物馆"。我们初步研究结果，同意两馆的意见。目前历史博物馆正在筹建新馆，自然博物馆已正式开馆（古生物陈列、动物陈列已于元旦开放），工作中不少地方牵涉到馆名问题，因之，希望这一问题，尽早得到解决。请市委文化部对两馆馆名问题，予以研究确定。

文化局党组

1959 年 1 月 7 日

北京市文化机关党组
关于申请革命、历史两博物馆展出
业务费的请示报告

（1959 年 3 月 3 日）

（59）发字第 11 号

万里同志：

革命、历史博物馆在天安门前建设新馆所需的展出业务费，早在去年 12 月中旬报市财政局核拨。最近接国务院齐燕铭副秘书长批示和财政局 2 月 26 日召开的国庆工程单位会议上都已明确，展出业务费不包括在中央拨发的国庆工程专款之内，应编造预算报主管部门核拨。

按照上述指示，该两馆属于文化局领导，业务费用应报请财政局核拨。但财政局认为该两馆系国庆工程，北京市无法解决。为此我们曾会同财政局去中央财政部和请示了中央文化部，他们的意见是：应请示北京市的领导研究决定。

目前两馆急需筹备陈列用电动图表、油画、复制文物、陈列布置、设备购置以及在二、四、七月份分别布置三部份〔分〕（旧民主主义、新民主主义、社会主义革命史）预展工作，共需经费 277 万元（革命 150 万元、历史 127 万元），由于经费无着，材料无法购置，美术加工无法进行，因而影响整个工作的进展。现在时间紧迫，筹备工作不能等待，建馆任务如此艰巨，惟恐影响"十一"正式展出，特请批示并转有关部门速予解决。

此致

敬礼

市文化机关党组赵鼎新

1959 年 3 月 3 日

北京市文化机关党组关于革命、历史两博物馆筹建情况的报告

（1959 年 7 月 18 日）

（59）发字第 55 号

万里、邓拓、克寒同志并 市 委：

在革命、历史两博物馆建馆工作中，除中央筹建小组（组长钱俊瑞同志）及其办公室（主任王冶秋同志）负责的三项任务（1.陈列工作；2.文物征集工作；3.为着陈列需要的临时调干工作）外，北京市文化局负责本市范围内的人员、文物调借和一般行政工作。现将文化局应负责任的工作情况简报如下：

（1）正式编制人员问题。经市文化机关党组提出，并报请市委批准两馆各增加编制 100 人，连原有编制，革命博物馆共 178 人，历史博物馆共 197 人。截至目前为止，革命博物馆已调到 78 人，已有来源可于本月份调到者 3 人，尚缺 19 人；历史博物馆已调到 65 人，已有来源可于本月份调到者 8 人，尚缺 27 人。两馆所缺 46 人中，有高、中级领导干部（馆长、部主任等）及

业务骨干（研究、设计人员等）19 人，已于 5 月 9 日报请中央文化部解决，初中毕业生讲解员和技工等 25 人已于 4 月 22 日报请市委解决，另行政人员 2 人由文化局调剂。

（2）市内临时借调人员问题。经主管局长向市属各单位动员，市属各单位均大力抽调人员支援两馆建馆工作。截至 6 月中旬为止，共借调业务人员 149 人、技工 28 人、行政干部 1 人。计：革命博物馆业务人员 101 人、技工 19 人、行政人员 1 人；历史博物馆业务人员 48 人、技工 9 人。支援单位为工艺美术学院、美术学院、北京中国画院、中央戏剧学院、美术公司、北京图书馆、故宫博物院、自然博物馆、首都博物馆、古建修整所等。市轻工业局、宣武区电器修配厂也给以支援。另外，由文化局人事处介绍线索，两馆自行联系，解决了制作上需要的部分木工和油漆工。惟缺雕塑工 14 人，因都有国庆工程任务，借调困难。

（3）市内文物、图书、文献的征集问题。截至目前为止，历史博物馆已调入文物 1023 件（其中故宫博物院 904 件、首都博物馆 93 件、定陵 26 件）、清代帝王画象〔像〕三轴、历代图象〔像〕12 册 183 开半又 22 页（以上由故宫博物院调拨）、图书 12 册（由首都博物馆调拨）；已协商好，即可调入文物 68 件、图书 41 种（其中故宫博物院调拨 54 件，北京图书馆拨赠文物 5 件、图书 9 种、借给文物 9 件、图书 25 种，首都图书馆图书 7 种）及密云区清代的墓葬两座。此外，由故宫博物院代为配备表现明清两代文化艺术的文物，和历史博物馆向故宫博物院提出调用的 127 件文物，正在协商中。革命博物馆由北京图书馆借去图书、文献 268 册，由中国书店收购珍贵书刊（不公开出售者）530 册。

（4）两馆预展需用场所，在 4 月份已大体解决。计：为革命博物馆借用故宫文华殿（1300 平方米）、北海天王殿（800 平方米）、租用天坛（2000平方米）。为历史博物馆借用故宫弘义阁和体仁阁（共约1000平方米）。革命博物馆又自行借用故宫慈宁宫（约800平方米）。

中央筹建小组决定两馆第二次预展迁入天安门新馆，于八月一日展出，请领导审查。为适应这一要求，两馆计划于七月十五日以前完成陈列设备（屏风、假墙、陈列柜等）的制作和大部分美术制作，7月底完成搬家和现场布置。关于美术制作问题，文化局已责成美术公司突击完成任务，现又和东城区委工业部联系，请北郊第一木器厂、北郊第二木器厂按时完成陈列设备制作任务。关于警卫、消防工作现正与有关部门联系安排。目前尚待解决的问题是：

一、两馆曾提出再度增加编制，因原编制内未包括内部警卫人员、清洁员也较少，讲解员兼做保管工作，不能适应新的情况。我们认为可以考虑适当增加编制。

二、高、中级领导干部和业务骨干，虽已报请中央文化部解决，但目前尚有困难。正馆长二人，请中央物色适当干部兼任。中层干部和业务骨干，两馆意见可以从借用干部中选留数人，我们同意，拟请中央宣传部解决。另外，管理冷热风技工，曾报请市委解决，但北京市缺乏熟练工，只能配备学徒工。

三、美术制作力量比较薄弱。美术公司只能担任历史博物馆的美术制作，质量也不高。革命博物馆美术制作分别由水利部模型工厂、上海模型工厂、中央戏剧学院舞台美术系担任，但领导审查后，如果返工较大，制作力量尚有问题。

以上报告是否妥当，请指示。

北京市文化机关党组

1959年7月18日

抄送：钱俊瑞同志、王冶秋同志、熊复同志、尹达同志、田家英同志、徐彬如同志、陈乔同志。

[市委对文化机关党组《关于革命、历史两博物馆筹建情况的报告》的批语：

请书记处同志传阅。两馆编制不宜增加，人员可在现有编制中调剂使用。要求中央解决的人员，可由文化局报中央文化部。陈克寒 20/7

同意克寒同志意见。邓拓 24/7]

中央革命博物馆筹备处关于新馆编制的几点说明给北京市文化局党组的函

（1959 年 7 月 31 日）

（59）国革第字 63 号

一、新馆共建筑面积 63912 平方米，使用面积 46928 平方米，大致分配是历史博物馆占七分之三，我们占七分之四的样子。其中陈列面积约 12000 平方米左右。

工作人员的编制数字，原来编为 178 人，根据现在在新馆陈列布置的体验，显然是不够分配的，现在拟编为 240 人，其中包括干部 156 名（行政干部 14 人、业务干部 142 人）、技术人员 39 名、勤杂人员 45 名。比第一次报批的编制增加了 62 人，计增加清洁员 22 名；警卫人员 12 名；电工、美工各 1 名；厨师两名；研究人员 7 名、讲解员 4 名；其他业务人员 13 名。

二、编制上的具体安排如下：1.陈列研究部编制 25 人，除正副主任、秘书和 3 名美工设计人员外，其余 19 人为专业研究人员，具体安排是：

旧民主主义革命时期的陈列分为鸦片战争时期、太平天国革命运动、资产阶级改良运动的兴起和农民反侵略斗争和辛亥革命等四大部分，以 3 个人负责长期深入研究；新民主主义革命时期的陈列，区分为党的创立和一次国内革命战争、二次国内革命战争、抗日战争和解放战争等五大部分，10 人负责长期深入研究；社会主义革命和社会主义建设时期的陈列区分为中华人民共和国成立和向社会主义过渡的开始；第一个五年计划的实行和社会主义改造的基本完成；第二个五年计划的实行和社会主义建设的全面大跃进等三个部分，以 6 个人负责长期深入研究。

2.群众工作部编制 86 人：正副主任、秘书和三名联络员外，专业讲解员共 80 名，按每人每天讲解 4 小时计算，每半天一班，每班 40 人，每人每场要担负 370 平方米的讲解任务。显然这还是较重一些的负担。讲解员的具体分配是：旧民主主义时期共 15 人；新民主主义时期共 40 人；社会主义时期共 25 人。

3.征集保管部：除正副主任和秘书外，其余 37 名共分 6 个工作组。

文物图书资料编目组 10 人，负责 3 个革命时期的全部文物的登记、编目、鉴定及图书资料的采购整理等工作。

库务组 6 人，负责全部实物、文献、资料的收藏、提取、保管及清整等工作。

征集组 6 人，负责全面的日常征集交换以及文物资料的对外供应等工作。

保管组 6 人，负责全部陈列室的文物看守、保管等工作。

修整制作组6人，负责文物及图书资料的修整、复制、裱糊等工作。

照相组3人，负责所有陈列室的陈列或临时展览或对外供应的照相、洗印、翻版、放大等工作。

4.行政办公室的编制共86人，计行政干部14名，警卫人员12名，通风、水电等技术人员17名，清洁人员30名，以及厨师6名，花匠2名，司机1名。

我们大致计算了一下，除去办公室、库房、资料室等室内外及其环境清洁事宜，一律由干部自己负责外，所有陈列室、礼堂、休息室等观众经常来往的地方，共21000平方米左右，如按30名清洁员计算，平均每人要担负700平方米的清洁打扫工作。而且有30几个大厕所每天必须打扫，陈列室的橡胶地板要隔三、五天打蜡一次。并且有宽□米长□米的玻璃□块，每周要擦洗一次。

7名电工，要负责配电，电路检修，修整电动图表，开、修电梯，检修管理扩大等工作。10名通风水暖人员除负责一般的管道修理外，要分别在4个通风机房值日夜班。每个机房，每班必须配备2人值班。

中央革命博物馆筹备处（印）

1959年7月31日

中国历史博物馆为请求增加编制
给北京市文化局的报告

（1959 年 7 月 31 日）

文化局党组并转市委文化部：

根据我馆新楼建筑与陈列室的实际情况，我馆重新研究了原有的编制，对新楼的保卫工作，文物的保管安全和环境的清洁工作，必须特别加强。根据王冶秋局长关于保管和清洁人员必须分设的指示精神，我们对原来保管人员兼清洁工作的编制方案重新作了考虑。认为必须分别增加文物保管人员、警卫和卫生清洁人员，始能较好地完成全部任务。

一、原编制清洁保管员共 10 人，但按两层楼 8162 平方米的陈列面积，又加有隔断、拐角，特别是各段文物很多，其中尚有金、银器等珍贵文物，需有专人保管，因此仅保管员至少即需 32 人，平均每人看管面积为 255 多平方米（包括轮休、换班在内），同时还兼作部分清洁工作，如吸尘、擦陈列柜等，因此再增加 22 人才能敷于分配。

二、原编制室外清洁人员共 8 人，现在陈列室内外卫生工作均需兼顾，计陈列面积 8162 平方米（包括橡皮地板的刷洗、打蜡、擦高窗玻璃等）及所有庭院、门厅、走廊约 14000 平方米，另有观众厕所 14 个，因此需再增加 8 人，共需 16 人，平均每人打扫面积约 1400 多平方米（包括轮休、换班在内），估计清洁人员人力仍不足，拟准备发动全馆人员参加义务劳动解决。此外，如办公室机关厕所和部分庭院，均准备由干部轮流值班打扫。

三、大楼的警卫工作（包括消防检查），过去曾准备请公安部门解决，但经了解困难很多。前经局初步同意设警卫人员10人，也请一并批准增加在编制内，并望尽速调配警卫人员。

以上所请急待解决，请早予批示。

附：编制方案（一）（二）各一份。〈略〉
　　陈列室平面图二份。〈缺〉

陈乔

中共中国历史博物馆总支委员会

任行健

1959 年 7 月 31 日

北京市文化机关党组
关于革命、历史两博物馆修改
陈列内容给市委文化部的报告

（1959 年 9 月 24 日）

（59）发字第 92 号

市委文化部：

据钱俊瑞同志 9 月 23 日在建馆小组办公室传达：中央书记

处于 9 月 22 日下午讨论了革命、历史两博物馆的工作，认为两馆在很短时间内，完成建筑工程和陈列任务成绩很大，应继续鼓舞士气，根据八届八中全会精神，要求将工作作〔做〕得更好。特别是革命博物馆，关系到今人今事，有些问题如果处理不当，会影响国内团结和对外介绍经验。因此，决定历史博物馆在内容上做些修改（如在陈列上增强农民起义部分，在结束厅增加一幅大清王朝地图、人口统计表及民族分布图等），于 10 月 1 日公开预展，可以接待外宾和国内观众；革命博物馆须按照八届八中全会精神进行修改，主要是突出毛主席正确路线这条红线以路线为纲，表现党内两条路线斗争，必须突出毛主席正确路线战胜错误路线，说明中国革命的胜利就是毛主席正确路线的胜利，做到真正的政治挂帅，而不是实物挂帅。陈列重点要突出，气氛也要加强。为了做好这一工作，中央决定由陆定一、××等同志组成领导小组领导这一工作。国庆节只作内部预展，不接待外宾，可接待中央一级和省市一级领导及有关同志审查、征求意见，收集资料，争取于 1960 年元旦公开预展。

钱俊瑞同志在向两馆负责同志传达了中央指示后并研究了革命博物馆的今后工作，做出以下决定：

1. 9 月 24 日由王冶秋同志向革命博物馆全体工作人员传达中央指示，动员继续鼓足干劲，完成修改工作。

2. 国庆节前组织该馆领导及有关同志学习文件，提出修改方案。

3. 中央大厅陈列国际礼品，于国庆节前完成。陈列品由故宫国际友谊馆选用，并由故宫支援干部和设备。故宫国际友谊馆可停办。

4. 重新组织人力，陈列设计和美术设计人员均需加强，原有人员要继续借用至修改工作完毕。这一工作由革命博物馆开列名单，报中央宣传部审批。

这一报告是根据记录整理，可能有不确切之处，先供参阅，建馆小组另有书面简报。

市文化机关党组

1959 年 9 月 24 日

抄送：贾星五同志并转李续纲同志。

中央革命博物馆筹备处
关于申请换发"中国革命博物馆"印章给北京市文化局的请示

（1959 年 9 月 26 日）

北京市文化局：

我馆的新馆址已经建成，陈列已初步布置就绪，经中央首长审查后，虽有些较大的修改，但还是在短期内争取内部预展，而馆的名称亦必须将原来的"中央革命博物馆筹备处"加以改换，建馆小组曾请示中宣部拟定名为"中国革命博物馆"，中宣部业已同意。因此，拟请将我馆原来的旧馆章上缴，另请发给"中国革命博物馆"印章。是否可以？请示复。

此致

敬礼

中央革命博物馆筹备处（印）

1959 年 9 月 26 日

北京历史博物馆关于请刻发

"中国历史博物馆"馆章的请示（稿）

（1959 年 10 月 17 日）

（59）历博办字第 0068 号

我馆新馆址建成后，曾由中共中央宣传部会议决定定名为"中国历史博物馆"，但现在仍用"北京历史博物馆"馆章，甚不适宜。兹特报请刻发"中国历史博物馆"馆章，以便及早启用。所有馆内各单位用章，拟于收到馆章后，由我馆刻制使用报请备案。如何之处，请批示。

北京历史博物馆（印）

1959.10.17

北京市文化局关于
请确定革命博物馆和历史博物馆馆名
并刻制新印章问题的请示

（1959 年 10 月）

（59）文处字第 1206 号

北京市人民委员会：

革命博物馆、历史博物馆新馆舍建成后，关于两馆馆名问题，前经两馆建馆小组提出：革命博物馆定名为"中国革命博物馆"，历史博物馆定名为"中国历史博物馆"，并经中宣部同意。为此，拟请正式确定革命博物馆为"中国革命博物馆"，历史博物馆为"中国历史博物馆"，并刻制新的印章。原中央革命博物馆筹备处及北京历史博物馆机构撤销。是否可行，请批示。

1959 年 10 月

抄送：市委文化部。

中国历史博物馆关于文物陈列及安全保管方针措施的报告

（1959 年 11 月 11 日）

北京市委文化部及文化局党组：

遵照市委文化部陈部长指示，我馆对文物陈列及安全保管的方针措施进行了研究，并已开始进行了些工作，现报告如下：

一、我馆总的方针任务是遵照中央指示的为广大人民群众服务，为科学研究服务。陈列的文物，须能代表我们国家面貌，本着宁精毋杂的原则，选陈具有典型性、代表性，能说明历史问题的文物。一般文物尽可能陈列真品，但为了安全保管，珍贵文物不能大量陈列出来。

二、必需要陈列的珍贵文物或易损文物，尽可能陈列复制品，将来馆藏品增多时，也可轮换陈列，特别珍贵易损文物须长期陈列复制品，有的文物则可在重大节日（五一、十一）陈列，平时不陈。金属器、经济价值大的文物，暂时都撤陈。俟陈列室安全条件更好时再陈列（如制作玻璃钢板陈列柜），但也不宜太多。重件、大件珍贵文物因不易丢损，暂不拟撤陈。

三、坚决执行安全第一的方针，撤陈珍贵文物，建立珍品库，设〔配〕备安全装置。已于 10 月 30 日组织了审查组审查后，共撤陈了珍贵文物 123 件。安全装置如警铃等，正和公安部门研究解决，同时组织了珍品库保管组，以陈乔为组长，韩炳文、李石英为副组长，史树青为编目员，贾惠吉、王玉兰为保管员。专人负责建立严格制度。

四、为了适当满足有关的科学研究机关和专家的需要，拟选择一般性的文物，开辟资料陈列室。这些文物以成套成群的居多，对一般观众不开放，陈列计划正草拟中。

五、复制工作拟先照顾地方博物馆陈列需要，尽先复制从地方调借来的文物资料，成立复制工作委员会。提出复制计划，初步提出拟复制的各种文物共计428件。因我馆复制技工很少，大部依靠市文化局成立复制工厂来完成。完成时间预计二年。

六、我馆现陈列的文物共计7757件，其中属于借陈的即占3167件。为了不影响我馆陈列，其中除属于各省市的文物，拟报中央文化部解决所有权问题外，属于北京市各单位的文物拟请市委文化部与文化局能召集会议协商解决所有权问题，其中有的需调拨我馆，有的拟立即退还，有的要复制后退还。

以上当否？请示。

中共中国历史博物馆党总支委员会

1959年11月11日

北京市文化机关党组关于革命、历史两博物馆正式调干问题的请示报告

（1959 年 12 月 11 日）

（59）发字第 105 号

市委文化部：

　　关于革命博物馆、历史博物馆筹建小组向中央提出解决正式调干问题，并提出调干名单一事，党组意见，认为两馆研究工作人员确需报请中央抽调，所提名单，均系经过选择，可以胜任这一工作的对象，同意申请调来。惟两馆所提人数，多至 60 余人，不仅在两馆编制上不能容纳这样多人，同时也应考虑到被抽调干部的单位，很难一下抽出这样多的骨干。两馆在研究工作中，一方面馆内要组织力量，筹设研究机构，同时要能与有关学术机关互助合作，组织和发挥学术界的力量，才能更好地将研究任务完成。美术设计人员，历史馆所提人数，亦可减少。馆外兼职名单，如所提兼职干部的单位和本人均同意，确能有利于双方工作时，可以同意。估计两馆在提出名单时，可能想到抽调困难，因此，多提些人供中央参考，亦有好处。

　　以上意见供参考。

　　附：中国革命、历史博物馆筹建小组给中央的请示一件〈缺〉。

市文化机关党组

1959 年 12 月 11 日

2011 年的国家博物馆

（北京市城市建设档案馆提供）

20世纪70年代长辛店二七纪念馆筹建和纪念活动史料

  长辛店二七纪念馆，是记录1923年中国共产党领导京汉铁路工人开展二七大罢工运动的革命历史博物馆。纪念馆坐落在丰台区长辛店火车站西边（长辛店花园南里甲15号），为老北京四合院布局，中式门楼顶部和房檐处以金黄色琉璃瓦装饰，占地面积6600平方米，建筑面积2300平方米。

  在中国共产党早期发展历程中，长辛店工人运动是中国先进知识分子与工人群众相结合、马克思主义同中国工人运动相结合的起点和典范，为中国共产党锻炼了干部，被称为中国北方工人运动的摇篮。新中国成立以来，长辛店的二七老工人多次向各级领导建议在长辛店修建二七纪念馆。1958年，长辛店机车车辆工厂工会决定把该厂工人俱乐部二楼一个100多平方米的大厅开辟为二七斗争史陈列室。经过一年的筹备布展，于1959年开始接待观众，这是二七纪念馆最早的雏形。

  长辛店二七纪念馆的正式筹建始于20世纪70年代。1972年，北京市文物管理处革委会通过走访调查，对长辛店二七工人运动遗址现存情况进行了初步调研，为纪念馆筹建提供了材料依据。

  1973年2月7日，纪念二七斗争50周年时，二七老工人又一次向市领导提出修建长辛店二七纪念馆之事，加速了纪念馆的筹建进程。北京市当即成立了由倪志福、贾汀、丁国钰等组成的二七纪念馆筹备小组，并从有关单位抽调人员参与筹备小组工作。二七纪念馆设计工程由北京市规划局负责设计，

1975年启动，1976年因故停止，1977年恢复并完成设计方案。1973年至1978年，筹备小组在馆址选择、地质勘测、方案设计、模型制作以及资料收集等方面做了很多工作，准备已基本就绪，纪念馆的建设施工提上日程。1978年北京市总工会向市委请示修建北京长辛店二七纪念馆，并建议将该工程列入下一年度北京市基建计划。

1983年2月6日，在市总工会的推动下和市委市政府的支持下，"长辛店二七纪念馆"奠基典礼在北京二七厂举行。王震、倪志福等出席了纪念馆奠基仪式。彭真题写了馆名。经过三年的筹备和施工，纪念馆于1986年竣工，1987年对内开放，1991年正式对社会开放。

1987年3月，二七机车工厂政治部根据北京市人民政府办公厅关于二七纪念馆由二七机车工厂统一管理的复函，组建展览筹备组，并推出了二七工人运动主题展览。除展览外，每逢重大事件，二七纪念馆还举办一些临时展览、专题展览、巡回展览等。另外，该馆还管辖有长辛店劳动补习学校、留法勤工俭学预备班旧址，附近还有长辛店工人夜校、京汉铁路长辛店工人俱乐部、"二七"惨案等一批旧址，均为北京市或丰台区文物保护单位。

本组史料收录了二七纪念馆主要筹建时期1972年至1978年间的调研简报、请示报告、文物简报、建设协议、信函等，反映了70年代长辛店二七纪念馆筹建的相关情况，对于研究和了解这一阶段北京博物馆事业发展情况具有参考价值，现予以整理，供研究者参考。

北京市档案馆藏，档号：101-2-40，101-3-9、38。

——选编者　宋鑫娜

北京市文物管理处革命委员会
关于长辛店"二七"工人运动遗址
现存情况的简报（第二期）

（1972 年 12 月 14 日）

　　最近，市文化局马连玉同志到长辛店机车车辆厂工作时，向我处说：该厂建厂五十周年即将来到，该厂邀集"二七"罢工老工人座谈，反映"二七"遗址的房屋房修管理所拟进行拆建。为了解遗址的现存情况，我们到车辆厂和遗址现场进行调查，现将情况汇报如下：

　　一、长辛店共有"二七"工人运动遗址四处：①长辛店大街106 号，为当时工人运动指挥部；②祠堂口一号，为"二七"惨案以前工人补习学校；③火神庙前，为工人惨遭杀害的地方；④娘娘宫，为工人当时开会的地方。以上四处，大街106 号和祠堂口一号现为居民租住，建筑形制和过去基本相同。106 号共有房16 间，除西房四间外，均系危险建筑，明春拟拆建。祠堂口一号为私产，北房和东房共六间，现在尚无危险。南房两间前檐下沉，用横木支撑着。火神庙前仍如旧样，庙山门为砖石发券建筑，文化大革命初期破四旧时屋顶大脊吻兽和垂脊小兽被砸坏。娘娘宫现为小学校使用，现在只南北房是旧建筑，其他都是近几年新建的，当年开大会的殿基遗址现已不存。

　　二、据车辆厂军代表吴同志和厂党委办公室赵学勤同志讲，

"二七"罢工前，伟大领袖毛主席曾来过长辛店，领导工人运动。毛主席曾到过的地方，一处现已改为酱油厂，旧观完全改变；一处现为车辆厂的车间，是当时工厂的机械科。毛主席曾在西头的小楼下边研究留法预备班扩大的问题。

三、车辆厂吴代表和赵学勤还说，明年是"二七"工人运动五十周年，厂里正在进行准备工作。当年参加罢工斗争的老工人都已八十多岁，已经没有几个人了。厂里以前搜集到的资料，因无专人管理，经过几年的运动，多已不存。另外车辆厂经常接待外宾，许多外宾都想了解我国工人运动的情况。因为工厂没有纪念的机构，外宾只好到江岸或郑州去参观。因此，工厂意见，建立一个纪念馆之类的机构，使现有资料得以保存，还可使国际友人了解五十年前党对工人运动的领导。希望我们代为呼吁一下。

四、根据以上情况，我们和丰台文化系统领导小组联系，通知区房管局，停止对长辛店 106 号和祠堂口一号房屋的拆建。前几天已接丰台区文化小组电话，已将我们的要求，通知了区房管局，房管局已答应了我们的要求，即使拆建时也先征求我们意见。

对这处革命遗址今后如何保存和管理，我们将与有【关】单位研究提出方案。同时，希望领导上对这项工作给予指示。

报送：北京市革委会吴德同志，丁国钰同志。
　　　北京市革委会文教组、工交组
　　　北京市文化局
　　　丰台区革委会

北京市工代会领导小组关于"二七"罢工五十周年纪念活动的请示

(1973年1月8日)

京工（73）第1号

市委：

今年二月七日，是京汉铁路工人罢工五十周年纪念日。"二七"罢工是我国工人阶级在党的领导下进行的声势浩大的政治斗争。1918年11月和1919年3月，伟大领袖毛主席曾经到"二七"罢工的发源地之一长辛店铁路工厂播下了革命火种。为了宣传毛主席的革命工运路线，深入进行批修整风，向职工进行阶级斗争、路线斗争和继续革命教育，动员全市工人阶级"发扬革命传统，争取更大光荣"，全面贯彻落实中央两报一刊"新年献词"所提出的各项新的战斗任务。我们打算举行以下纪念活动：

1.以市工代会的名义在"二七"厂召开"北京市工人纪念'二七'罢工五十周年大会"。除"二七"厂职工外，组织区、县、局重点单位的代表约三百人参加。请市委领导同志出席大会。市工代会、"二七"厂负责同志及"二七"老工人、烈士家属、先进工人代表，共同组成主席团。倪志福同志讲话（讲稿另送审）；

2.大会宣传报导〔道〕请北京日报、北京电视台负责；

3.请市委文化组对大会演出的歌舞剧"火种"进行予〔预〕审；

4.二月七日上午，领导同志慰问"二七"老工人，进行座谈并合影留念。大会结束后，以市工代会和"二七"厂的名义向"二七"烈士墓献花圈。

是否可行，请批示。

附大会具体安排及"火种"剧本〈略〉。

北京市工代会领导小组

一九七三年一月八日

附件：

北京市工人纪念"二七"罢工五十周年大会具体安排

1.时间：一九七三年二月七日（正月初五）下午一点三十分。

2.地址："二七"机车车辆厂俱乐部。

3.参加人员：共一千六百人。其中：区、县、局重点单位代表三百人（附表）；"二七"厂一千二百人（包括"二七"老工人、烈士家属）；有关领导同志二十五人；其它有关人员七十五人。

4.大会程序：

由市工代会主持大会；

倪志福同志讲话。着重讲"二七"的意义和要求。（15分钟）

"二七"厂党委书记贾汀同志讲话。着重讲"发扬革命传统，争取更大光荣"。（15分钟）

"二七"老工人□□□同志讲话。（30分钟）

青工代表□□□同志讲如何继承先烈遗志，当好革命接班人。（10分钟）

休息三十分钟，参观"二七"图片展览；

演出职工创作的反映"二七"斗争的歌舞剧"火种"。

5.分工：

倪志福同志讲话由市工代会拟稿报市委审查；

其他如大会组织工作和会场布置、大会发言、"二七"图片展览、电源、安全、保卫等由"二七"厂负责；

区、县、局重点工厂代表由市工代会通知。（交通工具自备）

（附表）　　　　　　　　总计 300 人

单　位	人数	单　位	人数
北京铁路管理局	20	纺织局	10
矿务局	10	市政工程局	5
电力工业局	5	建设局	5
地质局	5	房管局	5
邮局	5	公用局	4
首钢	20	园林局	3
机械局	15	环卫局	3
仪表局	10	化工局	5
一轻局	10	一商局	5
二轻局	15	二商局	5
交通局	10	服务局	5
国防工办	10	农机局	5
物资局	5	出版办公室	5
建材局	10		
南口机车车辆厂	5	跃进造纸厂	3
丰台桥梁厂	5	石油化工总厂	10
化工机械厂	5	五四一厂	3
东城	5	昌平	2
西城	5	顺义	2
崇文	5	大兴	2
宣武	5	怀柔	2

朝阳	5	密云	2
海淀	2	通县	2
丰台	5	房山	2
石景山	2	延庆	2
门头沟	2	平谷	2

国钰同志：

关于市工代会提出的纪念"二七"罢工五十周年的几项活动问题，经研究、了解，"二七"四十周年时，由市总工会出面召开了纪念大会，最近几年也都由"二七"车辆厂召开纪念会。今年是五十周年，以市工代会名义，开展纪念活动是可行的。请示报告中所提领导同志与"二七"老工人"合影留念"问题，鉴于市革委会曾于1968年4月14日作过"未经批准……不准照像"的规定，是否照像请酌定。

"二七"五十周年期间的报纸宣传问题，由我们告北京日报参照往年规模订出计划。

关于修建纪念馆、烈士陵园和保护"二七"遗址问题，待了解情况后再报。

宣传组

一九七三年一月二十日

丁国钰同志批示：请吴德同志阅批。拟同意由市工代会出面召开纪念大会，市委由倪志福同志出席并讲话。

吴德同志圈阅。

丁国钰同志：

根据市委批示，北京市工人纪念"二七"斗争五十周年大会正在准备中。经我们研究，当天拟请吴德同志、国钰同志和王磊同志以及组织组、宣传组、工交组各一位负责同志出席大会主席团。当天上午（暂定九点半开始）慰问"二七"老工人的活动，也请领导同志参加。

当否，请示。

北京市工代会领导小组

一九七三年一月二十七日

丁国钰同志批示：请吴德同志阅批。工交组、宣传组可参加。

吴德同志批示：我恐无时间，请国钰、王磊同志参加。2月1日

倪志福同志在北京市工人"二七"斗争五十周年纪念大会上的讲话（草稿）

（1973年2月7日）

同志：

同志们：

今天，我们北京工人在"二七"斗争的发源地之一长辛店铁路工厂举行集会，隆重纪念"二七"斗争五十周年。首先，让我们向"二七"烈士们表示悼念！向烈士家属表示慰问！向"二七"革命老前辈表示敬意！

我们纪念"二七"斗争五十周年，有着十分重要的意义。"二七"斗争，是新民主主义革命初期，我国工人阶级在共产党领导下进行的第一次规模巨大的政治斗争。那时，我们北京的铁路工人和全国工人阶级一样，身受帝国主义、封建主义和官僚

资本主义的残酷剥削和严重压迫，处于饥寒交迫、水深火热之中，没有起码的政治地位和生活保障。"长辛店成了伤心店""京汉路是饥寒路"。"十月革命一声炮响，给我们送来了马克思列宁主义"。1918年和1919年，伟大领袖毛主席曾经亲自到长辛店铁路工厂进行调查研究，宣传马列主义，为我们工人阶级指明了斗争的方向，播下了革命的火种。马列主义与我国工人运动相结合，就产生了无产阶级自己的先锋队——中国共产党。1921年党成立后不久，建立了劳动组合书记部，积极领导和发展工人运动，各地工会组织象雨后春笋一样地建立起来。恩格斯说："……通过工会使工人阶级作为一个阶级组织起来。而这是非常重要的一点，因为这是无产阶级的真正的阶级组织，它靠这种组织和资本进行经常的斗争，使自己受到训练，就是最残酷的反动势力，现在也决不可能摧毁它"。在1923年的"二七"斗争中，工人们"为自由而战，为人权而战"，坚决保护自己的阶级斗争的组织——京汉铁路总工会。"二七"斗争受到了全国工人阶级的大力支持，受到共产国际、赤色职工国际和各国工人阶级的热情支援。虽然由于敌人的血腥镇压，几十位阶级兄弟被屠杀和逮捕，几百位战友受了伤，一千多位工人被开除和流亡。但是中国共产党和工人阶级的威信大大提高了，经受了锻炼，取得了宝贵的经验教训。"二七"斗争在中国工人运动史上留下了光辉的一页。这次斗争显示了我国无产阶级的革命坚定性、组织纪律性和大无畏的自我牺牲精神。〈略〉它向全世界表明：只有工人阶级及其先锋队——共产党，才能担当起中国革命的领导责任。毛主席在《中国社会各阶级的分析》一文中明确指出："工业无产阶级人数虽不多，却是中国新的生产力的代表者，是近代中国最进步的阶级，作了革命运动的领导力量。"

　　同志们："二七"斗争到今天已经整整五十年了。五十年来，伟大领袖毛主席领导我们党战胜了历次"左""右"倾机会主义路线。在毛主席无产阶级革命路线的指引下，中国人民结成了以工人阶级为领导、以工农联盟为基础的广泛的统一战线，坚持武装斗争，推翻了三座大山，建立了无产阶级专政的中华人民共和国。并在完成新民主主义革命的伟大任务之后，胜利地进行了社会主义革命和社会主义建设，把一个贫穷落后的旧中国，变成一个初步繁荣昌盛的社会主义新中国。〈略〉

　　当前国内外形势一派大好，批修整风运动开展地更加深入扎实，我国人民在政治思想战线、经济战线和外交战线等各方面都取得了伟大的胜利。但是我们决不能忘记，今天的胜利是无数革命先辈在毛主席和党的领导下英勇战斗取得的，革命的红旗是烈士们的鲜血染成的。今天我们纪念"二七"，就要遵照毛主席的教导："发扬革命传统，争取更大光荣"。让"二七"斗争的革命精神，永远鼓舞我们，在伟大领袖毛主席的英明领导下，沿着毛主席的革命路线胜利前进，为中国革命和世界革命做出更大的贡献。〈略〉我们要"认真看书学习，弄通马克思主义"。努力掌握马克思主义的立场、观点和方法，善于理论联系实际。只有懂得了马列主义的真理，才能坚定我们的革命信念和无产阶级立场，为实现共产主义前赴后继，英勇奋斗。只有领会了马列主义真理，提高识别真假马列主义的能力，才能及时识破敌人的欺骗和阴谋，正确总结正反两个方面的经验，在阶级斗争的风浪中，坚持正确的政治方向。

　　我们要认真贯彻毛主席"深挖洞，广积粮，不称霸"的重要指示。谦虚谨慎，勤俭节约，持续开展"工业学大庆"的群众运动，"抓革命，促生产"，进一步贯彻执行"备战、备荒、为人民"的伟大战略方针。

我们要在党的领导下，进一步加强工人阶级的团结。"二七"斗争的一条重要经验，是通过工会把工人紧密地团结在党的周围，为实现党的革命路线而奋斗。中央两报一刊"新年献词"号召加强党的一元化领导，整顿和逐步健全工会组织。我们广大工人在整顿和逐步健全自己的阶级组织的时候，一定要进一步加强在毛泽东思想基础上的团结，和全市人民一道，沿着党的"九大"路线奋勇前进，促进社会主义革命事业蓬蓬勃勃的向前发展。

同志们："成千成万的先烈，为着人民的利益，在我们的前头英勇地牺牲了，让我们高举起他们的旗帜，踏着他们的血迹前进吧！"

北京市工代会领导小组关于修建
"二七"纪念馆的请示

（1973 年 1 月 11 日）

京工（73）第 3 号

市委：

长辛店铁路工厂是"二七"罢工的发源地之一。伟大领袖毛主席曾经于 1918 年 11 月和 1919 年 3 月亲自到厂播下了革命火种。在筹备"二七"罢工五十周年纪念活动的时候，该厂领导和"二七"老工人反映"二七"资料不健全，大部遗址残缺或改变了原来的样子，建议进行修整。目前"二七"老工人都已经七、八十岁。从宣传毛主席的革命工运路线、向职工进行革命传统教育出发，以及满足来访外宾的要求，建议由市文物管理局负责在长辛店修建"二七"纪念馆和烈士陵园，保护"二七"遗址，整理"二七"历史资料。

是否可行，请指示。

北京市工代会领导小组

一九七三年一月十一日

北京市总工会关于成立筹建"二七"纪念馆领导小组的请示

（1973 年 6 月 18 日）

京工（73）第 14 号

市委：

今年年初，为修建"二七"纪念馆问题我们已经向市委作了请示，根据领导批示、市委宣传组又逐项做了调查，意见是"为了向广大职工进行革命传统教育，满足来访外宾的要求，建议市总工会和市文物管理处帮助'二七'机车车辆厂收集、整理'二七'历史资料，恢复原'二七'陈列室。修建'二七'纪念馆及烈士陵园的问题，由市总工会出面与文物管理处和'二七'机车车辆厂等有关单位进行调查研究，根据中央有关规定精神，提出具体意见"。

五月二十六日，我们邀请了"二七"机车车辆厂、北京铁路管理局、丰台区和长辛店镇革命委员会、市文物管理处等单位的领导同志，研究了市委宣传组提出的意见。大家认为"二七"工厂是"二七"罢工的发源地之一，做好这项工作是非常必要的。并商定要组成一个筹备领导小组，于最近派六、七名工作人员到武汉、郑州参观学习他们筹建"二七"纪念馆和烈士陵园的经验，搜集有关资料，拟出初步方案报告市委。现将各单位提出的筹备小组名单报告如下：

    曹宪波　市总工会副主任

    李光禄　北京铁路局工会负责人

    孙学海　市文物管理处革委会委员

    王大平　"二七"机车车辆厂工会主任

    曹东汶　丰台区工会主任

（市规划局在筹备期间暂不参加。）

当否，请指示。

北京市总工会

一九七三年六月十八日

北京市总工会关于建设"二七"纪念馆一事给市建委的公函

（1974 年 12 月 11 日）

市建委王建明并万里、贾汀同志：

    关于在长辛店建造"二七"纪念馆一事，今年七月份已由北京市建筑设计院作出初步设计方案。八月七日贾汀同志审查并作出指示后，"二七"厂又对设计方案提出了若干修改意见，八月十日交给设计院进一步修改。但由于设计院任务比较繁重，拖延下来。

"二七"纪念馆的筹建工作从七三年起到现在已将近两年了，"二七"厂广大职工特别是"二七"老工人迫切要求早日进行。鉴于这一情况，请市建委联系一下，帮助将"二七"纪念馆设计方案的修改工作安排给北京建筑设计院，于年底之前完成，以便明年早日动工。

北京市总工会

一九七四年十二月十一日

北京市总工会关于建设"二七"纪念馆一事向杨寿山同志的请示

（1977 年 3 月 7 日）

寿山同志：

关于建设"二七"纪念馆一事，市革委会计划委员会、基本建设委员会已于 1976 年 5 月 22 日批复，同意建筑面积在 2600 平米以内（包括人防及附属用房），投资 80 万元。现规计〔划〕设计早已搞完，建馆用地也与园林局商妥，施工条件都已具备，应下达投资和施工计划。鉴于"二七"老工人要求建馆心情非常迫切，我们建议：

（一）把建设工程列入今年北京市建设项目。

（二）先拨 40 万元投资，"5•1"以前破土动工。毛主席纪念堂竣工后再拨 40 万元投资，全面动工。明年"二七"斗争五十五周年以前一定落成。

（三）请指定一名计委或建委负责同志召集有关方面人员开会研究落实施工事宜。

当否，请批示。

北京市总工会
一九七七年三月七日

北京"二七"纪念馆筹备组
关于 1978 年续建"二七"纪念馆
工程向郑天翔同志的请示

（1977 年 12 月 2 日）

天翔同志：

一九七六年五月二十二日市计委、建委关于建设"二七"纪念馆任务的发文〔(76) 京计基字第 28 号、(76) 京建字第 74 号〕中批准"二七"纪念馆建筑面积为二千六百平米，投资为八十万元。一九七七年又列入北京市基建计划。目前，"二七"纪念馆的设计工作早已完成，建工局已将"二七"纪念馆的施工任务安排给北京市第六建筑公司。经市规划局安排、园林局同意，建筑地点已定在长辛店"二七"公园内，准备工作已基本完成。

这项工程是市委在一九七三年纪念"二七"斗争五十周年时批准的，是北京地区反映伟大领袖和导师毛主席早期革命实践活动的工人运动的纪念馆。明年二月七日是"二七"斗争五十五周年，根据"二七"老工人的强烈要求，我们建议把二七纪念馆（包括纪念碑）的建设工程继续列入一九七八年北京市建设项目，投资八十万元，请市建委组织施工。

请批示。

北京"二七"纪念馆筹备组

一九七七年十二月二日

送：市计委、市建委、市总工会、市规划局、市财税局、市园林局、丰台区革委会。

发：二七纪念馆筹备组成员

北京市总工会、北京市园林局
关于占用园林局"二七"公园部分绿地
修建"二七"纪念馆的协议

（1977 年 12 月 28 日）

经市委批准，北京长辛店"二七"纪念馆列为一九七七年基本建设计划。建馆地点，经有关方面共同商定，选在长辛店公园内，为使"二七"纪念馆和"二七"公园成为一个有机的整体，更好地建设"二七"公园。经商定。双方协议如下：

一、"二七"纪念馆及其附属用房永久性占地八亩（五千三百三十四平米），临时性占地范围（施工和堆料用地）施工前另议，位置见附图〈略〉。

二、施工范围必须移植和砍伐的树木共九百六十九棵，树木损失费计九万四千八百五十一元。"二七"纪念馆在动工前（不超过七八年上半年），北京市总工会要将上述损失费拨给北京市园林局（丰台区绿化队），树木的移植和砍伐工作由北京市园林局负责在"二七"纪念馆动工前完成。

三、施工范围内必须拆除的两栋平房（一百二十二平米），由北京市总工会负责（包括设计、施工、投资、材料）在拆除前易地新建，面积不变，建筑形式与"二七"纪念馆协调，建筑质量不低于一般平房标准。

四、在"二七"纪念馆完工之前，北京市总工会负责（包括投资、材料、设计、施工）在公园内修建道路二千平米，栏杆围墙四百米，路灯二十盏，厕所一栋三十平米。为配合参观展览还需在适当位置修建凉亭三十六平米，棚架四十五平米，拆迁的儿童游戏设施也需易地新建。（位置见附图〈略〉）上述七项投资九万七千四百元，其设计方案应事先由双方协商同意后再施工。其标准不低于一般公园建筑设施的标准。此外，园林局在公园内修建旱桥一座（位置见附图〈略〉），并负责整个公园和"二七"纪念馆周围的绿化工作。

五、"二七"纪念馆建成后，纪念馆及其馆前广场由北京市总工会负责管理，公园其他部分仍由北京市园林局负责管理。北京市总工会负责修建的道路、栏杆、围墙、路灯、厕所、凉亭、棚架及儿童游戏设施产权归北京市园林局。北京市园林局负责管理，维修，保证使用。

六、本协议存北京市总工会、北京市园林局、丰台区绿化队、北京长辛店"二七"纪念馆、北京长辛店"二七"机车车辆工厂，并报市计委、建委备案。

北京市总工会（印）　　　北京市园林局革命领导小组（印）

一九七七年十二月二十八日

北京市总工会关于"二七"罢工五十五周年纪念活动的请示

（1978 年 1 月 10 日）

京工字〈78〉第 3 号

市委：

今年二月七日，是京汉铁路工人大罢工五十五周年纪念日。"二七"罢工是我国工人阶级在党的领导下进行的声势浩大的政治斗争。1918 年冬和 1919 年春，伟大领袖和导师毛主席曾经亲自到"二七"斗争的发源地之一——北京长辛店铁路工厂进行调查研究，播下革命火种。为了动员全市工人阶级"发扬革命传统，争取更大光荣"，最紧密地团结在【以】华主席为首的党中央周围，高举毛主席的伟大旗帜，贯彻党的"十一"大路线，深

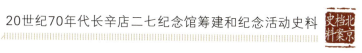

揭狠批"四人帮",深入开展工业学大庆、农业学大寨的群众运动,在抓纲治国重要的一年里,努力完成党的"十一"大提出的各项战斗任务,参照"二七"斗争五十周年纪念活动的规模,今年,我们打算举行以下纪念活动:

1.2月1日下午二时,以市总工会名义,在"二七"厂召开:"北京市工人纪念'二七'斗争五十五周年大会"。(二月七日是春节,根据"二七"厂建议,纪念活动提前安排)除"二七"厂职工外,组织区、县、局重点单位的代表约三百人参加。请市委领导同志出席大会。市总工会、"二七"厂负责同志及"二七"老工人、烈士家属、先进工人代表共同组成主席团。请市委负责同志讲话(讲稿另定)。

会后请北京市京剧团演出京剧《站上风云》或《逼上梁山》。

2.2月1日上午,领导同志慰问"二七"老工人,进行坐〔座〕谈并合影留念(不登报)。坐〔座〕谈会后,向"二七"烈士墓献花圈。

3.1月30日或31日下午,在首都体育馆或北京工人体育馆以市总工会名义举行"北京市工人纪念'二七'斗争五十五周年报告会",请"二七"老工人杭宝华等同志作报告,请市委有关领导同志出席。

4.纪念活动报导〔道〕问题,请市委宣传部安排。

是否可行,请批示。

北京市总工会

一九七八年一月十日

北京市总工会关于修建北京长辛店
"二七"纪念馆的请示

（1978 年 8 月 26 日）

京工字〈78〉第 39 号

庭三同志、立功同志并市委：

伟大领袖和导师毛主席曾于一九一八年冬和一九一九年春到北京长辛店铁路工厂宣传马克思列宁主义，播下了革命火种。一九二三年在党的领导下，爆发了震惊中外的"二七"大罢工。一九五六年三月，毛主席与滕代远同志谈话时曾明确指出："中国工人运动是从长辛店开始的"。

一九七三年，根据市委批示精神，开始了"二七"纪念馆的筹备工作，成立了筹备小组。五年多来，在馆址选择、地质勘测、方案设计、模型制作以及资料收集等方面作〔做〕了很多工作，准备已基本就绪。初步意见，纪念馆（包括纪念碑）建筑面积为二千五百平方米，总投资约九十万元。

为了高举毛主席的伟大旗帜，宣传毛主席的革命实践活动；更好地向职工进行革命传统教育，宣传毛主席的革命工运路线；动员全市工人阶级"发扬革命传统，争取更大光荣"，贯彻党的十一大路线，在完成新时期总任务的新长征中发挥主力军作用；同时使来京访问的外国革命同志可以就近了解"二七"斗争史。我们认为，"二七"纪念馆以早建为宜，曾几次请示市委批准动工，但一直未能落实。

修建"二七"纪念馆和一般的建造楼堂馆所有着完全不同的政治意义。各有关兄弟省、市，如郑州、武汉都已修建了"二七"纪念馆和纪念碑。一九五八年毛主席为武汉"二七"纪念碑题了词（照片附后〈略〉）。长辛店"二七"老工人强烈要求修建纪念馆，曾联名给市委写信，并多次找市总工会提建议。今年十一月，是毛主席亲临长辛店铁路工厂六十周年纪念。所以我们建议：

　　一、在庆祝毛主席亲临长辛店铁路工厂六十周年时，举行"二七"纪念馆奠基仪式。届时请市委和中央有关部门负责同志参加。

　　二、把修建"二七"纪念馆工程列入明年北京市基建计划，争取明年"二七"正式动工。今年先拨占地赔偿费二十万元。

　　三、敬请英明领袖华主席为"二七"纪念馆和纪念碑题词。当否？请批示。

北京市总工会

一九七八年八月二十六日

375

20世纪70年代
北京鲁迅博物馆工作史料

　　鲁迅从1912年至1926年在北京居住长达14年之久，曾先后在北京宣武门外南半截胡同绍兴会馆、西直门内八道湾11号、西四砖塔胡同61号、阜成门内西三条21号居住。鲁迅在北京居住期间经历了新文化运动和马克思主义在中国的传播。在革命思想的感召下，创作了大量影响巨大且深远的现代文学作品。新中国成立后，为纪念和学习鲁迅建立了北京鲁迅博物馆。

　　本组史料主要收录有北京鲁迅博物馆革命委员会关于鲁迅在北京居住遗址保护问题给市文化局的报告、关于鲁迅博物馆陈列所需美术创作题目的报告及1975年国家文物局接收的鲁迅博物馆文物、资料清册，反映了20世纪70年代北京鲁迅博物馆的工作情况。

　　北京市档案馆藏，档号：164-2-566、693。

——选编者　王　星

北京鲁迅博物馆革命委员会关于
鲁迅在北京居住遗址保护问题
给市文化局的报告

（1973 年 6 月 15 日）

文化局：

　　鲁迅从一九一二年五月五日来到北京，到一九二六年八月二十六日离开北京到南方，先后在宣武门外南半截胡同绍兴会馆、西直门内八道湾十一号、西四砖塔胡同六十一号【阜成门内西三条二十一号】居住，共历时十四年之久。现在除了西三条二十一号已由国家保护起来，其它三处都没有进行保护。

　　鲁迅在北京居住期间，经历了伟大的十月革命和五四运动，并在北洋军阀的黑暗统治下，坚持战斗。鲁迅在北京生活战斗的十四年，是他一生的一个重要历史阶段。他在文化战线上，遵奉着"革命先驱者"的命令，向着帝国主义文化和封建文化展开了英勇的进攻，立下了不朽的功绩。毛主席在评价鲁迅时指出：他是"中国文化革命的主将""文化新军的最伟大和最英勇的旗手"。

　　鲁迅在北京居住过的地方，与他这一时期的革命文学活动和毛主席对鲁迅所作的崇高评价是有密切联系的。我们现在把它保护下来，不仅具有重要的历史意义，而且可以恢复原状，供广大工农兵参观学习，看看伟大的革命家、思想家和文学家鲁迅当时是怎样艰苦奋斗的，也具有极为重要的现实意义。

关于保护这三处遗址的问题，过去我馆曾写过专题报告。"文化大革命"以后，许多人包括一些社会知名人士，不断提出这一问题。来我馆参观故居的外宾，也询问鲁迅在北京居住的其它三处遗址的保存情况，能否参观。最近来北京参观的各兄弟馆，都向我们提议，赶快采取措施，加以保护，否则，完全损坏了，想保护也来不及了。

我们认为，这确实是一项很重要的工作，但也是一件很具体细致的工作，它牵涉到这十四间房屋的住户安置问题（包括绍兴会馆五间、八道湾四间、砖塔胡同五间）。为此，报请文化局批转文物管理处办理。然后由我馆进行保护、修理和复原。

以上意见，是否妥当？请指示。

北京鲁迅博物馆

北京鲁迅博物馆革命委员会（印）

一九七三年六月十五日

附：绍兴会馆的补树书屋、八道湾十一号、砖塔胡同六十一号三处的情况。

附件1：北京绍兴会馆补树书屋鲁迅故居

北京宣武门外南半截胡同绍兴会馆内的补树书屋，鲁迅从一九一六年五月六日至一九一九年十一月二十一日居住在这里。①

进了绍兴会馆的大门，穿过中庭大院向西南走进一个东西夹道北面的一个小独院就是补树书屋。里面有四间西房，两间小北

---

① 鲁迅1912年5月来到北京后先住在绍兴会馆藤花馆，后为避喧哗而于1916年5月搬入补树书屋。

房。西房是鲁迅住的，北房是放东西用的。有一个月亮门和夹道相连（月亮门已经破坏，可复原）。

鲁迅在这里居住了三年半的时间，经历了伟大的十月革命和五四运动。他在这里热烈欢呼十月革命"是新世纪的曙光"，并以文学为武器，开始了他新的战斗。他的被称为中国新文学的"第一声春雷"的著名小说《狂人日记》就是在这里发表的。它揭示了中国几千年的"文明史"就是一部"人吃人"的历史。从此就"一发而不可收"，陆续发表了《孔乙己》《药》《一件小事》《我之节烈观》等大量小说、论文和"随感录"，为中国新文学的发展奠定了初步基础。另外，鲁迅还在这里做了大量的古籍校勘和古典文学的研究工作。

附件2：北京八道湾十一号鲁迅故居

北京西直门内公用库八道湾十一号。鲁迅从一九一九年十一月二十一日至一九二三年八月二日居住在这里。这是一座座〔坐〕北朝南的三层院子的住宅。鲁迅住在一进大门靠外面的南房里，有一个门口和大门的门洞相通。现在要保存的就是和门洞连在一块的三间南房。

鲁迅在这里做了大量的工作。他的闻名世界的小说《阿Q正传》和《呐喊》中的《风波》《头发的故事》《故乡》《社戏》等大部分小说和《热风》中的大量战斗杂文都是在这里写成的。另外，还在这里翻译了许多俄国和东欧、北欧的文学作品。同时，开始在北大、师大、女师大等校兼课，并大力培养文学青年。为中国新文学的发展和反帝反封建斗争做出了重要贡献。

附件3：西四砖塔胡同六十一号鲁迅故居

北京西四砖塔胡同六十一号鲁迅故居。从一九二三年八月二日至一九二四年五月二十五日鲁迅居住在这里。这是一座座〔坐〕南朝北的小院子。进了大门往东一拐就是庭院，有三间北房，两间西房。现在不同的是大门由朝北改为朝西（还可复原），其它没有变化。

鲁迅在这里住的时间不长，但却写了许多重要作品。他的著名小说《祝福》和重要讲演《未有天才之前》和《彷徨》中的《在酒楼上》《幸福的家庭》《肥皂》等以及《坟》中的一些论文都是在这里写成的。另外，鲁迅还在这里完成了《中国小说史略》的编印工作和《嵇康集》的校勘工作。

北京鲁迅博物馆革命委员会
关于本馆陈列所需
美术创作题目给赵枫川同志[①]的报告

（1973年7月9日）

赵枫川同志：

遵照你的指示，现将我馆陈列所需要的美术创作题目分两类报上，请斟酌画题和安排创作问题。

一、重要画五幅

---

① 曾任北京市文学艺术界联合会副秘书长、北京画院院长、北京市文化局副局长。

1.《五四文化新军英勇旗手——鲁迅》

2.《鲁迅与陈赓同志会见》

3.《鲁迅在左翼作家联盟成立会上讲话》

4.《毛主席在陕北公学纪念鲁迅逝世一周年大会上讲话》

5.《鲁迅电贺长征胜利》

这五幅画，过去虽曾画过，但是不够理想。由于这都是重点内容中的主要画题，质量要求应比其它为高。

二、一般画八幅

1.《鲁迅在农村》（周思聪原作，但她希望再行修改。）

2.《离家去南京》（周思聪原作，但她希望再行修改。）

3.《鲁迅下矿洞》（周思聪原作，但她希望再行修改。）

4.《鲁迅在北大》（北京日报张立国原作，本人希望再行修改。）

5.《在中山大学紧急校务会议上》（王路原作，本人希望再行修改。）

6.《"地火在地下运行"》（长虹影院文国璋原作，本人现正另行创作。）

7.《"敌人是不足惧的"》（文化宫赵达鹏原作，我们提出请他再行修改。）

8.《长征过雪山》

这八幅画，除《长征过雪山》外，其它目前都在准备修改。由于博物馆美术作品相对稳定，因此要求较高。如有可能，也请考虑多组织一些创作，以便进行比较和选择。

此外还有几幅一般认为比较好的，如上海搞的《读马列》和张文新画的一幅及蒋兆和画的两幅（其中一幅正在创作）等，我们准备不另搞了。

最近局党委扩大会议要求我们下半年积极的〔地〕做好开馆准备工作。其中美术创作和修改任务是急迫的。希望领导尽快联系安排画家，具体任务我们再与画家们协商。

特此

报告

鲁迅博物馆革委会

北京鲁迅博物馆革命委员会（印）

1973 年 7 月 9 日

1975 年国家文物局接收市文化局移交的北京鲁迅博物馆文物、资料清册

（1975 年 12 月 30 日）

鲁迅博物馆文物、资料清册

接收单位：国家文物局

　　　　　国家文物事业管理局办公室（印）

移交单位：北京市文化局

　　　　　北京市文化局革命领导小组（印）

制册单位：北京鲁迅博物馆

　　　　　北京鲁迅博物馆革命委员会（印）

一九七五年十二月三十日

鲁迅博物馆文物藏品部分

一、鲁迅手稿

文稿	48 种	531 页
诗稿	3 种	3 页
译稿	10 种	556 页
日记	24 册	1102 页
书信	42 封	55 页
题赠	17 种	17 幅
辑录	13 种	2201 页
其他手迹	30 种	1562 页	490 条

二、鲁迅藏书

线装书	930 种	7579 册
平装书	780 种	967 册
日文书	995 种	1889 册
俄文书	79 种	95 册
西文书	759 种	1055 册
中文期刊	349 种	1648 册
共计	3892 种	13228〔13233〕册

三、鲁迅藏拓片

4184 种　　5946 张

四、鲁迅遗物

照片	24 种	26 张
衣服	22 种	23 件
校稿	11 种	585 页

题赠　　　　13 种　　　　21 页

文凭　　　　32 种　　　　33 页

女师大文件　44 件

美术品　　　98 种

图章　　　　44 种

文具　　　　22 种

家具　　　　38 种 13 件

古物　　　　97 种（古钱和陶俑）

五、鲁迅故居　　一所

资料部分

一、鲁迅藏书副本

线装副本　825 种　　　7226 册

平装副本　545 种　　　714 册

期刊副本　131 种　　　1174 册

　　共计　1501 种　　9114 册

二、研究鲁迅有关日①资料

线装旧资料　439 种　　　2643 册

平装旧资料　1023 种　　1910 册

期刊旧资料　231 种　　　2969 册

小说史资料　178 种　　　1309 册

　　共计　1971〔1871〕种　　8831 册

三、学习参考用书　5795 种　　8112 册

　　总计：　9267〔9167〕种　26057 册

----

① 原档如此。

北京鲁迅博物馆的历史变迁

黄乔生

北京鲁迅博物馆位于北京市西城区阜成门内大街宫门口二条19号，是为纪念中国现代文化巨人鲁迅而建立的社会科学类人物博物馆。

博物馆的大院内，除了办公用房和文物资料室，主要有两大部分：鲁迅故居和鲁迅生平陈列厅。作为全国重点文物保护单位的鲁迅故居，是鲁迅1924年春天自己设计改建而成的。鲁迅在此居住至1926年8月离开北京去往南方。1929年5月和1932年11月又两次返回探望母亲，也在这里短暂居住。鲁迅在这个小四合院里完成了《华盖集》《华盖集续编》《野草》三本文集和《彷徨》《朝花夕拾》《坟》三本文集中的部分作品。

鲁迅是中国新文学的开拓者之一，在中国现代历史上产生了巨大而深远的影响。

北京鲁迅博物馆的诞生

1945年10月19日，郭沫若在重庆《新华日报》发表《我建议》一文，建议在鲁迅工作、生活过的地方（北平、上海、广州、杭州、厦门）"多多塑造鲁迅像"，而且"以铜像为最好"，还建议设立鲁迅博物馆，将凡是关于鲁迅的资料，反映他的生活历史、日常生活状态，以及他读的书、著的书、原稿、译稿、笔

385

记、日记、书简、照片等，还有关于他的研究，无论本国的或外国的，都汇集起来，在馆内分门别类地陈列，让研究鲁迅者，让景仰鲁迅的人民大众得以瞻仰。博物馆可建立于上海、北平、广州。郭沫若还说："苏联的大作家，大抵都有在他的名义下的博物馆，例如托尔斯泰的博物馆，馆长是他的孙女；玛雅可夫斯基博物馆，馆长是他的母亲；奥斯特罗夫斯基博物馆，馆长是他的夫人。"此外，郭沫若还建议把杭州的西湖改名为"鲁迅湖"，把北平的西山称为"鲁迅山"，其依据是莫斯科有高尔基路、普希金广场。如今，郭沫若的这些建议除一些实在无法实现的事项外，几乎都已付诸实施，有的还超出了他的预期，例如他建议在北上广设立三家博物馆，现在的数量是六家，增加了绍兴、南京和厦门。

1949年10月19日，值鲁迅逝世13周年纪念，北京阜成门内西三条胡同21号鲁迅故居正式开放接待观众。次年3月，鲁迅的家属将故居和鲁迅生前的藏书、文物的大部分捐献给了国家。1954年初，文化部决定在故居旁建立鲁迅博物馆。1955年12月开工，1956年10月19日（鲁迅逝世20周年纪念日）对公众开放。

北京鲁迅博物馆的定位是建馆之初就确定的，那就是"一座人物传记性博物馆"。从现存照片上可以看到，当时博物馆的名称是"鲁迅博物馆"，而不是现在的"北京鲁迅博物馆"。加上地名"北京"，也许是为了与全国其他几家鲁迅纪念设施有所区分。其实也可不必，因为其他几家——分别设在上海、绍兴、南京、广州、厦门——都称作纪念馆。北京鲁迅博物馆因为藏品数量巨大，独特性十分明显。

档案中留存的《关于筹建北京鲁迅纪念馆问题座谈会记录》

记载着建馆的决策过程。这次座谈会是 1955 年 9 月 22 日下午在文化部前楼会议室召开的。出席者有许广平、周建人、刘芝明、郑振铎、王任叔、林乐义、谢旦如、谢辰生等。会议由郑振铎副部长主持。与会者一致认为应该在北京建立一个内容全面而系统的鲁迅纪念馆，并认为纪念馆内容必须要把鲁迅先生在每个历史时期的活动和作用与当时的历史背景联系起来，并表现出鲁迅的革命斗争精神。不要孤立地表现鲁迅先生个人，而是要体现这一伟大人物的成长决定于历史发展的条件。鲁迅先生的伟大是由于他善于正确了解这些条件，并把自己的活动和社会进步力量联系在一起，适应了社会发展的需要。因此，在五四运动以后，应该特别注意表现党在各个时期对鲁迅先生的影响，从而体现鲁迅是如何逐渐成长为一个共产主义战士的。

会议议定的建馆原则是：（一）故居原状完全不动，纪念馆的其他建筑必须与故居有机地联系起来，使之与故居原来的气氛相谐调。（二）纪念馆新建陈列室的建筑形式必须朴素大方，不要追求华丽，以符合鲁迅先生的精神。但建筑本身是永久性纪念建筑物，必须力求坚固耐久，建筑质量的规格标准应予提高。至于是否建设楼房的选择，会议特别强调："同意设计院拟定的第二方案规划，不建楼房。"郑振铎副部长还提请设计院研究考虑纪念馆周围"多保留一些空地，以便于将来的发展。"这些意见都得到了落实。20 世纪 80 年代，适应博物馆事业发展的需要，预留的空地派上了用场——当时的决策者确有先见之明。后来的建筑一般是二层或三层小楼，高于鲁迅旧居，也是无奈之举。因为城区用地紧张，再申请扩建显然是不可能的了。

博物馆文物藏品故事

长期以来，北京鲁迅博物馆秉承建馆宗旨，开展了鲁迅文物和资料的搜集、鲁迅思想作品的研究和鲁迅文化的宣传教育活动，逐步将博物馆建成鲁迅文物收藏中心、鲁迅研究中心和鲁迅文化教育中心。

建设人物传记性博物馆，人物是核心。研究纪念对象的生平事迹，体会其思想品格，学习其高尚情操，让其与当代人在思想感情上发生共鸣，是人物传记性博物馆工作者的使命。

北京鲁迅博物馆在鲁迅生平和思想的研究方面做出了特殊贡献，首先归功于馆藏大量鲁迅相关文献资料。截至 2022 年底，馆藏文物、图书等藏品 7 万余件，其中国家一级文物 759 件，主要有：鲁迅的手稿、生平史料、藏书、藏碑拓片等文物藏品；许广平、周作人、周建人、章太炎、钱玄同、许寿裳、胡风、江绍原、魏建功、瞿秋白、冯雪峰、萧军、萧红、叶紫、柔石、冯铿等新文化运动时期著名人物的文献；大量的鲁迅著、译、辑、编著作版本和鲁迅研究著作版本、现代文学丛书和期刊；大量中外名家的版画名作，以及李可染、吴作人、蒋兆和、吴冠中等一批国画大师的作品。

有些文物的入藏过程十分感人，如鲁迅赠日本友人冈本繁的《自题小像》诗稿。《自题小像》作于 1903 年。1931 年 12 月 9 日，鲁迅书赠上海筱崎医院日本医生冈本繁博士。后来，冈本繁带回日本珍藏在家中石屋墙内。半个多世纪后，冈本繁的外甥冈本光雄在整修房屋时，意外发现了"壁中书"。1988 年，冈本繁侄女南里寿子将鲁迅的这幅书法作品捐赠给北京鲁迅博物馆。再如鲁迅在仙台医专学习时的课堂笔记，内有鲁迅手绘人体解剖图和藤野先生的修改笔迹。解剖学是医学校的一门重要功课。在仙台，这门课是由敷波重次郎和藤野严九郎两位教授分任的。藤野先生早年学习过汉文，对中国有一种特别的亲近之心，因而十分关注鲁迅这位仙台医专唯一的中国留学生。他让鲁迅每周都把听课笔记交上来，认真检查，补上脱漏，改正错误，甚至连日语语法错误也都一一订正。鲁迅在回忆文章《藤野先生》中表达感激之情道："在我所认为我师的之中，他是最使我感激，给我鼓励的一个。有时我常常想：他的对于我的热心的希望，不倦的教诲，小而言之，是为中国，就是希望中国有新的医学；大而言之，是为学术，就是希望新的医学传到中国去。他的性格，在我的眼里和心里是伟大的，虽然他的姓名并不为许多人所知道。"但鲁迅在文章中说笔记本在运输途中丢失，说明他在生前再也没有看到过这些笔记。实际上，笔记在鲁迅搬家到北京时寄存在绍兴友人家中。新中国成立后，保存者将其送还鲁迅家属，又由家属送给博物馆。

2014 年，北京鲁迅博物馆与新文化运动纪念馆合并，成为北京鲁迅博物馆（北京新文化运动纪念馆）。博物馆的藏品更扩大到新文化运动人物。钱玄同日记和大量新文化运动同仁之间的通信入藏。其中胡适的《文学改良刍议》抄稿就是一件珍贵的文物。《文学改良刍议》作于 1917 年，发表于《新青年》杂志，是新文化运动的先声。1920 年，钱玄同、胡适等为北京大学国文系编模范文选，胡适以为"议论文非选我们的不可"，钱玄同赞同并亲自抄录了胡适的这篇文章和陈独秀的《吾人最后之觉悟》。

鲁迅的大量手稿是研究鲁迅著作、生平和思想的第一手材料。《鲁迅诗稿》《朝花夕拾》《故事新编》和大量杂文的手稿对于研究鲁迅行文习惯和修改文章的过程极有参考价值。鲁迅不但是小说家、散文家和学者，而且还是一位杰出的翻译家。鲁迅一生翻译的字数几乎和他的创作字数相当。在上海的将近十年，鲁迅将很大一部分精力放在外国文学理论和创作的翻译上，如《死魂灵》译文手稿，五百多页，书写工整，保存完好，字字心血，行行汗水。1935 年 5 月 22 日，鲁迅写给编辑黄源的信中说："《死魂灵》第四章，今天总算译完了，也到了第一部全部的四分之一，但如果专译这样的东西，大约真是要'死'的。"他的老友许寿裳回忆说："至于鲁迅译果戈理的《死魂灵》，更是一件艰苦的奇功，不朽的绝笔。……当鲁迅卧病的时候，我去访问，谈到这部译本，他告诉我：'这番真弄得头昏眼花，筋疲力尽了。我一向以为译书比创作容易，至少可以无须构想，那里知道是难关重重！……'说着还在面孔上现出苦味。"据许广平介绍，鲁迅每月都留出一定时间，专心致志，全力以赴翻译《死魂灵》。桌上铺满了字典、词典，还有好几种译本作参考。他常常执笔三思，自己解决不了的，就写信请教别人。可以说，翻译《死魂灵》是鲁迅文学生涯的"天鹅之歌"，呕心沥血，生死以之。鲁迅逝世前一天，以看到杂志上刊载自己翻译的《死魂灵》广告而感到十分欣慰。据许广平回忆：当我告诉他《译文》广告出来了，《死魂灵》也登出了，别的也连带知道，我以为可以使他安心了。然而不！他说："报纸把我，眼镜拿来。"我把那有广告的一张报给他，他一面喘息一面细看《译文》广告，看了好久才放下。2016 年，北京鲁迅博物馆编辑的《死魂灵》手稿由上海科技文献出版社出版。

中外美术作品尤其是版画，是鲁迅藏品中独特一部分，与他的美术理念有着密切的关系，是研究他的美术思想的重要材料。他提倡中国现代新兴版画，就是以这些收藏为基础的。这是鲁迅

《鲁迅译〈死魂灵〉手稿》

对中国现代文化的一项独特贡献，对中国现代美术的发展产生了巨大影响，至今仍为人称道。

鲁迅搜集的欧美、日本和苏联版画将近两千幅。为了得到艺术珍品，他不惜重金，托学生和朋友到欧洲和苏联购买，或者用中国的宣纸换来外国版画家的作品。他将自己购买的精品拿出来办展览，供中国青年版画家观看临摹。为了扩大影响，他挑选中外版画家的代表作，自费印行。在为《苏联版画集》写的序言中说："我觉得这些作者，没有一个是潇洒，飘逸，伶俐，玲珑的。他们个个如广大的黑土的化身，有时简直显得笨重。自十月革命以后，开山的大师就忍饥，斗寒，以一个廓大镜和几把刀，不屈不挠的开拓了这一部门的艺术。"鲁迅是把珂勒惠支版画介绍到中国来的第一人，也是对珂勒惠支版画杰作逐幅评论并结集出版的第一人。珂勒惠支的作品《德国的孩子们饿着》完成于1924年，是画家的代表作之一。画中孩子们渴望食物的眼神折射出当时德国下层人民的悲惨生活，震撼人心。

博物馆重视学术研究工作

北京鲁迅博物馆重视学术研究工作。建馆之初，即对鲁迅的藏书进行了整理编目，于1959年印成《鲁迅手迹和藏书目录》（内部发行）。

1975年，鲁迅研究室成立，从全国抽调多位专家学者，开展多个研究项目。后研究室并入北京鲁迅博物馆，大大充实了博物馆的研究力量。研究室编辑出版《鲁迅年谱》《鲁迅手稿全集》《鲁迅大辞典》等，使博物馆的学术研究得到飞跃发展。鲁迅研究室编辑出版的《鲁迅研究资料》《鲁迅研究动态》，在学术界产生很大影响。《鲁迅研究动态》后更名为《鲁迅研究月刊》，截止目前共出版四百多期。刊物追踪学术前沿，发表最新研究成果，是海内外鲁迅研究界的重要学术平台，由此联系了一大批鲁迅和现代文学研究专家。

学术研究在博物馆工作中起着引领作用。北京鲁迅博物馆学术研究的特点，是依靠馆藏优势，从基本材料出发，以事实为依据。这为鲁迅研究奠定了坚实的学术基础。对鲁迅生平史实的调查和考证，是一项基础工作。博物馆编纂的《鲁迅年谱》正是这个研究过程中搜集和整理资料的成果。研究人员对鲁迅手稿的整理和研究，有助于鲁迅文集的编辑和校订。在对文物文献资料整理和遴选的基础上，博物馆编辑的《鲁迅回忆录》（6卷）《回望鲁迅》（22卷）等丛书，学界至今用作参考书。对鲁迅生平史实进行考订和辨证的专著，至今仍为学界看重。上世纪80年代以后北京鲁迅博物馆编辑出版的《鲁迅研究资料》（24卷），刊登

北京鲁迅博物馆大门

鲁迅旧居

了大量馆藏文献和博物馆研究人员的整理成果。

北京鲁迅博物馆对鲁迅的藏书进行了系统研究。对作家藏书的研究，有助于了解作家的知识结构和思想倾向。北京鲁迅博物馆得天独厚，较为完整地保存了鲁迅藏书，较早开展这方面的研究，出版了《世纪之交的文化选择——鲁迅藏书研究》《鲁迅藏书志》等专著。博物馆还联合国内外高等院校、研究所的多语种、多学科专家学者，成立鲁迅外文藏书研究小组，发表大量研究成果。

有了坚实的文物文献基础，北京鲁迅博物馆在学术研究中不断开辟新的领域。鲁迅是中国现代文化遗产保护事业的推动者和实践者，1912年至1926年，先后就职于南京临时政府和北洋政府教育部，曾任教育部社会教育司第一科科长、佥事，主管领域就包括博物馆、图书馆、美术馆以及古物调查和搜集、文艺创作、图书出版、音乐戏剧演出等事项。这工作对他的文学创作和学术研究产生了一定影响。过去，这方面的研究不充分，甚至还有贬低和否定这种影响的趋向。博物馆注重搜集相关资料，研究人员就此问题撰写了多篇论文，取得了有价值的学术成果。又如，博物馆研究人员从本行业的角度考察鲁迅生平业绩，既对鲁迅在北京和全国其他城市的旧居、博物馆、纪念馆进行整体研究，也对某个地区进行微观地理的研究，如对绍兴会馆、八道湾十一号等鲁迅旧居进行具体解剖，既为研究鲁迅北京时期文学创作的特点和思想的演进提供了新的视角，又对博物馆事业的发展起到了推动作用。

北京鲁迅博物馆的学术研究，因为鲁迅的百科全书式的知识结构和他对现代文化的多方面贡献，在不断丰富内涵，扩大外延。博物馆学术研究的一个突出特点是对鲁迅同时代人、新文化运动时期社会和人物的研究，历年来整理出版了馆藏周作人日记、钱玄同日记等重要文献,召开了"鲁迅与胡适""鲁迅与陈独秀""鲁迅与周作人"等专题学术研讨会,制作了有关胡适、陈独秀、蔡元培、钱玄同等新文化巨匠的展览,发表了许多学术成果。

北京鲁迅博物馆积极致力于国际学术交流,在合作中开拓视野。在博物馆院内,矗立着美国著名记者史沫特莱、匈牙利著名诗人裴多菲、鲁迅老师藤野严九郎的铜像。博物馆编辑出版的《韩国鲁迅研究论文集》,是国内第一本为一国鲁迅研究成果编辑出版的图书。由此引发了这方面研究的拓展——现在日本、俄国等国家的鲁迅研究论著已经陆续出版。博物馆是国内外鲁迅研究的联络站,与很多国内外鲁迅研究者建立了密切的联系。国内外学者们与博物馆交往,在博物馆实地考察,获取第一手资料。博物馆的学术研究也得到国内外专家学者的支持。

"鲁迅生平陈列"的改造升级

北京鲁迅博物馆的基本陈列包括鲁迅旧居原状陈列和以鲁迅学习、工作、生活地点变化为线索的生平陈列。"鲁迅生平陈列"以大量的实物、图片,并配以多媒体手段,展示鲁迅一生的业绩,是一部图文并茂的人物传记。2016 年的展览,在展厅一层中心展区设置"什么是路""铁屋中的呐喊""麻木的看客"和"这样的战士"四个主题形象,为理解鲁迅思想提供了参照和启示。2021 年,为纪念鲁迅诞生 140 周年,博物馆对基本陈列进行了改造。新的"鲁迅生平陈列"以鲁迅生平资料搜集、整理为基础,以系统、深入的学术研究为引领,突出主题,力图打造出一部独特、真实、准确、生动的传记。

新的"鲁迅生平陈列"既以"编年体"展示人物生平,保持清晰的时间线索,又安排一些单元做专题展示。

在场地、展线有限的情况下，如何简明扼要、条理清晰地表现鲁迅的品格和思想，就需要有贯穿的线索。"鲁迅生平陈列"设计了照片、手稿、自述文摘、旧体诗等线索，给观众醒目的提示。第一条线索是用现存鲁迅110多张照片，组成较为完整的鲁迅形象，具体反映他人生的精彩瞬间。第二条线索是用鲁迅的手稿展示他一生的书写活动。鲁迅博物馆藏有大量的鲁迅手稿。观众从他的抄录、校勘和著述手稿中可以了解他深厚的中国传统文化修养。从他的课堂笔记、翻译手稿中感知他对外来文明的广泛吸收。第三条线索是用鲁迅的自述表现他在人生道路上的情绪和思考。读鲁迅作品，往往几行下去，就能感受到他那独特的文风，深邃、犀利，直达人的心灵深处，给人巨大的思想震动。展览在鲁迅人生道路选择的重要关头，用其自述文字，起到提纲挈领、画龙点睛的作用。第四条线索，是用鲁迅的诗句贯穿展览始终，二级标题全部用鲁迅诗句如"炎天凛夜长""度尽劫波兄弟在""俯首甘为孺子牛""于无声处听惊雷""白眼看鸡虫"等，表达不同时期鲁迅的思想、生活状态，提炼出他的社会观和人生观。此外，还有一些很明显的线索如图书和报刊。在表现鲁迅与书刊关系时，不但注重连续性，而且也在一些地方给予重点表现。

鲁迅精神的大众传播

北京鲁迅博物馆既重视提高，也重视普及，在向大众传播鲁迅精神方面进行了积极的探索。博物馆发挥馆藏文物资源优势，举办了一系列紧密结合馆藏特色和观众特点的展览和社会教育活动。除常设的"鲁迅生平陈列"外，博物馆的临时展览"鲁迅的读书生活""中国战斗——抗战版画展""鲁迅的美术世界""引玉——鲁迅藏外国版画展"等，都是在深厚的学术研究基础上制作的。

鲁迅生平陈列纪念部分视频专题片

"鲁迅的读书生活"是一个很受欢迎的展览。鲁迅一生读书四千余种，自记书帐九千余册，可谓浩如烟海，令人感佩其精神世界的博大和丰富。童年鲁迅喜读《山海经》及绣像小说。少年时代又为科举考试勤奋读书。因自己的爱好涉猎广泛，从四书五经到《岭表录异》《莳花杂志》，经典与通俗并重，正史和野史相参，养成善于思考的习惯。《天演论》等近代启蒙著作呈现的新知识图景，吸引他走向别样世界。留日期间，他阅读和翻译外国著作，借以反观中国历史现实，萌生了改造国民性的理想。民国成立，作为教育部官员的他参与筹建博物馆、图书馆，管理文艺创作。工作之余，他整理古籍，抄写碑文，潜心研究传统文化，凡方志文集、佛经游记、讲史小说，无不寓目。他终生注重翻译。

从法国科幻小说到俄国现实主义巨著《死魂灵》，一生翻译孜孜不倦。中西文化的深厚修养，是他在新文化运动中爆发出巨大创造力的基础。读书，教书，编书，译书，著书，鲁迅一生与书为伴，却不仅是一介书生。通过鲁迅的读编著译，我们不仅能够感受到20世纪中国人的志向、情怀、人道精神，更能看到刚健的民族性格标本，从而获取文化和精神生活的宝贵滋养。

"俯首横眉——鲁迅生命的瞬间"是一个以鲁迅照片为主的展览。鲁迅一生留下114帧照片，既有生活留影，亦有工作记录，更有摄影家特别镜头下的诗意捕捉。该展览精选鲁迅照片，精心安排，引导观众走进一代文化伟人的肖像世界。通过镜头语言，观众既可以看到鲁迅横眉对敌人的冷酷，更可以看到他俯首为大众的柔情。展览依托馆藏旧照片，从风华正茂的青年断发照到身为父亲一家三口的其乐融融，从英姿勃发负笈日本的留学照到拖着病体演讲归来的疲惫面容，连缀起鲁迅一生的珍贵瞬间，全面具象地呈现一代民族魂的真实形象。

北京鲁迅博物馆通过丰富多彩的教育活动与社区、学校紧密联系。社教活动紧贴人物纪念对象的特点进行：鲁迅是文学家，是教科书中入选篇目最多的现代作家，是美术收藏者和鉴赏者。围绕鲁迅及其相关藏品，设计了多种社教活动。有的已经成为深受欢迎的品牌项目，如作家经典品读系列"三味书屋读鲁迅"，专设了"三味书屋"互动学习室，让观众"穿越时空"与鲁迅做同学。通过互动阅读体验，从鲁迅作品中体味文学之美，找到更多接近文学经典的途径。

再如线装书制作。在教育员带领下，观众了解馆藏鲁迅藏书情况，了解鲁迅藏书的故事和鲁迅在书籍装帧设计方面的贡献。在讲述线装书历史的同时，现场演示线装书制作步骤，让观众亲自动手制作线装书，获得中国传统文化体验。

三味书屋读鲁迅

又如馆藏版画鉴赏与版画拓印活动。观众先了解鲁迅和现代木刻的历史，欣赏馆藏珍贵中外版画，特别是熟悉木刻中传统木版水印技艺的运用情况，随后亲自感受木板水印技艺的魅力，尝试用传统木板水印技艺拓印鲁迅收藏和评价过的中外木刻佳作。

鲁新馆与所在城市社区的融合发展

北京鲁迅博物馆在与所在地区的紧密融合方面有独特的优势，取得了让人印象深刻的成就。八道湾 11 号鲁迅旧居的保护和利用就是一个成功案例。

2014 年，为保护八道湾 11 号鲁迅旧居（名著《阿 Q 正传》

诞生地），西城区人民政府决定将北京 35 中迁址于此。鲁新馆与北京 35 中合作，为八道湾 11 号鲁迅旧居保护、复原与研究工作提供了强有力的业务支持。在博物馆专家指导和帮助下，西城区有关部门对八道湾 11 号鲁迅旧居进行了为期 4 年的基础建设和文化内涵发掘，建成八道湾鲁迅纪念馆：复原"《阿 Q 正传》创作室"；制作了"呐喊：鲁迅在新文化运动中""说不尽的阿 Q""八道湾与志成"三个专题展览；设立"立人讲坛""鲁迅书房""鲁迅的艺术世界"三个主题教室。学校为此购置了不少珍贵书籍，开展了多种活动。八道湾鲁迅纪念馆集基础教育、社会教育和四合院文化体验等多种功能，为广大师生和观众提供服务，受到社会各界的肯定。

2023 年初，北京绍兴会馆正式成为北京鲁迅博物馆的分馆。绍兴会馆是鲁迅进入北京后的最初居住地，也是在北京居住时间最久的场所（从 1912 年至 1919 年长达七年半），同时也是鲁迅自 18 岁离开绍兴到逝世为止生活时间最长的一处住所。在绍兴会馆，鲁迅创作并发表了中国现代文学史上第一篇具有划时代意义的白话短篇小说《狂人日记》，接着又写出《孔乙己》《药》《一件小事》《明天》等作品，都是内容深切、格式特别的杰作。绍兴会馆因而被视为中国新文学的起源地。鲁迅在传统文化氛围浓厚的绍兴会馆做了大量校勘古籍、整理抄校金石拓本等工作，为其后的学术研究打下坚实的基础。因此，绍兴会馆是一个集中国传统文化、地方文化、会馆文化和现代文化于一体的文化地标式场所。北京鲁迅博物馆已与西城区人民政府签订了"文物建筑活化利用项目（绍兴会馆）"，借助文物建筑活化利用的丰富经验，以博物馆的方式管理运营，在建筑保护、旧址复原的基础上，利用藏品资源和研究实力，通过常设与临时展览、社会教育活动、学术研究与交流、文艺演出、游学等形式，使古老的会馆、曾经的大杂院重新焕发出生机和活力。

因为地处白塔寺文化遗产保护区，阜景文化街的西端，在未来北京建设博物馆之城的规划中，北京鲁迅博物馆（包括馆内鲁迅旧居）将连同南半截胡同的绍兴会馆、八道湾胡同和砖塔胡同的鲁迅故居，形成一个博物馆、纪念馆集群，开辟出一条著名的文物、文化旅游线路。目前，这种社区与博物馆的融合已经在鲁迅博物馆周边体现出来，并发挥出巨大的辐射作用。这从每天的观众流量和观众留言中就能看得出来。

鲁迅是中国新文化的代表，是传统文化的优秀继承者，也是外来文化的积极引进者。他写出经典作品，成为经典作家，与北京的古都地位有着密切关系。因此，北京鲁迅博物馆的发展有必要与首都风范、古都风韵、时代风貌的城市特色建设紧密地结合起来。在北京这样一个博物馆、文化馆、美术馆、图书馆、档案馆等文化设施云集、人文活动精彩纷呈的大都市，北京鲁迅博物馆作为人物传记性博物馆，虽然体量不大，但特色鲜明，亮点突出，与白塔寺地区其他博物馆、纪念馆形成种类繁多、功能互补的文化群体，是北京文化的一张金名片，必将在北京城市文化建设的宏大叙事中演绎出引人入胜的传奇。

（文中照片系作者提供）

（黄乔生：北京鲁迅博物馆研究馆员　北京　邮编　100034）

1991 年的北京鲁迅博物馆

（北京市城市建设档案馆提供）

20世纪七八十年代
北京石刻艺术博物馆史料

　　北京石刻艺术博物馆位于京城海淀区的五塔寺内，其前身为明成祖敕建的真觉寺。明永乐年间（1403—1424），成祖朱棣封进贡五尊金佛及金刚宝座图样的西域高僧为"大国师"，并择地京城西关外敕建"真觉寺"。明成化九年（1473年），真觉寺金刚宝座塔建成。清乾隆十六年（1751年），清高宗弘历为皇母崇庆太后六十大寿而修缮真觉寺，为避父亲雍正皇帝胤禛名讳，改名为"正觉寺"。乾隆二十六年（1761年），清高宗为皇母崇庆太后七十大寿再次修缮该寺庙。民国十六年（1927）年，北洋政府蒙藏院以2500元将寺院卖与一位商人，此后殿堂被拆毁，只留下金刚宝座塔。民国二十一年（1932年），金刚宝座被散兵强登塔顶，毁掉中塔塔顶上半部。后正觉寺逐渐被俗称为"五塔寺"。民国二十六年（1937年），国民政府出资对五塔寺进行修缮。此后，经过历任住持不断扩建和修缮，使它逐渐有了相对完善的面貌。1961年，真觉寺金刚宝座被列入国务院第一批全国重点文物保护单位。1976年7月28日，受唐山地震波及，五塔寺出现损毁。1980年3月17日，北京市人民政府批准成立"五塔寺文物保管所"。1982年，五塔寺对外开放。1987年10月6日，在正觉寺旧址基础上改建的、占地近2万平方米的北京石刻艺术博物馆成立，作为收藏、研究、展示北京地区石刻文物的专题性博物馆，这里收藏着北京地区石刻藏品2600余件，有珍贵的北朝造像、唐代墓志、金元石雕、清代石享堂及名家书法刻石等。

本组史料收录了 1976 年唐山大地震后五塔寺的损毁情况，以及 20 世纪 80 年代北京市五塔寺文物保管所的工作情况和改建为北京石刻艺术博物馆的申请和批示等，记录了 20 世纪七八十年代北京石刻艺术博物馆的发展情况。现予以整理公布，供研究者查考。

　　北京市档案馆藏，档号：98-3-13，288-1-84、90、112。

——选编者　李　泽

北京动物园关于地震后五塔寺损毁情况给市园林局的报告

（1976 年 8 月 13 日）

（76）动革发字第 52 号

园林局：

1976 年 7 月 28 日凌晨地震后，我园对全国重点文物保护单位五塔寺金刚宝座的受害情况于当日上午就做了初步调查，现将受震损毁情况报告如下：

一、塔座东北角中腰地方震落三角形雕石一块，两边各长 60 厘米，厚 25 厘米，另有两小块。

二、由须弥座东北角往南 1.05 米处开始往上逐渐震开，裂缝由 0.5 厘米到 5 厘米，直至塔座顶部。

三、塔座北侧石雕山墙全面向北倾斜，中腰鼓胀 10 余厘米。顶部有明显裂缝。

四、塔座西北角由须弥座第二层佛像开始向北倾斜。

五、东北、东南两个石塔塔尖石园盘和石园顶被震挪位，西北角石园盘和石园顶震落在塔顶平台上。

拟请转报国务院文物管理局和北京市文物保护单位前来检查并安排修复。

附损毁后照片 11 张〈节选〉

北京动物园

1976 年 8 月 13 日

附1：震落三角形雕石（文一）

附2：由须弥座东北角往南 1.05 米处震开裂缝（文二）

附3：塔座顶部有明显裂缝（文三）

附4：塔座北侧山墙全面向北倾斜（文三、四）

附5：震落石顶（文五）

附6：五塔寺正面全景

北京市文物事业管理局关于筹建石刻艺术博物馆征集石刻类文物的函

（1985 年 6 月 20 日）

（85）京文物字 133 号

各区县文化文物局、局属各有关单位：

　　根据北京市第二次文物工作会议关于加快我市博物馆事业发展的要求，促进首都精神文明建设，经市领导同意，将筹建北京石刻艺术博物馆（馆址在西郊五塔寺）。为充实石刻艺术博物馆陈列，现开始征集有关文物，请予协助。具体事宜由五塔寺文物保管所联系。

北京市文物事业管理局

一九八五年六月廿日

北京市五塔寺文物保管所
关于 1985 年前七个月工作小结
和后五个月的工作计划要点

（1985 年 7 月 29 日）

一、前七个月的主要工作小结

1. 坚持正常开放工作，共接待国内外宾客 2 万多人，同时完成了配乐解说词的联系制做工作。

2. 坚持搜集有关真觉寺金刚宝座塔的文字和照片资料，并为《中国地名辞典》《中国佛教圣迹》等书刊提供过几篇稿件。

3. 开展了对现有石碑、石雕的初步整理建档工作，开始为筹建石刻博物馆做准备工作。

4. 协助北京电视台拍摄《北京古塔》的电视片。

5. 恢复修建了门外虎皮墙。

6. 对塔室内墙壁进行了全面喷涂，地面刷了桐油，并在塔内及节梯上安装了照明设备。

7. 整修了办公室，初步改善了冬冷夏热的办公条件。

8. 整理了仓库，清点了固定资产，并核对账、物。

9. 对现厕所下水道进行了修整，方便了游客。

10. 配合局行政基建处基本解决了动物园住户及树艺班的搬迁事（其所需经费已由市计委下达）。

二、后五个月的工作计划要点

1. 继续做好日常开放工作和对真觉寺金刚宝座塔资料的整理研究工作，并配合局开展的"热爱文物事业，做好本职工作"的活动，争取有组织地搞些宣传教育活动。

2. 继续做好石碑、石雕的整理建档工作和对散落在外的石碑、石雕的资料收集工作，争取尽快拿出筹建石刻博物馆的初步规划设想。

3. 在金刚宝塔上安装避雷设施。

4. 修复渗金多宝铜塔。

5. 修剪白果树。

6. 将门外有碍开放的九条高压线改道迁移。

7. 改装两展室内外的电线线路，全部走铁管。

8. 健全多项规章制度，建立岗位责任制。

9. 完成局领导交办的工作任务。

五塔寺文物保管所

1985 年 7 月 29 日

北京市文物事业管理局
关于将五塔寺文物保管所改建为北京
石刻艺术博物馆并增加编制的请示

（1987年3月5日）

（87）京文物党组字005号

市编委：

根据市委、市政府关于加强社会主义精神文明建设的若干措施和北京市第三次文物工作会议关于"七五"期间在五塔寺内建立北京石刻艺术博物馆的决定，经文化部文物局批准，在五塔寺筹建北京石刻艺术博物馆。

该馆的任务和方向是：对北京地区历史上遗留下来的大量石刻文物进行征集、保护、陈列及研究；通过展览陈列和开展群众性的文化活动，推动本市书法、雕刻艺术的发展；为广大中外游客提供游览场所；特别是为青少年提供参观、游览，接受历史唯物主义和爱国主义教育的场所。

近期的主要任务是：充分利用五塔寺占地二万平方米，现存石刻文物一千多件的有利条件，对现存的石刻文物进行整理研究，按内容分成七大展区进行展览陈列；在此基础上，进一步征集北京地区散落的大量石刻文物，搜集全国范围内的石刻文物资料，不断丰富藏品，力争把该馆建设成北京的石刻艺术中心。

根据上述情况，我们的意见：将五塔寺文物保管所改建为北京石刻艺术博物馆；该馆的干部拟执行北京市事业单位干部职务工资标准表五；编制拟定为40人。现在五塔寺文物保管所有编制12人，尚需增加28人。

当否，请批示。

附件：文化部文物局"同意在五塔寺筹建北京石刻艺术博物馆的复函"

北京市文物事业管理局党组（印）

一九八七年三月五日

附件：文化部文物局
"同意在五塔寺筹建北京石刻艺术博物馆的复函"

（86）文物字第1167号

北京市文物局：

（86）京文物字287号函悉。同意在五塔寺内筹建北京石刻艺术博物馆，并提出下列意见：

一、在兴建石刻艺术博物馆的施工过程中，要切实保护好金刚宝座不要受到损坏。

二、为了保证金刚宝座供人四面参观和照像，塔后拟恢复的两殿只可恢复后边一座。

三、复建及添建均请将图纸报我局审批。

文化部文物局

一九八六年十二月十九日

北京市机构编制委员会办公室
关于将五塔寺文物保管所改建为北京
石刻艺术博物馆给市文物局的批复

（1987 年 7 月 4 日）

（1987）京编事字第 82 号

签发人：任鸿业

北京市文物局：

你局《关于将五塔寺文物保管所改建为北京石刻艺术博物馆并增加编制的请示》收悉。经市机构编制委员会领导同志批准，同意将五塔寺文物保管所改建为北京石刻艺术博物馆，要办成"保护和利用结合"的博物馆。编制在现有十二人的基础上，增加二十八人，共编四十人。所需人员从现有职工内调剂，不得招收录用。经费暂由文物事业费调剂，"逐步做到自收自支，以业养业，不断发展与提高"。

北京市机构编制委员会办公室（印）

一九八七年七月四日

抄送：市委宣传部，市政府办公厅、文教办公室、财政局、人事局、劳动局。

20 世纪 80 年代
周口店北京猿人遗址保护史料

周口店北京猿人遗址的发现、挖掘、研究已走过了一个世纪之多。遗址位于北京市西南房山区龙骨山北坡，是全国重点文物保护单位和世界文化遗产，它包括多个旧石器时代文化遗址和晚新生代哺乳动物化石地点。遗址出土的古人类化石有：北京猿人（直立人阶段）、新洞人（古人阶段）、山顶洞人（新人阶段）。在他们居住过的洞穴里，都留下了大量用火遗迹、石器、共生的哺乳动物化石、鸟类化石等。遗址是人类化石宝库和古人类、考古、古生物学、地层学、年代学、环境学、文物、博物等多学科综合研究基地。1972 年，北京猿人遗址展览馆新馆建成并对国内外开放。通过几十年不断地保护和绿化，遗址较好地发挥了它的科研基地、教学课堂和科普基地作用。

党和国家领导人历来十分关怀遗址的保护和建设，刘少奇、朱德、邓小平、董必武、宋庆龄、郭沫若、彭真等同志，都曾亲临遗址参观视察并留下签名和题词。1983 年，北京市人民政府在调查研究的基础上，做出了保护北京猿人遗址的重要决定，划定了遗址保护范围和建设控制地带，迁走影响遗址保护的水泥厂，停办了周边许多小灰窑，确保遗址不遭受自然力和人为的破坏。1984 年 6 月 4 日，北京市人民政府召开进一步落实周口店北京猿人遗址保护问题会议，要求市、县、乡有关部门和单位逐项落实遗址保护、遗址搬迁等事项。1988 年，北京市提出了建立遗址自然生态保护区以及古人类、古文化公园的初步规划。

本组史料收录了北京市文物局关于拟同意中国科学院恢复和划定周口店北京猿人遗址保护范围、北京市计划委员会关于为保护周口店北京猿人遗址尽快落实搬迁方案问题给房山县人民政府等单位的通知、周口店北京猿人展览馆介绍等档案，反映了20世纪80年代周口店北京猿人遗址保护和展馆的基本情况。

　　北京市档案馆藏，档号：193-2-1520，288-1-53。

——选编者　王永芬

北京市文物局关于拟同意中国科学院恢复和划定周口店北京猿人遗址保护范围给市政府的报告

（1983 年 6 月 16 日）

（83）京文物字第 58 号

北京市人民政府：

市人民政府批交我局的中国科学院《关于恢复和划定周口店北京猿人遗址保护范围的报告》及附图均收悉。遵照万里同志和×××同志的批示，经研究，我局同意报告中提出的关于划定保护范围和建设控制地带的意见，也同意在一九八四年以前将整个水泥厂迁走的意见。因为：

一、这个保护范围是郭沫若同志生前（于一九六一年和一九六四年）按古猿人、古生物化石的分布情况早已划定了的。需加保护的全部遗址都在这个范围之内。

按附图所示，建议划定的建设控制地带也是十分必要的。因为在这个范围内既是当年猿人活动的区域，也可能还有未被发现的古遗址。为便于人们了解当年古人生活的环境，必须确保这个控制地带不被破坏。

二、周口店公社水泥厂，正处在猿人遗址的保护范围之内。北京猿人最早的生活和用火遗址（即第十三地点）就是被这个水泥厂破坏的。该厂不迁走，就会因为继续生产水泥，使这处古遗址、古化石以及整个环境风貌造成新的破坏和污染。

特此报告。是否可行，请审定。

（批交的中国科学院文件一并送上）〈缺〉

北京市文物事业管理局（印）

一九八三年六月十六日

北京市计划委员会关于为保护周口店北京猿人遗址尽快落实搬迁方案问题给房山县政府等单位的通知

（1984 年 8 月 13 日）

（84）京计工字第 832 号

房山县政府、市建材工业总公司、建设银行北京市分行：

为贯彻落实市政府去年六月二十二日关于保护周口店北京猿人遗址问题的决定，一年多来，市政府有关部门和房山县政府在制定搬迁方案和落实资金、厂址、设计、矿山资源等方面，做了许多工作。目前，搬迁和转产工作的条件日趋成熟。为加快这项工作的进度，现将有关问题通知如下：

一、请房山县政府和市建材工业总公司根据京政会〔1984〕6 号和〔1984〕厅秘字第 034 号文件以及七月十九日市计委、市文教办在周口店召开的会议决定，对所承担的工作尽快组织落实。

二、根据京政发〔1984〕85号文件精神，在娄子水新建水泥厂和穆岩寺矿山的建设问题，由房山县政府负责审批。

三、市补助搬迁资金总数六百二十万元，由县里包干使用，一九八四年安排三百万元，从市一九八三年基建结余款中拨付，即请市建行转拨房山县财政局。由县建行监督，专款专用，其余三百二十万元在下年度拨付。

四、搬迁总投资中的四百八十万元贷款，请房山县政府与市建行具体商办。

五、中国科学院承担的三百万元投资，请房山县负责联系解决。

北京市计划委员会（印）

一九八四年八月十三日

周口店北京猿人展览馆介绍

（1988年）

周口店北京猿人遗址位于北京市西南的房山县周口店乡，距城区约50公里，地处西山脚下。它的西北群山环抱，东南面对华北大平原，山前一条小河——周口河蜿蜒向南流过。六十万年前，我们的远祖"北京猿人"就在这里居住、生息和繁衍。二十世纪二十年代初，由当地采石工人指引，考古工作者首次在这里发掘出"北京猿人"牙化石及其生活遗迹。1929年12月2日下午4时，我国古人类学家裴文中教授找到了第一颗完整的"北京猿人"头盖骨。这一发现，震撼了世界科学界，被誉为我国科学家在学术界夺得的一面世界级金牌。

半个多世纪以来，经过几代科学工作者的努力，在这里还先后发现了距今约十万年的"新洞人"和距今约一万八千年的"山顶洞人"遗址。还发现了从一千多万年前到几万年前的脊椎动物化石地点 20 余处。周口店遗址群，成为研究中国古脊椎动物学和古人类学的发祥地。解放以来，在党和政府的重视下，遗址建立了管理处和展览馆，对国内外开放，每年都有大批中外游人、科学工作者、院校师生到这里来观光游览、考察研究、教学实习。

"北京猿人"展览馆

展览馆位于龙骨山北坡，面积约 1,000 平方米，分以下几部分：

序厅：首先映入眼帘的是一座龙骨山的立体模型，人们可以对遗址各个地点分布有个总的了解。展厅西壁为一幅"北京猿人"生活情景的大型浮雕。南壁为遗址简介及地质图。展柜里陈列着周口店地区从四亿年前到一亿多年前的岩石标本。这些岩石是四亿年前在浅海环境中沉积的石灰质软泥，及二亿年前到一亿多年前沉积的泥砂，经过压实固结而成的；还有一些是地壳深处的岩浆上升凝结而成的花岗岩，表明周口店地区经历过沧海桑田的地质变化过程。

"北京猿人"等居住的洞穴，则是在一、二百万年到几十万年前，雨水溶蚀和冲刷石灰岩的裂隙逐渐扩大形成的。

第一展厅："北京猿人"

这一展厅展出了"北京猿人"的化石模型和他们的古老文化——制造石器、用火、采集和狩猎情景。

"北京猿人"的化石，共发现了 6 个头盖骨、15 具下额骨、头骨碎片和面骨 12 块、牙齿 157 个、大腿骨断片 7 段、小腿骨 1 件、上臂骨 3 件、锁骨 1 件、手腕上的月骨 1 块。它们代表了男、女、老、幼 40 个左右的猿人个体。

　　由这些"北京猿人"化石材料，我们便可以了解他们的脑量、面貌、身高、平均寿命，以及"北京猿人"在人类进化中的地位。

　　正是由于"北京猿人"丰富的化石材料和他们的文化遗物，才在全世界学术界最后确定了"爪哇猿人"是"人"而不是"猿"，解决了二十多年争论不休的一大悬案。因为这一阶段的人类脑量只及现代人的三分之二，而从肢骨反映出他们完全能"直立"行走，如同现代人一样，这种肢骨比头骨进步的不平衡现象，说明肢骨适应于直立姿势的发展在先，直立的同时解放了双手，双手进行制造工具、使用工具的劳动，促进了大脑的发展进步，这是劳动创造人的又一例证。

　　"北京猿人"制造工具的方法，是用石头打击石头，这样制造出的石器称为"打制石器"，也就是"旧石器时代"工具的主要特征。"北京猿人"遗址出土的石器和制作过程中留下的原料及碎片达 10 万件以上。它们反映出"北京猿人"石器，并不像有些西方学者所说的是"碎的石子，以其所成的偶然形状为工具，作一般使用"。恰恰相反，"北京猿人"的石器有一定的加工方法，而且因原料的不同而采用不同的方法；石器有多种类型，以适应砍斫、切割、刮削，甚至雕刻等用途；"北京猿人"的石器还是不断改进和发展的。由此可见，"北京猿人"和世界各地同时代猿人相比，他们制作工具、进行劳动、向自然界作斗争的能力决不是落后的，在"细小型"石器的制作加工技术上，更有其独特的进步性质，我国著名旧石器考古学家贾兰坡教授和盖培认为，旧石器时代晚期广泛分布的"细石器文化"，可以在"北京猿人"石器中找到它们的渊源。展出的石器是最好的说明。

"北京猿人"用群体的力量与自然作斗争，他们采集野果、挖掘植物根茎，捕捉小动物，也狩猎野猪、鹿类等大动物作为他们的食物。这里展出的动物骨胳化石，都是被"北京猿人"吃剩的残渣，有的被烧烤过变成了黑褐色，有的骨、角上有被敲砸、切割过的痕迹。

"北京猿人"已能用火。他们用火烧烤食物、用火御寒、用火驱赶猛兽。由于他们能长久保持火种不灭，所以在洞穴里留下了厚厚的灰烬层。最厚的一层灰烬在第四层，厚度达 5 米以上。灰烬层里保留着大量烧骨、烧石，它们已改变了原来的颜色，上面布满了裂纹。最早的一层灰烬，用裂变径迹法测定的年代距今约四十六万年，这就把人类用火和熟食的年代大大提前了。有人提出"北京猿人"是否能人工取火？由于没有找到确实证据，还不能作出推断和结论。

第二展厅："北京猿人"的生活环境

这里展出了"北京猿人"居住洞穴的形成和发展过程；洞穴堆积层的年代。经近年来用古地磁、铀系法、热发光法、裂变径迹法、氨基酸法等先进的科学方法测定，洞穴形成在百万年前，"北京猿人"大约从七十万年前来过洞里作短期逗留，留下两块石器。自六十万年前到二十三万年前，"北京猿人"就作为洞穴的主人，长期居住在这里，集群生活、共同劳动，度过了几十万年的艰苦历程。

"北京猿人"生活时期气候有温湿和干凉的变化，总的气候条件要比现今稍暖些。

"北京猿人"生活时期的地理环境、山川形势与现今大体相同，但野生动物丰富多彩，植被完好，河流湖沼水量较大。依遗址中发现的100多种脊椎动物化石和植物孢子花粉化石，可以复原出一幅生气勃勃的风景图画。展厅陈列的动物化石标本和生态环境复原图，反映了当时的风貌。"北京猿人"布景箱，则形象地展现了他们以山洞为家，生动有趣的群居生活情景。

第三展厅：遗址各地点

这里展示了二十余个脊椎动物化石遗址分布点：从一千多万年前的鱼化石地点到一万多年前的"山顶洞人"地点。它们的发现，为研究我国北方新生代晚期的地质、古气候、古环境，提供了丰富的科学资料。

从鱼化石地点和顶盖堆积可以反映出一千万年以来，龙骨山一带山地上升了近80米，气候逐渐变凉、变干旱了，即从亚热带气候渐变为温带大陆性气候。

这个展厅还展出了几个有古人类活动过的地点：13地点与"北京猿人"地点早期时代相当，这里发现了石器和灰烬层；第4地点发现了约十万年前后的"新洞人"牙齿一枚；第15地点发现过大量石器，时代和"北京猿人"地点晚期相当或更晚些。

最有趣的是"山顶洞人"遗址。除发现了三个头骨和代表八个人身上的部分体骨外，还发现了他们的"项链"——用穿孔的贝壳、兽牙、小砾石做成的装饰品。"山顶洞人"死后，被很好地埋葬下来，尸骨还被用赤铁矿粉末布撒过或染过，生前的装饰品也随死者下葬。他们还能用兽皮、树叶缝制衣裳，这是从发现的骨针推断的。鱼骨化石则反映出"山顶洞人"已能捕鱼。

这里陈列着两具完整的虎、熊化石，发现于山顶洞底部，可能是跌死在洞里的。

第四展厅：从猿到人

人是从古猿变来的，人猿分野的年代有各种推断，大约最早不超过三千万年，那时就可以看到分化的苗头，但真正发展到直立行走、制造工具的"人"，大约在三百万年前。

非洲和亚洲两块大陆是人类起源之地。在非洲和亚洲都发现了古猿中开始向人方向发展的一支——腊玛古猿类化石。

这里展出了我国云南开远和禄丰出土的古猿化石。禄丰已成为世界出土古猿化石最丰富的地点。八百万年前后的禄丰原始森林里，生活着大群的古猿，很可能它们中的某支后代，进步成以后的真正的人；而另一些则是猩猩的祖先，它们一直留在森林中，变得臂长腿短，依赖树叶、野果为食，成为进化中的落伍者。

古猿中更有一些个体向巨型发展。广西和湖北出土的"巨猿"化石是其代表。它们生活在二百万年前到几十万年前，以后就灭绝了。

人的出现约在三百万年前，它们的代表是非洲发现的"南方古猿"。

我国最早的人类化石为"元谋猿人"，是在云南元谋的上那蚌村发现的。"元谋人"的年代用古地磁法测定，由古生物对比做旁证，大约是距今一百七十万年前。

我国最早的人类制作的工具——石器，发现在山西、河北一带，年代约在一、二百万年前，可见在我国很可能发现更早的古人类化石。

一百万年以后，猿人化石在我国已遍布大江南北。到目前为止，已发现的地点有陕西蓝田，湖北陨县、陨西，山东沂源，河南南召，安徽和县、巢县，辽宁营口等地。

大约二十万到十万年前，人类发展到早期智人阶段，我国陕西"大荔人"、广东"马坝人"等是典型代表。

晚期智人形成在四、五万年前后。由于人们劳动工具的改进，取得生活资源的能力大大提高，能在一地长期居留。由于气候等条件，造成了人种的分异。这时全世界发现的人化石已可以分别出不同的"亚种"——白种、黑种、黄种。但他们之间在进化阶梯上并无先进落后的差别。现今的差别，只是社会经济、文化历史发展曲折过程中的一小段，与人类体质特征无关。

这里展出了我国和世界各地各个阶段的古人类化石，我国各地发现的旧石器，还有旧石器时代晚期人类的绘画、雕刻作品。

人类经历了南方古猿、猿人（直立人）、早期智人、晚期智人等阶段，发展为现代人。三百万年的人类发展史，是一部劳动创造人的历史。人类历史的绝大部分是无阶级社会，阶级社会从奴隶制时代起，最长不超过五、六千年。人类又经历了封建社会、资本主义社会等阶段，将来必将进入共产主义社会，人剥削人、人压迫人的阶级社会历史终将过去，并作为人类历史长河中的一个小小漩涡而消失。人类将在改造自然、改造社会的过程中改造自身，使之变得更加完美。

遗址

从展览馆出来，人们可以参观各个遗址。

猿人洞

龙骨山东北坡，有一个东西长约140米、南北宽约20米（从42米—2米宽窄不等）、总深度约50余米的洞穴，这就是"北京猿人"的居住地。

洞穴原来有洞顶，有天窗，洞口朝东。由于洞顶不断坍塌，洞底不断填高，在大约二十万年前，整个山洞就塌落填满了石块、泥砂。所以挖掘以后，这里就成了一个大坑，没有洞顶了。

东部有块凝结的硬角砾未挖掉，成了假洞顶。

洞穴堆积从下到上厚约 50 米。底部 10 米是地下水冲来的泥砂、砾石。从第 13 层往上，即开始有化石和石器。人化石分布从 11 层起到顶部。灰烬层则分布在 10、8—9、4 层中，尤以第 4 层最厚，可达 5 米以上。

从 1921 年开始发掘，前后共挖去土石方约 25，000 立方米，约占堆积物的一半。由于解放前发现的所有"北京猿人"化石，1941 年太平洋战争爆发时都在美国人手中弄得下落不明了，留下的一半堆积，就更是珍贵，因为它们里边还会有"北京猿人"化石埋藏着，等待我们去发掘、发现。

南壁上"猿人洞"三个大字，是前中国科学院院长郭沫若的题词。西壁上数字是标明地层的层序，可以对照着洞中人工剖面上的说明来观察。

洞中还标明了 1929 年裴文中发现第一个猿人头盖骨的地方、1959 年发现猿人下颌骨的位置。

山顶洞

山顶洞位于猿人洞南部的顶上。它是一个漏斗状的竖洞。原洞口在现在人工挖开的洞口上面，也是面向北方，后因洞顶破碎被拆除了。

"山顶洞人"生活在洞口明亮处，而把死者埋葬在洞内深处。说明牌位置就是埋葬地点。

"山顶洞人"全部化石，也和"北京猿人"化石同时遗失。洞里现存堆积物很少，发现人化石的可能就很小了。

第 4 地点——新洞

这是一个以高窄向南的裂隙为洞口，向里扩大成洞室大厅的山洞，是"新洞人"的居住地。洞里虽只发现一颗左侧第一前臼

齿，但它恰好填补了"北京猿人"与"山顶洞人"之间人类化石的空缺。我们就可以这样认为：龙骨山一带，从大约六、七十万年起到一万年前的漫长岁月里，我们的远古祖先就一直在此生息、繁衍，他们在住过的洞穴里都留下了宝贵的活动遗迹。这是用实物记录下来的一本远古史诗。

"新洞人"留下的石器不多，但灰烬层里烧骨很多：大到象、鹿，小到田鼠、青蛙、鸟类，都是"新洞人"食谱中的佳肴。

第 3、第 15 地点

这两个地点也有过古人类活动，前者留下了烧骨，后者则有烧骨、灰烬、大量石器。两地发现的脊椎动物化石都在五、六十种以上，它们的生活时代约在一、二十万年前。

两处都还留下不少堆积，可继续发掘。

第 12 地点

这是一个裂隙——竖井型洞穴，年代在一百万年前。这里发现过狒狒、砂獾、林狸等古老种属的化石，还有凶猛的剑齿虎化石。总计有 20 种哺乳类化石，是地质时代为早更新世的代表性地点之一。

第 13 地点

位于龙骨山南约 1 公里，高出现在周口河约 50 米。遗址东西长 15 米，南北宽 6 米，深约 5 米。在这里发现过石器和灰烬层，发现的哺乳动物化石丰富而完整，有扁角肿骨鹿、中国鬣狗、大丁氏田鼠、三门马和梅氏犀等 20 种。它们的年代约相当于"北京猿人"遗址下部，大约在五十万年以前。这里可能也是"北京猿人"早期的居住地点。

第 14 地点

从第 4 地点向南遥望，有两个孤零零的小尖包突出在山岭东坡之上。靠西的那个小尖包就是 14 地点——鱼化石地点的残留堆积。从这里发掘出两千多条鱼化石。这里本是一个袋状凹穴，长 21 米、宽 7 米、深 10 余米。当河水高涨时，鱼类游入洞里，而当干旱时，与外界隔绝干涸，鱼类便成群死亡，如此反复多次，便成了一个鱼化石埋藏的宝库。此地现已高出周口河 70 余米，这是一千万年来山地上升的结果。这个地点是本区最古老的新生代脊椎动物化石地点。

除上述地点之外，还有一些地点，在目前开放游览区南部一平方公里范围里。（即将整修开放）

周口店北京猿人展览馆

改革开放初期
北京市博物馆工作史料一组

北京的博物馆事业始于20世纪初叶,至今已经历百余年的发展历程,其间有过发展的高潮,也有过低谷、停滞甚至是倒退。改革开放以后,北京地区的博物馆事业步入了新的历史发展时期。1979年,北京市文物事业管理局成立,下设文物处管理博物馆事宜,不久,博物馆处单独分设,从此北京博物馆的建设发展有了政府专门的行政管理归属。本组史料即反映了北京市文物事业管理局成立后组织领导博物馆工作的一些情况,主要内容包括关于筹建大葆台西汉墓博物馆、琉璃河商周遗址博物馆、北京艺术博物馆、北京古钟博物馆、北京长城博物馆等的请示报告,城近郊几个区编制分区文物、博物馆事业规划座谈会纪要,关于首都博物馆举办《重庆"中美合作所"集中营史实展览》的请示,关于请有关省市支援长城博物馆文物资料的请示等。

北京市档案馆藏,档号:288-1-7、53、54、63、64、65、83、85、92。

——选编者 孙 刚

北京市文物事业管理局关于筹建大葆台西汉墓博物馆的请示报告

（1979 年 11 月 5 日）

（79）京文物文字 012 号

北京市革命委员会：

丰台区大葆台西汉墓，是在 1974 年到 1975 年发掘的一座大型汉墓。该墓虽曾在早期被盗，但仍发掘出土了数百件有价值的文物。最为珍贵的是"黄肠题凑"这种在当时只有天子或诸侯王才能享用的木结构的墓葬形制。这种形制的墓葬，过去只见过文献记载，未见过实物，目前这种结构的墓葬也极为少见。现存彩绘车马坑也是不多见的。

为适应大力发展旅游业和广大群众日益增长的文化生活的需要，根据国务院和市革命委员会的有关规定，我局拟筹建大葆台西汉墓博物馆。该馆基建工程即将施工，开办费及日常经费，由我局掌握的事业费安排。编制暂定十四人，计划设正副馆长各一人、业务干部二人、保卫干部二人、财会及行政事务干部二人、讲解员三人、小卖部服务员三人。是否可行，请予审批。

北京市文物事业管理局

1979 年 11 月 5 日

北京市文物事业管理局关于筹建
琉璃河商周遗址博物馆的请示报告

（1979 年 11 月 6 日）

（79）京文物文字 011 号

北京市革命委员会：

房山琉璃河商周遗址，是今年公布的本市第二批重点文物保护单位之一。这个遗址是 1932 年发现的，通过 1972 年以来陆续勘探，证明这处遗址的内涵十分丰富。目前已发现古城遗址一座，古墓 200 多个，近几年发掘了其中的 60 多个。从清理出土的大量带铭文的青铜器，初步证明这座古城是西周初期的。目前保留了四座奴隶殉葬墓、三座车马殉葬坑（其中两马一车、四马一车、六马一车各一个）。这些重要发现，对研究商周时代北京地区的历史、地理和经济文化发展，对广大群众进行具体生动的阶级斗争教育，都具有十分重要的意义。

为继续做好琉璃河的考古发掘和研究工作，并适应大力发展本市旅游事业和广大群众对文化生活的需要，我局根据国务院和市革命委员会的有关规定，拟筹建琉璃河商周遗址博物馆。经过短时间的筹备，争取尽快向国内外广大游客开放。该馆基建经费，市计委已于今年下达给我局（40 万元，2000 平米），目前正由市建筑设计院积极进行设计。该馆开办费及日常经费，由我局掌握的事业费安排。编制暂定为十六人，计划设正副馆长各一人、业务干部二人、保卫干部二人、财会及行政事务干部二人、讲解员五人、小卖部服务员三人。是否可行，请予审批。

北京市文物事业管理局

1979 年 11 月 6 日

北京市文物事业管理局关于
新建博物馆、图书馆的规划意见

（1980 年 2 月 12 日）

（80）文物图字第 003 号

市人民政府：

北京解放三十年了，至今还没有正式建立市级博物馆，长期只有一个首都博物馆筹备处，而且是设在孔庙内。北京孔庙是规模仅次于曲阜的全国第二个最大的孔庙，将来必须整修开放，不能作为博物馆的馆址。

关于图书馆的建设〈略〉。

基于上述情况，我们建议：

一、市规划局应将本市各级图书馆（室）和博物馆馆舍的修建列入近期规划。尤其急迫的是及早在各街道扩建或新建一些书报阅览室，以解决群众特别是待业青年和广大青少年的阅读场地问题。这是花钱不多、方便群众、加强对青少年教育的一项重要措施。

二、现在即应在城市建设规划中把首都博物馆、首都图书馆、市少年儿童图书馆以及四个城区图书馆和朝阳区图书馆等单位的建设地基，加以规划安排。这些关系广大人民利益的文化设施，还应放在交通比较方便的市、区中心地段。我们对这些设施的建筑及占地面积（包括建筑物和适当的绿化地及院落）考虑是：

①首都博物馆：建筑面积为一万二千平方米，占地面积为二万四千平米。地点：1. 在前三门大街北侧；2. 中国美术馆附近。

②首都图书馆：建筑面积为三万五千平米，占地面积为七万平米。地点：市中心地区。

③北京市少年儿童图书馆：建筑面积为七千平米，占地面积为一万四千平米。地点：1. 在景山公园内和北京市少年宫的图书馆合并重建；2. 在市区内适中地点。

④东城、西城、崇文、宣武四个城区及朝阳区（城区面积不少，工厂较多）各建一个新图书馆。建筑面积各为五千平米，占地面积为一万平米，地点各区自选自筹。

以上报告如无不当，请即批转市规划局予以安排。

北京市文物事业管理局

1980 年 2 月 12 日

北京市文物事业管理局对《中共中央、国务院关于发展我国博物馆事业的决定（代拟稿）》的意见

（1983 年 6 月 26 日）

（83）博字 4 号

文化部文物局：

送上一些同志对《中共中央、国务院关于发展我国博物馆事业的决定（代拟稿）》的意见。

除有的同志提出本稿可改为中央和国务院批转的报告外，所提意见综合如下：

一、说博物馆为精神文明建设服务，拟〔似〕不确切，因博物馆本身就是精神文明建设，可考虑更妥切的提法。

二、把文物工作和博物馆工作平列，说："文物工作是博物馆藏品的重要源泉……"，就把文物只局限于"器物"，不能包括古建筑这种文物，而古建筑则不是博物馆藏品的源泉。

三、说："两个文明建设"，口头上这样说，可以，形成文字就不明确了，还得写"物质文明建设和精神文明建设"。

四、说："民族民俗博物馆"不确切。民族馆和民俗馆是两个概念，这样说，容易误解为民俗馆只是少数民族的。

五、说："博物馆学是一门新兴学科"，不确切。此学科历史已很久，只是在我国研究较晚，但解放初期就曾派留学生去苏联

学博物馆学，1956 年订全国科学规划，也有博物馆学。

六、关于博物馆征集文物，传世文物好办，地下文物复杂。应规定重要文物归中央馆，否则，地方上不给。

七、经费问题，说："办出国展览、文物复制品销售、文物商店盈余以及特许文物出口等收入，全部用于发展博物馆事业和弥补文博事业经费的不足"，这样能否做到？中央九号文件做过规定，执行起来很困难。经费问题整个来说都是有一个很好落实的问题。是作为文物事业费增加后一起下达？还是作为博物馆事业费单独下达？对此，应考虑。

八、说："文化部要协助国务院统一管理全国的博物馆事业，负有业务指导和规划的责任"，不确切，应是在统一领导下分级管理。如省、市级各种类型的博物馆由省、市文化局或文物局管。

九、说："1985 年前基本实现市市有博物馆"，能否做到？因为建新馆不容易。

十、对代拟稿的文字修改，誊录在一份稿上，随本报告附上。

以上是否妥当，仅供参考。

北京市文物事业管理局

一九八三年六月二十六日

435

北京市文物事业管理局
关于首都博物馆申请办理
《首都博物馆丛刊》报告的批复

（1983 年 10 月 12 日）

(83) 京文物博字第 11 号

首都博物馆：

你馆 9 月 22 日报来关于申请办理《首都博物馆丛刊》内部出版手续的报告收悉。根据局领导"可作为内部读物印刷，也可以持文物局介绍信内部交换，并可适当收些成本费，但必须向出版部门索取准印证"的批示，同意你馆去出版部门办理内部刊物许可证。

此复。

北京市文物事业管理局

一九八三年十月十二日

北京市文物事业管理局关于首都博物馆举办《重庆"中美合作所"集中营史实展览》的请示报告

（1983 年 11 月 14 日）

（83）京文物博字第 15 号

为了宣传贯彻党的十二届二中全会精神，配合抵制精神污染的思想教育工作，首都博物馆与重庆"中美合作所"集中营展览馆联合在京举办《重庆"中美合作所"集中营史实展览》，以加强对本市干部、群众、青少年的爱国主义教育和革命传统教育。

展出地点：首都博物馆内。

展出时间：四个月（1983 年 11 月 22 日预展，27 日正式展出——这天是 1949 年"中美合作所"对囚禁的革命者进行疯狂的集体大屠杀的日子。1984 年 3 月 30 日结束）。

展出内容：材料是从《重庆"中美合作所"集中营美蒋罪行展览》中复制的，内容较丰富，情节感人，有教育意义。结合展览并配有一部彩色纪录片《不能忘却的纪念》，放映 25 分钟。这个展览，以照片史料为主，并佐以实物，生动、形象地揭露了美蒋反动派相勾结，残酷杀害革命人民的罪行，歌颂了革命先烈们坚贞不屈、视死如归的大无畏精神。展览共分三部分：第一部分是介绍"中美合作所"的历史；第二部分重点介绍四十六位革命烈士的英雄事迹，其中有叶挺、罗世文、杨虎城、江竹筠、陈然等等烈士的事迹；第三部分主要介绍革命者在敌人狱中大义凛然、英勇顽强的斗争史实和解放后党和人民对烈士的缅怀和悼念。

我局同意联合举办这个展览（他们事先经我局同意，并得到重庆市委宣传部和市文化局的批准），并准备在预展前请市委、市府有关领导审定。

为了扩大宣传效果，使更多的群众受到教益，我们建议市委宣传部可否在《宣传通讯》上发个消息，请厂矿、企业、学校、机关团体，特别是青少年群众，有组织地前往参观。我局首都博物馆将认真做好接待和讲解工作。

以上报告当否，请批示。

北京市文物事业管理局

一九八三年十一月十四日

北京市文物事业管理局
关于研究落实大葆台西汉墓博物馆
配套工程的会议纪要

（1984 年 5 月 23 日）

一九八四年五月十六日下午，彭思齐同志在局召集会议，传达北京市计委（84）京计基字第 383 号"关于大葆台西汉墓博物馆配套工程建设任务的批复"，以便尽快使配套工程开工兴建。

参加会议的有：古建处胡新法、杜立修、李青宣，大葆台西汉墓博物馆李守彬、李殿臣、杜俊，文物商店赵炳华、冯欣常等同志。

会上，彭思齐同志强调了抓紧落实这项工程的几项原则和注意事项，胡新法同志提出了落实这项工程的具体建议。

经过讨论，会议确定：

一、工程以大葆台西汉墓博物馆为主，李守彬同志负责牵头，李殿臣同志负责办理日常具体工作。文物商店冯欣常同志配合协助。

二、本月二十五日前，由博物馆和文物商店共同研究，提出锅炉房定点方案，报局古建处基建科审定。

三、古建处基建科负责办理建筑材料配套手续。

四、外宾接待室设计由古建处负责，锅炉房设计由西汉墓博物馆和古建处共同联系有关单位购图或委托设计。

五、基建经费由西汉墓博物馆负责开户，严格掌握，合理使用，认真遵守市计委"包干使用"的原则，不得突破，不得未经批准增加项目，如经费确有少量不足，由文物商店自行解决库房生活区供热设备的投资。

六、有关方面均应从大局出发，团结协作，杜绝扯皮，保证工程的顺利进行。

七、原计财处在今年预算分配方案中扩建大葆台汉墓博物馆接待室的三万元专款不再拨付，由局统一安排使用。

北京市文物事业管理局

一九八四年五月二十三日

北京市文物事业管理局关于建立北京艺术博物馆和北京民俗博物馆的请示

(1984 年 6 月 25 日)

(84) 京文物字第 113 号

北京市人民政府：

今年四月三十日，中央宣传部和文化部召开的全国文物工作会议指出："为了促进社会主义物质文明和精神文明的建设，中央和国务院认为，必须大力加强博物馆工作，做到在本世纪内，有领导、有计划、有步骤地使我国博物馆事业有一个较大的提高和发展。"三中全会以来，我市博物馆事业有了一定的发展，但同首都的地位相比，差距还较大。近年，市人大代表、市政协委员和专家学者多次提出，要求建立艺术博物馆和民俗博物馆。根据文物保护和利用相结合的原则，我局拟利用万寿寺，建立北京艺术博物馆和北京民俗博物馆。

万寿寺建于明万历五年（1577），占地 50.5 亩，建筑面积达 12385 平方米，俗有"小故宫"之称。其中，中路为主体建筑，现基本完好，建筑面积 5405 平方米，房屋 143 间，已由总政文工团交我局（东路仍由总政文工团和基建工程兵 118 团使用，杨尚昆同志批示要求他们全部迁出，待其搬迁后，我们计划作为两馆的文物库房和生活区。西路由市人民政府暂借给现代文学资料馆使用，待收回后作为展览区）。万寿寺地处海淀文化区，市人民政府领导多次指出，在这里建馆，可与附近新建的北京图书馆、大剧场和紫竹院公园、中国画研究院相呼应，在北京城西形成一文化小区。且其靠近新建的西苑饭店，有利于北京市旅游事业的发展。

一、名称：

北京艺术博物馆

北京民俗博物馆

二、方针任务：

贯彻执行文艺为人民服务、为社会主义服务的方向和百花齐放、推陈出新、古为今用、洋为中用的方针。其任务是：①搜集、整理古代和近现代的艺术品、有关文物资料和民俗文物；②做好陈列工作；③开展研究和编辑出版工作。

三、初步设想：

艺术博物馆陈列展出：①绘画艺术（古今书法篆刻艺术、绘画艺术、壁画艺术等）；②工艺美术（古今金银玉雕和石雕艺术、漆器漆雕、文房四宝、景泰蓝艺术、青铜艺术等）；③民间艺术；④外国艺术。

民俗博物馆的陈列着重表现北京地区各族人民在长期的生产斗争和日常生活中所形成的具有特点的民情、民俗。在北京岁时陈列的基础上，不断充实提高，并复原一组北京地区传统四合院的布局和室内陈设。

陈列工作可采取多种形式，逐步形成自己的特点和风格。加强与艺术界和工艺美术界的联系，实行固定陈列与临时展览相结合，展览与操作表演相结合，展览与新工艺品销售相结合等方式，在系统陈列的基础上，把工作搞活，形式多样。充分发挥博物馆在社会主义物质文明和精神文明建设中的作用。

四、古建修缮：

现万寿寺中路建筑基本完好，只有少部分需进行翻修。古建修缮经费由市财政解决一部分，另一部分向文化部文物局申请解决。古建修缮计划和预算另报。待计划批准后，立即进行修缮，力争一九八五年底完工。

五、人员编制：

本着精简的原则和实际需要，结合该馆的方针任务拟设陈列部、保管部、民俗部、绘制部、群工部、研究室、办公室、人事科、保卫科等，总编制为 124 人。近期在修缮和筹备过程中可暂时配备 40 人，待修缮工程完成后再逐步充实。同时尚需市财政解决 50 万元开办费、业务费和日常经费。

以上报告当否，请批示。

北京市文物事业管理局

一九八四年六月廿五日

北京市文物事业管理局关于建立北京古钟博物馆的请示

（1984 年 7 月 28 日）

（84）京文物字第 141 号

市人民政府：

北京市重点文物保护单位觉生寺（大钟寺）建于清雍正十一

年（1733 年），规模宏大，寺内藏有中外闻名的"钟王"——永乐大钟。一九八〇年三月经市人民政府批准建立了大钟寺文物保管所，同年十月正式对外开放。近年来，很多专家、学者和中央领导同志都极为关心大钟寺的保护问题，提出在大钟寺建立古钟博物馆。市八届人大二次会议的政府工作报告中明确提出，大钟寺保护范围内的工厂要着手进行搬迁和订出搬迁计划。市人民政府决定要分期搬迁、整修、开放。现大钟寺的主体建筑之一藏经楼已开始修缮，今年"十一"开放。为了贯彻今年四月三十日中央宣传部和文化部召开的全国文物工作会议的精神和市领导的指示，加速我市博物馆事业的发展，根据文物保护和使用相结合的原则，我局拟在大钟寺文物保管所的基础上建立"北京古钟博物馆"。

一、机构名称

北京古钟博物馆

馆址设在大钟寺。现大钟寺文物保管所建制随之撤销，任务和人员并入古钟博物馆。

二、任务

古钟博物馆是一座收藏、陈列、研究各类古钟的专题性博物馆。以永乐大钟为中心，在展出历代古钟的同时，辅以觉生寺（大钟寺）简介及铸造技术史陈列，开展与古钟有关的科学研究，并负责对这处文物保护单位的管理和保护。

三、人员编制

本着精简的原则和实际需要，根据任务拟设陈列、保管绘制部、群工部、办公室、保卫科，编制为 64 人，业务人员占编制的 2/3。近期在修缮和筹备过程中，可暂时先配备 30 人，以后逐步充实。

四、经费

北京古钟博物馆每年经常性事业经费计划 30 万元，另需陈列、展览、制作及设备购置等一次性开办费 30 万元，请市财政增列我局文物事业费预算。

当否，请批示。

北京市文物事业管理局

一九八四年七月廿八日

北京市文物事业管理局
关于召开编制城近郊区文物、博物馆
事业发展规划座谈会的通知

（1984 年 9 月 12 日）

（84）京文物字 175 号

东城、西城、崇文、宣武、朝阳、海淀、丰台、石景山区文化文物局：

根据市政府八月十日至十二日在怀柔县召开的规划会议精神，各区、县编制分区、详细、专业、城镇规划的工作，正从调查现状和综合分析入手逐步展开。文物保护和文物、博物馆事业的发展是总体规划的重要组成部分，做好这一规划，对全面落实首都的总体规划和编好区县、详细、各项专业及城镇规划，体现北京这座历史文化名城的独特风貌和政治中心、文化中心的性质，具有十分重要的意义。

为此，定于九月十八日（星期二）上午八时半，在局会议室召开八个城、近郊区文化文物局长座谈会（必要时可带一熟悉情况的业务干部），会期暂定一天。为开好会议节省时间，请在会前按随本通知附送的参考提纲，结合目前本区编制全区规划的安排准备意见。

北京市文物事业管理局

一九八四年九月十二日

附：城、近郊区文化文物局长座谈会讨论提纲

（1984 年 9 月 11 日）

（一）你区除已公布的区级文物保护单位和暂保单位外，在近期还计划把哪些文物古迹公布为区级文物保护单位或暂保单位？最好提出具体名单。

（二）计划用什么方式和在什么时候划好你区区级文物保护单位或暂保单位的保护范围及建设控制地带？

（三）请按照轻重缓急和不塌不漏的原则，分别提出你区境内各级文物保护单位在 1990 年以前、2000 年以前的初步修缮规划（包括计划新公布的区级文物保护单位。市级和国家级文物保护单位除外），约需多少钱？

（四）你区计划在何时筹建区的综合性、地区性等各种类型的博物馆？是利用原有古建、四合院，还是新建？如果新建，计划建在什么地点？占地面积、建筑面积各需多少？

（五）请分别提出本区 1990 年以前和 2000 年以前，各项文

物事业、博物馆事业的初步发展规划（包括区文物保管所、各种类型的博物馆、纪念馆、名人故居等各项文博事业的发展、使用和开放规划）。

还有哪些设想，望能尽量提出书面意见。

北京市文物事业管理局印发《召开城近郊几个区编制分区文物、博物馆事业规划座谈会纪要》的通知

（1984 年 10 月 4 日）

（84）京文物字 181 号

各区县文化文物局，十三陵、八达岭特区办事处：

根据北京市人民政府今年八月十日至十二日在怀柔召开的编制分区、城镇规划会议的精神，我局在九月十八日召开了四个城区、四个近郊区（朝阳、海淀、丰台、石景山）的文化文物局长、文物保管所所长参加的编制分区文物、博物馆事业的规划座谈会。现将这个座谈会纪要发给你们，请在区县政府的领导下，参照这个纪要的精神要求，抓紧编好本区县文物博物馆事业规划，并请将编好的规划于十月二十五日前报送我局。编制文物事业规划的过程中，有何经验和问题，望及时函告我局。特此通知。

北京市文物事业管理局

一九八四年十月四日

附：召开城近郊八个区编制文物、文博物馆事业规划座谈会纪要

根据市政府今年八月十日至十二日在怀柔召开的编制分区、城镇规划会议的精神，为编好本市文物专业规划，我局在九月十八日召开了四个城区、四个近郊区（朝阳、海淀、丰台、石景山）十二位文化文物局长、文物保管所所长参加的编制分区文物、博物馆事业规划的座谈会。市规划局的有关同志出席了会议。市文物局传达了市规划会议的精神之后，接着就有关编制文物博物馆规划的问题进行了座谈讨论。

（一）到会同志一致认为，结合这次编制分区、详细、专业、城镇规划，做好本市文物、博物馆事业的规划，是全面落实中央书记处关于首都建设方针的四项指示，党中央、国务院对《北京城市建设规划方案》批复的重要措施。做好这项规划，不仅把文物、博物馆事业纳入总体规划，将大大有利于首都文物保护工作的开展，促进首都文物、博物馆事业的发展，而且为首都的社会主义物质文明建设和精神文明建设、为适应和丰富广大群众日益增长的文化生活需要作出贡献。

（二）大家认为，编制文物、博物馆事业规划的指导思想就是中央书记处对北京建设方针的四条指示，中央对《北京城市建设总体规划方案》的批复。规划要能充分反映北京是全国的政治中心、文化中心和历史文化名城这一城市性质和特点。凡能反映首都历史文化、革命传统，有一定历史、艺术、科学价值的历史文物、古建筑、古遗址和革命史迹，都应有选择、有重要的列入规划，予以保护。

（三）文物、博物馆专业规划，应包括以下几个主要内容：

1. 可列入区、县级文物保护单位和暂保单位的保护点。如古城、古文化遗址、古建筑、古墓葬、石刻；与重大历史事件、革命运动和著名人物有关的，具有重要纪念意义、教育意义和史料价值的建筑物、遗址、纪念物；反映不同历史阶段生产、生活、各民族习俗的小城镇、地主庄园、寺庙、教堂、手工业作坊、钱庄、当铺等。

2. 各类文物保护单位的维修规划。这个规划要根据轻重缓急，保持不塌不漏的原则，分别按 1990 年以前和 2000 年以前两个阶段提出，计划对外开放的，可在遵守不改变文物原状的前提下，修的稍好些（市级以上文物保护单位另行规划）。

3. 根据国家《文物保护法》和《北京市文物保护管理办法》的规定，提出各类保护单位的利用规划。哪些用作建立博物馆、保管所，哪些用作开放旅游场所、文化设施。

4. 博物馆事业的发展规划。其中包括地区性、综合性的博物馆、民俗博物馆、名人故居、革命纪念馆以及煤炭、钢铁、手工业作坊等等。发展上述各类博物馆（或陈列室）是利用现有文物保护单位、四合院，还是新建？如何新建，建在何地，多少面积，每平方米的造价多少钱？

5. 其它各项文物事业的发展规划，如区县文物商店、文物保管所等。

上述各项规划，都要按 1990 年以前、2000 年以前两个阶段编写。

6. 划定文物保护单位保护范围和建设控制地带的规划（市级以上文物保护单位两个范围的划定，由市文物局会同市规划局划定）。由于目前各区县人少任务重，而划定两个范围又是一项比较复杂的任务。为适应目前城市改造和建设迅速发展的需要，作为一种临时的应急性措施，可先把区县级以下各类文物保护单位（保护点）的保护范围划出来（例如以墙为界，墙外多少米以内是其保护范围），以避免这些保护单位遭到不应有的侵占和破坏。

（四）上述规划，于十月二十五日以前提出，一式四份，两份送市文物局（其中一份送市规划局），一份送本区规划领导小组，一份自存（保护范围的划定材料可以稍后一些，但最后上报时间不要迟于今年十一月底）。

（五）这个座谈会纪要的精神和要求，同样适用于未到会的门头沟、燕山两个区和顺义、通县、平谷、密云、怀柔、昌平、延庆、房山、大兴九个县。

（六）当前分区编制文物、博物馆事业规划的进展很不平衡。有的虽然听到了编制文物专业规划的布置，但是由于没有见到市规划会议文件，因此理解不深，不知从何入手编好规划；有的至今既没听到有关会议传达，也没见到文件，还没行动。对此，拟建议市规划领导小组通知各区县规划领导小组，在编制本区县规划时，能吸取区县文物主管部门参加。

（北京市文物局根据座谈会整理　一九八四年九月）

北京市文物事业管理局关于筹建
"北京长城博物馆"若干问题的请示

（1984 年 10 月 9 日）

（84）京文物字 182 号

北京市人民政府：

一九八四年六月廿五日，八达岭特区办事处报请筹建"八达岭长城博物馆"一事，已经市领导原则同意。现就建立长城博物馆的几个有关问题请示如下：

一、关于博物馆的名称问题：

八达岭特区办事处提出定名为"八达岭长城博物馆"，我们建议改称"北京长城博物馆"或"中国长城博物馆"为宜，这样范围较广，能够比较全面和更好地反映在北京地区的长城全貌和历史，也可以全面展览和介绍整个雄伟壮观的长城。

二、关于长城博物馆的馆址问题：

关于馆址，我们认为选在延庆县八达岭滚天沟为宜，因为：①滚天沟有近二万平米的一块空地，八达岭特区办事处已于去年将这块土地征用（手续尚未办完），如将该馆建在此地，不存在征地和拆迁问题。②八达岭特区办事处计划在滚天沟修建一个大型停车场、高级厕所、小件寄存处、小卖部和登城缆车等服务设施（有些项目即将施工），加上原有服务设施，可以很好地为游人服务，解决了吃、住、玩、买的问题。如建在另处，还需再搞一套服务设施，涉及问题很多，短期内难以实现。③滚天沟离登城入口处火车站较近，便利游客。长城博物馆建在山凹之中，不影响长城保护范围内的布局和风貌，与附近的詹天佑墓、纪念碑和即将动工兴建的詹天佑纪念馆，相呼应为一个内容丰富的旅游点。

为选址问题，我们也走访了文化部文物局顾问、长城专家罗哲文等同志，他们也倾向于选择八达岭滚天沟。

此外，也有人主张将长城博物馆建在居庸关。（其理由见附件）

三、关于新馆的建筑面积问题：

考虑这是我国建立的第一个长城博物馆和今后的发展，我们认为，八达岭特区办事处所报建筑面积 4000m² 和 300 元的单方造价偏小偏低，似应考虑将建筑面积扩大到 5000 ~ 8000 m²，使其中陈列面积达到 3000 ~ 4500 m²，其余 2000 ~ 3500 m² 为附属用房（包括办公用房、文物、行政库房、放映厅和接待室、住馆人员宿舍等），每平方米造价至少应在 400 元以上。整个建筑采用中国民族形式的灰砖灰瓦，体高不超过两层。

四、关于机构和人员编制问题：

根据该馆的任务，拟设办公室（包括行政、保卫、人事等）、陈列保管部（包括文物征集保管和研究、展览的设计和制作等）、群工部（包括讲解、组织观众和宣传报道等）。人员编制初步定为 50 ~ 65 人。筹备阶段先设立基建组和展览陈列组，人员先定25 人，开馆后逐步配齐。

五、关于成立顾问委员会的问题：

为了搞好建馆工作和保证展览陈列的质量，拟成立一个顾问委员会，聘请古建筑专家和长城问题专家，如文化部文物局顾问罗哲文、文化部文物局干部朱希元、文化部文物保护技术研究所工程师杜仙洲和郁进等，并给予一定的报酬。

以上意见当否，请批示。

附：在居庸关建立长城博物馆的理由

北京市文物事业管理局

一九八四年十月九日

附：在居庸关建立长城博物馆的理由

1. 居庸关历史悠久，秦以后各代均据此设险、屯兵，史有军都（汉）、纳款（北齐）关、蠮螉塞之称，有天下八径、九塞，京西重关之号，与山海、嘉峪二关齐名，八景之一居庸叠翠即因这里的居庸雄关及险要的地势景观而得名。关城内有元至正年间建造的佛教艺术杰作——云台，关城二门，四周城墙一十三里，为明洪武年间大将徐达所建。许多重要历史事件都与居庸关相关联，是长城博物馆的最佳馆址。

2. 居庸关有广泛的开发和利用前景，整个关城可统筹规划，逐步筹资兴建，将其发展成为中国万里长城博物馆或长城研究中心。

3. 居庸关是通往八达岭长城的必由之路，若能在此建馆，就等于重新开辟一新的旅游点，到〔既〕可减轻八达岭游客拥塞的问题，又可减少八达岭更多的公共设施对长城所形成的压力。

4. 八达岭的现状是各类设施增加缺乏规划，俨然如一座闹市区，影响了长城原有的气氛和意境，长城博物馆建在此处，且靠近停车场，以长远考虑，不能说不是一种失策。

5. 据了解，居庸关关城内现有居民 50 户，若决定在此建馆，可考虑将 50 户居民住房重新规划，或部分迁出，投资不是很大。

6. 居庸关两侧已另开一条新路，没有交通阻塞的问题，关城内经过规划增设一中小型停车场也是毫无问题的。

7. 长城博物馆的建设选址问题，不应受管辖区域的限制，哪里合适就应建在哪里，因为建馆是全市的事情，而不是哪一具体管理部门的事。至于由谁来负责筹建，则应根据实际情况而定。

北京市文物事业管理局关于建立 "北京艺术博物馆" 若干问题的请示

（1984 年 10 月 24 日）

（84）京文物字 193 号

市人民政府：

我局于今年六月廿五日（84）京文物字第 113 号报送了《关于建立北京艺术博物馆和北京民俗博物馆的请示》，根据市领导同志的意见，我局就"北京艺术博物馆"的建立、展览内容和活动方式等问题，再次进行了研究，提出如下意见：

（一）关于建立"北京艺术博物馆"的必要性和条件：

目前北京的博物馆多属历史性或自然科学性的博物馆，还没有艺术性的专馆。"北京艺术博物馆"的建立，是博物馆和旅游事业发展的需要，同时也是为了满足首都人民日益增长的对文化艺术鉴赏的强烈需求。目前，筹建"北京艺术博物馆"已具备一定的条件。首先是有了馆址，万寿寺中路我局即将接收过来，只要加以修缮后即可以使用。其次是我局所属文物商店和首都博物馆收藏一定数量的青铜器、陶瓷、书画和工艺品，其中一部分为"北京艺术博物馆"的基本陈列提供了必要的展品。加之，可请有关单位协助提供各种形式的工艺品繁多，为筹建"北京艺术博物馆"创造了条件。

（二）关于是否立即筹建"北京民俗博物馆"的问题：

根据减少机构、精简人员的精神，拟缓建"北京民俗博物馆"，可在"北京艺术博物馆"中设立民俗部。其任务：除负责民俗文物的征集、收藏、展览和研究工作外，还负责"北京民俗博物馆"的筹建准备工作，一俟条件成熟，立即正式筹建"北京民俗博物馆"。

（三）关于展览内容和活动方式问题：

"北京艺术博物馆"展览内容，可以分为两个部分，一是固定陈列，主要展出：①绘画艺术（古今书法篆刻艺术、绘画艺术、壁画艺术等）；②工艺美术（古今金银玉雕和石雕艺术、漆雕、文房四宝、景泰蓝艺术、青铜艺术等）；③民间艺品；④民俗文物；⑤外国艺术等。另一部分是临时展览，即不定期的展出北京或外省市的古今工艺美术展品，可以搞综合性的（如北京工艺美术品展览、河南民间工艺展览、蒙古民族生活习俗展览等），也可以搞单项（如北京景泰蓝工艺、天津杨柳青版画、湖南湘绣艺术或唐三彩、民间剪纸工艺等）展览。这种展览形式多样，内容丰富，常换常新，雅俗共赏，将会受到中外广大观众的欢迎。

活动方式可以采取多种多样，既有固定展览，又有临时和流动性展览；既有操作表演，又有现场销售；既可独家经办，又可合作举办展览。也可把小部分展室临时租给工艺美术单位举办展销结合的展览，既注重社会效益又不忽视经济收益。总之，形式要灵活多样，充分发挥博物馆在社会主义物质文明和精神文明建设中的作用。

（四）关于经费问题：

博物馆事业是社会主义文化教育的一个重要组成部分，是对广大人民进行形象地爱国主义、历史唯物主义、国际主义和普及文化、历史、科学知识的宣传教育阵地。"北京艺术博物馆"将通过艺术陈列展览发挥这样的职能。在筹建这个博物馆时，须请国家拨出一定数额的业务费和开办费，以便进行新馆的筹建。经初步估算，筹建"北京艺术博物馆"需请市财政拨款 50 万元开办费、业务费和日常经费。新馆建成后，除馆舍的古建筑维修、文物征集、展览陈列、办公和人员开支由国家拨给外，日常管理费逐步做到自给。

（五）关于人员编制问题：

本着精简的原则和实际需要，结合该馆的方针任务，拟设陈列部、保管部、民俗部、绘制部、群工部、研究室、办公室等机构，编制为 95 人。近期在修缮和筹备过程中可暂时配备 40 人，待修缮工程完成后再逐步充实。

（六）关于先建立"北京艺术博物馆筹备处"问题：

万寿寺目前只有 7 名临时从我局所属单位借调来的干部，负责古建筑保护和安全保卫工作，由于没有正式机构和人员编制，建馆的筹备工作无法进行。当务之急是立即成立"北京艺术博物馆筹备处"，调配干部，抓好万寿寺古建维修设计和施工，同时负责征集文物，筹备展览，积极开展筹备建馆工作，争取在1985 年底或 1986 年初正式建成开放。

以上报告当否，请批示。

北京市文物事业管理局

一九八四年十月廿四日

北京市文物事业管理局
关于 1984 年北京市新建博物馆情况
给文化部文物局的报告

（1984 年 12 月 24 日）

（84）京文物字 233 号

文化部文物局：

按照你局一九八四年十二月四日来函要求，现将我市一九八四年度新建博物馆情况报上。

一、已新建成并开放的两处：

1. 曹雪芹纪念馆，在香山正白旗村（由北京市园林局领导，属民办公助性质）。

2. 门头沟区博物馆，在门头沟西峰寺下。

二、已批准筹建的三处：

1. 北京古钟博物馆，在海淀区大钟寺。

2. 北京艺术博物馆，在海淀区万寿寺。

3. 长城博物馆，在延庆县八达岭滚天沟。

北京市文物事业管理局

一九八四年十二月廿四日

北京市文物事业管理局关于
怀柔县筹建博物馆的复函

（1985 年 1 月 21 日）

（85）京文物字 07 号

怀柔县文化文物局：

你局（84）怀发字 2 号文收到。关于你县筹建博物馆一事，经研究，意见如下：

（1）我局原则同意你们提出的 1986 年筹建县博物馆的计划，此项工作，应报请县政府决定。

（2）市政府京政发（1984）85 号《关于北京市计划工作改革的试行规定》中指出"……文教、卫生、体育设施……安排的建设项目，只要资金落实，建筑材料自筹解决，可由各区、县、局自行审批和纳入计划，报市计委备案……"。根据上述精神，你县博物馆的建设和所需经费，可由你县自筹解决。若要列入市计划安排项目，则需由县政府报市政府审定，并向市计委争取。

（3）我局在你们建馆业务上将尽量予以协助。

此复。

北京市文物事业管理局

一九八五年一月廿一日

北京市文物事业管理局关于建议
在京筹建中国民间文艺民俗博物馆
问题的复函

（1985 年 1 月 29 日）

（85）京文物字 10 号

文化部文物局：

你局博物馆处转来《情况反映》第 260 期收悉。现将我局的意见函复如下：

为了更好地做好民间文艺和民俗的收集、保管、研究、出版和展出工作，在京筹建一座中国民间文艺民俗博物馆是需要的，我们赞成建立这样的博物馆。但是考虑这种博物馆专业性较强，我们筹建有很多困难。为了发挥各行各业办博物馆事业的积极性，我们建议可否由中国民间文艺研究会筹建，我局可给以协助。是否可行，请参考。

北京市文物事业管理局

一九八五年一月廿九日

北京市文物事业管理局关于成立
北京博物馆学会的请示报告

（1985 年 4 月 9 日）

（85）京文物党组字 04 号

市委宣传部：

根据中央对首都建设方针的四项指示和中共中央、国务院对《北京城市建设总体规划方案》的批复，以及对历史文化名城的要求，首都的博物馆事业将会有一个较大的发展。为了全面规划、充分发挥北京地区各博物馆的作用，加强各馆之间的协作，进行学术交流，培养发展博物馆事业所需的人才，提高博物馆的陈列质量和学术水平，促进首都精神文明和物质文明建设，北京市文物局和自然博物馆曾在一九八五年二月五日召开的北京地区二十七个单位参加的博物馆馆长联席会议上，提议成立北京博物馆学会并得到与会代表的一致赞同。文化部文物局、市委和市政府领导同志吕济民、徐惟诚、白介夫、陆禹等同志也表示赞成，并指出："成立北京博物馆学会是形势的要求，目前时机已经成熟"。会议还通过由参加会议的各馆馆长组成筹委会，由市文物局、自然博物馆、故宫博物院、首都博物馆等八个单位组成筹备小组，着手进行成立学会的筹备工作。

三月十九日，筹备小组召开了会议，研究了学会章程（讨论稿）及有关问题，拟于近期召开成立大会。

北京博物馆学会是北京博物馆界群众性的学术团体（学会的

性质、任务、组织形式和经费情况等，见所附学会章程草案），成立后拟挂靠在北京市文物局。为了开展日常工作，需设专职工作人员2～3人，并请市财政每年拨给日常经费2万元。

妥否，请审批。

北京市文物事业管理局党组

一九八五年四月九日

北京市文物事业管理局关于为筹建古钟博物馆调拨、价拨古钟类文物的通知

（1985年5月2日）

（85）京文物字83号

文物工作队、首都博物馆、文物商店、各区县文化文物局（科）：

在大钟寺文物保管所的基础上，筹建北京市古钟博物馆是我市博物馆建设的重点项目之一。为加快古钟博物馆的筹建工作，保证陈列品的质量和藏品数量，请各有关单位积极提供所存古钟类文物，以支持古钟博物馆的筹建工作。

所提供文物，可调拨或价拨给大钟寺文物保管所。

特此通知。

北京市文物事业管理局

一九八五年五月二日

北京市文物事业管理局关于同意在鲁迅博物馆内扩建展厅和文物库房的复函

（1985 年 8 月 19 日）

（85）京文物字 207 号

文化部文物局：

你局七月八日来文收悉。关于请求扩建鲁博展览室、业务用房和文物库房的问题，经我局与我市有关部门研究，同意鲁迅博物馆在现址的旧展厅南侧扩建 2500 m² 新展厅及文物库房，并提出如下原则意见：

一、由于扩建工程坐落在鲁迅故居较近的东侧，因此，在其形制上应是中国传统式的建筑，色调也应与鲁迅故居相一致。

二、扩建工程的总体布局为坐北朝南呈"冂"字形，东西两头为一层，中间两层，避免产生挤压故居之感。

三、扩建工程的详细设计方案应征得我局同意。

特此报告。

北京市文物事业管理局

一九八五年八月十九日

北京市文物事业管理局关于
大钟寺古钟博物馆正式名称的批复

（1985 年 8 月 23 日）

（85）京文物字 205 号

大钟寺古钟博物馆：

关于你馆名称，经报请陈昊苏副市长批示，正式定名为"大钟寺古钟博物馆"，馆名前不加"北京"二字。请据此办理刻制公章等事宜。

北京市文物事业管理局
一九八五年八月廿三日

北京市文物事业管理局
关于筹建长城博物馆拟请
有关省市支援文物资料的请示报告

（1985 年 8 月 24 日）

（85）京文物字 206 号

文化部文物局：

最近，经北京市人民政府决定，我市长城博物馆筹备处已经成立，馆址在北京市延庆县八达岭特区滚天沟，计划1987年建成对外开放。

长城博物馆的陈列设计，根据北京市府决定，由我局牵头编写。鉴于该馆在初创时期，面临着许多困难，特别是文物资料及文献资料都很缺乏，为此，有待有关兄弟省市文物、博物馆部门给予大力支援。为搞好长城博物馆的筹备，充实该馆的陈列内容（包括展品、资料等），我们将向长城沿线各省市求援，准备征集一些与长城有关的历史文物及历史文献资料（征集范围提纲附后），恳请文化部文物局向长城沿线各有关省市文化、文物、博物馆等有关部门发一通知，请其协助我们做好长城文物资料征集工作，并不吝捐赠或准予复制、拍照。具体事宜由我局博物馆处联系。

是否可行，请审定。

北京市文物事业管理局

一九八五年八月廿四日

附：北京长城博物馆筹备处征集文物资料范围提纲

（1985 年 8 月）

一、文物类：

1. 出土文物（考古发掘）

①兵器、工具

②服饰（包括铠甲、旌旗等）

③军制（权、印、符、牌等）

2.传世文物以及其他与长城有关的文物

二、文献资料类：

1.历史文献

2.历代及近代、现代有关文学资料

①诗、词、歌、赋

②民间传说

③有关论文、考证

三、图片资料类：

1.电影片（包括解说词）

2.电视片（包括解说词）

3.幻灯片、照片（包括解说词、讲解词等）

从万寿寺到北京艺术博物馆

张　巍

　　"博物馆之城"是首都文化名片之一。建设博物馆之城有利于繁荣首都文化，关乎文化强国建设，是全国文化中心建设的重要内容。习近平总书记在给中国国家博物馆老专家的回信中指出："立足首都城市战略定位，顺应市民群众对美好生活新期待，努力打造彰显首都风范、古都风韵、时代风貌的博物馆之城。"

　　依托万寿寺古建筑群，北京艺术博物馆在"博物馆之城"建设中积极开展文物保护利用。从万寿寺到北京艺术博物馆，几百年间，古建筑的功用发生了天翻地覆的改变，在古建筑空间内，博物馆空间功能逐渐生成，增加了更多公共文化价值。

北京艺术博物馆

465

一、祝釐万寿——明清皇家寺院

明清两代，万寿寺作为皇家寺院，从最初修建为藏经寺院转变为皇家祝釐庆寿场所。作为长河岸边春明之景，万寿寺也是上至皇帝、皇室到大臣，下至文人乘西山之兴，携友往游的胜地。万寿寺见证了明清两朝的兴衰，留下了大量文人墨客结游颂咏的诗篇，其景、其情在盛世的繁华喧嚣里，也在没落时的清风萧瑟中。

（一）寺院兴建及变迁

万寿寺始建于明万历五年（1577年），位于西直关外广源闸地方，是万历皇帝的母亲圣母慈圣宣文皇太后出资修建，万历六年修建完毕。万历皇帝赐名"护国万寿寺"，命大臣张居正撰文勒碑记之。

张居正在《敕建万寿寺碑文》中曾记述寺内建筑："中为大延寿殿五楹，旁列罗汉殿各九楹，前为钟鼓楼、天王殿，后为藏经阁、高广如殿，左右为韦驮、达摩殿各三楹。又后为石山，山

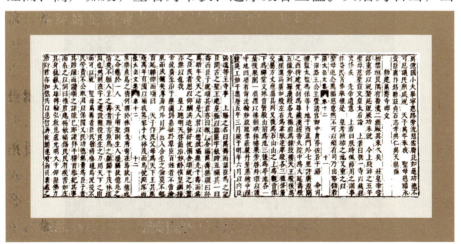

张居正《敕建万寿寺碑文》

之上为观音像，下为禅堂，文殊、普贤殿。山前为池三，后为亭、池各一。最后果园一顷，标以杂树，琪株璇果旁启，外环以护寺地四顷有奇。"①初建成的万寿寺，中路为五进院落，"璇宫琼宇，极其闳丽"②，高阁当衢，后为假山区域，憩息有亭台，守望有楼阁，园中郁郁而繁茂，宝树盘结，寺中传来的天籁梵音，相与断续，让人感觉不是在人间而处于仙境之中。

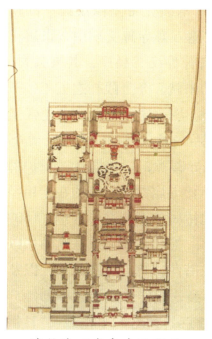

清乾隆万寿寺建筑布局

到了清代，万寿寺得到了大规模的修建。顺治十六年（1659 年），万寿寺部分建筑遭大火焚毁。康熙二十五年（1686 年），皇帝对万寿寺建筑进行了翻修和重建，在中路假山后增建了无量寿佛殿及万佛阁，使寺院院落增至七进；在寺院东路增建方丈院，并增建西路行宫建筑。乾隆十六年（1751 年）和二十六年（1761 年），高宗弘历为其母做六十、七十大寿时，又连续进行两次大规模的修缮和扩建。乾隆十六年（1751 年），在西路前方添置寿茶、寿膳房两组两进四合院，又于东路前方改建十方院，清除了华严钟楼遗址，拆除了药王殿，东路后端改建方丈院，扩大其规模。中路在无量寿佛殿两侧新建了中西合璧式院门和院墙。乾隆二十六年（1761 年），在西路增建和改建行宫院落，在行宫院后建后罩楼及大悲坛院。东路增建法堂院院落，包括南房、虚空同体殿、静思报恩殿等建筑。在方丈院南建法坛一座。

467

光绪二十年（1894年），慈禧太后六十寿辰时，为了在此举办隆重的"万寿庆典"，光绪皇帝再度下旨重修万寿寺，重建第七进院落内的万佛楼。经过康熙、乾隆、光绪皇帝的重修和扩建，万寿寺最终形成集寺庙、行宫、园林于一体，东、中、西三路建筑规模庞大的皇家重寺。

（二）从藏经地到祝釐万寿之所

明代万寿寺最初兴建的目的在于承袭先帝重修汉经厂的遗意，建寺以贮存汉文佛教经典。《敕建万寿寺碑文》中，张居正开头就点明修寺的原因："禁垣艮隅有番汉二经厂，其来久矣。庄皇帝尝诏重修，以祝釐延眖，厥功未就。今上践阼之五年，圣母慈圣宣文皇太后谕上若曰：朕建一寺以藏经焚修，成先帝遗意。"③万历十八年，皇帝为万寿寺赐经一藏，并敕谕主持及僧众："朕惟佛氏之教，具在经典，用以化导善类，觉悟群迷，于护国佑民，不为无助。"④皇帝颁布佛经、让寺庙贮经，目的在于用经典教化众生，让众生觉悟，以此护国佑民。万历三十五年（1607年），汉经厂内永乐大钟移至万寿寺，在万寿寺院东路建钟楼以供安置。大钟遍刻诸佛世尊、如来、菩萨、尊者、神僧名经以及法华经、金刚经等23万字的汉文佛经，相传为成祖时少师姚广孝监铸，沈度所书，重46.5吨。《帝京景物略》中记载："日供六僧击之。每击，八十一卷，三十二分，字字皆声。是一击，竟《华严》一转、《般若》一转矣。"⑤永乐大钟迁移万寿寺，也是明代万寿寺贮经传法功能的体现。万寿寺早夜钟声隐隐，动闻数里，疑从天外来，澈人心耳。

明代万寿寺是贮经地，也是皇帝祈福之地。曹于汴的《仰节堂集》和熊明遇的《文直行书》中都曾记载万寿寺曾为皇帝祝釐之处。"既而过万寿寺门，今上祝釐之处也。大缘谓内有奇石，

永乐大钟

请入观之，予不敢"。⑥万历朝皇帝及东宫诸王降生，都有剃度幼童代替其出家，有一说是沿袭元代的遗俗，而万寿寺就是皇帝替身僧人出家的地方。沈德符在《万历野获编》中曾记载，"予再游万寿时，正值寺衲为主上祝釐。其梵呗者几千人，声如海潮音。内主僧年未二十，美如倩妇，问之，亦上替僧"。⑦这段记载是写他游万寿寺时候，正赶上寺内僧人为皇上祈福，有几千人诵经声如海潮，主持的僧人年不过二十，貌美如妇，问人才知是皇上的替身僧。由此可见万寿寺作为皇家寺庙的地位。

清代从康熙朝开始，历经雍正、乾隆三朝大规模修建西郊三山五园，长河是从紫禁城到西郊的重要水路，万寿寺成为长河沿岸重要的驻跸场所；万寿寺的功能也发生了变化，因其嘉名成为皇家祝寿的场所。康熙五十二年（1713 年），值康熙万寿六旬正诞，自畅春园到神武门，辇道所经数十里张灯结彩，杂陈百戏，迎接圣驾，翰林院编修高舆曾率领浙江耆老三百余人建千佛道场于万寿寺。乾隆十六年（1751 年）、二十六年（1761 年）、三十六年（1771 年），乾隆皇帝为母后在万寿寺举办千佛道场庆寿。其中乾隆十六年崇庆皇太后六旬大庆，庆寿图典《万寿图卷》中"川至迎长"一卷绘万寿寺、广源闸至倚虹堂、高梁桥沿途场景，寺中的楼阁、僧侣似在云中，长河南岸的戏台上，祝寿的大戏正在演出。清人赵翼亲历了这次盛典，在其书中曾描述盛典，称之为"千百年不可一遇"。乾隆二十六年，皇太后七旬大庆，图绘的庆寿图为《胪欢荟景图》，其中"香林千衲"表现万寿寺前千名僧人恭迎皇太后，为之祝寿延禧的场景。乾隆皇帝曾在皇太后七秩庆辰时说："朕将率亿兆臣庶祝嘏延洪，以圣节崇启经坛，莫万寿寺宜。"⑧万寿寺成为祝寿庆寿地，从康熙朝到乾隆时期成为定例。自乾隆朝后，嘉庆皇帝六十寿辰在万寿寺曾举办佛事活动，但不比从前。万寿寺再次迎来大规模的祝寿庆典是光绪十九年，慈禧皇太后六十寿诞修缮万寿寺，由翁同龢撰写《重建万寿寺碑文》立于寺内御碑亭，这也是清代在万寿寺最后一次大规模的祝寿活动。

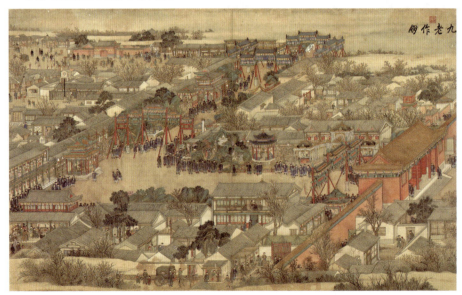

乾隆二十六年《胪欢荟景图》册中的《香林千衲》图

（三）文人偕伴出游，吟诗颂景之地

明清时期，万寿寺作为皇家寺院属于禁地，但每逢四月初八浴佛节期间，从当月初一至十五开庙半个月，此时也正是百姓出行踏春的好时节。明代熊明遇在《文直行书》中描绘了四月初八浴佛节，都人盛游西郊的盛况："男子鸣金持帜，击鼓吹角，率群姬妇或百人，或数十人，至各寺庙焚香膜拜，道上口佛号如雷叹，近于巫风。"⑨清代富察敦崇在《燕京岁时记》中也曾这样记载："每至四月，自初一日起，开庙半月。游人甚多，绿女红男，联蹁道路。柳风麦浪，涤荡襟怀，殊有天朗气清、惠风和畅之致。"⑩此时的万寿寺，可谓是西郊之胜境。

不同于普通百姓的拜佛活动，文人士大夫携伴出游，更多了踏春寻诗的浪漫，留下的大量诗篇让我们对当时的万寿寺有了更深入更感性的认识，可以从中体会到古人笔墨中的雅趣。明代及清初，文人颂咏的最多的还是永乐大钟。明代文人陶允嘉诗中写永乐大钟"势凌青汉上，时有紫霞封。下视云平壑，傍瞻翠远峰。鲸音闻百里，追蠡叠千重"⑪，短短几句就将凭吊怀古的意境表达出来。从现存的诗文史料来看，到过万寿寺有感留诗的既有乾隆皇帝这样的君王，也有爱新觉罗·弘晓、爱新觉罗·永忠这样的皇室，既有曾国藩、翁同龢、叶赫那拉·那桐这样的朝中大员，也有袁宏道、钱大昕、铁保这样的文臣、文人。

明清历史上，很多文人在万寿寺的群体活动成为佳话。乾隆年间，释明鼎禅师奉敕卓锡万寿寺，作为万寿寺的主持。明鼎禅师俗姓冯，字调梅，晚年自称恬退翁，他在万寿寺期间与皇帝和文人交往频繁，乾隆皇帝曾作诗《万寿寺口占赐方丈明鼎》赠与他："试问阇黎悟未曾，与僧何不可言僧。却怜佛子亲逢佛，因识能仁有不能。"⑫诗中的"因识能仁有不能"一句，乾隆写明注

释，昔日雍正皇帝开示禅流，得悟者不可胜数，唯独明鼎禅师虽属济宗名宿，独未获许可，故乾隆皇帝在赐诗中笑谈此事，皇帝与明鼎禅师的关系可见一斑。乾隆十二年（1747年），禅师卓锡万寿寺期间，对佛法有很深见解的文人姚默园约朋友来游万寿寺，在与明鼎禅师见面后，众人观明鼎禅师写的万寿寺八首颂景诗，尤为赞叹。八首诗分别颂万寿寺的古殿蟠松、高阁凌云、峰峦幻出、石洞清幽、双桥夕照、疏柳晓烟、玉泉涟漪、阆苑疏钟。此万寿寺八景堪比燕京八景。古人对"八景"的钟情都是对"遥远的潇湘八景的向往而产生的寄托"，于是以"八景"为题材的名胜及诗作就广为流传。众人感叹明鼎禅师至性过人，从万寿寺归来，有十二位文人同和明鼎禅师的诗，每人作诗八首，共作诗九十六首。十二人中有一人叫做徐琰的，将此事记录下来，并评论"地以人传，人以地盛。则万寿八景之名，方藉是以垂不朽"⑬。万寿寺通过高僧、文人的诗文得以传颂，文人们也是借万寿寺之景留下了不朽的诗篇。万寿寺的八景佳名，其胜概由此传播。

（四）历史重大事件的见证者

清晚期，皇权式微，国家命运多舛，万寿寺见证了重大政治历史事件。1860年，英法联军入侵北京。英法联军对战僧格林沁的蒙古骑兵，发生了历史上著名的八里桥之战。蒙古骑兵战败，联军占领通州，咸丰帝御旨恭亲王奕䜣留在北京圆明园全权办理议和大计，皇帝以游猎为由逃往热河。10月6日，在奕䜣等奏报暂赴万寿寺情形奏折中，记述了英法联军占领北京的情形："夷人扰踞园庭，焚掠民房，断不能再议局。……二十二日（10月6日）早，因该夷已抄至德胜、安定二门，事机紧急，连夜约同奴才文祥出城，复给该夷照会，许以送还巴酋，并令巴酋写信与额酋，令其止兵，乃照会发出之后，该夷并无回字。至午间，该夷已抄至德胜门土城外，暗袭僧格林沁、瑞麟之后，我军不战而溃败，纷纷退至圆明园，夷匪亦衔尾而来。"⑭奕䜣在探闻各城均封闭的情况下，想赶赴万寿寺，在万寿寺再议和局，拟给照会，不料英法联军已由东北两面窜至，占据了万寿寺园庭，焚烧了附近街市。从这一史料可以看出，清晚期，万寿寺在国难当头，紫禁城和西郊皇家园林都面临危险的时候，已经作为了议政之选。从康熙年修建行宫院落，历经几朝，万寿寺作为长河沿岸的驻跸之所，也在皇帝驻跸的同时成为议政之处。

光绪二十六年（1900 年），北京再次历经浩劫，八国联军发动侵华战争，8 月攻陷北京。庆亲王爱新觉罗·奕劻在 1900 年受命留京会同李鸿章与各国议和。光绪二十七年（1901 年）六月，总理各国事务衙门改为外务部，奕劻任总理部事，在光绪二十七年六月二十三日《庆亲王奕劻为德国军队撤出万寿寺前往接收咨内务府文》奏折中写道："光绪二十七年六月二十二日，准德国武官佛斯特照称：现在驻扎寿寺之德国军队，兹改于六月二十五日撤退。请先期派员前往接收。"⑮可见在庚子事变中，八国联军中的德国军队曾驻扎在万寿寺。万寿寺成为这场劫难的经历者和见证者。

二、波折与变迁——褪去皇家身份的万寿寺

民国时期，万寿寺在行政区划上有了明确归属，按行政地域划分归属西郊区西直门外分署第七派出所，地址为长河广源闸二十六号。万寿寺失去了皇家寺院的地位，中、东、西三路的寺院房舍被分割占用或租用，先后被当作战俘营、学校、疗养院、收容所等。

1918–1920 年期间，万寿寺曾作为"西苑俘虏收容所"，收

押第一次世界大战中战败的德国和奥地利在华军人。北洋政府
善待德奥战俘，万寿寺三个大殿和配殿内居住士兵战俘，军官战
俘则住到西路慈禧太后的行宫内，寺院前面是负责看守的中国军
人宿舍，东路后院住着主持及其他僧人。战俘们住在行宫，吃西
餐，打牌、弹琴、洗澡、就医，过着悠然惬意的生活。曾在万寿
寺当过战俘的海因茨·佩克哈默，曾是奥匈帝国驻华使馆卫队的
一名成员，后来成为了摄影师，他留下了 1918–1920 年间万寿
寺许多纪实照片和风景佳作，让我们一窥作为战俘收容所的万寿
寺。

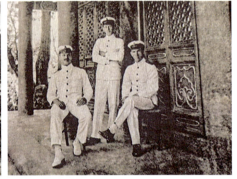

一战期间作为俘房收容所的万寿寺（赫达·莫里逊拍摄）

　　万寿寺曾多次作为部队驻地。1920 年，清内务府将万寿寺
行宫出租给陆军部。1929 年至 1936 年期间，京师四郊游缉队第
二大队驻守于万寿寺行宫，游缉队是协助地方维持治安的武装警
察部队，曾将缉捕毒犯关押于寺院中路建筑。1937 年因电线短
路，万寿阁被火焚毁。1945 年至 1949 年解放战争期间，万寿寺
曾为国民党陆军某军部驻地。

　　万寿寺曾作为学校及育幼院。1924 年至 1925 年，邓洁民创
办的私立北京国际大学租用万寿寺房屋和空地作为校舍。1931
年，爱国流亡组织在万寿寺西路开办流亡学校，在西路举办育幼

北平五臺山普濟佛教總會育幼院組織章程

第一章　名稱及宗旨

第一條　本院由五臺山普濟佛教總會創辦定名為北平五臺山普濟佛教總會育幼院

第二條　本院專收社會貧苦無依之幼齡子女教養兼施以兒咸中等職工教育造成健全國民為宗旨

第三條　本院設於北平西郊萬壽寺西隔壁五臺山普濟佛教總會所

第二章　收錄及待遇

購置之舊行宮

第四條　本院專收左列子女入院教養

《北平五台山普济佛教总会育幼院组织章程》中选址万寿寺的条款（北京市档案馆藏）

中央军委保育院儿童在万寿寺西路

园。1932 年，北京五台山普济佛教总会在万寿寺西路开办育幼院。1934 年，东三省旅平同乡在寺中前部创高中学校，收容难民子女学生。

新中国成立后，1949 年，洛杉矶保育院迁入方丈院。1950 年，洛杉矶保育院改名为中央军委保育院，搬到万寿寺西路行宫，直至 1969 年迁出。1957 年，万寿寺最后一任住持悟性法师响应政府号召，把万寿寺等七处寺院庙产交付给政府寺庙管理组管理。

1969 年保育院迁出后，解放军总政治部歌舞团、话剧团进驻万寿寺中路和西路，工程兵某部进驻万寿寺东路。1982 年，万寿寺西路发生火灾，烧毁了行宫的前正殿及配殿、游廊和垂花门。1984 年，万寿寺的中路和西路被北京市文物事业管理局和国家文化部分别接收。

三、北京艺术博物馆的建立及万寿寺博物馆化过程

经历了历史的变迁，万寿寺建筑曾以不同功能被占用。1987年，万寿寺作为北京艺术博物馆馆址，作为文物保护单位，迎来了它的重生。

（一）文物建筑得到修缮和保护

1985年，北京艺术博物馆筹备处成立。博物馆成立的第一件大事就是修缮。这是万寿寺保护、利用，同时也是其博物馆化的第一步。1986年5月，万寿寺一期修缮工程结束，鼓楼、天王殿、大雄宝殿配殿修缮完毕。1987年8月，万寿寺开始二期修缮工程，包括中路大雄宝殿到大禅堂之间建筑的修缮，第七进院落修缮后作为博物馆的办公区和文物库房，北京艺术博物馆局部对公众开放。1994年，万寿寺开始三期修缮工程，寺院中路全部修缮完毕，北京艺术博物馆首次完整对公众开放。

2002年、2005年、2009年万寿寺都开展了不同规模的修缮。2017年，万寿寺开始了最大规模的修缮。此次修缮赶上"十三五"时期以及"十四五"的开局之年，北京市文物保护力度逐年加大。尤其是在2019年发布的《北京市大运河文化保护传承利用

文物修缮

实施规划》中提出的构建"一河、两道、三区"的大运河文化带发展格局,其中"三区"中的运河文化展示区就包括万寿寺古都文化展示区。大运河的保护和利用推进了万寿寺东路拆迁,为此次万寿寺东、中、西三路整体修缮奠定了基础。

此次大修历时近五年的时间,分为三期,一期修缮以中路和西路为主,二期修缮万寿寺东路 10 座古建筑及地下管道,三期对大雄宝殿内的 22 尊佛像及山门壁画进行修复和保护。修缮后的万寿寺消除了古建筑群、佛像及壁画等病害,古建筑格局也更加完整,拆除临建房屋,清退占用单位,恢复了万寿寺古建筑群东、中、西三路的原有风貌。

万寿寺修缮体现出国家和市政府对文物保护事业的重视。回顾修缮经历的几年,有国家、北京市政府的大力支持,有博物馆人辛勤的持之以恒的付出,也有参与修缮项目的领导、专家、修缮工匠师傅们的不懈努力。因此,北京艺术博物馆才在五年的修缮、改陈后迎来再次对外开放。

(二)博物馆展览体系的建立

北京艺术博物馆以万寿寺作为馆址,收藏各类历代艺术品12 万余件,藏品门类丰富,时代上起原始社会,下迄民国,尤以明清文物为主。1987 年北京艺术博物馆开放以来,构建了具有本馆特色的展览体系。

基于馆藏研究,推出馆藏品系列展览,包括"清代皇室书画展""中国篆刻艺术展""中国印""佛教艺术展""中国明清织绣展""日本艺术展""鼻烟壶展""明清家具展""扇子系列艺术展""解读石涛""翰墨风华:三希堂石渠宝笈法帖拓片展"等。此系列展览将艺博馆藏做专业性的梳理,讲述文物背后的故事,将独特的文物资源转化为公共文化供给。

采取"走出去""引进来"方式办展览，通过多年的积累，打造"中国古瓷窑"和"中华文明之旅"品牌展览项目。其中，"中国古瓷窑"是一个集展览、出版、学术研讨和文创为一体的综合展示项目，项目累计举办了"当阳峪瓷器艺术展""唐风一脉——巩义窑陶瓷艺术展""千年迷梦——邢窑陶瓷艺术展""中和之美——定窑陶瓷艺术展"等9个展览，并配套出版了9本图录，举办了多次学术报告会等学术研讨活动，在学术界和普通观众群体中得到了很高的关注和认可。艺博还引进国内展如"丰腴之美——唐代仕女生活展""永恒记忆——丝绸之路上的文明""中国古代带饰——哈尔滨龙江龙博物馆馆藏精品展"等，引进国外展览如"百年远航：江户名瓷伊万里展""当色彩消失的时候——印象派版画展中国巡展""欧洲玻璃艺术史珍品展——捷克共和国布拉格国家工艺美术博物馆收藏展""中日夹缬联合展——中国蓝夹缬·日本蓝板缔、红板缔"等。

"吉物咏寿"展　　　　　　　　"万几余暇"展

2022年修缮后，经过近一年的改陈，艺博推出了6个基本陈列展览，"缘岸梵刹——万寿寺历史沿革展""妙法庄严——佛教造像艺术展""吉物咏寿——吉寿文物专题展""万几余暇——清代皇室及其后裔书画艺术展""大修实录 万寿寺第五次大修纪实""云落佳木——中国传统家具展"，6大展览共展示艺博馆藏各类文物精品 390 余件，其中珍贵文物 80 余件。

通过展览体系的建立，艺博开创了自有的展览品牌。展览与科研相互促进，锻炼了队伍，形成了专业性强的博物馆研究员团队，同时也扩大了本馆的影响力，带动了博物馆的发展。

（三）博物馆逐步提升公共文化服务水平

"十四五"时期及未来文物博物事业发展规划中提出，博物馆要高质量发展，逐步提升公共文化服务供给能力，提高公共文化服务水平，满足不同观众的多元化需求。

艺博在迅猛发展中，得到了社会的持续关注，越来越深入地走入大众的视野。面对公众的期望，艺博不断增强社会教育功能的丰富性、生动性，积极探索创新社会教育方式，建立博物馆制度化的公众参与机制，听取大众对博物馆公共文化服务的意见建议，建立健全博物馆志愿者服务机制，成立艺彩飞扬志愿服务队，贯彻"以人为本"的理念，让服务更贴近大众需求。

为了提升公共文化服务活动的吸引力和创造力，博物馆积极借助传统节日、特殊展览活动日、国际博物馆日等契机开展各类主题文化活动，策划、组织"博物馆中话吉祥""文化遗产在我身边""追风少年""小游戏大智慧——中国传统益智玩具""艺术假日系列""木板年画 DIY 竞赛""博物馆寻宝过大年""神奇的植物"等活动，以馆内展览和古建资源为依托，通过互动项目、科普讲座、艺术鉴赏、动手项目增加博物馆的趣味性、亲和力，让更多观众走进博物馆。

艺博加强对新媒体的运用，借助新媒体提升公共文化服务：利用微信服务号、订阅号，以及抖音、快手、网站等媒体矩阵，方便观众最直接地获取公共文化服务资讯和线上展览及藏品研究等内容；与官媒及自媒体平台充分合作，有目的、有计划地开展博物馆文化活动的包装和宣传、推广工作，提升民众对博物馆公共文化服务的认知度，扩大文化影响。

2020 年 4 月，北京发布的《北京市推进全国文化中心建设中长期规划（2019 年 –2035 年）》指出，北京要打造布局合理、展陈丰富、特色鲜明的"博物馆之城"。北京艺术博物馆在"博物馆之城"建设中，要利用好万寿寺和北京艺术博物馆两个IP，推动艺博的多样性、可持续性、体验性与共享性；利用地缘优势，将艺博打造成城市会客厅，建设"平安艺博""学术艺博""数字艺博""活力艺博"，推动博物馆治理体系、治理能力现代化；要保护好、利用好万寿寺古代建筑群，合理利用好文物资源，以让文物活起来为己任，擦亮"万寿寺"这张金名片，让人民群众共享文化遗产保护、传承和活化利用的丰硕成果。

（文中照片系作者提供）

注释：

① （明）张居正，《敕建万寿寺碑文》，《张太岳集》卷十二，上海古籍出版社，1984 年 2 月出版。

② （明）蒋一葵，《长安客话》卷三《万寿寺》，北京出版社，2018 年 2 月出版。

③ （明）张居正，《敕建万寿寺碑文》，《张太岳集》卷十二，上海古籍出版社，1984 年 2 月出版。

④ 《万历皇帝赐万寿寺等庙宇藏经敕谕》（明）沈榜《宛署杂记》第十八卷《万字》，北京古籍出版社，1980 年 11 月出版。

⑤ （明）刘侗、于奕正，《帝京景物略》卷五，故宫出版社，2013 年

6 月出版。

　　⑥（明）曹于汴，《仰节堂集》，卷四《游西山记》，上海古籍出版社，2018 年 8 月出版。

　　⑦（明）沈德符，《万历野获编》，卷二十七《京师敕建寺》，北京燕山出版社，2009 年 1 月出版。

　　⑧（清）爱新觉罗·弘历《御制重修万寿寺碑文》，《万寿寺史料汇编》张树伟，北京燕山出版社，2020 年 6 月出版。

　　⑨（明）熊明遇，《文直行书》，文选卷十六，《西山记游》，北京图书馆藏清顺治十七年熊人霖刻本。

　　⑩（清）富察敦崇编：《燕京岁时记》，北京古籍出版社，1981 年 8 月出版。

　　⑪（明）蒋一葵，《长安客话》卷三《万寿寺》，北京出版社，2018 年 2 月出版。

　　⑫（清）爱新觉罗·弘历，《御制诗二集》卷六《万寿寺口占赐方丈明鼎》，文渊阁四库全书本。

　　⑬（清）徐琰，《万寿寺八景倡和诗》，乾隆十二年刻本。

　　⑭ 奏折《奕䜣等奏报暂赴万寿寺情形》，中国第一历史档案馆藏《奕䜣密档》。

　　⑮《庆亲王奕劻为德国军队撤出万寿寺前往接收咨内务府文》，光绪二十七年六月二十三日，清内务府档。

（张巍　北京艺术博物馆副馆长　北京　100081）

481

北京抗日战争主题片区
纪念设施和遗存的展示利用

马兴达

红色资源是中国共产党艰辛而辉煌奋斗历程的见证，是最宝贵的精神财富。在北京市委市政府的领导下，北京市革命文物工作取得长足发展。《北京市关于推进革命文物保护利用工程（2018–2022 年）的实施方案》《北京市推进全国文化中心建设中长期规划（2019 年 –2035 年)》的出台，以及中国共产党早期北京革命活动主题片区、抗日战争主题片区、建立新中国主题片区三大红色文化主题片区建设的提出，为革命文物工作发展指明了途径。三大红色文化主题片区在时间上相互承续，片区上相互交错，精神上一脉相承，贯穿于党领导新民主主义革命全过程，是北京红色文化的生动展示。

一、北京抗日战争主题片区的概念和主要内容

北平抗战是中国人民抗日战争的重要组成部分。北京抗日战争主题片区正是为了展现北京作为全民族抗战爆发地的独特历史地位和中国共产党在北平抗日斗争中的中流砥柱作用而建立。它是以卢沟桥、宛平城和中国人民抗日战争纪念馆为核心，包括全市抗战纪念设施和遗存共计 160 余处的整体概念。

北京抗日战争主题片区所包含的纪念设施和遗存的选取规则是：从《北京市革命遗址通览》《北京红色遗存》《北京抗战遗

存》等资料中精选，反映北京市现行行政区域内 1931—1945 年间抗日斗争相关内容，包括重要纪念场馆、重要事件（人物）纪念地（碑、墓等）、重要领导机构旧址、重要事件遗址遗迹。

这些抗战纪念设施和遗存不仅展现了抗战时期在中国共产党的领导下北平人民的英勇抗日斗争，也展现了包括国民党在内的北平其他各党派、各阶层人民的抗日斗争，还展现了日本侵略者对抗日军民的镇压迫害，具有重要的历史和时代价值，内涵丰富、资料充分。

（一）全民族抗战爆发纪念地核心区

1937 年 7 月 7 日，日本侵略者悍然发动卢沟桥事变，中国守军奋起抵抗，全民族抗战由此爆发。以卢沟桥、宛平城和中国人民抗日战争纪念馆为核心，包括周边数公里范围内的抗战纪念设施和遗存，构成了北京抗日战争主题片区的全民族抗战爆发纪念地核心区。

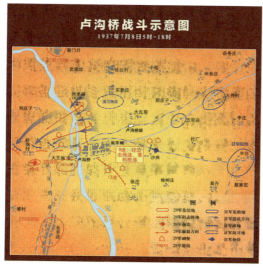

卢沟桥战斗示意图

1. 一桥一城一馆一园

卢沟桥位于北京城西南，是北京市境内现存最古老的石造联拱桥，也是华北地区最长的古代石桥。1937 年 7 月 7 日，日本侵略者以制造卢沟桥事变为起点，发动了全面侵华战争。中国守军第 29 军奋起抵抗，全民族抗战由此爆发，开辟了世界反法西斯战争的东方主战场。

宛平城位于卢沟桥东，卢沟桥事变爆发后，日军对宛平城发动数次攻击。中国军民依托这座城池，奋起抵抗日本侵略者的进攻，宛平城成为伟大抗战历史的见证地。1985年，宛平城城墙在修复时，出土了一顶布满弹孔的钢盔，随着钢盔一同出土的还有17枚子弹，见证了当时战斗的激烈。

卢沟桥事变中日军攻打宛平城留下的弹坑

第29军战士戴过的钢盔

中国人民抗日战争纪念馆于1987年正式建立，修建在宛平城县署的原址上。在落成典礼上，时任中央军委副主席杨尚昆和中央顾问委员会常委胡乔木等许多亲历过抗战的老同志出席。抗战馆最初建设时，曾有人主张修建卢沟桥事变纪念馆，胡乔木同志力排众议，认为卢沟桥事变虽然发生在这里，但是需要纪念的不仅仅是卢沟桥事变，而应该是整个中国人民的抗日战争。2014年7月7日，在纪念全民族抗战爆发77周年之际，首都各界在中国人民抗日战争纪念馆隆重集会。习近平总书记发表重要讲话，并同参加过抗战的老战士以及少年儿童一起，按下启动按钮，为"独立自由勋章"揭幕。

中国人民抗日战争纪念雕塑园位于宛平城与京石高速公路之

中国人民抗日战争纪念馆

中国人民抗日战争纪念雕塑园雕塑群

间的三角地带，西临永定河，南望京石路，北倚宛平城。抗战雕塑园是为纪念抗日战争胜利 55 周年而建。园区内的雕塑群区占地 2.25 万平方米，按中国人民抗日战争的历史过程，分为"日寇侵凌""奋起救亡""抗日烽火""正义必胜"四个部分，共有 38 尊直径约 2 米、高 4.3 米的柱形青铜雕塑。青铜柱上近千个慷慨激昂、浴血奋战的人物形象，形成一部凝结在青铜中的宏伟史诗。

2. 一桥一城一馆一园周边的抗战纪念设施和遗存

在卢沟桥、宛平城、中国人民抗日战争纪念馆和中国人民抗日战争纪念雕塑园周边数公里处，还有赵登禹将军墓、平汉铁路卢沟铁路桥和岱王庙旧址等抗战纪念设施和遗存。

赵登禹是第 29 军第 132 师师长，曾在长城抗战中率大刀队夜袭日军营地，取得"喜峰口大捷"。1937 年 7 月 28 日，赵登禹在南苑战斗中率部浴血奋战，壮烈殉国。

赵登禹将军墓

平汉铁路卢沟铁路桥位于卢沟桥北半公里处。卢沟桥事变爆发后，中国守军与日军针对卢沟铁路桥展开了反复的争夺。7月8日夜，第29军第37师第110旅第219团第3营营长金振中率部，在夜幕掩护下奇袭日军阵地，夺回了铁路桥和回龙庙，大振军心。此后几天里，日军对宛平城和铁路桥又发动多次进攻，铁路桥曾三度失于敌手，但在金振中营长指挥下三次从日军手中夺回。

平汉铁路卢沟铁路桥

岱王庙位于卢沟桥西街5号。卢沟桥事变期间，岱王庙系第29军第37师第110旅第219团第3营营部驻地，战斗中，时任第3营第10连连长的孔宪全在3个小时的守桥战斗中，率第10连将士坚守阵地，寸步不让，打退了敌人3次冲锋。第10连共120人，在保卫卢沟桥的多次战斗中伤亡70人，孔宪全也在夺取铁路桥的战斗中牺牲。

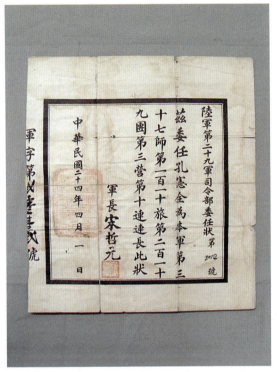

第 29 军 37 师 110 旅 219 团 3 营 10 连连长孔宪全的委任状

（二）抗战纪念设施

为了铭记抗战历史，缅怀先烈，北京兴建了一座座以抗日战争为主题的纪念馆、纪念碑等纪念设施，从不同角度和不同层次展示了纪念北平人民抗日斗争的光辉历史，是开展爱国主义教育的生动教科书。

1. 纪念馆

目前，北京抗日战争主题片区所包含的纪念馆共计 16 家（不包括中国人民抗日战争纪念馆）。

平西、平北、冀东抗日根据地是中国共产党在华北最早创建的抗日根据地之一，由八路军冀热察挺进军统一指挥和调度，对日伪在华北的统治中心北平直接形成了包围之势。平西抗日战争纪念馆、平北抗日战争纪念馆、北京焦庄户地道战遗址纪念馆、鱼子山抗日战争纪念馆、冀热察挺进军司令部旧址陈列馆、没有共产党就没有新中国纪念馆、京西山区中共第一党支部纪念馆、怀柔第一党支部纪念馆、承兴密联合县政府旧址纪念馆、中共房良联合县第一农村党支部纪念馆、房良联合县抗日民主政府遗址纪念馆等，正是为了纪念这段历史而建立的纪念馆。

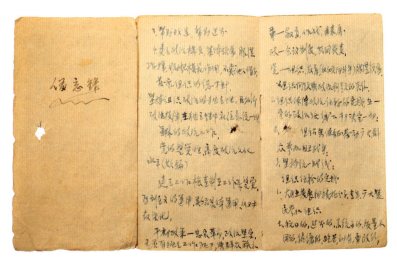

白乙化备忘录手稿

在北京抗战类纪念馆中，还有一些纪念抗战人物的纪念馆，如白乙化烈士纪念馆、抗战名将纪念馆、齐白石旧居纪念馆。白乙化绰号"小白龙"。1939年担任八路军晋察冀军区步兵第10团团长，1940年率部挺进平北，创建抗日根据地，威震平北。在火热的抗战岁月中，白乙化在备忘录中记录了自己在革命历程中的学习收获和思想感悟。1941年2月，白乙化被任命为平北军分区副司令员，赴任前在密云指挥马营战斗时牺牲。

平西情报联络站纪念馆是北京首个以隐蔽战线为主题的纪念

馆。抗战时期，平西情报交通联络站是晋察冀抗日根据地与北平之间承担传递情报、输送人员和物资等任务的工作站，为晋察冀抗日根据地的建设、抗战胜利和北平解放作出了重大贡献。

1933年，日本侵略者调集8万日军和数万伪军分头进攻长城各口，遭到中国守军的顽强阻击，长城抗战由此爆发。素有"京师锁钥"之称的长城要塞古北口成为长城抗战的主战场，在此发生了长城抗战中规模最大、最为惨烈的战役。古北口长城抗战纪念馆不仅展示了古北口长城抗战的历史，而且对古北口战役后中共领导的丰滦密、承兴密联合县以及冀热察挺进军第10团在密云长城沿线的抗战事迹、苏联红军与承兴密联合县政府接受驻防古北口日军投降等内容也进行了展示。

2. 纪念碑（亭）、纪念园（地）

抗战纪念碑（亭）、纪念园（地）多修建于抗战胜利后，大多数与抗战的具体事件和人物紧密相关，分为战斗纪念、学生运动纪念、烈士纪念、惨案纪念。也有几处与具体的抗战事件无直接关联，是为了缅怀和纪念某一地区军民坚持抗战所付出的重大牺牲而修建的，如云蒙山抗日斗争纪念碑、沙峪抗日纪念碑、北庄抗日纪念碑、雾灵碑苑。

（1）战斗纪念

抗战时期，北平军民为顽强抵抗日本帝国主义侵略，发生了多次激烈战斗。为纪念这些抗日军民保家卫国的壮举，后人兴建了战斗纪念碑（亭）、纪念园（地），包括黑山扈战斗纪念园、冯家峪战斗纪念碑（"还我河山"纪念碑）、古石峪战斗纪念碑、长城抗战古北口战役纪念碑亭、四竿顶战斗烈士纪念碑。

（2）一二·九运动纪念

1935年，日本制造华北事变，企图将华北从中国分离出去。

12 月 9 日，在中国共产党的领导下，北平数千青年学生涌上街头，高呼抗日口号，声势浩大的一二·九抗日救亡运动由此爆发。樱桃沟一二·九运动纪念地和北京师范大学一二·九运动纪念碑就是为纪念这场爱国救亡运动而兴建的纪念设施。

（3）被杀戮的无辜百姓纪念

抗战期间，日军在北平进行了惨无人道的杀戮，尤其是从 1941 年春开始对晋察冀地区的抗日根据地进行空前规模的大"扫荡"，日军对根据地百姓的野蛮屠杀制造了大量的惨案。目前此类型的纪念设施主要以纪念碑为主。包括臭水坑惨案纪念碑（"卫国爱民"纪念碑、云蒙峡烈士纪念碑）、潮河关惨案纪念碑、孟思郎峪惨案纪念碑、西羊坊惨案纪念碑、龙潭惨案纪念碑。

（4）烈士纪念

为了抵抗日本帝国主义的侵略，北平军民与敌人展开了殊死搏斗。为了纪念这些在北平抗战中顽强奋战、为国捐躯的烈士们，后人在他们的牺牲地建立了烈士纪念碑。包括老帽山六壮士纪念碑亭、古北口长城抗战七勇士纪念碑、王波烈士纪念碑、张家坟七烈士纪念碑、苍术会四十八烈士纪念碑、张家坟抗日四烈士纪念碑（英志长青纪念碑）、金崇山烈士纪念碑、石城镇水堡子村革命烈士纪念碑、窑湾烈士纪念碑。

3.烈士陵园、纪念墓地

纪念陵园、纪念墓地多依托于抗日阵亡将士遗骸，承载着更多的祭祀性，与抗战的具体事件关联性较强。包括综合性的集体纪念和个人纪念。如古北口战役阵亡将士公墓是古北口长城抗战失败后，由古北口道士出面收敛阵亡将士遗体合葬，位于古北口镇南关外长城脚下。这类纪念设施还有大河口革命烈士陵园、官庄烈士陵园、后营村革命烈士墓、碾子湾神洞沟烈士墓、南张岱烈士墓、上宅烈士墓。个人纪念墓地是为了铭记在北平抗战中牺牲的著名烈士，如佟麟阁将军墓、赵然墓、王仲民烈士墓、华黎烈士墓、闫墨缘烈士墓、马云龙烈士墓、郭才烈士墓。值得一提的是，由于本人同情和支持中国抗战，埃德加·斯诺墓也收录其中。

4. 其他纪念形式

张自忠、佟麟阁、赵登禹是在抗日战争中殉国的高级将领。卢沟桥事变爆发时，张自忠代理冀察政务委员会委员长兼北平市长，承担着与敌周旋、拖延时间的艰难使命，其拳拳爱国之心一度遭国人误解。1940 年 5 月 16 日，担任第五战区右翼兵团总指挥兼第 33 集团军总司令的张自忠牺牲在湖北襄阳抗日前线，成为二战时期 50 多个反法西斯同盟国中牺牲的最高将领；1937 年 7 月 28 日，29 军副军长佟麟阁在南苑抵抗日军入侵的战斗中牺牲；同日，29 军第 132 师师长赵登禹率军突围时在大红门西南的黄亭子遭日军袭击牺牲。为纪念这三位英勇牺牲的爱国将领，1946 年北平市政府将铁狮子胡同命名为"张自忠路"，1947 年将原南河沿改称"佟麟阁路"，将西城北沟沿（北起西直门内大街，南至阜成门内大街）改称"赵登禹路"。

邓玉芬是北京密云的一位英雄母亲。她的丈夫和 5 个孩子共 6 位亲人在抗战中献出了宝贵的生命。就连最小的小七儿也因为掩护藏在山洞里的干部和乡亲们，连病带饿死在邓玉芬的怀里，连名字都还没来得及取。在接连失去亲人的痛苦中，邓玉芬仍然冒着生命危险掩护、救治八路军和县区干部，为八路军伤病员制作干粮，被八路军战士亲切地称为"邓妈妈"。为纪念这位英雄母亲，2012 年英雄母亲邓玉芬雕塑和主题广场在张家坟村正式建成开放。

（三）抗战遗存

抗战期间，北平军民同日本侵略者进行了顽强的斗争，遗留了大量珍贵的抗战遗存。抗战遗存作为北京历史文化资源，尤其是红色历史文化资源的重要组成部分，见证了北京近代社会的发展变迁，是中国军民苦难的历史见证。

1. 北平各界反抗斗争遗存

中华民族从来不在侵略者面前低头，在日本侵略者对北平实行殖民统治的八年间，北平人民的反抗斗争从未停止。其中，有北平普通市民的反抗斗争，有文化教育界的不屈服，还有国际友人给予中国人民的支持。

日本侵略者的铁蹄一踏进北平市区，市民罗德俊就将日军侵占北平及华北等地的史实和自己的见闻感受记录在纸上，并将其悄悄放入妙应寺白塔顶端，以告后人，勿忘国耻；国民党特工和北平学生刺杀日本天皇特使和汉奸王克敏等人，极大地震慑了日伪统治者。罗德俊手稿发现地（妙应寺白塔）、刺杀日本军官遗址、黄浩情报组联络点旧址就是这些史实的纪念地。

北平是著名文化古都，人文荟萃，日本侵略者拉拢、恐吓著名文化人士，妄图使之屈服。但素有反帝爱国传统和受过五四运动洗礼的北平文化界人士不畏强暴，即使被捕入狱也铁骨铮铮，真正做到了威武不能屈、富贵不能淫。与此相关的抗战遗存，有作为北平学生南下请愿示威团出发地的京奉铁路正阳门车站旧址、辅仁大学本部旧址、陈垣故居、中共潞河中学支部旧址、国立北平师范大学旧址、中国大学旧址、燕京大学旧址、东北民众抗日救国会成立处、燕京大学地下联络点、昌平县立乡村师范学校旧址、程砚秋隐居地等。

　　不少国际友人也给予中国人民的抗战极大同情，有的直接参与了北平人民的反抗斗争。贝熙叶是一名法国医生，卢沟桥事变爆发后，他第一时间与法国驻中国使馆武官一起进入宛平城，成为第一批接触并治疗卢沟桥事变伤员的医生。抗战时期，地下党组织情报人员黄浩请贝熙叶利用外国医生身份为八路军运送药品。在长达几年的时间里，已经70岁的贝熙叶骑着自行车，一周好几次，在土路和山路上骑行30余公里，往返于北京市区与贝家花园，将一批批药品经贝家花园转交给抗日游击队，送到平西抗日根据地和晋察冀边区的战地医院。2014年习近平总书记访问法国时说："我们不会忘记，无数法国友人为中国各项事业发展作出了重要贡献。他们中有冒着生命危险开辟一条自行车'驼峰航线'，把宝贵的药品运往中国抗日根据地的法国医生贝熙叶。"英国人林迈可在燕京大学教书时，经常帮助八路军送药品和设备。珍珠港事件爆发后，林迈可一家受日军通缉，他奔赴平西抗日根据地，为八路军培养了一批通讯骨干。1944年，林迈可夫妇到延安工作，为八路军设计建造了天线和发射机，联通延安和美国旧金山，将"延安声音"传向了世界。位于海淀区的贝家花园和林迈可小道两处抗战遗存是这段历史的最好见证。

2. 北平军民浴血奋战遗存

　　卢沟桥事变爆发后，第29军首先在南苑奋起抵抗。他们以无比的仇恨，组成敢死队与敌人血战。南口战役是卢沟桥事变后中国军队与日本侵略军的首次正面交锋。中国守军与日军苦战近一个月，沉重打击了日军的嚣张气焰，阻滞了日军西进南下的步伐。涉及这些战斗的战场遗存有第29军指挥部——南苑兵营司令部旧址、第29军219团团部遗址、团河保卫战遗址（团河行宫）、南口战役遗址等。

此外，北平抗战遗存中还留有一些石刻标语。如冯家峪抗日标语遗迹，是抗战期间坚持"无人区"斗争的八路军十团在石崖上书写的两条抗日标语。南侧标语为"反正杀鬼子给东北同胞报仇才是好男儿"，北侧标语为"反对日寇集家修人圈，不给鬼子卖力气"。在平西有八路军冀热察挺进军"坚持持久战"石刻、雾灵山抗日标语摩崖石刻。

北平官兵的浴血奋战唤起了百姓的抗战热情。在抗日根据地，在中国共产党的领导下，平郊的青壮年踊跃加入党组织和八路军，百姓们也纷纷支援抗战，涌现出了门头沟的柏峪村和爨底下村等抗战模范村、堡垒村等红色村落。抗战期间，柏峪村与爨底下村和黄岭西村的优秀儿女组成青史留名的黄岭西排，奋勇抗击日寇，爨底下村有70余名青壮年参加了八路军。此外，东长峪营救美国飞行员遗址、邓玉芬掩护伤员山洞旧址都是百姓支援抗日的历史见证地。

3. 日军罪行遗存

日军占领北平后，北平成为日本帝国主义在华北的统治中心，各种日伪机构云集于此。侵华日军细菌部队遗址（天坛神乐署）、日本宪兵队本部"留置所"、侵华日军华北方面军司令部旧址、功德林监狱遗存、长辛店侵华日军吃人狼狗队遗址、华人养成所旧址、侵华日军陆军野战医院旧址（清华园）、伪冀东防共自治政府所在地（通州文庙）均是日伪在北平为了巩固统治而建立的机构。

与此同时，日军还修建了大量的碉堡、战壕、炮楼、暗道、机场和弹药存放地等，为其进一步发动侵略战争做准备。相关遗存有侵华日军西苑兵营遗址、侵华日军东西仓库旧址、三角城侵华日军碉堡遗址、八达岭侵华日军碉堡遗址、侵华日军西郊飞机场旧址、通州侵华日军飞机堡、大兴侵华日军飞机堡、南苑侵华日军飞机堡、李各庄侵华日军桥头堡、兵马营侵华日军治安沟遗址。

从 1941 年 3 月到 1942 年 12 月，日军连续在华北进行了五次"治安强化运动"，对抗日根据地实行反复"清剿"，妄图消灭抗日武装。日军集中兵力频繁对抗日根据地进行"扫荡"，所到之处实行杀光、烧光、抢光的"三光"政策，无辜的老弱妇孺成为日本兵随意抢掠、奸淫、杀戮的对象。相关抗战遗存有：王家山惨案遗址、二站村天主教堂惨案遗址、平家疃惨案遗址、西山惨案遗址、南各庄惨案遗址、马村惨案遗址、连营惨案遗址、济德堂惨案遗址、大铺头惨案遗址、鱼子山惨案遗址、南山村惨案遗址、下营惨案遗址、岔道万人坑遗址、红旗甸围子。

4. 欢庆胜利遗存

1945 年 8 月 15 日，日本无条件投降，整个北平沉浸在胜利的喜悦之中。

9 月 13 日，八路军承兴密联合县支队和苏联红军在古北口接受了密云地区的日军投降，并举行了受降仪式。这是在北京地区唯一一次由中国共产党领导的抗日武装举行的日军受降仪式。10 月 10 日，北平受降大典在太和殿前隆重举行。第十一战区司令长官孙连仲代表中国政府受降。日本代表、华北派遣军司令官根本博在仪式上签字投降。古北口八路军受降地（中苏联合指挥部旧址）、第十一战区受降地（太和殿）是北平人民欢庆胜利的历史见证地。

二、北京抗日战争主题片区抗战纪念设施和遗存的特点

北京是全民族抗战爆发的历史见证地，也是中国人民英勇抗

击日本帝国主义侵略的纪念地。北京抗日战争主题片区抗战纪念设施和遗存有着如下特点：

（一）丰富多样性

北京抗日战争主题片区所包含的抗战纪念设施和遗存丰富多样。在内涵上，这里是全民族抗战的爆发地，由此拉开全民族抗战的帷幕；是一二·九运动的策源地，由此掀起抗日救亡运动的新高潮；是华北抗战的前沿阵地，由此成为晋察冀抗日根据地的重要组成部分。在类型上，这些抗战纪念设施和遗存基本涵盖了当时的战场遗存、军事工事、党政军机关旧址、学校、石刻题记、日军罪行遗存、纪念馆、纪念碑（亭）、纪念园（地）、烈士陵园、墓地等各种类型。以其多样性，见证了北平人民为抗战胜利做出的卓越贡献。在空间上，这些抗战纪念设施和遗存虽散布全境，却又相对集中。其中，以全民族抗战爆发纪念地为核心的抗战纪念设施和遗存集中在卢沟桥、宛平城、抗战馆及周边，其他抗战纪念设施和遗存，城市斗争集中在东城、西城和海淀，平郊斗争集中在平谷、密云、延庆、门头沟等平西、平北、冀东抗日根据地。所有的抗战纪念设施和遗存与重大史实或重要事件活动关联性强，价值属性相对统一，有利于整体的展示利用。

（二）与周边旅游资源有着较强的统一互补性

北京的旅游资源十分丰富且等级较高，这里有八达岭—十三陵风景名胜区、金海湖—大峡谷—大溶洞风景名胜区等著名的旅游胜地，有妙峰山庙会、丫髻山庙会等远近闻名的民俗资源，有古北口历史文化名镇、长城、高等学府等特色资源。这些旅游资源在地理位置上与抗战主题片区所包含的抗战纪念设施和遗存高度重合。利用好这些周边旅游资源可以实现红色旅游与绿色旅游相结合、与历史文化体验相结合、与健康生态旅游相结合、与民俗文化体验相结合、与娱乐项目参与相结合，互为依托，共同发展，以此产生叠加效应，提高吸引力。

三、北京抗日战争主题片区抗战纪念设施和遗存展示存在的问题

通过实地调查与资料收集，对北京抗日战争主题片区抗战纪念设施和遗存情况的归纳分析，在展示利用中当前存在以下突出问题：

（一）内涵挖掘不够，导致现有的展示利用模式特色不足

目前，在本文统计的 160 余处抗战纪念设施和遗存中，约有 21% 处于挪作他用或不复存在或情况不明状态，展示利用程度不高。已经开放的抗战纪念设施中，有的陈列展览展示主题提炼不精，特色不鲜明，涉及的主题也仅初步涉及爱国主义教育、廉政教育，缺乏与特定历史事件相关的深度展示，使参观者只能走马观花式的游览，难以体验到抗战纪念设施和遗存的深层内涵与底蕴。此外，部分烈士纪念设施的史料信息随时都有断层的可能，相关搜集工作迫在眉睫，需要在史料挖掘过程中进行抢救性保护。在抗战遗存中，多数抗战遗存历经沧桑，历史信息残缺严重，不利于其内涵的挖掘与展示，如对一些重要战场缺乏调查与考古发掘，很难有效阐释战斗的历史全貌，增加了展示利用的难度。

（二）展示利用层次不高，力度有待加强

由于抗战遗存在北京星罗棋布、分散布局，尤其京郊的抗战

遗存位置较为偏远，且单独的抗战遗存难以形成影响力。因此，需要把周边旅游资源、抗战类纪念设施及相关抗战遗存有机结合起来，整体考虑对其的展示利用，协同联动和统一规划，这在无形中增加了展示利用的难度。

（三）展示利用形式单一，展示手段缺乏吸引力

已开放的抗战纪念设施中，有的展示利用手段单一，很多展览仅采用图片、文字介绍的陈列展示形式，参观者缺少体验参与感，难以引起他们的浓厚兴趣和强烈共鸣。此外，在配合讲解方面，还需要将一些有特色、感动人的事迹表达出来，增加参观者的情感认同。

四、北京抗日战争主题片区抗战纪念设施和遗存展示利用对策建议

抗战纪念设施和遗存是抗战历史的载体，承担着唤起民族记忆、弘扬民族精神、加强爱国主义教育的重要作用。针对北京抗日战争主题片区抗战纪念设施和遗存展示利用存在的问题，当前应从以下三个方面进行改进提高：

（一）突出价值内涵，提升展示利用方法

基于对北平抗战历史的深入研究，准确定位并精心提炼抗战纪念设施和遗存主题，聚焦抗战纪念设施和遗存所处历史时空中的人物、活动、事件，突出不同的主题线索，并据此在不同的抗战纪念设施和遗存地策划不同的展示内容、展示方式和展示设施，避免同质性，突出差异性。

展示利用的原则是在确保抗战遗存安全的基础上，遵循"全

面保护、重点展示"的原则，以不破坏抗战遗存为前提，结合展示设施，体现抗战遗存的特殊历史价值，以满足参观、纪念、教育等功能。

在展示利用方法上，对于传统的强化军事特征或者营造纪念氛围的场景，要根据不同的构成要素采用不同的展示利用方法。如在本体及环境展示上，可通过原状展示、修复展示、陈列展示等手段；在历史内涵展示上，可通过设置标识牌、说明牌，开展纪念活动，现场解说等；在纪念物展示上，可通过设立纪念碑、纪念雕塑等手段。对于需要加入体验感的场景，可通过适当复原历史情景、增加参与性活动与项目等方式，加强游客在其中的参与度。如根据历史背景、历史人物或事件线索，模拟真实的历史场景，组织相关主题活动，给游客提供身临其境的参与性体验；借助现代虚拟现实技术、人机交互体验技术、一体化云服务技术等非现场展示，与更广泛的社会公众形成游览系统，探索更为准确和有效的展示利用方式。

（二）连点成线，构建多层级的展示利用体系

对于单体价值不突出但群体层面各遗存地一起连续完整地反映了共同的历史事件的全过程，具有较高的价值一致性的抗战遗存，通过优势整合，建设纪念设施，连点成线、成片，构建多层级的展示体系。如位于门头沟斋堂镇附近的八路军邓华支队司令部旧址、八路军宋邓支队会师地旧址、挺进军司令部塔河旧址、冀热察军政委员会塔河旧址、冀热察区党委大三里旧址、宛平县抗日民主政府旧址均为八路军在开辟平西抗日根据地的相关遗存，这些抗战遗存距离较近，为历史原址，参观者置身其中，再配备冀热察挺进军司令部旧址陈列馆进行系统介绍，可以使参观

者明晰平西抗日根据地的开辟过程，引起强烈的情感共鸣。

（三）资源共享，优势互补，联动发展

发挥北京抗日战争主题片区丰富的抗战纪念设施和遗存优势的同时，注重一定范围内与绿色、古色、民俗等旅游资源的整合利用，加强红色文化与其他自然和人文资源的有机结合，以形成旅游规模，提高对参观者的吸引力。如密云开展的"缅怀人民英雄、向先烈致敬"的人民英雄使命之旅，涉及到白乙化烈士纪念馆—英雄母亲邓玉芬纪念碑—古北口长城旅游景区。又如平谷建立的冀东抗日根据地红色旅游景区，包括抗战老村鱼子山村、桃棚村、北寨村与鱼子山抗日战争纪念馆和京东大峡谷景区，让游客在参观中感悟革命先烈的丰功伟绩，重温抗日军民反压迫、反侵略的伟大战斗历程。此外，还可以开展抗战物件手工体验、抗战故事文化演出等，将抗战遗存的历史内涵与民俗、影视、创意等文化产业相结合。

在艰苦卓绝的抗日战争时期，北平人民在中国共产党的坚强领导下，谱写了反侵略战争胜利的伟大史诗，留下了不可磨灭的光辉印记。做好北京抗日战争主题片区建设，推动首都地区三大红色主题片区协同融合发展，对充分发掘北京丰富的红色文化资源，传承革命精神，坚定文化自信自强有着十分重要的意义。

（文中照片系作者提供）

（马兴达 中国人民抗日战争纪念馆 北京 100072）

弘扬红色文化 传承红色基因
——中国人民抗日战争纪念馆
重大展览策展纪实

谢艾雯

红色文化是对中华优秀传统文化的继承、发展与创新，是中国共产党价值追求和中华民族伟大精神的生动体现。红色基因作

中国人民抗日战争纪念馆

为红色文化的内核与精髓，是共产党人永葆本色的生命密码，根植于共产党人的血脉之中。革命博物馆、纪念馆、党史馆、烈士陵园等作为党和国家的红色基因库，就是要讲好党的故事、革命的故事、根据地的故事、英雄和烈士的故事，加强革命传统教育、爱国主义教育、青少年思想道德教育，把红色文化弘扬好，把红色基因传承好，确保红色江山永不变色。

中国人民抗日战争纪念馆作为全国唯一一座全面反映中国人民伟大抗日战争历史的大型综合性专题纪念馆、全国优秀爱国主义教育示范基地，弘扬好红色文化、传承好红色基因是义不容辞的责任。为此，抗战馆积极承办、主办重大展览，在展览策展过程中，始终坚持打造精品展陈，深挖红色资源思想内涵，生动传播红色文化，大力传承红色基因。同时，抗战馆主动总结工作方法、积累策展经验，发挥好纪念馆意识形态宣传阵地作用，当好红色文化的传播者、弘扬者。

一、主动担当　积极融入

抗战馆作为大型综合性专题纪念馆，始终主动作为、勇于担当，多次参与承办重大展览，始终当好红色文化的传播者。同时，抗战馆作为全国优秀爱国主义教育示范基地，注重发挥平台优势，积极主办红色主题展览、专题展览，讲好党的故事、革命的故事、英雄的故事，始终当好红色精神的弘扬者。

（一）承办重大展览

近年来，抗战馆充分发挥纪念馆专业优势，在新中国成立70周年、中国共产党成立100周年等重大时间节点，多次参与承办重大展览工程，通过展览语言、展陈艺术展示好中国共产党历史，讲好党史故事，有力助推党史学习教育。抗战馆先后承担了香山革命纪念馆主题展览"为新中国奠基——中共中央在香山"、中国共产党早期北京革命活动纪念馆主题展览"光辉伟业 红色序章——北大红楼与中国共产党早期北京革命活动主题展"的展览筹备工作。

"为新中国奠基——中共中央在香山"主题展览按历史发展脉络，由"进京'赶考'""进驻香山""继续指挥解放全中国""新中国筹建""不忘初心 牢记使命 永远奋斗"5个部分，15个单元构成，展出图片800张，文物1200件及若干艺术品。展览着力展现了以毛泽东同志为核心的中共中央在中国革命的历史转折关头，为夺取中国新民主主义革命在全国的胜利和实现伟大历史转折所作出的重要决断和决策；着力展现了以毛泽东同志为核心的中共中央在北京香山停驻期间，运筹帷幄，决胜千里，以摧枯拉朽之势，领导解放全中国，彻底推翻代表大地主、大资产阶级利益的国民党政权在大陆的反动统治；着力展现了以毛泽东同志为核心的中共中央在北京香山停驻期间，同各民主党派和无党派民主人士肝胆相照、共商国是，筹备新政协，组建中央人民政府，为新中国的诞生搭建"四梁八柱"，开启了中国历史发

香山革命纪念馆

展的新纪元。该展览荣获 2019 年第十七届全国博物馆十大陈列展览精品推介特别奖。

　　"光辉伟业　红色序章——北大红楼与中国共产党早期北京革命活动主题展"分为"经历近代各种力量救亡图存探索的失败　工人阶级开始登上历史舞台""唤起民族觉醒　构筑新文化运动的中心""高举爱国旗帜　形成五四运动的策源地""播撒革命火种　打造马克思主义在中国早期传播的主阵地""酝酿和筹建中国共产党　铸就党的主要孕育地之一""不忘初心　牢记使命"6 个部分，共 19 个单元，展出图片 958 张、文物 1357 件、艺术品 40 件、珍贵影像视频 13 个。展览还将北大红楼内旧址纳入参观流线，复原展示李大钊工作过的图书馆主任室、毛泽东工作过的第二阅览室、陈独秀工作过的文科学长室等 6 处旧址，让

中国共产党早期北京革命活动纪念馆

展览与旧址有机融合、相得益彰。展览围绕李大钊、陈独秀、毛泽东等早期建党人物,生动展现中国共产党创建时期北京革命活动的光辉历史,着力展现北京作为新文化运动的中心、五四运动的策源地、马克思主义在中国早期传播的主阵地、中国共产党的主要孕育地之一,在中国共产党创建史上所具有的独特地位、独特贡献、独特价值。

(二)主办主题展览

主题展览作为抗战馆的基本陈列、常设展览,具有全面性、长期性、稳定性的特点。为此,抗战馆在主题展览的选题、改陈、调整方面注重以习近平总书记系列重要讲话为指引,重点参考《中国共产党历史》《中国抗日战争史》,注重突出中国共产党中流砥柱作用,充分发挥抗战馆全国爱国主义教育基地平台作用。

2015年,根据中国人民抗日战争暨世界反法西斯战争胜利70周年纪念活动相关安排,抗战馆对基本陈列进行了全面改陈,注重突出展示中国共产党的中流砥柱作用,突出表现中国作为世界反法西斯战争东方主战场的重要地位,突出展现中国抗战为世界反法西斯战争胜利作出的历史性贡献,最终确定展览主题为"伟大胜利 历史贡献"。在策展过程中,充分吸收抗战史最新研究成果,深挖大历史背后生动感人的历史细节,在政治性、科学性的基础上,增强展览故事性、生动性,做到以情感人、以情育人。7月7日,纪念全民族抗战爆发78周年暨"伟大胜利 历史贡献"主题展览开幕式在中国人民抗日战争纪念馆举行,习近平等党和国家领导人参观了展览。展览共分"中国局部抗战""全民族抗战""中流砥柱""日军暴行""东方主战场""得道多助""伟大胜利""铭记历史"等8个部分,展出照片1170幅、文物 2834 件。展览全景式展现了全国各民族、各阶级、各党派、各社会团体、各界爱国人士、港澳台同胞和海外侨胞，英勇抵抗日本帝国主义侵略的光辉历史和巨大贡献，突出表现了中国共产党的中流砥柱作用和中国东方主战场作用。该展览荣获 2015 年第十三届全国博物馆十大陈列展览精品推介精品奖。

纪念中国人民抗日战争暨世界反法西斯战争
胜利 70 周年主题展——《伟大胜利　历史贡献》

抗战馆还充分发挥海峡两岸交流基地平台优势，积极开展对台交流工作，策划推出"台湾同胞抗日史实展览"，作为展示台湾同胞抗日斗争历史的常设陈列。2015 年 10 月 23 日，为纪念台湾光复 70 周年，"台湾同胞抗日史实展览"在中国人民抗日战争纪念馆隆重开幕。展览共分"两岸一家——台湾是中国领土不可分割的一部分""举国同忾——台湾被日本强行侵占""奋战守土——台湾同胞的武装抗日""长歌当剑——台湾同胞的非武装抗日""挥戈复疆——全民族抗战爆发后台湾同胞的英勇抗争""欢庆回归——抗战胜利与台湾光复"等6个部分，展出图片355张，文物416件。该展览是两岸首个全面反映台湾同胞抗日史实的展览，深刻揭露了日本在台湾进行的殖民统治，充分体现了中华民族抵御外侮、宁死不屈的民族气节，体现了台湾同胞光荣的爱国主义传统，对增进台湾同胞的民族认同，促进两岸关系和平发展，推进祖国统一进程，具有重要的现实意义。

（三）举办专题展览

专题展览作为纪念馆展览展陈的重要组成部分，具有专题性、灵活性、及时性等重要特点，是纪念馆基本陈列的重要补充。抗战馆在做好主题展览相关工作的同时，高度重视专题展览的策展工作，并于每年的7月7日全民族抗战爆发纪念日推出。在策展过程中，抗战馆高度注重展览内容的政治性、思想性，重点选择反映中国共产党领导下的各地区和各领域抗战活动、东方主战场、中国抗战对世界反法西斯战争的重要贡献、港澳台同胞抗战及揭露日军暴行等内容的相关主题。自2015年以来，抗战馆结合全民族抗战爆发纪念仪式，先后举办"民族先锋 中流砥柱——中国共产党抗战英烈事迹""全民抗战 伟大壮举""伟大抗战伟大精神""为抗战吹响号角——中国共产党与抗战文化""抗日根据地的创建与发展""中流砥柱——中国共产党抗战文物展"等多个专题展览，取得了良好的社会反响。

2016年7月7日，为纪念中国共产党成立95周年、全民族抗战爆发79周年，抗战馆推出"民族先锋 中流砥柱——中国共产党抗战英烈事迹展"专题展览。展览以中国共产党抗战英烈的光辉事迹，充分展示中国共产党人为抗战胜利所做出的巨大牺牲和伟大贡献；展示中国共产党在抗日战争中民族先锋、中流砥柱的伟大作用。展览分为"抗战英烈名录""东北抗战英烈""八路军及华北抗战英烈""新四军及华中抗战英烈""华南抗战英烈"5 个部分，共展出约 160 幅图片及 99 件（套）文物，其中借展文物 15 件（套）。展览以民政部公布第一批、第二批著名抗日英烈和英雄群体名录为基础，参考职务、影响及贡献、馆藏文物及资料等因素，精选 50 名左右代表东北、华北、华中、华南四大敌后战场及包括台湾同胞、华侨等各方面、各职业中国共产党抗战英烈的感人事迹，并予以突出展示。

2020 年 7 月 7 日，为纪念全民族抗战爆发 83 周年和中国人民抗日战争胜利 75 周年，抗战馆联合中国人民革命军事博物馆等 10 家革命类博物馆、纪念馆共同推出"抗日根据地的创建与发展"专题展览。2021 年 7 月 7 日，为纪念全民族抗战爆发 84 周年，抗战馆联合沈阳"九一八"历史博物馆、侵华日军南京大屠杀遇难同胞纪念馆等国内 60 家相关主题纪念馆、博物馆，共同推出"中流砥柱——中国共产党抗战文物展"。展览以展示中国共产党在抗日战争中发挥的中流砥柱作用为主题，展出珍贵文物 520 余件（套），典型照片 80 余张，辅以经典文字、统计图表、历史地图以及多媒体和场景化展示方式，以物叙史、以物证史，全面系统而又直观生动地展现了中国共产党的抗战历史和中流砥柱作用。此次展览被中宣部、国家文物局联合推介为庆祝中国共产党成立 100 周年精品展览，并入选了 2021 年度"弘扬中华优秀传统文化、培育社会主义核心价值观"主题展览征集推介项目，是党史学习教育的一项重要资源。

纪念全民族抗战爆发84周年专题展
——"中流砥柱——中国共产党抗战文物展"

二、打造精品展陈　传播红色文化

抗战馆在参与承担重大展览过程中，精心筹划，积极组织调动全馆相关业务部门及专业人员，建立健全展览策划筹备机制。理顺展览策展流程，增强展览内容编写规范意识，明确展览策划筹备时间节点，有序推进展览各项工作。筑牢展览意识形态基础、展陈内容基础，坚持展览的政治性、思想性、艺术性相统一，让历史说话、让文物说话，着力打造高质量精品展陈，生动传播红色文化。

（一）以政治引领为导向

抗战馆所承担的重大展览，要求在展览策划筹备过程中，必须注重始终坚持政治引领，确保展览主旨思想与党中央保持一致，展览内容与权威党史著作保持一致。为此，在重大展览项目启动之初，抗战馆即组织人员，收集整理与展览主题相关的习近平总书记的重要讲话、论述，以及《人民日报》《求是》等党报党刊关于相关主题的重要社论文章，作为展览大纲编写的工具书、手边书。例如，在筹备抗战馆基本陈列"伟大胜利　历史贡献"主题展览时，组织业务人员整理汇总习近平总书记2014年至2015年关于抗日战争的重要讲话、论述及相关社论近3万字，并在其后逐年增加相关内容，目前已达10余万字。在筹备"光辉伟业　红色序章——北大红楼与中国共产党北京早期革命活动主题展"时，整理汇总习近平总书记关于中国共产党成立、五四运动、毛泽东同志诞辰等相关重要讲话及重要论述近10万字。

　　（二）以建立智库为基石

　　抗战馆在承担重大展览时，极为重视资料收集整理工作，注重建立展览资料库。一方面，通过国家图书馆、中国知网等最大限度收集、汇总、整理与展览相关的图书、论文、史料等，建立展览专题图书论文数据库，并将相关内容汇编成册以备查阅。例如，为筹备香山革命纪念馆"为新中国奠基——中共中央在香山"主题展览，先后收集整理图书400册（套）、学术论文246篇。为筹备"抗日根据地的创建与发展"专题展，先后收集整理学术论文430篇；为筹备"中流砥柱——中国共产党抗战文物展"，整理汇总关于抗战史、党史等学术论文、相关社论、评论文章500篇。为筹备"光辉伟业　红色序章——北大红楼与中国共产党北京早期革命活动主题展"，先后收集整理图书380册（套）、学术论文近440篇。另一方面，系统梳理展览所涉及的重要人物、重要事件等关键词，组织专业人员整理名词解释、知识问答汇编成册，成为展览策展人员的手边书。例如，在"为新中国奠基——中共中央在香山"主题展览筹备过程中，先后整理各类名词解释 30 余万字；在筹备"光辉伟业　红色序章——北大红楼与中国共产党北京早期革命活动主题展"过程中，先后整理知识点、名词解释 40 余万字。通过上述举措，帮助展览策展人员集中、深入了解展览所涉及历史时期的主要史实、生动细节及相关最新学术研究成果，从而深入理解展览主题及展览内容等，有助于策展人员深入发掘相关历史事件、历史人物等所蕴含的历史意义和精神内涵。

（三）以专家学者为助力

抗战馆在展览策展过程中十分重视专家学者的智力支持作用，特别是在重大展览策划筹备过程中，注重积极邀请高校、科研院所的党史军史国史专家、文物专家、展陈专家，建设展览专家学者库。在展览筹备策划之初，主动邀请专家学者参与展览大纲框架拟定，并邀请专家学者全程参与展览大纲撰写、修改、审定及展陈设计等，确保展览内容在专家学者帮助下准确无误。如，在"伟大胜利　历史贡献"主题展览筹备过程中，即邀请中共中央文献研究室、中共中央党史研究室、中国社会科学院、军事科学院、国家博物馆、中国人民革命军事博物馆等单位专家学者成立专家小组，并先后组织 50 余人次审看展览内容及现场审展；在筹备"为新中国奠基——中共中央在香山"主题展的过程中，先后邀请中央党史和文献研究院、中央党校、军事科学院、国防大学、解放军后勤指挥学院及全国红色革命类纪念馆专家学者 40 余人次审看展览内容及现场审展；在筹备"光辉伟业　红色序章——北大红楼与中国共产党北京早期革命活动主题展"过程中，先后邀请中央党史和文献研究院、中央党校、国家博物馆、中国人民革命军事博物馆、北京大学、解放军后勤指挥学院等单位专家学者50余人次审看展览内容及现场审展。通过充分发挥专家学者的助力作用，让展览在做好党史军史国史普及宣传的同时，兼顾展览内容的学术性，力求把最新学术研究成果运用于展览之中。

召开专家研讨会

（四）以优化讲解为手段

展览讲解作为展览内容传递的最终端，是展览主旨内容、核心思想得以传播的关键一环。为此，抗战馆在进行展览大纲撰写、展陈形式设计等工作过程中，要求策展人员在脑海中时刻保持展览空间意识、讲解流线意识、重点亮点意识，时刻注重在内容撰写、展陈设计中体现讲解意识，让展览内容排布体现核心化、专题化，确保展览讲解过程中流线布局合理、内容主次分明、重点亮点错落有致。例如，在"伟大胜利 历史贡献"主题展览筹备策划过程中，策展团队强调"故事盒""情境角"意识，让展览内容在有机构成一个整体的同时，在各部分、各单元结合图片、文物、景观造型形成多个独立的小专题，并设计策划31处重点亮点，确保讲解节奏分明、精彩纷呈；在"中流砥柱——中国共产党抗战文物展"筹备策划过程中，策展团队结合展厅流线布局，强调在各个独立墙面以重点文物为核心进行有侧重的重点展示，让500余件（套）珍贵抗战文物形成有机整体的同时，讲解重点突出。在"光辉伟业 红色序章——北大红楼与中国共产党北京早期革命活动主题展"筹备策划过程中，考虑到北大红楼作为国家文物保护单位的特殊性，策展团队在确保展览内容整体性的同时，结合北大红楼59个展室，做到"一室一专题、一室一方案"，使各展室皆有驻足点和亮点。同时，考虑到北大红楼房间众多、空间碎片化，且楼道空间有限、楼梯承重等因素，结合讲解习惯，多次调整展览内容排布，优化讲解流线。通过强调展览策展中的讲解意识，真正做到展览"以人为本"，实现展览内容的有效展示和有效传播。

（五）以文物征集为依托

文物馆藏是博物馆纪念馆存在的重要根基，是开展陈列展示、宣传教育工作的重要基础。而革命文物相较于传统历史文物，年代较近，且社会各界对其认知意识不足，保护措施更是少且弱，因此，其征集利用难度也较大。为此，抗战馆十分重视革命文物的征集利用工作，在常规征集的同时，针对专题展览，特别是在参与承担重大展览项目，进行专题征集。通过无偿捐赠及社会征集相结合的方式，拓宽革命文物征集广度，加大革命类文物征集力度。不仅如此，抗战馆还充分发挥纪念馆专业委员会平台优势，积极联合全国红色纪念馆，调动各馆馆藏资源，复仿制各馆精品文物，丰富展览文物展示。例如，为了做好"为新中国奠基——中共中央在香山"展览的文物征集工作，抗战馆专门抽调大纲编辑、艺术设计、文物征集、讲解接待等相关工作人员，组成跨部门的展览小组，分赴黑龙江、吉林、辽宁、河北、湖南、湖北、安徽、四川、江西、浙江、广西、陕西、上海、天津等 15 个省区市的 40 多家革命类纪念馆和档案馆，行程 30 余万公里搜集展览素材。先后从全国各地征集到大量珍贵历史文物、文献、实物等各类别文物，从中甄选出 1200 件（套）从不同角度展现了中共中央在香山期间继续指挥解放全中国、筹建新中国的丰功伟绩；在筹备策划"光辉伟业　红色序章——北大红楼与中国共产党北京早期革命活动主题展"过程中，抗战馆克服新冠疫情影响，积极向全国 13 省（市）50 余家博物馆、纪念馆、图书馆发送征集复制函，同时广泛联系动员民间收藏人士，征集到各类文物 700 余件（套），极大地充实了展览展陈，充分印证了中国共产党早期北京革命活动的光辉历史。

（六）以创意设计为亮点

不同于博物馆展览设计以文物为主，革命类纪念馆展览设计主要是在综合运用图片、革命文物、档案、视频、景观、艺术品、音视频等元素基础上，完成展览设计，并要以实证的文物和档案说话，让广大观众真正得到启迪和教育。为此，在展览设计过程中，一方面在展览设计元素的选择上，首先要确保展览内容的完整表达，确保展览设计的整体基调符合党史展览要求，体现党史展览简洁朴实、庄重典雅、大气耐看的特色；另一方面在展览设计过程中，要不断创新展陈设计，不仅是充分合理运用雕塑、画作、情景设计、声光电、高新技术等展陈手段，更是要结合展览内容及展陈空间，量体裁衣、推陈出新。例如，在"为新中国奠基—中共中央在香山"主题展览中，为突出展览主题和中心思想，展览紧紧围绕"十大亮点"，充分利用香山革命纪念馆作为新建场馆的优势，注重使用大体量文物矩阵展示、交互式多媒体景观、壁式景复原景观等方式，增强展览历史感染力、视觉冲击力、艺术熏陶力，从而着力展现着以毛泽东同志为核心的中共中央在北京香山停驻期间，领导解放全中国、建立新中国、开启中国历史发展新纪元的伟大历史；而在"为抗战吹响号角——中国共产党与抗战文化"专题展览中，考虑到展览内容为抗战文化，且展厅为抗战馆临时展厅，在展览设计过程中，灵活运用利用场景复原、可电子触摸的延安文艺座谈会情景，运用大型场景、视频、壁饰雕刻等方式组合呈现的"《没有共产党就没有新中国》歌曲诞生地"景观等，这些灵活多样的展陈手段都生动展现了中国共产党领导广大文化工作者投身火热的抗日斗争的光辉历史；在筹备"光辉伟业 红色序章——北大红楼与中国共产党北京早期革命活动主题展"过程中，考虑到北大红楼作为国家重点文物保护单位的特性，在展览设计过程中，充分尊重建筑本体，不破坏原有的建筑布局，对原有的建筑要素尽量不遮挡，在门窗和暖气前设置展板的地方使用金属格栅或木格栅构建展墙结构，尽量使展览和建筑融为一体，以满足观众的选择性参观需求。不仅如此，文物展柜也进行了定制化设计，力求使展厅内整体风格保持统一，体现民国时期历史风貌，给观众以身临其境的沉浸式体验。

北大红楼展厅

三、坚持守正创新　传承红色基因

抗战馆在参与承担重大展览过程中，注重在实战中累积经验，在任务后总结提炼，经过数次重大展览任务的洗礼，提升了政治站位、厚重了学术素养、完善了策展机制、锻炼了人才队伍、丰富了学术成果，为继续高质量完成展览任务积蓄了坚实条件。

（一）把好政治生命线

在参与承办重大展览的过程中，抗战馆进一步提升了政治站位。近年来，抗战馆承办的重大展览都具有很强的政治性，担负着展现党走过的光辉历程、取得的伟大成就、积累的宝贵经验的重任，是党的红色基因和红色血脉的重要组成部分。政治站位是策划此类展览的"牛鼻子"，提升了政治站位高度，把好"红线""底线""生命线"，就牵住了展览工作的"牛鼻子"。

把习近平新时代中国特色社会主义思想，特别是习近平总书记关于展览工作的重要论述精神，作为贯穿展览工作全过程和各方面的红线。习近平总书记关于红色文化传播和红色资源利用的重要论述，立意高远、内涵丰富，针对性强、指导性强，为抗战馆做好展览工作指明了方向，是抗战馆开展各项展览工作的基本遵循。抗战馆全体策展人员时刻注重深刻学习领会习近平总书记重要论述的精神实质，把习近平总书记重要论述精神贯彻体现在具体的展览工作中。

把守好意识形态责任制作为开展好展览工作的底线。意识形态关乎旗帜、关乎道路、关乎党和国家政治安全。展览工作具有浓厚的意识形态色彩，必须切实落实好意识形态责任制，牢牢守住底线。全体策展人员深刻认识文化事业是党和人民的重要事业，文化战线是党和人民的重要战线，在展览选题、大纲打磨、布展调改各环节，在领导和上级有关部门把关号脉中深刻领会政治要求、摸清政治红线，在策划、布展、开展各阶段都责无旁贷扛起意识形态责任的大旗。

把做好政治表达作为开展好展览工作的生命线。展览作为意识形态的直接承载物，会潜移默化影响观众的思想认识，文物标签、图片说明和各种辅助艺术手段中的一些观点甚至会被作为结论性语句直接体现在大纲脚本中。政治表达精准有力、富有洞见，则展览生机勃勃、可圈可点，政治表达含糊不清、浅显苍白，则展览乏善可陈、枯燥无味。因此，政治表达是展览的生命线。只有把好政治表达生命线，才能使展览有的放矢、不负使命。纵观抗战馆承办的历次展览，主题定位的确立、大纲框架的构建无不以党的科学理论特别是习近平新时代中国特色社会主义思想为指导，将党的红色革命精神贯穿展览始终，坚持以图述史、以物证史，讲好革命历史、红色故事、英烈事迹，以弘扬党的伟大精神、传播当代中国价值观念、培育共同理想和共同情感为准绳。

切实提高政治站位是抗战馆办好重大展览的重要前提，也是经验基础上形成的深刻共识。抗战馆的政治站位在每一次实际工作中不断得到提升。党性原则更加鲜明，政治方向更加明确，政治立场更加坚定，愈发明确和深化宣传党的理论和路线方针政策这一工作目标。所有参与者对自己工作的任务与意义以及对工作的态度都有了一个全新的认识，深知肩负使革命文化成为激励人民奋勇前进的精神力量的光荣使命，并自觉内化于心，以此为志，以此力行。

（二）厚植学术素养

在参与承办重大展览的过程中，抗战馆进一步拓宽了学术视野，厚重了学术素养。学术素养是办好展览所需所有业务素养的核心，没有深厚扎实的学术素养，就无法宏观把握展览的前瞻立意，也难以微观落实展览的史实事实。

在展览工作中打通学科分界和学术分野。过去，抗战馆因自身特殊的性质和职责，主题展览和专题展览基本围绕"抗日战争"一个主题，学术研究主要集中在这一个领域，和学界以及其他纪念馆、博物馆在声气互通上相对不足。近年来，在承办重大展览的过程中，抗战馆主动作为，充分发挥策展人员中共党史、中国近现代史、中国古代史、国际关系史、博物馆学等多专业背景优势，不拘泥于一时、一史、一地，积极向外延伸，纵贯我们党百年的四个历史时期，横贯党史军史国史，立足北京、放眼全国。在自办、承办、协办、审看展览的过程中自觉兼顾学界学术关怀，做到论从史出，史论结合，句句有依据，字字可推敲，开辟了更多元的学术维度，积累了更厚重的学术素养，为日后继续办好重大展览奠定了学术基础。

在展览工作中提高信度、高度、力度。一方面，在历次展览的策划过程中，抗战馆多次邀请中共中央党史和文献研究院、中国社会科学院、军事科学院、北京大学、国防大学、国家博物馆、中国人民革命军事博物馆等部门的领导和专家学者进行专题指导，并充分消化吸收专家意见，提高展览内容的信度。另一方面，策展人员自身注重深入挖掘查找相关资料，埋首故纸堆和新文献，"上穷碧落下黄泉，动手动脚找东西"，聚焦相关领域的国内外最新学术信息和动态，在深入研究和借鉴的基础上减少自身工作的盲目性、局限性，提高各项工作的科学性、权威性。例如在"光辉伟业　红色序章——中国共产党早期北京革命活动主题展"中，策展人员对北京早期党组织指导各地党团建设的内容进行了全面深入的研究整理，厘清了相关脉络，补充了相关展览和研究空白，提高了展览内容的高度与力度。

在展览工作中拓宽宏大视野。不谋全局者，不足以谋一域。展览工作不是闭门造车，参与部门庞杂、参与人员众多，需要广沟通、广交流、广借鉴，不以宏大的视野进行谋划统筹，难以办好一个展览。近年来，抗战馆在诸项展览工作中时刻注重以宏大视野从整体上把握项目高度、深度、进度，积极加强合作交流、加强馆际互动、学习吸收先进、整合学术资源、大胆开拓创新，在权威研究成果托底下，尝试多学科、多维度、高效率办展，最终逐一打造出主题明确、中心突出、阐释清楚，经得起观众和时间检验的一流展览，并发挥应有的辐射带动引领作用。

（三）完善策展机制

在参与承办重大展览的过程中，抗战馆进一步完善了重大展览策展运作机制，以制度化的方式把探索策展布展的有益成果固定下来，成为抗战馆继续做好各项工作的宝贵财富。

把握展览主旨，找准策展重心，前置评估论证选题意义和可行性。重大展览往往立足重大时间、事件节点，选题宏大，立意深远，社会关注度高，高屋建瓴的选题是保证展览成功的先决条件，策划前期各级领导部门和专家的选题论证会尤为重要。例如，"光辉伟业　红色序章——北大红楼与中国共产党早期北京革命活动主题展"适逢中国共产党成立100周年，展览旨在展示中国共产党早期革命活动的筚路蓝缕、开天辟地，展现北京在中国共产党创建史上所具有的独特地位、独特贡献和独特价值。因此，策展初期抗战馆就在领导小组的关怀指导下，着眼长远，反复研究论证，凝练中心思想，选择合适的分主题，将看展览、听讲解、开座谈会、精神洗礼、思想提升这一整套与展览相关的话语体系纳入展览空间，加强展览效果。

　　选定参与人员，组建策展团队，自上而下形成项目领导体制机制。抗战馆在各项展览工作中深刻认识到，强有力的领导小组和业务素质过硬的策展团队是展览成功的重要组织保障和人员基础。领导小组总揽全局、协调各方，对整个展览的主题、内容、设计、招投标、新闻宣传、社会教育等工作进行统筹谋划，是主心骨和把关者。重大展览项目参与人员是具体实施者，必须同时具备政治性、专业性、服从性，充分领会所办展览指导思想、社会意义、宣教目标，具备查找搜索、举一反三的敏感性和敏锐度，以及长线作战、多线作战的业务能力和党性素质。只有打造这样的项目团队，才能保证工作有条不紊、项目如期推进。

　　注重分工合作，细化工作内容，加强各环节的协同配合。分工越细致、权责越分明，则任务可行性越强，完成效率越高。抗战馆承办的重大展览往往历时长、体量大、任务重，涉及前期大纲撰写、文物征集，中期形式设计、布展施工，后期新闻宣传、社会教育等各个环节，参与人员众多。这就需要统筹规划、合理分工、明确责任，通过建立工作专班、规范台账和工作简报制度、设置周密细致的时间安排表和倒计时表、定期召开各方协调会等方式，确保始终做到现场有人、后方有力，确保大纲撰写团队、文物征集团队、设计施工团队能够同时运转，各司其职、各干其事、同向发力，将各方力量最终汇总体现到高质量的展览呈现上来。

（四）打造"全、精、深"展陈队伍

在参与承办重大展览的过程中，抗战馆进一步锻炼了人才队伍。通过历次从无到有的办展全过程，抗战馆全体策展人员在历史、艺术、文化、科技等方面，得到了全方位综合训练，打破了

齐心协力高效完成布展工作

业务藩篱，增强了沟通能力，收获了广博知识、提高了服从意识，逐渐成长为一支具有影响力和竞争力的高水平策展团队。

队伍专业性进一步增强。每当重大展览策展前夕，抗战馆集中组织编研、文保、陈列等相关业务人员有目的、有选择地分赴全国各地优秀博物馆、纪念馆进行考察学习，认真撰写调研报告，充分吸收先进经验，对已有展览成果做到心中有数。被抽调、借调去其他展馆的人员，也绝不走马观花，而是积极融入、认真借鉴，参与式学习，进一步拓展了视野，积攒了经验，增强了底气，在解决实际问题中打磨了专业度。

队伍处理复杂问题能力进一步增强。展览工作常是长线任务、多头任务、系统工程，有来自各个方面的指示，并且经常有一些临时性紧急要求，处理起来十分复杂。在领会上级交办部门的意图和各项要求过程中，策展队伍逐渐培养锻炼了处理复杂问题的能力，能够兼顾形式设计，完善大纲文本、文物陈列，能够耐高压，克服场地局限、展线细碎，内容庞杂等困难，确保不折不扣完成任务，确保各项展览如期开展。

队伍结构合理性进一步增强。抗战馆多次举办或参与大纲编辑、展陈设计、文物保护系列研修班，对业务人员因材施教、分类培养，并在历次办展过程中查漏补缺，有针对性地吸纳补充专业人才，形成了"全、精、深"的展览人才队伍结构。

（五）立体开发　多元转化

在参与承办重大展览的过程中，抗战馆进一步丰富成果，实现了成果的有效转化。严谨的科学研究和研究成果的有效转化、在实现政治传达的同时满足观众的知识需求是纪念馆作为一个高度组织化与制度化的非正式教育机构所应当具备的基本功能。近年来，抗战馆在办展过程中格外注重对展览内容的吸收再反馈，将最新研究成果及时推介给大众，实现学术与实践的更多互动。

加速展览工作成果的学术转化。一个好的展览不单是一个呈现的过程，还是一个解释的过程。抗战馆在办展过程中，始终将学术成果的转化作为大事来抓，先后出版了《中国抗日战争地图集》《伟大贡献：中国与世界反法西斯战争》《伟大胜利 历史贡献——纪念中国人民抗日战争暨世界反法西斯战争胜利70周年主题展览画册》等学术成果，贡献了一手展览资料。并会同高校和科研院所等，开展深入广泛的合作研究，积极举办学术座谈会、课题研讨会、线上线下对话会，利用丰富馆藏资源为各类科学和学术研究提供服务，实现展览的再利用、再创造。

促进展览工作成果的社会转化。展览的生命力正在于用群众喜闻乐见的方式，以看得见摸得着的实物，采取形式多样的设计，让群众潜移默化地接受教育、获得知识、受到洗礼，有着不可替代的社会教育功能。在此方面，抗战馆相继推出"烽火印记——抗战云课堂"栏目、《中国共产党与抗战文化》等精品网上虚拟展，相继开展《为抗战吹响号角——中国共产党与抗战文化》《中国共产党与抗战文化》等巡展以及《事实与真相》《东方主战场》等赴外展，创新展览学术成果推介传播形式，进一步发挥了展览作为传播知识课堂、文化交流桥梁的重要作用，打造出思想学习教育的重要资源。展览成果在社会转化中变得更加生动具体，富有感染力和说服力。

习近平总书记指出，要用心用情用力保护好、管理好、运用好红色资源。要打造精品展陈，坚持政治性、思想性、艺术性相统一，用史实说话，增强表现力、传播力、影响力，生动传播红色文化。作为革命类纪念馆的排头兵，在今后的工作中，抗战馆将进一步依托自身资源优势，勇立潮头，掌握风头，紧抓核心业务，在重大展览任务中当仁不让，为新时代革命纪念馆和红色文化发展再立新功、再添新绩！

（文中照片系作者提供）

（谢艾雯　中国人民抗日战争纪念馆　北京　100165）